Eugen Roth
Sämtliche Werke 4

Eugen Roth
Sämtliche Werke

Vierter Band
Erzählungen

Hanser Verlag

ISBN 3-446-12340-7
Einmalige Sonderausgabe der Harenberg Kommunikation
Alle Rechte vorbehalten
© 1977 für Sämtliche Werke
Carl Hanser Verlag München und Wien
Umschlag Klaus Detjen
Gesamtherstellung
May & Co Nachf., Darmstadt
Printed in Germany

> # Erzählungen

DIE FREMDE

An die neun Jahre bin ich damals alt gewesen und in die dritte Klasse der Sankt Petersschule gegangen, wo wir, Buben und Mädeln zusammen, nach den guten alten Grundsätzen mit reichlichen Tatzen und ohne viel Seelenkunde auf unsern Eintritt in die menschliche Gesellschaft vorbereitet worden sind.
Mitten im Schuljahr, vielleicht im November, denn ich weiß noch gut, daß wir die Gaslichter angezündet hatten, und das war immer sehr spannend, an einem solchen Tag ist noch etwas weit Aufregenderes geschehen. Die Tür des Klassenzimmers ist aufgegangen, und der faltenhäutige, nie ganz saubere Hauptlehrer Mundigl hat ein kleines Mädchen hereingeführt und hat gesagt: »So, Kinder, da bring ich euch eine neue Mitschülerin, Angelika Holten heißt sie und wird vorderhand in eurer Klasse bleiben. Ihr müßt recht nett zu ihr sein, wenn sie auch eine echte Berlinerin ist, aber sie kann ja nichts dafür!«
Das hätte ein Witz sein sollen, und der Oberlehrer hat seine wüsten Zähne zu einem Grinsen gebleckt, wie er wieder hinausgegangen ist. Wir haben es aber zu spät gemerkt, und auch die Lehrerin, das vergilbte Fräulein Vierthaler, hat mit ihrem Lachkrächzen ihren Vorgesetzten nur mehr unter der Tür erwischt.
Mitten im Zimmer aber ist ein hoch aufgeschossenes Mädchen stehen geblieben, nicht verlegen und nicht herausfordernd, sondern nur ganz fremd und kalt. Sie hat ein blasses, ja ein dünn-weißes Gesicht gehabt, freilich mit vielen Sommersprossen auf Stirn und Nase. Und dunkelrote Haare sind ihr fast zu schwer bis auf die Schultern gefallen. Und sie hat ihre Augen, seltsam kühle, graugrüne Augen, langsam über die ganze Klasse

hingehen lassen, in diesen stummen Aufruhr von Zuneigung, Feindseligkeit und Neugier hinein. Und mir ist gewesen, als ob sie mich besonders lang und rätselhaft angeschaut hätte. Ich bin ja auch ganz dicht vor ihr auf der ersten Bank gesessen. Ich spüre heute noch den wunderlichen Geruch, der von ihr ausgegangen ist wie ein Geheimnis, und den ich, angstvoll und tief verwirrt, die Augen in plötzlichem Erröten schließend, in mich eingesogen habe.
Diese innerste Begegnung hat nur einen Herzschlag lang gedauert. Die Lehrerin, ohne ein freundliches Wort der Einführung des Oberlehrers folgen zu lassen, sagte gleich mit ihrer teigigen Stimme: »So, Holten, setz dich einstweilen in die letzte Bank, neben die Fröschel Theres; und wir fahren jetzt fort.«
Wir hatten gerade Schönschreiben ins Heft, und ich war der Vorsprecher: »Haarstrich auf, Schattenstrich ab, Haarstrich auf, Schattenstrich ab, Haarstrich auf, U-Häubchen darauf!« Und die Stunde ging weiter, als ob nichts geschehen wäre.
Es ist aber nur die Angst vor der Lehrerin gewesen, wenn es die Kinder bei einem geheimen Wispern und Tuscheln haben bewenden lassen und bei halben und scheuen Blicken gegen die letzte Bank, auf der die Fremde saß, unbeweglich und blaß. Das Fräulein Vierthaler ist nämlich ein böses altes Mädchen gewesen, das den säuerlichen Bodensatz ihres glücklosen Lebens jahrelang in genauen und tückischen Löffeln an die Kinder verteilt hat.
Kaum aber war die Schule aus, ist schon ein wilder Bienenschwarm durcheinandergebraust, und jedes hat mit jedem das große Ereignis bereden wollen.
Aber in der ersten Aufregung der Schwätzer, in der Scheu, sich der Fremden zu nähern oder in dem Bedürfnis, sich dazu erst Bundesgenossen zu sichern, ist eine

Verwirrung entstanden, in der die, der all der Tumult galt, lautlos entkommen sein mußte. Denn als wir, zwischen Klassenzimmer, Treppenhaus und Straße schon verstreut, uns nach ihr umsahen, war sie verschwunden.
Ich bin dann, wie immer, wenn zum Herumstreunen vor dem Essen keine Zeit mehr war, mit Lisa heimgegangen, die den gleichen Weg gehabt hat. Auch Pips, der Sohn des Hausmeisters von nebenan, und die schmächtige, immer sanfte und sehnsüchtige Ursula Franitschek, die Tochter eines böhmischen Schneiders, waren mit dabei.
Lisa war das einzige Kind des Regierungsrates Anspitzer, sie ist ja später ihrer tollen und schließlich so unglückseligen Geschichten halber stadtbekannt geworden. Aber auch damals schon ist sie ein kleiner Teufel gewesen.
Sie hat über uns alle eine geheime Macht gehabt, und wen sie nicht durch ihre wilden Erzählungen und den Schimmer des Abenteuerlichen bezauberte, den zwang sie durch eine trotzige Kraft ihres herrischen Wesens, dem schwer einer entrann. Ich jedenfalls bin ihr ganz verfallen gewesen, und sie ist mir erschienen wie aus einem Märchen, freilich den schönen, funkelnden Kobolden näher verwandt als den lichten Elfen.
Ich habe sie geliebt, das weiß ich heute wohl, mit jenem süßen Grauen, das immer bereit ist zur Flucht und das immer wieder zurückkehrt, solange nicht eine andere, klarere und größere Gestalt uns Heimat gibt. Und niemand glaube, dies sei unter Kindern im Grunde anders als unter den Großen.
In diesem Mädchen von neun Jahren hat der Dämon schon gewohnt, der immer einen Aufruhr, ein Feuer, eine Vernichtung ins Werk setzen muß, nur damit er mit kaltem Herzen und voll geheimer Lust zuschauen

kann, welchen Lauf das Unheil nimmt, und wenn es der eigene Untergang wäre.

Lisa hat es sofort wissen wollen, wie mir die Fremde gefällt, und sie hat es so drohend gefragt, daß ich gleich gespürt habe, daß sie den Eindringling fürchtete und haßte. Ich bin aber der klaren Entscheidung ausgewichen und habe wohl damals schon geahnt, daß ich mit allen Kräften Angelika zuwuchs. Und Lisa hat mich trotzig stehenlassen und ist mit den andern Mädchen gegangen. Ich bin dann mit Pips hinterdrein getrottet und habe gehorcht, was die zwei über die Fremde reden.

Ich habe erst von ihnen erfahren, daß jene ein teueres, schwarzes Samtkleid getragen hat und, was noch weit beneidenswerter, ja geradezu aufreizend gewesen sein muß, schwarze Knopfstiefel, die weit über die Knöchel hinaufreichten.

Die sanfte Ursula stellte das mit einer träumerischen, neidlosen Beglücktheit fest, aber Lisa, schon entschlossen, eine unversöhnliche Feindin der neuen Mitschülerin zu sein, erklärte, daß schon der Name Angelika ein affiges Getue und eine freche Anmaßung wäre. Und als Ursula schwärmerisch diesen Namen vor sich hinsagte, wurde Lisa erst recht wütend und holte ohne weiteres jetzt Pips als Begleiter und Verbündeten.

Der Gassenjunge war gewiß kein Freund der hochmütigen Lisa, aber noch weniger gefiel ihm der rothaarige Berliner Fratz; der Zuwachs an Kindern feiner Leute paßte ihm schon gar nicht, und er drückte das in derben Worten aus. Es war verwunderlich, wie Lisa, nur um der gemeinsamen Feindschaft willen, diesen seltsamen Parteigänger und seine Beweggründe unbekümmert hinnahm, im Augenblick ihre ganze Verachtung gegen den Sohn des Hausmeisters vergessend.

Schon in den nächsten Tagen ist es so ziemlich festgestanden, daß sich die schöne Fremde keiner allzu großen

Beliebtheit zu versehen haben würde. Gerade die Mädchen, deren Träume selber nach Samtkleidern, Knopfstiefeln und eigenwilligen Vornamen zielten, zeigten sich am schroffsten in der Ablehnung Angelikas, die ihrerseits, ganz wie ihre erste Erscheinung es hatte vermuten lassen, in einer rätselhaft fernen und kühlen Haltung verharrte, wohl unvermögend, die Kluft zu überschreiten, in ihren knappen Antworten mißverstanden und selber die Zielscheibe billigen Spottes, wenn sie die noch mit Absicht in derbste Mundart verzerrten Redensarten nicht begriff.
Die ärmeren Mädchen hatten wohl eine schier verzückte Andacht zu der Geheimnisreichen, aber von so demütiger und scheuer Verehrung ging wenig Wirkung aus gegen die Gewalt der andern. Auch unter uns Buben fehlte es nicht an solchen, die sich Angelika in einer ehrlichen und treuherzigen Art als Beschützer anbieten wollten. Aber das seltsame Kind wußte seinen Vorteil nicht wahrzunehmen, oder auch, es wollte nicht, und in dem geheimnisvollen Kampf, der um sie entbrannt war, wurden gerade diese verschämten Ritter am ehesten abtrünnig.
Denn, wie wir ja erst als Erwachsene begreifen, ist Liebe niemals zarter, aber auch niemals spröder, niemals schneller bereit, in trotziger Abwehr umzuschlagen, als in jenen ganz frühen Jahren der Kindheit, noch lange vor dem ersten sichtbaren Aufbruch zum Kampf der Geschlechter gegeneinander. Ich habe noch nichts über meine eigenen Gefühle für Angelika gesagt. Die Kindheit, noch brennend im ungelöschten, hellen Glanz der Unschuld, hält ja all das in reiner Schwebe, was später erst so körperhaft wird, daß es Namen verträgt. Mit solchen Worten, allzu roh gepackt, könnte ich jetzt sagen, daß ich in Lisas Kreis gebannt war als ein schwacher Trabant ihrer herrischen Natur, daß aber unwis-

send und doch ahnungsvoll meine Liebe der rätselhaften Fremden gehörte, zu der ich mich freilich keineswegs offen zu bekennen wagte. Nur meine heimlichen Anstrengungen, mich in einer zwingenden Art ihr sichtbar zu machen, sind mir noch in deutlicher Erinnerung. So bemühte ich mich in jener Zeit, sehr zum Erstaunen meiner Mutter, wohlgekleidet, frisch gewaschen und gekämmt in die Schule zu gehen und selbst den ungeheuerlichen Inhalt meiner Hosentaschen opferte ich meinem neuen Schönheitsgefühl.

Doch schien es ausschließlich Lisa zu sein, die diese Veränderung bemerkte, und die sagte mir auf den Kopf zu, was ich selber nicht gewußt hatte. So erfuhr ich durch sie, daß ich mich in den rothaarigen Fratzen vergafft hätte, und ich sollte doch hingehen zu dem Grasaffen und ihm meine Aufwartung machen – aber ich wäre ja bloß zu feige dazu.

Daß ich wirklich von ihr abfallen könnte, fürchtete Lisa offenbar nicht; meinen Wankelmut bestrafte sie dadurch, daß sie nicht mehr mit mir zusammen heimging und auch in der Frühe nie auf mich wartete, wie sie es oft getan hatte.

Inzwischen war Weihnachten gewesen, und den Tag nach Dreikönig war die Klasse wieder zusammengetroffen, die glücklichen Kinder der wohlhabenden Eltern im Glanz neuer Kleider und Anzüge, warmer Mäntel und bunter Wollsachen und mit Schlittschuhen bewaffnet oder mit einer Schachtel Zinnsoldaten im Schulranzen.

Das wichtigste Ergebnis der ersten Besichtigung war, daß Angelika ein grünes Kleid trug und daß Lisa, so reich beschenkt sie sich auch sonst zeigen mochte, keine Knopfstiefel bekommen hatte.

Noch kurz vor dem heiligen Abend hatte sie damit geprahlt, als wäre es eine Selbstverständlichkeit und nur

ein Versehen gleichsam, daß sie bisher keine gehabt hätte.
Sie suchte uns auch jetzt noch weiszumachen, daß sie nur vergessen hätte, ihren Wunsch auf den bunten Briefbogen zu schreiben, der nach damaliger Sitte von den Kindern in der Adventszeit vor das Fenster gelegt werden mußte. Aber ihre Verstellungskunst war doch nicht so groß, daß sie die tiefe Demütigung hätte verbergen können, die sie darüber empfand, auch jetzt, nach dem Fest, ohne Knopfstiefelchen in die Schule kommen zu müssen.
Die volle Wut des kleinen Unholds richtete sich nun gegen die Fremde, ja, geradezu gegen ihre Schuhe, die, immer noch aufreizend neu und vornehm, ihr täglich in die Augen stechen mußten.
Ich weiß nicht, warum sie gerade auf mich verfallen ist, als es galt, ein Werkzeug ihrer bösen Lust zu suchen. Jedenfalls ist sie plötzlich verdächtig freundlich zu mir geworden und hat mir versprochen, daß sie mir zwei von ihren Kaninchen schenkt, die sie als schier sagenhaft kostbaren Besitz zu Hause sich hielt und die wir alle nur aus ihren Berichten kannten, denn keiner von uns war je würdig genug befunden worden, sie auch nur zu sehen.
Mitten in meine wilde Freude hinein hat sie dann ihren finsteren Plan entworfen: Ich sollte der Verhaßten die Stiefel auf irgendeine Weise verderben; so, als wäre es nur aus Zufall geschehen, auf die Kappe treten oder Tinte oder Wagenschmiere darauf zu bringen versuchen.
Ich war durch dieses Ansinnen, das mir Lisa in aller Heimlichkeit und mit einer erschreckenden Kunst der Verführung machte, auf das tiefste verwirrt. Im Innersten entschlossen, es abzuweisen, war ich doch zu verzaubert gewesen, mich sofort und mit Empörung von ihr abzuwenden.

Die lockende Vorstellung, daß ich zwei Kaninchen bekommen sollte, aus ihren Händen, eine Gabe, mit der sich geheimnisvoll eine Hingabe verschmolz, denn es waren ja Lisas Kaninchen, von ihr gehegt, von ihr geliebkost, ja dieser Gedanke stürzte mich in einen Abgrund des Herzens. Als ich wieder zu mir selbst kam, haßte ich Lisa heftig und für immer. Sie aber höhnte mich nur, sie hätte sich gleich denken können, daß ich zu feige sei, es gäbe aber andere Buben genug, die dazu bereit wären, dem hochnäsigen Fratzen eins auszuwischen. Und als ich, grau vor Eifersucht, fragte, ob die auch die Kaninchen bekämen, sah sie mich nur groß an, und es war die letzte und gefährlichste Anfechtung, als sie sagte: »Nein, die müssen es umsonst tun!«
Auf dem Heimweg schlich ich in weitem Abstand hinter Lisa her und sah, wie sie heftig auf Pips, den Hausmeisterssohn, einredete. Da spürte ich, daß die böse Tat nun dennoch geschehen würde. Zweimal nahm ich einen Anlauf, mich von der schweren Verantwortung solcher Mitwisserschaft zu entlasten. Aber von Pips war auch gegen das Versprechen eines bunten Glasschussers nichts zu erfahren, und der Versuch, Angelika selbst zu warnen, scheiterte an meinem Ungeschick und an ihrer stolzen Zurückweisung. Sie zählte mich, als Lisas Gefolgsmann, ein für allemal unter ihre Feinde.
Ich faßte den verzweifelten Entschluß, ihr einen Brief zu schreiben; aber ehe ich mich zu diesem ungeheuerlichen Wagnis gefunden hatte, war das Unglück schon geschehen.
Der tückische Angriff der Kinder auf neue Schuhe ihrer Mitschüler war an sich nichts Ungewöhnliches. Es war damals bei uns der dumme Spruch im Schwang: »Mei' Mutter hat g'sagt, schwarze Käfer muß man tottreten!«, wobei der Angreifer zugleich einen kräftigen Stoß mit dem Absatz gegen die Kappe des neuen Stie-

fels zu führen suchte. Doch taten das mehr die Raufbolde unter sich.
Diesmal aber, gleich beim Verlassen des Schulzimmers im halbdunklen Gang, war es dem Pips mühelos gelungen, sich an Angelika heranzudrängen und ihr, die diesen Spruch nicht verstand – der ja zugleich eine Warnung war, wessen man sich zu versehen hatte –, mit einem rohen, blitzschnellen Hieb des eisenbeschlagenen Absatzes eine tiefe Schrunde in das glänzende Leder zu stoßen.
Angelika schrie nicht, sie weinte nicht. Sie stand nur da, in abgründiger Verachtung, noch ganz verwirrt von dem Unbegreiflichen.
Der Übeltäter suchte sich mit einem häßlichen und doch verlegenen Lachen davonzumachen. Die übrigen Kinder, auch Angelikas ausgemachte Feinde, standen in betretenem Schweigen und zollten diesmal der lästerlichen Tat den gewohnten Beifall nicht. Lisa stand ganz abseits, als ginge sie der Vorfall nicht das geringste an. Aber aus ihren Augen schoß ein grüner Blitz der Rache.
Ich war zu spät gekommen, den Frevel zu hindern. Jetzt aber stürzte ich mich voller Wut auf Pips; und mochte es die Überraschung sein, die ihn lähmte, oder das Gefühl seiner Schuld, daß er schier froh war, sie gleich bar bezahlen zu dürfen, jedenfalls schlug ich den weitaus Stärkeren in rasendem Zorn und ungeachtet der Püffe, die ich selber abbekam, bis er, aus der Nase blutend, das Feld räumte und im matten Gemurmel seiner Kumpane untertauchte.
Angelika dankte mir mit einem kurzen und scheuen Blick, dann zupfte sie sich zurecht, sah noch einmal betrübt auf ihren Schuh und ging, allein und fremd wie immer, ihres Weges.
Nun erwarteten wir alle insgeheim, Angelika, das reiche, vornehme Mädchen, würde des anderen Tages mit

neuen, noch schöneren Stiefeln in die Schule kommen.
Aber unsere Enttäuschung war groß, als sie die gleichen
Schuhe trug, den häßlichen Flecken an der eingedrückten Kappe wohl so gut es anging ausgebessert, aber
trotzdem deutlich sichtbar. Es war zu merken, wie sehr
sie unter dieser Erniedrigung litt, und sie mochte wohl
viel geweint haben, als niemand sie sah. Und wenn sie
auch jetzt, vor den Augen der Kinder, sich aufs äußerste
zusammennahm, sie war doch unsicher geworden, und
der Zauber ihrer überlegenen, unnahbaren Haltung
schien dahin zu sein. An seine Stelle war eine feindselige Verschlossenheit getreten, die schon im Laufe der
nächsten Tage und Wochen sich zu einer kalten Gleichgültigkeit verflachte; Angelika wurde nicht mehr beneidet und nicht mehr beachtet. Sie lebte unter uns,
fremd und schattenhaft. Andere Ereignisse traten ein,
wir Buben waren ganz in die Wirbel des eben ausgebrochenen Burenkrieges gerissen, und nur der Umstand,
daß schlechterdings niemand Engländer spielen wollte,
verhinderte den Ausbruch blutigen Klassenzwistes.
Übrigens versäumte Lisa nicht, sich an mir zu rächen.
Als einige Zeit später das Schwämmchen, das an unseren Schiefertafeln baumelte, in Wirksamkeit treten sollte, bemerkte ich mit Schrecken, daß ich vergessen hatte,
es naß zu machen. Schon hoffte ich, unentdeckt auf natürlichstem Wege die Befeuchtung nachgeholt zu haben,
als Lisa den Finger hob und mit gellender Stimme
schrie: »Fräulein, der Roth hat auf den Schwamm gespuckt!« Ich bekam vier Tatzen, die ich aber, so gesalzen sie waren, vor Wut kaum spürte. Seltsamerweise
dachte ich mit einem rasenden Gefühl an nichts anderes
als an die zwei Kaninchen, die mir Lisa versprochen
hatte, und es schien mir, als wäre ich erst in diesem Augenblick quitt mit ihr und berechtigt, für immer von
ihr zu lassen.

An einem Sonntag zu Beginn des Frühjahrs war ich von meiner Mutter in einen Matrosenanzug gesteckt worden, der sehr vornehm war und zu größter Artigkeit verpflichtete. Vor mir hatte ihn ein echter kleiner Prinz in Griechenland getragen, und eine weitläufige Base, die dort Erzieherin war, hatte ihn für mich geschenkt bekommen.

So unglücklich ich mich zuerst, als ich nun mit meinen Eltern durch die Maximilianstraße ging, in dieser Zwangsjacke fühlte, so stolz machte sie mich, als ich, gleichfalls mit ihren Eltern, Angelika Holten auf uns zukommen sah. Ich tat so, als wäre ich bisher nur im Alltag der Schule verkleidet einhergegangen, und dies also wäre meine wahre Gestalt.

Und wirklich sah ich, der ich schon seit meinem Hiebe gegen den gemeinen Pips mich einer leisen Zuneigung Angelikas erfreuen durfte, ein huldvolles Lächeln auf ihrem Gesichte aufblühen.

Trotzdem wäre es aber wohl bei dieser flüchtigen Begegnung geblieben, wenn sich nicht im gleichen Augenblicke herausgestellt hätte, daß auch unsre Väter sich kannten. Wenigstens grüßte Angelikas Vater mit seinem großen weichen Hut ungemein höflich, ja, fast mit einer zu deutlichen Beflissenheit den meinen. Er hatte ein schlaffes, fahles und schwermütiges Gesicht und glich mit seinem Knebelbärtchen, wie ich damals schon sah, aufs Haar einem der Männer, wie sie in dem Niederländersaal der Alten Pinakothek zu finden waren, wohin ich erst den Sonntag zuvor einen durchreisenden Onkel hatte begleiten dürfen.

Die Mutter war das Urselbst Angelikas. Nur schien sie, bei aller Geziertheit, früh gealtert und vom Kummer ausgebleicht. Sie hatte den gleichen rätselhaften Blick an allem vorbei, und es schien, als verberge sie sich selbst bei vollster Gegenwärtigkeit.

Es ist mir heute noch seltsam, daß mir diese beiden Menschen so klar und eigentlich über alle Betrachtung eines Kindes hinaus ins Bewußtsein traten. Es war etwas Geheimnisvolles in ihnen, sie waren gezeichnet, und vielleicht haben Kinder einen Blick dafür.
Die Erwachsenen kamen in ein Gespräch, uns Kinder hießen sie vorangehen. Es war ein beklemmendes Glück, an Angelikas Seite zu sein. Ich wußte nicht, wovon ich sprechen sollte, denn ich wollte etwas Besonderes sagen. Ich sah zu Boden, ohne etwas zu beabsichtigen, sie mißriet meinen Blick, wir schauten uns betroffen an; sie hatte auch heute, am Sonntag, die Knopfstiefel an mit dem unverheilten Schlag, den ihr der freche Bub versetzt hatte. Sie war nahe am Weinen, aus Scham, aus Zorn über mich – ich war voll hilfloser Angst, aber ich fand kein Wort, das jetzt hätte gesagt werden müssen. Da nahm ich ihre Hand, sie wollte nach mir schlagen, aber ich hielt sie fest. Da wurde sie still und sah mich an, und diesmal war ein Glanz in ihren Augen wie noch nie; und jenen ersten Duft, der mich damals, als sie kam, so rätselhaft verwirrt hatte, spürte ich wieder.
Aber da riefen uns die Eltern zurück, und wir trennten uns. Bei Tisch sagte mein Vater, dieser Holten sehe sich auch in seinen Hoffnungen getäuscht, er habe sich von der Errichtung eines großen und neuzeitlichen Betriebes viel versprochen, aber die Münchner seien keine Berliner, und Herr Holten werde die Ohren steif halten müssen.
Darüber brach ich in ein meckerndes Gelächter aus, denn ich wußte nicht, daß das eine Redensart sei, und ich konnte mir den weichen, schauspielerschönen Mann nicht mit steifen Ohren vorstellen.
Ich erfuhr dann übrigens, daß er Fotograf sei oder, wie er selbst sich damals schon nannte, Lichtbildkünstler, und meine Mutter machte den Vorschlag, wir sollten

uns, da ohnehin keine guten Aufnahmen von uns vorhanden seien, doch der Kunst Herrn Holtens anvertrauen.
Das wurde auch, nicht zuletzt auf mein unaufhörliches Drängen hin, nicht viel später verwirklicht. Aber meine heimliche Sehnsucht, bei diesem Anlaß Angelika wiederzusehen, auf eine besondere Weise natürlich, denn ich sah sie ja täglich in der Schule, erfüllte sich nicht. Ja, ich hatte sie nicht einmal von unserem Kommen verständigen können; denn solange die Absicht meiner Eltern nicht feststand, wollte ich nicht damit prahlen. und dann ging alles so schnell, daß ich Angelika vorher nicht mehr traf.
Herr Holten entwickelte, obwohl wir die einzigen Besucher seiner Kunstanstalt waren, eine freudigschwermütige Betriebsamkeit. Er schien unablässig Gäste hereinzubitten und auf diese Räume zu verteilen, die wirklich ungewöhnlich weitläufig und von einer theatralischen Großzügigkeit waren. Meine Mutter flüsterte meinem Vater zu: »Recht schön, aber genau hinsehen darf man nicht!« und wischte verstohlen den Staub fort, der dick auf einem Gesimse lag.
Inzwischen rückte der Meister den großen, glasglotzenden Kasten zurecht und stellte unsere Geduld auf eine harte Probe, gar die meine, die schnell von dem ewigen: Noch ein bißchen rechts, Kopf höher, lächeln, bitte lächeln! erschöpft war.
So daß ich denn auch, nachdem wir vor verschiedenen Brokaten und Gobelins uns aufs grausamste die Hälse verrenkt hatten, das dümmste Gesicht machte und Herr Holten, wehleidig lächelnd, die Aufnahme wiederholen mußte.
Der Lichtbildner zeigte uns noch eine Reihe seiner Schöpfungen, seine Frau und Tochter hatte er ungezählte Male festgehalten, und er blätterte einen ganzen Fä-

cher von Aufnahmen vor uns aus. Er wurde abgerufen, meine Eltern sahen gerade weg, und ich, in einem jähen Entschlusse, ja, wie in einem Rausch, ergriff hochschlagenden Herzens eines der Bildnisse Angelikas und steckte es in die Tasche.
Zu Hause schien mir kein Ort sicher genug für meinen Raub, bis ich ihn endlich zwischen den Seiten meines Robinson verbarg. Ich habe später lange und schmerzlich danach gesucht, aber das Buch mitsamt dem Bilde ist längst verschollen.
Einige Tage später, ebenso unangemeldet, kam Angelika mit ihrer Mutter, um uns die fertigen Bilder zu bringen. Ich hatte unseligerweise gerade Versuche zur Herstellung von Schießpulver gemacht, die immerhin so weit geglückt waren, daß ich mit schwarzem Gesicht und versengtem Haar in einem Winkel des Hofes stand, als ich die Besucher die Treppe hinaufsteigen sah. Ich hörte sogar, wie Angelika nach mir rief, aber in grimmiger Verzweiflung mußte ich mich taub und blind stellen, denn es erschien mir nicht möglich, in solchem Aufzuge vor sie hinzutreten.
Anderntags, auf dem Heimweg von der Schule, faßte ich mir ein Herz und sprach Angelika, die schon wieder entschlüpfen wollte, prahlerisch daraufhin an: Ich hätte gestern nicht daheim sein können, weil ich eine große Erfindung gemacht hätte; und erging mich in geheimnisvollen Andeutungen.
Die Freundschaft mit dem immer noch scheuen und fremden Mädchen war in hoffnungsvoller Blüte, als die großen Ferien uns trennten. Ich kehrte von der übertünchten Höflichkeit eines Schülers in das ungebundene Dasein eines Wilden zurück und wurde wieder für den ganzen Sommer Fischer, Jäger und Waldläufer.
Als ich im Herbst wieder in die Klasse kam, war Angelika nicht unter den Schülerinnen. Wir hörten, sie sei

sehr krank gewesen und würde vor Weihnachten kaum kommen.
Ich ging einmal, im November, in die Wohnung ihrer Eltern, mich nach ihr zu erkundigen. Die Mutter öffnete, sie sah zerfallen aus, wie ein Gespenst Angelikas, bleich, mit dem düsterroten Haare, so ähnlich der Tochter und so fremd und unheimlich, daß ich mich zwingen mußte, einzutreten.
Sie führte mich in ein Zimmer von verschollener Pracht, ödem Geschmack und grenzenloser Verwahrlosung. Der Vater kam aus der Werkstatt herüber, alt, abwesend, als hätte er sich dringendster Beschäftigung entrissen, schwermütig schön in seiner Samtjacke, dem wehenden Schlips und dem fast kecken Bärtchen um den traurigen Mund. Von Angelika, der ich im Namen meiner Mutter ein paar Süßigkeiten mitgebracht hatte, hörte ich nur durch den Türspalt eine matte Stimme des Dankes und der Versicherung, in acht Tagen dürfte sie wieder aufstehen, und in vierzehn Tagen käme sie wieder in die Schule.
Sie kam auch wirklich in den ersten Dezembertagen, blaß, abgezehrt, mit einer Haut, so durchscheinend, daß ein bläulicher Schimmer von ihr auszugehen schien. Die Augen brannten grün aus tiefen Schatten, und das rote Haar schien flammender geworden um das schmale Gesicht.
An einem dieser Tage brachte der Schuldiener eine Liste, brachte sie gleichmütig wie jedes Jahr, und die Lehrerin, es war auch heuer noch das böse und häßliche Fräulein Vierthaler, verlas sie ebenfalls so gleichmütig wie jedes Jahr: Die Schüler und Schülerinnen, die an der Christbescherung der Anstalt teilzunehmen wünschen, sollten sich bis morgen melden!
Und am andern Tag stehen die Kinder auf, auch sie so gleichmütig wie jedes Jahr, die Zipfler Anna, der Ruk-

ker Sebastian, die Eisenschink Walburga ... Und dann steht Angelika auf. Sie steht da, schwankend wie in einer ungeheuren Anstrengung, geschlossenen Auges, die Hände flach auf die Schulbank gelegt.
Die Lehrerin, die gerade durch die Reihen gehen wollte, ist erstaunt einen Schritt zurückgewichen: »Holten, du?!«
Da sehen erst die Kinder alle, daß Angelika steht. Und ich sehe es auch. Aber schon hat die Lehrerin den Irrtum begriffen: »Nein«, sagt sie, ärgerlich lächelnd, »da hast du falsch verstanden, es ist nicht wegen der Christbaumfeier, sondern welche Kinder aus Mitteln der Schule beschert werden wollen mit Wäsche, Kleidern oder Schuhen! Setz dich nur wieder!«
Angelika nickt nur mit dem Kopf, aus den geschlossenen Augen springen die Tränen, sie wankt in einem Sturm der Qual, aber sie bleibt stehen.
»Es ist gut, setzt euch alle!« krächzt die Lehrerin plötzlich aufgeregt und schlägt wie mit Flügeln um sich.
Aber schon kann sie das Getuschel und Gewisper nicht mehr niederschlagen, wenn sie nicht noch ärgeres Unheil anrichten will. Alle Kinder starren auf Angelika. Sie wissen noch nicht, was Trug und Wahrheit ist. Die aber schärfer schauen, sehen mit einem Male, daß die stolze Fremde immer noch das schwarze Samtkleid trägt, mit dem sie vor mehr als einem Jahr gekommen ist; wahrhaftig, es ist ein schäbiges Kleidchen geworden, täglich abgewetzt an der Schulbank. Und die bewunderten Knopfstiefel, wie schiefgetreten sind die Absätze, und die häßliche Delle in der Kappe sitzt noch unvernarbt.
Dies alles habe ich damals langsamer begriffen, als es geschehen ist. Denn in drei Minuten hat sich diese Vernichtung vollzogen. Noch weniger wußte ich, wie ich mich verhalten sollte. Wie würde ich Angelika gegen-

übertreten – oder sollte ich mich nach Schluß des Unterrichtes feig davonschleichen?
Dieser peinlichen Entscheidung enthob mich und uns alle die Lehrerin, indem sie der wie gefroren dasitzenden Angelika bedeutete, sie sei offenbar noch nicht ganz wiederhergestellt und möge lieber heimgehen.
Das Kind gehorchte augenblicklich und wie im Schlafe. Traumwandelnd, ja, vielleicht wäre es richtiger zu sagen, traumverwandelt, ordnete Angelika ihr Ränzchen und ging zu dem Kleiderkasten, der an der Rückseite des Klassenzimmers stand.
Wir sahen alle zu, gelähmt von Hilflosigkeit und in schaudernder Ehrfurcht vor einem ungewiß erahnten Schicksal.
Und Angelika, die Fremde, die heimatlos geblieben war unter uns – und das will viel heißen, daß ein Kind einsam steht unter Kindern – nahm ihren Mantel um, ihr Mützchen trug sie in der Hand, und das Haar leuchtete rot über ihrem bläulich-weißen Gesicht, und sie brauchte alle Kraft nur um zu gehen.
Sie ging, ohne uns anzuschauen, ohne irgend etwas zu sehen, mit erloschenen Augen quer durch das ganze Zimmer an uns vorbei, an jedem von uns vorbei, an mir vorbei, ohne Gruß, ohne Abschied. Sie klinkte die Türe auf und ging hinaus und ließ sie offen stehen. Die kalte Dämmerung des Flurs verschluckte sie.
»Lisa mach die Tür zu!« rief die Lehrerin, und Lisa, die zunächst saß, stand auf und schloß die Türe hinter ihrer Feindin. Aber sie war blaß und freute sich ihres Sieges nicht.

Das nahe Weihnachtsfest nahm uns ganz in Anspruch. Angelika kam nicht mehr in die Schule, und ich besuchte sie nicht. Ich hatte freilich ein schlechtes Gewissen, und ich war öfter schon unterwegs, hinzugehen, aber ich

kehrte immer wieder um, aus Angst vor der großen Vergeblichkeit.
Die Ferien begannen, die Bescherung und die Feiertage gingen vorüber.
Ich hatte, so streng es mir auch verboten war, einen unausrottbaren Hang zum Zeitungslesen. Die Zeitung war mein erster Gedanke in der Frühe, und ich schlich mich, noch ungewaschen und im Nachthemd, in die Küche, um begierig und wahllos in dem Blatt zu lesen, mit wachen Ohren, um nicht überrascht zu werden.
Am 30. Dezember, den Tag weiß ich noch genau, fiel mein erster Blick auf eine groß aufgemachte Nachricht mit der Überschrift: Grauenhafte Familientragödie. Ich durchflog sie mit der hemmungslosen Neugier eines Zehnjährigen, und ich weiß heute noch fast den Wortlaut des Berichtes: »Ein an der Marienstraße wohnender Fotograf hat in der Nacht zum Donnerstag sich selbst und seine Frau mit Zyankali vergiftet. Der Grund zu der schrecklichen Tat dürfte der unvermeidbare wirtschaftliche Zusammenbruch gewesen sein. Der Fotograf war erst vor anderthalb Jahren von Berlin gekommen und hatte sein gesamtes Vermögen in seinen hiesigen Betrieb gesteckt. Das schlechte Weihnachtsgeschäft hatte ihm die letzte Hoffnung geraubt, sich in München durchsetzen zu können. Ein zehnjähriges Mädchen, das auf so tragische Art zu Doppelwaise geworden ist, steht am Grabe der Eltern.«
Dies alles und noch viel mehr hatte ich gelesen, ohne zu merken, wie nahe mich dieses Unglück anging. Ganz plötzlich aber schoß dröhnend, aus dem untersten, ahnenden Bewußtsein die schreckliche Erkenntnis in den Text, dies sei Angelikas fürchterliches Schicksal. Und ich sah mit einem Male das gespenstische Bild, den Vater, wie er weich und traurig durch die nächtlichen Räume seiner verödeten Werkstatt strich, das kecke Bärtchen

gesträubt und den hoffnungslosen Mund und die schönen Augen verschattet von Verzweiflung. Und die Mutter, schon verwesend in Gram und Zerfall, das rote Haar brennend über dem bleichen Wachs ihres Gesichtes. Und Angelika sah ich so, wie ich sie zuletzt gesehen, wie sie in das Nichts hinausging, traumtief und fremd, jenseits ihrer Demütigung und jenseits der Jugend; liebenswert und zugleich verzaubert, nie geliebt zu werden...
Jäh und süß von Tränen überschwemmt, schlich ich in mein Bett zurück.

Ich habe Angelika nie wiedergesehen. Meine Eltern wollten sich ihrer annehmen, aber Verwandte hatten sie schon am Tage nach dem Jammerfall nach Berlin zurückgeholt.
Es mag sein, daß vieles von dem, was ich hier erzählt habe, erst später die Deutlichkeit der Worte gefunden hat. Denn das Erleben eines Kindes ist noch ungebrochen und verträgt keinen Namen. Aber wie sehr wir uns auch im Leben verwandeln mögen, die innerste Erinnerung bleibt und ist nicht mehr zu verfälschen. Und in diesem Sinne ist alles wahr, was ich hier berichtet habe.

DIE BRIEFMARKE

Als Buben haben wir alles gesammelt. Ich weiß nicht, ob das heutzutage noch so ist, aber seinerzeit, als ich noch auf die Lateinschule gegangen bin in Rosenheim, war das Briefmarkensammeln so recht in Schwung. Wir haben freilich noch nicht daran gedacht, daß man Marken auch kaufen kann; nur des Notars Perlmoser Otto hat hier und da von seinem Vater einen Katalog mitgebracht, und wir haben drin gelesen, daß der schwarze Einser hundert Mark wert ist und die blaue Mauritius fünfzigtausend Mark, und dann sind wir Buben ganz besoffen gewesen vor Sehnsucht und Begeisterung und haben alle Papierkörbe und alle Speicher durchgestöbert und an alle Tanten und Paten haben wir die schönsten Briefe geschrieben, daß sich die hätten wundern müssen über so viel Anhänglichkeit, wenn sie es nicht doch gespannt hätten, warum wir gar so zärtlich und aufmerksam gewesen sind. Denn in jedem Brief ist mindestens einmal der Satz gestanden: »Wenn Du zufällig Marken findest, vergiß nicht Deinen dankbaren Neffen!« Wir haben auch schöne Briefmarken zusammengebracht, freilich keine schwarzen Einser und keine blaue Mauritius, aber jeder hat so seine Raritäten gehabt. Der Doktorsfritzl hat einmal die vier kleinen Dinger mit dem Ochsenkopf von Mecklenburg geschenkt gekriegt und hat wunders gemeint, wie gescheit er ist, und hat drei davon vertäuschelt. Später hat ers dann schon erfahren, daß sie nur alle vier zusammen was wert sind.

Im übrigen ist uns trotz dem Katalog der eigentliche Preis bei den Marken ziemlich wurst gewesen. Aber es hat eben solche gegeben, die berühmt waren, die Amerikaner mit dem großen Kopf und die Kolumbusmar-

ken und die dreieckigen vom Kap der Guten Hoffnung. Für die hab ich ein halbes Jahr lang jeden Tag meinen Apfel hergegeben.
Der alte Notar Perlmoser war selber ein wilder Sammler. Er hat uns Buben mit seinem Otto zusammen am Sonntag zum Kaffee eingeladen und hat sich auf den väterlichen Freund und Gönner herausgespielt und uns Marken geschenkt und so recht aus Gnade unser Gelump angeschaut. Dann hat er oft plötzlich ganz sonderbar gemeckert – er hat ohnehin ausgeschaut wie ein alter Geißbock – und hat eine Marke herausgegriffen und von allen Seiten angeschaut. »Ganz nett!« hat er gesagt und so getan, als wär' es mit diesem Lob abgegolten. Und dann hat er sich verstellt, als wäre es ihm erst eingefallen, daß ihm grad die Marke in seinem Satz fehlt. Und natürlich, das wär' der reine Zufall, und wert wär' sie gar nichts und er könnte sie leicht anderswo kriegen, aber weil wir sie gerade dahätten ... Er hat uns immer wieder auf die gleiche plumpe Art übertölpelt, die jeder von uns schon auswendig kannte. Oft haben wir uns fest vorgenommen: diesmal fallen wir nicht drauf hinein; aber dann waren wir blöd vor ihm wie die Kaninchen. Und wenn er uns irgendein rares Stück wirklich nicht auf den ersten Hieb aus dem Herzen hat hauen können, dann hat er's herausgeschmolzen mit Wehleidigkeit: er wär' ein alter Mann und er müßt' doch bald in die Grube fahren und mitnehmen könnt' er nichts. Und er wollte seine Marken verschenken wie der billige Jakob, und sein Otto sollte sich nur nicht träumen lassen, daß er die Marken alle kriegte, der solle nur selber schauen, was er zusammenbringe.
Er hat dann auch aus einer besonderen Schublade ein dickes Album herausgeholt, und wir haben nur zu sagen brauchen, was wir wollten. Verdächtig freigebig ist er gewesen; man hätte ihm wirklich glauben können,

daß er an den Schätzen dieser Welt nicht mehr hinge. Und wir haben es auch fest geglaubt, weil wir für eine einzige Marke ein Dutzend und mehr mitgenommen haben, chinesische mit einem Drachen drauf und afrikanische mit einem Kamelreiter und eine ganz große mit dem Schah von Persien. Er hat dann jedesmal ausdrücklich gefragt, ob wir zufrieden wären. Und wir haben natürlich ja gesagt, und er hat so recht nebenher unsere Marke mit einer Zange gepackt und dann schnell in ein Tütchen gesteckt.

Einmal hat mir ein Onkel aus Bern zu meinem Geburtstag eine schweizerische Marke geschickt mit einer Taube drauf. Er hat sie noch von seinem Vater, unserm Großvater, gehabt und dazugeschrieben, ich sollt drauf aufpassen, das wär' schon was Besonderes, die Marke könnt' ich herzeigen, da wär' mir mancher drum neidisch.
Der erste, dem ich sie gezeigt habe, ist der Notar Perlmoser gewesen. Er hat sie genau angeschaut und ich mit ihm; es war eine Zweieinhalb-Rappen-Marke von der Basler Stadtpost, die Taube war weiß, in einem roten Wappen, und außenherum ist ein himmelblauer Rand gegangen, der hat mir besonders gut gefallen.
Der Notar hat gesagt, es wäre ein schönes Stück, freilich, unter die wertvollen alten Schweizermarken, von denen ich vielleicht schon läuten gehört hätte, zählte sie nicht, aber immerhin wär' ich ein rechter Glückspilz. Und was ich für die Marke haben möchte.
Ich bin neben ihm gestanden; ich weiß es noch, wie wenn es gestern gewesen wäre. Er ist auf seinem Drehstuhl gesessen und wie er sich jetzt hergewendet hat, ist sein gelbes Gesicht mit dem fast weißen Bärtchen und mit den langen Pferdezähnen geradezu in das meine hineingetaucht, und ich bin ganz rot geworden vor

Angst und Abscheu, besonders vor seinen listigen und begierigen Augen. Und auch, weil ich die Marke nicht habe hergeben wollen, um keinen Preis hergeben. Aber beinahe hätte ich sie doch hergegeben, nur um es jetzt nicht sagen zu müssen, daß ich sie ihm nicht geben wollte.
Aber dann habe ich ein paarmal fest geschluckt; und wie ich immer noch kein Wort herausbringen konnte, habe ich einfach stumm die Hand nach meiner Marke ausgestreckt.
»Du gibst sie also nicht her?« sagt der alte Herr gereizt. Und besinnt sich im gleichen Augenblick anders, wird so überschnell freundlich, daß sein verärgertes Gesicht kaum nachkommt und sagt ganz süß: »Hast recht, junger Freund, bist ein kleiner Haltefest, wirst es weit im Leben bringen. Übrigens« – und dabei läßt er die Taube nicht aus, die Taubenbriefmarke, die er mit seinem kleinen versilberten Zänglein angefaßt hat wie mit Krallen – »übrigens«, sagt er, »ist es natürlich eine Dummheit, wenn solche Anfänger, wie du einer bist, eine unscheinbare, aber vielleicht seltene Marke – nun, selten auch nicht, in München oder gar in Berlin ziehen sie die Händler zu Dutzenden aus der Schublade, darauf kannst du Gift nehmen; es ist nur immer so, wer weitum der einzige ist, der einen Kürbis gepflanzt hat, weiß nicht, daß es anderswo Kürbisse gibt wie hierorts Eicheln – also, sagen wir, eine bessere Marke durchaus behalten wollen, und dabei fehlt ihnen der ganze Satz Bulgarien, und vom ganzen Erdteil Australien haben sie überhaupt kein Fetzchen von einer Briefmarke. Und die könntest du leicht dagegen eintauschen. Aber«, sagt er, wie sich besinnend, »es sei fern von mir, dich zu überreden, des Menschen Wille ist sein Himmelreich, und warum sollte ich alter Mann auf eine neue Marke erpicht sein? Ich habe mehr als genug davon, und wenn ich doch bald in die Grube fahre, kann ich keine mit-

nehmen, die Bulgaren nicht und die Australier nicht und das Dings da auch nicht...«

Ich habe mir gedacht: ›Jetzt ist er wieder in seinem Fahrwasser, jetzt wird er die Marke gleich geschnappt haben.‹ Aber ich bin ganz fest entschlossen gewesen, sie nicht herzugeben.

Indem hat der Notar Perlmoser seine Brille bald auf die Nasenspitze gedrückt, bald hat er sie auf die Stirn geschoben, zum Schluß hat er gar ein Brennglas aus dem Schreibtisch gezogen und hat die Marke eindringlich beäugt und dazu bekümmert den Kopf geschüttelt. Plötzlich hat er sie mir hingehalten und hat recht häßlich dazu gelacht. »Da habe ich Glück gehabt«, hat er gemeckert, »daß ich nicht mit dir getauscht habe. Das ist ja ein Neudruck!«

Ich bin ganz blaß geworden. »Was?« habe ich gestottert, »die Marke ist gefälscht?« In dem Augenblick hatte ich ganz vergessen, daß mein Onkel geschrieben hatte, die Marke stamme noch vom Großvater. Ich war ganz zerschmettert.

Der Notar dreht immer noch die Taube hin und her. »Nicht gefälscht«, sagt er mit Weisheit und Wohlwollen, »ein Neudruck, habe ich gesagt. Weißt du, das ist so, daß die alten, echten Platten noch da sind und vielleicht auch noch das gleiche Papier, und dann stellt einer später, vielleicht zwanzig Jahre später, eine solche Marke genau so wieder her. Aber natürlich – wert ist sie dann nichts mehr...«

Der alte Herr wird immer wohlwollender, je mehr ich zusammenknicke. Er holt seinen Katalog; richtig, da steht was von Neudrucken, schwarz auf weiß steht es da. Er ist aber vorsichtig, er traut sich allein das Vernichtungsurteil nicht zu. Er wird die Marke einem Freund in München schicken, einem Professor, einem weltberühmten Sachverständigen, und er fragt, ob mir das recht ist.

Ein Bub von vierzehn Jahren ist gar nicht dumm, er ist auch mißtrauisch, mehr vielleicht als später; aber hilflos ist er vor den großen Leuten, ein Lateinschüler vor einem Notar, ein Zwerg vor einem Riesen. Ich habe jedenfalls gar nichts gesagt. Der Notar Perlmoser macht mir einen neuen Vorschlag. Er nimmt die Marke auf die Gefahr hin, daß sie nur ein Neudruck ist. Er gibt mir auf jeden Fall zwanzig Überseemarken, ich darf sie unter denen heraussuchen, die er doppelt hat. Die zwei Neuseeland, und die drei von Panama, auf die ich immer schon so scharf gewesen bin, sind auch dabei. Diese Marken brauche ich auf keinen Fall zurückzugeben. Ist meine Schweizer Marke aber wirklich nur ein Neudruck, darf er sich noch fünf Marken aus meinem Album heraussuchen. Ehrenwort, daß ich in der Zwischenzeit keine vertausche!

Der Notar hat sein Ziel erreicht. Er vergräbt die Zweieinhalb-Rappen-Taube flink in seiner Schublade, ich krame mir mit heißem Kopf meine zwanzig Übersee zusammen und gehe, laufe, jage durch das kühle Haus, über die sommerheiße Straße, hinauf in meine Kammer.

Ich klebe sofort die neuerworbenen Marken in mein kleines Album. Für ein paar ist kein Platz vorgesehen, ich muß sie dorthin pappen, wo sie nicht hingehören; meine Freude ist nicht mehr so groß. Ich habe das dunkle Gefühl, betrogen worden zu sein.

Ich blättere mein Buch durch: da sind meine Kostbarkeiten – die schwarze Sachsen, die ziegelrote geschnittene Württemberger, die zitronenfaltergelbe Österreich, die nachtblaue England, die samtbraune Thurn und Taxis. Es steigt mir lähmend, eiskalt durch den ganzen Leib herauf; die wird er sich holen, der gemeine Markenjud, der listige Fuchs, diese fünf raren Stücke, von mir

gehütet, wie Fafner seinen Schatz gehütet hat; die wird er packen, listig, freundlich lächelnd wird er sie behutsam mit seiner Zange anfassen, wird sie herausreißen, und es wird weher tun, tausendmal weher, als wenn ich mir einen Zahn herausreiße, mit dem Bindfaden an die zuknallende Tür gehängt, wie wir es machten seinerzeit.
Und plötzlich habe ich nur noch den einen brennenden Wunsch, wird es mein Stoßgebet jeden Abend, mein Schrecken jeden Morgen beim Aufwachen: Die Taube soll lieber echt sein und kein Neudruck.
Es ist ein teuflischer Kerl gewesen, der Notar, das habe ich erst später so recht begriffen. Er hat mich in seinen Schlingen gefangen, der alte Fuchs. Ich habe kein Wörtchen geschnauft, daheim nicht, in der Schule nicht. Auch den Otto habe ich nie gefragt, ob sein Vater, der Notar schon seine Auskunft bekommen hätte von dem weltberühmten Professor in München. Denn wenn die Marke echt war und kein Neudruck, dann darf es nicht aufkommen, vor meinem Onkel nicht, vor meiner Mutter nicht – mein Vater ist schon seit sieben Jahren tot gewesen damals – und vor mir selber nicht, daß ich sie mir habe abjagen lassen, ich dummer Kerl, ich hundsdummer. Und wenn sie aber nicht echt war, dann kommt eines Tages der Notar, der Markenfresser, der gemeine, und holt mit sicherem Griff die fünf erlesenen Stücke, die ziegelrote Württemberger, die schwarze Sachsen. Und vielleicht die meergrüne Hamburg, obwohl er die selber hat, aus purer, bösartiger Habsucht. Ich habe also geschwiegen und nie mehr das kühle, dunkle Haus betreten; und der Notar hat auch geschwiegen und hat mich nie mehr eingeladen, ihn zu besuchen.
Es ist im völligen Dunkel geblieben, ob die Taube echt war oder neu gedruckt. Ich habe im Sommer gefischt und gebadet und mir selber vorgemacht, ich hätte gar keine Lust mehr an Briefmarken.

Ich habe versucht, die Marke zu vergessen, und es ist mir eigentlich nicht schlecht geglückt. Aber das Schicksal muß mit dem Herrn Notar Perlmoser noch etwas Besonderes vorgehabt haben, denn das Schicksal hat die Marke nicht vergessen. Zu Weihnachten ist mein Onkel auf der Durchreise nach Wien zu uns gekommen. Und obwohl er gar kein gebürtiger Schweizer gewesen ist, sondern ein Rosenheimer, hat er die chaiben Schwaben nicht mögen – so hat er uns Deutsche genannt – und auch, wie er jetzt dagewesen ist, hat er in einer harten und wunderlichen Mundart alle Augenblicke was anderes an uns zu mäkeln und zu krittein gehabt. Sonst aber ist er nicht ungut gewesen, und mir besonders hat er noch ein paar Marken mitgebracht, aus seiner eigenen Bubensammlung, und es ist gar der schwarze Einser darunter gewesen. Dieses Geschenk hat mir einen zwiespältigen Eindruck gemacht; ich habe ein schlechtes Gewissen gehabt wegen der davongeflatterten Taube.
Und am selben Abend, wo er gekommen war und mit mir und meiner Mutter zusammengesessen ist, hat er selber vom Briefmarkensammeln geschwärmt und hat auch von meinem Vater, seinem Bruder, allerhand Lustiges erzählt; und da ist es so gegangen, wie ich es schon lang mit Herzklopfen habe gehen sehen, ich hab' ihm mein Album zeigen müssen.
Er hat es mit Liebe angeschaut, die Stücke, die ich selber am höchsten gehalten, die hat auch er gelobt, und über die Schweiz hab' ich schnell wegblättern wollen, aber grad' dadurch hab' ich es verpatzt.
Ich hab' gestehen müssen, daß ich die Taube vertauscht hätte. Meine Mutter hat gleich die Hände gerungen, sie war so; vielleicht hat sie auch nur vor dem Onkel Angst gehabt, daß jetzt seine Gunst verscherzt wäre. Der Onkel selber war gar nicht so betroffen, er hat sogar die Mutter beruhigt, Tauschen sei nun einmal die Haupt-

sache beim Briefmarkensammeln, und zu mir hat er gesagt, ob ich eine Ahnung gehabt hätte, was das Täuble wert gewesen wäre? Und ich sollte ihm einmal zeigen, was ich dafür gekriegt hätte.
Ich zeigte ihm auch eifrig die zwanzig Übersee und die drei Panama und die zwei Neuseeland. Da ist er immer finsterer geworden und hat gesagt: »Ist das alles?« Ich hab' in der Angst noch ein paar dazugeschwindelt; aber weit bin ich nicht gekommen, das Lügen ist mir rot bis unter die Haare gestiegen.
»Seit dreißig Jahren«, hat daraufhin mein Onkel ganz feierlich gesagt, »seit dreißig Jahren habe ich keine Briefmarke mehr angeschaut. Aber so viel verstehe ich noch, daß entweder du ein Chaib bist, dem man das Album sollte um den Grind schlagen, statt dir gute Marken zu schenken, oder daß der ein Erzgauner ist, der dir mit ein paar Hottentotten- und Chinesenfetzen eine biedere, ehrenfeste und christliche altschweizerische Taube aus dem Schlag geschwindelt hat.«
In meiner Angst habe ich das Dümmste gesagt, was ich in dem Augenblick hätte sagen können. »Onkel«, hab' ich gesagt, »wahrscheinlich ist es bloß ein Neudruck gewesen.«
Daraufhin ist mein Onkel aufgestanden und angetreten wie zum Rütlischwur: »Wer das gesagt hat, der gehört mir! Hab' ich dir nicht geschrieben, du Zwiebelkopf, du froschäugiger, daß die Marke noch von deinem Großvater stammt, und da läßt sich der Narr einreden, das wäre ein Neudruck? Den Schurken nenne mir, den Lausbuben, der die Frechheit gehabt hat, dir das einzuspucken!«
Der Onkel ist offenbar des Glaubens gewesen, es handle sich um einen Mitschüler. Er schimpfte lange und saftig, dabei verfiel er immer mehr in die heimatliche Mundart, knurrte und ächzte, daß ich kaum mehr verstand, was er wollte.

Jedenfalls bin ich froh gewesen, daß er von der blanken Frage, wer es gewesen ist, sich in das Dickicht allgemeinen Raunzens verloren hatte und dort herumstampfte und trompetete wie ein Elefant.
Genau so ist er anzuschauen gewesen, der riesige, starkknochige Mann, wie er graubärtig, die Hände im Bart, herumgestapft ist, grauhaarig, grau angezogen, mit riesigen Füßen. Es hat mir nichts geholfen; er ist wieder aus dem Dickicht heraus, mit kleinen, listigen Augen auf mich zu: »Wer ist es gewesen?«
Ich habe es dann gesagt. »Der Herr Notar Perlmoser«, habe ich gesagt, und mir ist gewesen, als wäre damit die ganze Verantwortung aus dem knabenhaften Bereich hinaufgehoben zu den Erwachsenen. Mir ist auf einmal ganz leicht gewesen; ich habe mir gedacht, der Onkel wird jetzt still sein oder wird sagen, ›da ist dann nichts zu machen‹, denn wie sollte einer was gegen den Notar Perlmoser unternehmen, wegen eines Buben wie ich und wegen einer Briefmarke?
Der Onkel ist auch still geworden; aber ganz anders still, wie ich mir das erwartet hatte. Unheimlich still ist er geworden. »Perlmoser?« hat er gesagt, »Perlmoser?« Und es ist gewesen, als ob das Feuer einer ganz fernen Vergangenheit in ihm aufglühte. »Ist das nicht so ein Spitzbärtl, so ein Bocksgesicht, so ein gelbhäutiges?«
Es war der Notar Perlmoser: ein gelbhäutiges, spitzbärtiges Bocksgesicht.
Es muß eine alte Rechnung gewesen sein, die der Onkel in diesem Augenblick aus seiner Erinnerung hervorgezogen hat, eine, bei der er es noch nicht verschmerzt hat, daß sie ihm nicht bezahlt worden ist.
Er hat am andern Tag weiterfahren wollen, aber er ist geblieben; er hat die alte Rechnung in Ordnung gebracht.
Von dem, was jetzt gekommen ist, habe ich damals nicht viel verstanden. Ich habe nur gespürt, daß ein Krieg

ausgebrochen ist zwischen zwei erwachsenen Männern und daß die Taube bei Gott keine Friedenstaube gewesen ist.
Der Onkel hat mir die Marken abgenommen, die ich für das Stück eingetauscht hatte. Er hat sie in einen Brief getan und durch einen Boten dem Notar schicken lassen.
Ob nun der Brief, den er geschrieben hat, unannehmbar war, oder ob der Notar, im Vertrauen auf sein Recht und von dem Besitzwahn verblendet, sich unnachgiebig gezeigt hat, kann ich nicht sagen. Juristen, die sich in allen Kniffen des Rechts auskennen und die im Fall eines Prozesses der Anwalt nichts kostet, sind ja oft hartnäckiger als andere Menschen. Es kann aber auch sein, daß das Schicksal selber den alten Mann zum Kampf stellen wollte, zu einem Kampf – das sei gleich gesagt –, der sein letzter gewesen ist und in dem er keinen Sieg davongetragen hat.
Jedenfalls hat der Notar unter Hinweis auf das Bürgerliche Gesetzbuch die Marken sofort zurückgeschickt und erklärt, der Tausch bestehe zu Recht. Der Paragraph, auf den er sich gestützt hat – ich habe ihn später selbst genau nachgelesen –, der Paragraph hat geheißen, daß Verträge mit Minderjährigen gültig sind, wenn der Minderjährige die vertragsmäßige Leistung mit Mitteln bewirkt, die ihm hierzu oder zur freien Verfügung von gesetzmäßigen Vertretern oder mit deren Zustimmung überlassen sind.
Der Onkel, der ja nicht länger hat dableiben können, ist zu einem jungen Rechtsanwalt gegangen, der recht wenig zu tun gehabt hat und der nichts lieber tat, als dem Notar scharf auf den Leib zu rücken. Die schweizerische Marke ist amtlich geschätzt worden und die zwanzig Übersee auch, und der Anwalt hat mich ausgefragt. Und wie er die Geschichte mit dem Neudruck

gehört hat und daß ich für den Fall, daß es einer wäre, noch meine fünf besten Marken hätte versprechen müssen, hat er gesagt, das wäre eine arglistige Täuschung und strafrechtlich verfolgbar.
Und es ist ein Rattenschwanz von Prozessen geworden; aber der alte Fuchs war gar nicht so einfach zu fangen.
Der Onkel ist längst wieder abgereist gewesen, aber der Anwalt hat ihm immer schreiben müssen, wie die Sache steht.
Für mich war das eine böse Zeit, und ich habe mich vor einer Begegnung mit dem Notar oder auch nur mit seinem Sohn Otto gefürchtet wie vor dem höllischen Feuer.
Die ganze Stadt, groß ist sie ja nicht gewesen, hat den Atem angehalten vor diesem Kampf, der im Finstern geführt worden ist, in Amtsstuben, Aktendeckeln und giftigen Briefen hin und her.
Die Besonnenen haben den Kopf geschüttelt, wie ein alter Mann in Amt und Würden alles auf das Spiel setze um eine Briefmarke. Aber es war ja längst nicht mehr die Taube im roten Feld, um die es gegangen ist, sondern es war eben der Krieg zwischen zwei Männern, die siegen wollten und den andern in die Knie zwingen.
Es hat auch nicht an Stimmen gefehlt, die scharf gegen uns gewesen sind und gegen meinen Onkel, der da herkommt und Schmutz wirft gegen einen würdigen Herrn, den man sein Steckenpferd in Ruhe hätte reiten lassen sollen. Aber dagegen sind dann die andern aufgestanden, und die Gerüchte sind dazugekommen, er hätte meine, ja meines Großvaters wertvolle Sammlung ausplündern wollen, viele tausend Mark wären die Briefmarken wert gewesen und nur, weil mein Onkel zufällig gekommen sei, hätte er dem alten Habgierigen sein Handwerk noch legen können.
Auf einmal haben mehrere Eltern die größte Anteilnahme an den Sammlungen ihrer Kinder genommen

und nachgeprüft, ob und welche Geschäfte sie mit dem Notar gemacht hätten.

Und der alte Herr – wie tut er mir heute noch leid, der heillose, fanatische Sammler, der Markenjud, der listige Lächler, der selige Hamsterer, der da zum fauchenden Fafner geworden ist – ja, der alte Herr hat plötzlich einen, zwei und wer weiß wie viele häßliche Briefe gekriegt mit den dümmsten und unverschämtesten Rückforderungen; vielleicht waren auch gerechte und höfliche dabei, aber der Mann war nun einmal wild und halsstarrig, er hat nicht eine Marke hergegeben, nicht einen Quadratzentimeter ist er gewichen. Er hat um sich geschlagen, bös und treffend, dann immer ungeschickter, ohne Rücksicht auf die Stimmung, die sich gegen ihn breit gemacht hat.

Er hat weder seinen möglichen Sieg noch seine endgültige Niederlage mehr erlebt. Jedenfalls waren wir kurz vorher von dem Anwalt, dessen hundescharfer Eifer mir lang schon gegen den Strich ging – er hatte dabei und im Gegensatz zu dieser Schärfe etwas Karpfenartiges, sogar wenn er einem die fischfeuchte, kalte Hand gab –, jedenfalls also waren wir kurz vorher von dem Anwalt dahin verständigt worden, er werde den widerspenstigen und halsstarrigen Bock schon klein kriegen, den Zivilprozeß würde der sicher verlieren, nötigenfalls würde er, der Anwalt, sogar vor einer strafrechtlichen Verfolgung nicht zurückschrecken – drei Tage drauf kommt mir meine Mutter, wie ich so von der Schule heimträllere, an der Tür entgegen: der Notar Perlmoser ist tot, der Schlag hat ihn getroffen, mittags, vor dem Essen; inmitten seiner Briefmarken ist er in seinem Zimmer gefunden worden.

Meine Mutter ist eine stille und zarte Frau gewesen; sie hat schwer an diesem Tod getragen, und den ganzen Abend haben wir an dem Schicksal herumgedreht und

nachträglich geforscht, wie wir es hätten wenden können, vielleicht mit mehr Liebe, vielleicht durch einen Besuch, vielleicht durch eine List. Aber wenn erwachsene, zähe und einander verhaßte Männer gegeneinander anrennen, was könnten da eine Frau und ein Kind dazwischen tun? Trotzdem, das Gefühl einer Schuld haben wir gehabt, meine Mutter und ich. Und es ist nicht kleiner geworden, wie am andern Tag ein eingeschriebener Brief gekommen ist, mit der gedruckten Todesanzeige: »Gott dem Allmächtigen hat es gefallen, unsern inniggeliebten Gatten und Vater, Herrn Justizrat Karl Borromäus Perlmoser, königlichen Notar, Ritter hoher Orden, unerwartet und schnell im Alter von einundsechzig Jahren abzuberufen...« und daran geheftet, sorgfältig in ein Tütchen gelegt, wie es die Markensammler haben, die weiße Taube im roten Wappen, mit vergißmeinnichtblauem Rand, zweieinhalb Rappen der Stadtpost Basel in der Schweiz. Und sonst nichts, keine Entschuldigung und keine Anklage.
Der Anwalt, arg enttäuscht, daß ihm sein sicherer Sieg also entrissen war, hat uns wichtigtuerisch darauf hingewiesen, daß wir jetzt die seinerzeit eingetauschten Marken zurückgeben müßten und sich erboten, dieselben gleichfalls eingeschrieben und mit einem entsprechenden Begleitbrief an die Witwe zu senden. Meine Mutter aber, einer besseren Regung ihres Herzens folgend, nahm mich bei der Hand, und wir gingen, denselben Nachmittag noch, in das große kühle Haus hinüber, das ich so lange nicht betreten hatte und das jetzt in allen Gängen nach Weihrauch roch. Die Witwe, die uns erst, wie wir durch die Tür hatten hören müssen, heftig hatte abweisen lassen wollen, kam, plötzlich anders gesinnt, in das Empfangszimmer herüber und umarmte, in einem jähen Begreifen solch tapferen Besuches, meine Mutter unter Tränen.

Die beiden Frauen waren sich rasch darüber einig, daß der verderbliche Starrsinn und – wie besonders die Andeutungen der Witwe vermuten ließen – eine alte Feindschaft den unnachgiebigen Kampf verursacht hatten. Die Frau, die sich aus den Marken nichts machte, wies nicht nur das Päckchen, das wir ihr boten, mit einem müden Lächeln zurück; sie lud mich sogar ein, später einmal zu kommen und mich für die mancherlei Unerquicklichkeiten, die die tragische Geschichte wohl auch für mich gehabt hätte, durch einen herzhaften Griff in die Dublettenschachtel zu entschädigen.
So oft mich aber auch die Lust nach solcher Bereicherung ankam, ich habe es nie über mich gebracht, noch einmal hinzugehen.
Das Briefmarkensammeln habe ich bald hernach aufgegeben, trotz der vielen und oft raren Stücke, die mir der Onkel aus Bern noch geschickt hat. Er hat sie, glaube ich, sogar heimlich gekauft, denn einmal habe ich mit der Lupe die Reste einer Ziffer entdeckt; aber er hat mir den bitteren Geschmack nie mehr versüßen können. Er selber hat über die Angelegenheit keine Zeile mehr geschrieben; ich habe aber gehört, später, nach seinem Tod, daß er damals auf die Nachricht von dem jähen und ungewissen Ende seines Widersachers gesagt haben soll, nun habe der zuerst so säumige Schuldner plötzlich zu viel gezahlt, und das nur, um ihn wiederum zu treffen, weil er nun nichts mehr zurückgeben könnte. Und vielleicht wäre es besser gewesen, er hätte die unbeglichene Rechnung nicht nach dreißig Jahren noch einmal vom Schicksal vorgelegt bekommen.
Meine Briefmarken habe ich als Student verkauft, weil ich Geld gebraucht habe und zufällig an einen Sammler geraten bin, der mir keine Ruhe mehr ließ. Ich habe mich nicht mehr so übertölpeln lassen wie damals, aber das bessere Geschäft hat sicher der andere gemacht. Die

Taube wollte ich ursprünglich herausnehmen und, nicht als Briefmarke, sondern als ein Art Votivtäfelchen zurückbehalten. Aber da habe ich in den Augen jenes Sammlers die gleiche grünliche Begierde flammen sehen, wie seinerzeit in denen des Bocksgesichtes. Und er hat dieselben, nur den anderen Umständen angepaßten Beschwörungen, Ausflüchte, Lockungen und Bedrohungen auf mich losgelassen, daß ich hilflos gewesen bin wie damals als Knabe vor dem gelbhäutigen, listigen und wahnwitzig begierigen Notar Perlmoser. So habe ich denn die Marke aufs neue in den gefährlichen Dunstkreis der Sammler geschickt, jener lächerlichen und bedauernswerten Narren, die ihr Geld, ihr Ansehen, gar ihr Leben lassen für ein irdisches Ding, für ein Stückchen Papier, anderthalb Zoll im Geviert.

Von jenem Sammler hörte ich übrigens unter vielen bitteren Wehklagen und Verwünschungen – denn er hatte nicht teilgehabt an dem Segen oder nur spärliche Reste noch auffangen können – von dem unrühmlichen Ende der gewaltigen Sammlung des Notars Perlmoser. Sein Sohn Otto, ohnehin ein spätes und schwieriges Kind, war bald den führenden Händen seiner Mutter entglitten. In ein Institut gebracht, hatte er damals die Schätze seines Vaters geplündert, um sich durch den Verkauf wertvollster Marken um ein Spottgeld die Mittel zu einer abenteuerlichen Flucht zu beschaffen. Er war jedoch in dem Augenblick erwischt worden, wie er bei Mondenlicht seinen Erlös auf der Bettdecke zählte. Damals, so berichtete mein Gewährsmann, hatte man die Kostbarkeiten wieder zusammentragen können, wenngleich er überzeugt war, mit neidischer Erbitterung überzeugt, daß eine Reihe von Mitschülern ihren bedeutenden Raub auf die Seite gebracht hatten. Später aber, und erst vor Jahresfrist, hatte der ungeratene

Sohn den gesamten Bestand ohne viel Federlesens verschleudert.
Es sind Stücke dabei gewesen – der Mann hat gezittert, wie er es mir erzählt hat –, Stücke, die in Jahren nicht wieder auf den Markt kommen. Ich habe einen Teil davon gesehen, hat er gewimmert; aber was heißt schon sehen, bei einem großen Händler unerschwinglich! Altdeutschland, Österreich, England, die Schweiz, lückenlos, lückenlos!
»Die Schweiz?« frage ich, wie beiläufig, und er sagt: »Bei der Schweiz hat eine einzige Marke gefehlt, merkwürdigerweise, eine seltene Marke, die Basler ...« Und er besinnt sich, daß es die weiße Taube im roten Feld ist, die er soeben von mir kaufen will, und er löscht alle Lichter auf seinem Gesicht und sagt: »Eine seltene eigentlich nicht, im Verhältnis eine belanglose Marke ...«
›Wenn du eine Ahnung hättest‹, habe ich mir gedacht, und einen Augenblick habe ich geschwankt, ob ich ihm die Geschichte erzählen soll von der Marke, um die der alte Notar sein Leben gelassen hat und die vielleicht den Untergang, den schmählichen Untergang seiner ganzen, in einem halben Jahrhundert mühsam, listig und arglistig zusammengescharrten und -geschacherten Sammlung nach sich gezogen hat. Aber ich habe dann doch geschwiegen.
Man soll die irdischen Dinge, und wenn es nur kleine Briefmarken sind, nein, man soll die toten Dinge nicht lebendig und nicht noch dämonischer machen, als sie es ohnehin schon sind.

DAS GESPENST

Meines Vaters Vater habe ich nicht gekannt. Er war schon lange, und unter den traurigsten Umständen, gestorben und hatte seine Frau, also unsere Großmutter, als Witwe mit sechzehn Kindern zurückgelassen. Von ihnen war mein Vater der zweitjüngste, drei Jahre alt vielleicht damals; der kleinste aber lag noch im Wikkelkissen, das war unser Onkel Dietrich, von dem diese Geschichte handeln soll. Denn die vielen andern Geschwister des Vaters müssen wir hier aus dem Spiele lassen; jedes hatte sein eigenes Schicksal, und es war manches wunderliche und schwere darunter, das eines eigenen Berichtes wert wäre. Sie haben sich später in alle Welt zerstreut, viele kenne ich nur vom Hörensagen. Aber, als ihr Vater starb, waren sie noch alle beisammen, während der Ferien wenigstens, in der kleinen Stadt, in der ihre Mutter geblieben war, um von bescheidener Rente und schmalem Nebenverdienst zu leben und die Kinder zu versorgen, die da und dort untergebracht waren, in ganzen und halben Freistellen; der älteste aber, der Onkel Paul, verließ gerade die Universität, als der Jüngste, eben unser Dietrich, die ersten Schritte tat. Es muß ein seltsamer Anblick gewesen sein, wenn die Großmutter mit ihrer Kinderschar im Sommer über Land ging, mit erwachsenen Söhnen und hübschen Töchtern, halbwüchsigen Buben und Mädeln und den Kleinen hinterdrein. Und der letzte war immer der Onkel Dietrich, der heulend, weit zurück auf der staubigen Landstraße stand und brüllte: »Mama, Durst!« Dies wußte er in allen Tonarten zu jammern oder auch gewalttätig, mit zornigen Fäusten, hervorzustoßen und die älteren Geschwister neckten ihn, er müsse ein Bierbrauer werden, da könnte er seinem Leiden am leichtesten abhelfen; denn ein Bräuer sei noch nie verdurstet.

Er ist auch richtig einer geworden, nachdem er zum zweitenmal in der Lateinschule durchgefallen war und damit seinen Freiplatz verloren hatte.

Als wir, mein Bruder Wilhelm und ich, heranwuchsen und den Onkel Dietrich zum erstenmal kennenlernten, war er Bräumeister in dem Markte Halfing am Inn, weit weg von München, nach unseren Begriffen damals und der Seltenheit seiner Besuche, auf die wir uns in wachsendem Maße freuten; wir wußten ja nicht, daß er weit öfter gekommen wäre, wenn er sich nur erwünschter hätte fühlen dürfen. Er war aber von den Eltern nicht gern gesehen; und wenn mein Vater mitteilte, für morgen habe sich sein Bruder Dietrich angesagt, dann schaute er die Mutter ein wenig schüchtern an, und wir sahen, wie sie kalt und abweisend wurde und, sorgenvoll und verächtlich zugleich, raunte: »Schon wieder?!« Wir wußten das nicht zu deuten, denn es war uns natürlich verschwiegen worden, daß des Onkels Besuche nicht so sehr uns galten, als den Anliegen, die er immer hatte, Geldforderungen und Bürgschaften und dergleichen unerquickliche Dinge.

So war unsere Freude, der Verdüsterung der Eltern zum Trotz, ungetrübt, und wir spitzten schon die Ohren, ob der brummige Bärenbaß des Onkels und sein schwerer Tritt nicht die Treppen heraufkäme und mit schauerlichem Entzücken bebten wir dem grausamen Händedruck entgegen, mit dem er uns zu begrüßen pflegte. Es war ausgemachte Ehrensache, sich keinen Schmerz anmerken zu lassen, auch wenn einem das Wasser in die Augen dabei schoß. Denn wehe, wenn wir diese erste Männerprobe nicht bestanden hätten! Das war ja wohl das Geheimnis, das von ihm ausging, daß er uns ein Mann schien, wie ihn Buben sich erträumen, ein Tausendsassa obendrein, voller Kniffe, Schabernack und Kunststückchen, lustig wie ein gezähmter Affe, dem er wohl auch ähnlich sah, mit niederer Stirn, breiten Kinnbacken, mächtigen Schultern und langen haarigen Armen; das Gefährlichste aber und Erstaunlichste waren seine Hände, ungeschlachte, hornhäutige Pranken, in denen nicht nur unsere Kinderhändchen, sondern auch des Vaters feingliedrige Schreiberfinger wie in Zangen lagen, von der Mutter gar nicht zu reden, die sich beharrlich weigerte, ihre Hand der seinen anzuvertrauen. Der Onkel schwur dann, im Ernst halb und halb im Scherz, er werde ihr nicht wehe tun. Hielt sie dann zögernd die Finger hin, so ergriff er sie behutsam; aber sei es, daß er gar kein Maß seiner Kraft mehr kannte oder daß er doch ein tückischer Teufel war, die Mutter schrie plötzlich: »Auslassen!« und ging wütend davon, der Onkel aber lachte plump, schüttelte den Kopf und schaute wie mißbilligend seine mächtige Pratze an, als hätte die ihm, wider Willen, einen Streich gespielt.

Mit uns Buben aber trieb ers weit ärger. Es gab da recht grobe Spiele, wie »Knöchelwetzen«, »Handschuhe anmessen«, »Batzeln« oder »Fingerhackeln«, und wenn er uns bis aufs Blut geschunden hatte, wollte er, wie er mit harmlosem Lächeln sagte, auch selber sein Teil leiden. Er nahm ein Geldstück in die Faust und erlaubte uns, scharfe Waffen ausgenommen, jedes Mittel, sie ihm aufzubrechen. Wir drückten und stemmten, wir bissen und kratzten, ja wir holten den Hammer und schlugen darauf: die Faust wich nicht einen Zoll. Der Onkel grunzte ein hämisches Lachen dazu, das uns maßlos erbitterte. Er gab uns höhnische Anweisungen, wie wirs machen müßten und wirklich, Finger um Finger löste sich bis auf e i n e n. Der aber hielt den Groschen wie eingewachsen, und eh wirs uns versahen, war die Faust wieder zugeschnappt und unsere bohrenden Finger waren in der Falle. Demütig mußten wir um unsere Freiheit bitten.

Ein Dutzend Arten, Nüsse aufzuknacken, wußte Onkel Dietrich; er eiferte uns an, es ihm nachzutun und weidete sich an unserm Schmerz, bis unsere Mutter ihn einen alten Kindskopf oder selbst einen Lackel schalt und dem grausamen Spiel Einhalt gebot. Ihr waren freilich auch seine andern Späße nicht geheuer, an denen wir Buben uns nicht satt sehen konnten. So zog er mit einem einzigen Ruck das Tischtuch unter Flaschen, Tellern und Besteck fort, wußte Weingläser durch beharrliches Reiben singen zu machen, bohrte glühende Zigarren in die neuen Mundtücher und lachte dröhnend, wenn wir alle vor Schreck erstarrten und, wie er höhnte, auf den alten Witz wieder hereinfielen: blütenweiß war das Tuch geblieben. An solchen Zaubereien schien er unerschöpflich und er legte immer neue Proben seiner Kunst ab; jedenfalls stand seine Aufführung während des Essens im graden Gegensatz zu den guten Lehren, die wir sonst über das Benehmen bei Tisch zu hören bekamen. Die Mutter sah ängstlich drein, immer einer neuen Bosheit gewärtig, der Vater lächelte nachsichtig; wir zwei Buben aber gerieten in einen wahren Rausch des Entzückens und feuerten den unvergleichlichen Onkel an, noch gewagtere Scherze zum besten zu geben, worum er sich denn auch nie lange bitten ließ.

Das Glanzstück seiner reichen Auswahl aber, das er sich nur zu bieten getraute, wenn er die Eltern ungewöhnlich milde und aufgeräumt fand, war, tot vom Stuhle zu fallen oder vielmehr, ganz geräuschlos und langsam, steckensteif auf den Boden zu gleiten.

Das war nun ein wunderliches Vergnügen, den schweren Mann, der sich nicht rührte, ja, der wie hartgefroren dalag, mit allen Kräften und Listen zu bearbeiten, ob es wirklich nicht gelänge, ihm einen Arm oder ein Knie

abzubiegen oder auch nur den Kopf zu verrücken. Aber der Onkel, die eisernen Muskeln gestrafft, widerstand allen Anstrengungen, und selbst unser Vater, der sich ins Spiel mischte, vermochte gegen den starken Bruder nichts auszurichten. Ja, er zersprengte sogar, bei einem letzten Versuch, seinen neuen, teueren Rohrstock, als er ihn zwischen die Knie des Erstarrten zwängte, um ihm so wie mit einer Brechstange die Beine zu spreizen.
Die Mutter schalt Gatten und Schwager alte Esel, der Vater sah kleinlaut und bestürzt auf das zerspellte Rohr, gegen dessen Ankauf er jahrelang, aller Sehnsucht, solch ein Ding zu besitzen, zum Trotz, Einspruch erhoben hatte. Erst im verwichenen Winter hatte er ihn, fast zu Tränen gerührt, unterm Weihnachtsbaum gefunden. Gerade die unbegrenzte Hochachtung vor dem kostbaren tropischen Gewächs hatte ihn zu solchem Mißbrauch verleitet; denn er war der Überzeugung gewesen, ein solcher Stock müsse unzerstörbar sein. Onkel Dietrich, der auch diesmal in sein polterndes Gelächter ausbrach, erhob sich behende. Die Mutter, von des Vaters Schmerz erst jetzt ganz durchdrungen, da sie ihn noch immer ratlos das geknickte Rohr in den Händen drehen sah, rief erbittert, was es da dummes zu lachen gebe, der ganze Mensch gehe ihr auf die Nerven, er sei ein Erznarr, wo ihn die Haut anrühre, und ihr Bedürfnis nach seiner Gegenwart sei nun für eine Weile gedeckt. Mit welchen Worten sie, nahe am Weinen, aus dem Zimmer stürzte. Sie ließ uns alle, auch den Onkel, betreten zurück; mein Vater aber faßte sich als erster und sagte, gerecht wie immer, es sei schließlich einzig seine Schuld gewesen, was habe ihn denn auch der Satan reiten müssen, seinen teuren Stock an einem solchen Klotz zu erproben. Doch schien es, als sei ein gutes Stück Glauben an die Gediegenheit der Welt ihm damit verloren gegangen. Das Tote-Mann-Spiel war aber seitdem aus der

Liste des Onkels gestrichen, und selbst wir Buben hätten nicht gewagt, ihn fernerhin darum zu bitten. Die einzige Stelle, wo der von uns so seltsam geliebte böse Dietrich – meine Mutter nannte ihn nie mehr anders – sterblich schien, waren seine Augen. Er sah schlecht und trug eine altmodische, billige Stahlbrille mit dicken Gläsern. Wenn es uns bei den grimmigen Gefechten gelang, sie ihm von der Nase zu stibitzen, ohne daß er uns rechtzeitig in seine Eisenfäuste bekam, dann war es um ihn geschehen. Doch wurde schon bald ein förmlicher Vertrag geschlossen, in dem wir auf dieses Kampfmittel verzichteten, gegen das Versprechen, daß er unverzüglich von uns ablassen müßte, sobald wir das Zauberwort »Schnipp!« ausrufen würden und daß erst auf »Schnapp« das Handgemenge wieder einsetzen dürfte. Wir wußten uns nun mit wohlangebrachten Schnipps und Schnapps weidlich gegen den verwirrten Onkel zu wehren, sofern wir nicht, was bei seinen groben Griffen nicht ausbleiben konnte, vor lautem Wehgeheul kostbarste Augenblicke versäumten, ehe wir das erlösende Wort über die Lippen brachten.

Übrigens hat sich Onkel Dietrichs Augenleiden später wesentlich verschlimmert, wie er denn überhaupt ein unrühmliches Ende gefunden hat. Der Arzt, den er zu Rate zog, sagte ihm rund heraus, daß er, wenn er das viele Trinken nicht aufgebe, wohl gar erblinden müsse; der Onkel aber meinte, dann solle man halt den Dingen ihren Lauf lassen, gesehen hätte er auf der Welt schließlich genug, aber getrunken noch lange nicht. Das ist eine verbürgte Geschichte aus der Zeit seines Verfalles, als er schon längst den Krebsgang gegangen war und als Bräuknecht in der Traunsteiner Gegend kümmerlich sein Brot verdiente, einsam, schrullig und unzugänglich; und auch von uns, zu unserer Schande sei's gesagt, recht verlassen und vergessen.

Damals aber war der Onkel noch in Kraft und Saft, noch ein guter Dreißiger, was freilich für uns zehn- und elfjährige Buben genug war, um in ihm einen alten Mann zu sehen, zumal er sich inzwischen einen rötlichen Schnurrbart hatte heranwachsen lassen, buschig wie der Schwanz eines Eichkaters. Es war eine Lust, daran zu zupfen, in gruseligem Entzücken des immer wieder überraschenden Augenblicks gewärtig, in dem der Listige, aus der scheinbar behaglich schnurrenden, aber doch nur lauernden Ruhe fauchend, mit schnappendem Gebiß nach unsern zitternden Händen fahren würde.

Mit den Eltern war Onkel Dietrich soweit wieder ausgesöhnt, daß er bei nächster Gelegenheit, wohlweislich zu guter Stunde und unverzüglich von unserm Jubelgebrüll unterstützt, den Vorschlag machte, wir Buben sollten die kommenden Osterferien bei ihm in Halfing verbringen. Die Mutter schlug es rundweg ab, unserm Betteln zum Trotz oder vielleicht gerade gewarnt durch diese wilde Lust, die uns jetzt schon außer Rand und Band brachte. Der Vater verschanzte sich hinter dem Vorbehalt, es müsse sich erst zeigen, ob unsere Noten derart ausfallen würden, daß uns ein solches Vergnügen zustehe. Der Onkel aber führte ins Feld, daß es nicht so sehr sein eigener Wunsch sei, uns in Halfing zu haben, als der seiner Frau Sabine, unserer Tante also, von der wir bisan mit keiner Silbe etwas gehört hatten.

Wir fragten auch jetzt nicht nach ihr, denn es schien uns ja ausschließlich wichtig, zum Onkel Dietrich aufs Land zu kommen; da mochte die Tante sein, wie sie wollte. Erst am Abend, als wir mit unserer Mutter allein waren, holten wir sie ein bißchen aus; aber aus den Antworten wurden wir nicht gar klug. Es sei, sagte die Mutter, eine recht liebe Frau, viel zu gut und auch zu zu hübsch für den bösen Dietrich.

Leider hätten sie keine Kinder, und so müsse sie, die Großstadtverwöhnte, in dem schäbigen Nest so recht einsam und verlassen dahinleben. Darum sei es auch nicht ausgeschlossen, daß wir, um ihrer Fürbitte willen und beileibe nicht, um dem Onkel oder gar uns Taugenichtsen eine unverdiente Freude zu machen, am Ende doch nach Halfing fahren dürften.
Und wirklich reisten wir am Schmerzhaften Freitag, vor Palmarum, am Tag des Schulschlusses, gleich nach dem Mittagessen, nach Halfing. Unsere Noten waren erbärmlich gewesen; die Eltern zeigten sich bei Tisch tiefbekümmert, von jener edlen Hoffnungslosigkeit, die ihre Wirkung auf unsere im Grunde doch weichen Gemüter auch diesmal nicht verfehlt haben würde, wenn wir nicht das große Abenteuer so greifbar vor uns gesehen hätten. So duckten wir uns auf unsere Teller, ließen den schmerzlichen Tadel über uns ergehen und gaben zerknirscht zu, daß es so brave Eltern, die Böses mit Wohltaten vergelten, kaum ein zweitesmal auf der Welt gäbe. Und beeilten uns, diesen besten aller Eltern aus den Augen zu kommen.
Oft genug waren wir, seit frühester Kindheit, sommers aufs Land gefahren, und auch allein zu reisen war uns nichts Ungewohntes mehr. Und doch schien uns diesmal Weg und Ziel bedeutungsvoller, erregender. Frühling drängte zart und mächtig dem fahrenden Zug entgegen, der mit ungeheurem Atem, bei offenen Fenstern, die starke, von allen Würzen des Waldes und Feldes erfüllte Luft in sich sog. Unsere Haare flatterten, der weiche und doch stürmische Anprall klatschte gegen unsere Gesichter, preßte sich in unsere Lungen; wir standen, halb hinausgebeugt, und waren berauscht. Nie war der Himmel leichter und blauer, nie waren die Wiesen schwerer und grüner. Die Berge glänzten, locker von neuem Schnee.

Alles war überraschend, als sähen wir es zum erstenmal; Raben und Rehe, Hühner und Hasen, Kinder, die aus fettgrünen Bauerngärten uns große Buschen von Schneeglöckchen entgegenhielten, Seidelbast, der aus braundürrem Wald, zum Greifen nah, leuchtend herüberblühte.

Durch all diese Wonnen hindurch aber schlug die Erwartung des Onkels. Wenn er schon, in der Fremde gewissermaßen, ein solcher Zauberer gewesen war, wie großartig mußte er in seinem eignen Reich sich offenbaren, von niemandem gehemmt, mit allem Rüstzeug für seine Schnurren versehen. Und die Tante? Wie würde die Tante Sabine sein? Ich sah, daß sich mein Bruder Wilhelm keine besonderen Gedanken darüber machte. Ich aber hatte eine tiefe Scheu vor allem Unbekannten, ich war empfindlich gegen den Dunstkreis fremder Menschen, ihre Lebensart, ihre Behausung. Und wußte nicht, ob ich, zwei Wochen lang, dort mit Behagen essen und wohnen würde.

Dieser Sorge, die vielleicht mancher einem zehnjährigen Buben nicht zugestehen möchte, die aber immer stärker wurde, je näher wir unserm Ziel kamen: dieser Sorge also sah ich mich bald aufs angenehmste überhoben, als wir am späten Nachmittag in Halfing dem Zug entstiegen und schon enttäuscht und unsicher, da weit und breit kein Onkel war, um uns blickend, von einer wohlgekleideten, schmalblassen Frau angesprochen wurden mit eines Engels Stimme, wie mir schien: wir wären doch gewiß die zwei Buben, die zum Bräumeister wollten; nun, sieh da, und da sollten wir nur gleich mit ihr kommen, denn sie sei die Tante Sabine; der Onkel aber sei gerade im Sudhaus beschäftigt.

Mit diesen Worten winkte sie einen alten, verwitterten Mann heran, der wortlos unsern Koffer ergriff und davontrug.

Von Halfing sahen wir fürs erste nicht viel. Der Markt lag auf dem Rücken eines Hügels, aber breit stand davor die Stirnseite des alten Klosters, in dem auch die Brauerei untergebracht war, deren wunderliche, mit Eisenhauben und Klappen versehene Schlote uns Tante Sabine zeigte, während wir auf einem Fußpfad bergauf gingen. Das Übermaß der Eindrücke verwirrte uns. Veilchen am Wege, das weißgrüne Aufblitzen des Innflusses in den noch winterbleichen, kaum angegrünten Auen, der Blick in die Berge, der Fund einer großen, noch eingekapselten Schnecke im mosigen Hang, kurz, alle Nähe und Ferne, blitzschnell erfaßt, wieder losgelassen, in der fröhlichen Gewißheit, es morgen schon und dann für viele Tage fester ergreifen zu dürfen: das Kleinste wie das Größte bestürmte unser Herz. Und so gingen wir mit der Frau, die im ersten Blick unser Vertrauen gewonnen hatte, die wenig sprach, aber ihre guten, schönen und stillen Augen auf uns ruhen ließ, den Steig hinauf. Wir kamen durch den Friedhof, der sonnenwarm, im ersten Blühen der weißen Kirchwand entlang lag, schritten durch einen gewölbten Gang und standen im Klosterhof. Die Tante ging voran durch ein prächtiges, freilich arg verwahrlostes Portal; drinnen war es kalt, steinerne Fliesen bedeckten den Boden des Treppenhauses, das uns übermächtig erschien, mit seinen bemalten Gewölben, seinen marmornen Säulen und den schweren, kunstreichen Gittern aus Schmiedeeisen. Unsere Schritte hallten.

Wir blieben aber zur ebenen Erde; die Tante schloß eine Tür auf und führte uns gerades Wegs in ein wohlgewärmtes Zimmerchen, darin schon der Kaffeetisch für uns gedeckt war. »Es ist ein bißchen eng hier«, sagte sie entschuldigend, »und das ist um so wunderlicher, als wir eigentlich Platz hätten wie die Erzäbte und Prälaten, die vor zweihundert Jahren hier gewohnt haben.

Aber leider haben wir die Buchenklötze und Fichtenscheite nicht mitgeerbt, die sie damals in ihre Kamine gesteckt haben. So müssen wir im Winter uns mit dem Dienerzimmer behelfen. Im Sommer freilich« – und sie sperrte eine schwere Eichentüre bei diesen Worten auf – »ja, im Sommer können wir leben wie die Fürsten; nur an Möbeln mangelt es ein wenig!«
Und sie ließ uns schnell, damit nicht zu viel Wärme entweiche, in einen gewaltigen Saal hinüberhuschen, dessen Boden kunstvoll mit farbigen Hölzern eingelegt war. Die Decke prangte in goldblassem Zierat, an den Wänden hingen, verwetzt, verblichen und zerschlissen, gelbseidene Tapeten. Vor den weiten Fenstern aber, deren Glas bläulich trübe und blasig war, stand der Frühling, brausendes Licht, wie vor Schleusen. Und wirklich, als die Tante ein Fenster auftat, brach er herein, mächtig wie Wassers Schwall den weiten Raum überschwemmend.
Was uns aber höchlichst verwunderte: daß wir, die wir doch nicht eine Stufe der Treppe erstiegen hatten, schwindelnd überm Rand der Brüstung hingen. Mit kräftigen Stützmauern war die Front des Klosters in den steilen Hang gegründet worden und wuchs aus der Tiefe empor.
Der Tante mochte es wohl besonderen Spaß machen, uns in die Irre zu führen. Sie schloß Tür um Tür auf, stieg Wendeltreppchen hinauf, und breite Stiegen hinunter, wir sahen völlig verwahrloste Zimmer im wunderlichen Prunk chinesischer Tapeten, mit Äffchen und Zwergen in einem bunten Rankenwerk, wir waren gänzlich verwirrt, als sie zuletzt, ein heimliches Tapetentürlein aufschiebend, in ein kleines, schlichtes und, sauberes Gemach uns wies, darin zwei Betten standen und, zu unserer Überraschung, auch unser Koffer schon auf einem Schragen lag. »Dies ist eur Stübchen«, sagte

sie, »es muß wohl die Zelle eines Mönches gewesen sein; aber sie wird schon für zwei solche Brüder langen wie ihr seid!«
Sie meinte, wir sollten unsere Sachen auspacken und tat, als wollte sie gehen. »Halt!« riefen wir wie aus einem Munde, und es zeigte sich, daß es unsere gemeinsame Sorge war, wie wir aus diesem Irrsal ohne unsern Schutzgeist wieder hinausfinden sollten. Auf solche Bestürzung aber schien es die schelmische Frau abgesehen zu haben, denn: »Nichts einfacher als das!« lachte sie, ging auf einen großen Schrank zu, öffnete ihn und ließ uns, zur äußersten Verblüffung, durch seine Flügel hindurch auf den Flur treten, durch den wir gleich anfangs die Wohnung erreicht hatten. Mit wenigen Schritten waren wir am gedeckten Kaffeetisch, wo wirs uns recht wohl sein ließen.
Die Tante fragte uns weder nach der Verwandtschaft sonderlich aus, noch wollte sie wissen, was wir für Noten heimgebracht hätten. Als sie merkte, daß uns die Stühle unterm Sitzfleisch heiß wurden, schickte sie uns fort, wir wollten einstweilen ein bißchen durch den Ort herumstampern, damit wir uns, je eher je besser, in unserer neuen Heimat zurechtfinden würden. Wir ließen uns das nicht zweimal gesagt sein und gingen auf Entdeckungsreisen.
Wir waren uns sofort darüber einig, daß Tante Sabine »fein« sei, höchster Ausdruck des Lobes in unserer Schülersprache. Und es war nicht mehr so ausschließlich der Onkel, bei dem wir eingeladen waren, sondern wir spürten neben seiner Welt eine zweite, völlig andere in uns mächtig werden. Als wir an einem Schuppen vorbeistreunten und gerade aufmerksam erforschten, ob auch ganz junge Brennesseln, wie sie dort wuchsen, schon stechen, hörten wir durch die Bretterwand ein Gespräch, das, so rätselhaft es klang, auf uns gemünzt

schien. Es würde wohl, sagte eine Alte-Männerstimme, jetzt wenigstens über die Feiertage besser werden, wo die Buben da wären. Und eine Frauenstimme seufzte, es sei ein Kreuz, daß zwei richtige Leute nicht zusammenfinden könnten. Als ob der Storch, fing der Mann wieder an, nicht der Bräuin einen solchen Bamsen hätte bringen können... Während ich all das ahnungsvoll auf die Andeutungen meiner Mutter bezog, mußte mein Bruder Wilhelm wohl nur undeutlich etwas von einem Storch gehört haben; denn stürmisch brach er, mich mit sich ziehend, aus seinem Versteck und fragte aufgeregt den Alten, der unsern Koffer gebracht hatte und der jetzt mit einer Magd zusammen im Schuppen herumwerkelte, ob es hier Störche gebe. Störche genug, meinte der Knecht pfiffig, bald würden sie aus Afrika zurück sein. Und wir sollten einen fangen für die Tante, die hätte die größte Freude daran.

Wir strolchten noch ein Weilchen im Umkreis des Klosters herum, standen im Hof staunend vor den großen Fässern, schauten in die Ställe zu Pferden und Kühen, fanden uns überall schon wie angemeldet: »Aha, ihr seid die zwei vom Bräu!« Hühnervolk und Taubenschlag, Truthahn und Pfau lockten uns in alle Winkel des weitläufigen Betriebes, Gänse sperrten uns zischend und flügelschlagend den Weg; auf schmalen Brettern, darunter die Jauche schmatzte und gurgelte, turnten wir über Misthaufen und Odelpfützen und standen nun an der Rückseite des Klosters, wo sich weithin, mit jungem, fettem Gras bestanden, der Apfelgarten dehnte. Nach links aber zogen sich an einer Fichtenhecke mehrere offene Pferche hin; Neugier trieb uns näher. Was als trockener Erdhaufen inmitten eines schwarz zerwühlten Morastes erschienen war, schwankte plötzlich, drei Schritte vor uns, schüttelte sich mit quietschendem Geheul, strampelte sich auf; ein unfaßbar gewaltiger und

schrecklicher Eber warf sich krachend gegen die Planken des Geheges und schaute uns böse aus kleinen Augen an. Noch nie hatten wir ein so riesiges Borstenvieh gesehen, wir zitterten vor Schrecken; aber da wir das Ungeheuer so wohl verwahrt hinter starken Bohlen sahen, wuchs unser Mut und schon suchten wir in einem nahen Haselbusch nach einem wehrhaften Stecken, mit dem wir das Schwein tratzen wollten.
Während mein Bruder sich mühte, eine Gerte aus dem Dickicht zu schneiden, war ich schon wieder eines neuen Wunders gewahr geworden, freilich ganz anderer Art: Veilchen, dunkle, langgestielte, hoben sich aus üppigem Gras und Kraut, ich stürzte mich in das duftende Blühen mit entzückter Emsigkeit und wußte vor lauter Lust nicht, wohin zuerst mit Augen und Händen, so verschwenderisch bot der Frühling seine Gaben.
Bei solcher Beschäftigung überraschte uns der Onkel, der, mit seinem Tagewerk fertig geworden, uns suchen gegangen war. Er sah uns, wie es seine Art war, ein wenig spöttisch durch die Brille an und sagte nur mit seiner rauhen Stimme: »Na, ihr zwei!?« Wir liefen auf ihn zu, mein Bruder seine Gerte, ich meine Blumen in der Hand. »Ah«, lachte er, und er lachte nicht gut, wie mir schien, schäbig lachte er: »Unser Knappe hat schon ein Sträußchen für die Herzensdame gepflückt. Lernst es früh, dich bei den Weibern einzuschmeicheln!« Ich stand verwirrt, wie bei heimlichsten Gedanken ertappt. Mir kam es selbst erst zum Bewußtsein, daß ich die Blumen der Tante Sabine hatte bringen wollen. Der Onkel hatte sich schon an meinen Bruder gewendet. Ja, das dicke Schwein zu ärgern, war ein männlicherer Plan, und so zogen wir neuerdings vor den Pferch. Der Onkel hielt eine spaßhafte Ansprache an das Tier, ob es sich denn nicht schäme, als ein solcher Riesen-Saubär herumzulaufen; ob es sich wohl gar noch freue, so im

Schmutz herumstampfen zu können? Der Eber grunzte, schüttelte die Ohren. Die Gertenhiebe meines Bruders nahm er mit Gelassenheit hin. »Onkel, was frißt denn das Schwein?« fragte ich. Er sah mich mit teuflischem Humor an: »Am liebsten frißt es ... frißt es – Veilchen!« Und packte mich, hob mich mit starkem Griff über die Planke, daß meine Hand mit den Blumen bis dicht an die Schnauze des Ebers streifte und ließ mich so ein Weilchen zappeln. Dann, mit dröhnendem Lachen, stellte er mich wieder auf den Boden.
Das war nun der erste von Onkel Dietrichs Witzen gewesen, nach denen uns so sehr verlangt hatte. Aber nun war mir doch nicht ganz wohl dabei geworden; trotzdem hielt ich mich tapfer, er sollte mich nicht schwach sehen. Den Onkel hatte sein Scherz recht fröhlich gestimmt; er wollte uns nach Hause führen und bot uns harmlos die Hände. Bald aber drückte er sie fester und fester, bis wir uns in Schmerzen ihm zu entwinden suchten. Er tat, als merke er nichts: »Wo wollt ihr denn hin? Geradeaus, so, immer mit mir, seht, da sind wir ja schon!«
Er trat in den Flur, ging aber nicht ins Wohnzimmer, aus dem wir Tante schon rufen hörten, sondern schloß, durch eine andere Tür, den großen Saal auf. Bald merkten wir, daß auch er sich den Spaß machen wollte, uns kreuz und quer durch das Haus zu jagen.
Wir verständigten uns wohl durch heimliche Blicke, daß wir ihn gewähren lassen wollten; aber bald gelang es uns nicht länger, uns zu verstellen. »Oh, ihr Schlingel!« brummte er, und trat, sichtlich enttäuscht und zornig, den Rückweg an. Dies freilich, sagte er, sei nur ein kleiner Vorgeschmack gewesen, ein billiges Weiberspäßchen; er aber werde uns in den nächsten Tagen in dem alten Gemäuer ganz andere Geheimnisse zeigen, Sachen, bei denen ihm selber, obwohl er doch alles schon kenne, immer wieder die Gänsehaut auflaufe.

Die Tante hatte bereits den Tisch gedeckt und brachte das Essen. Der Onkel erwiderte ihren Gruß nur mit einem Brummen und setzte sich finster an seinen Platz. Er brach die erste Flasche Bier auf, draußen stand eine ganze Trage voll. Ich hatte die Veilchen noch in der Hand und reichte sie der Tante Sabine. »Oh, wie schön!« rief sie schwärmerisch, »gleich will ich ein Glas holen!« Sie solle lieber, knurrte der Onkel, Gläser für die Buben holen, da es bekanntlich unfein sei, aus der Flasche zu trinken. Sabine sah ihren Mann vorwurfsvoll an: die Kinder sollten doch kein Bier – »Papperlapapp« ... rief der Onkel, »bei einem Bräumeister zu Gast sein und sein Bier nicht versuchen!« Die Tante fragte unsicher: »Wollt ihr denn Bier?« Natürlich wollten wir; aber sei es aus Trotz, sei es auch nur, mich wichtig zu machen, sagte ich: »Bier macht dumm!« Die Tante lächelte sieghaft. Aber dieses Lächeln sollte sie teuer zu stehen kommen. Denn der Onkel, nachdem er mich mit ein paar vernichtenden Hohnworten aus dem Felde geschlagen hatte, ließ nun gegen seine Frau alle Minen der Bosheit springen, indem er sich in vielerlei Redensarten der Dummheit bezichtigte und einzig dem Bier daran die Schuld gab. Ja, auch dafür, daß er nur ein Brauer und Bauer geworden sei, müsse das Bier haftbar gemacht werden, vielleicht sei er gar bei der größten Dummheit seines Lebens, seiner Heirat nämlich, nicht ganz nüchtern gewesen.
All das brachte der Onkel nicht etwa im jähen, zornigen Ernst vor, sondern spottend, als wollte es nicht so gemeint sein, wie es gesprochen war. Auch unser Vater, sein Bruder, liebte es mitunter, auf ähnliche Weise die Mutter aufzuziehen, freilich ohne jenen häßlichen Unterton, der auch bei den gutmütigsten Äußerungen des Onkels so leicht herauszuhören war. Vor allem aber hatte unsere Mutter die rechte Art, je nachdem, ihm

herauszugeben oder ihn im eignen Saft schmoren zu lassen, bis es ihm selbst zu dumm war. Nicht nur wir Kinder waren somit unbeschadet Zeugen eines heiteren Gefechts, auch der Großvater fachte, wenn er zugegen war, als ein feuriger Greis die Tochter an und stellte fröhlich fest, die Tauben hätten das Paar nicht besser zusammentragen können, ein Lob, das reichlich mit Schadenfreude über den Schwiegersohn gemischt war.

Beim Onkel aber war es weit gefährlicher, nicht nur, weil die Familienart, mit stichelndem Spott oder, jäh umschlagend, mit maßlosen, nur scheinbar gegen sich selbst gerichteten Anklagen zu kämpfen und damit alle Vernunft zu Schanden zu machen, schärfer ausgebildet sein mochte, sondern weil er in Tante Sabine ein Ziel gefunden hatte, das leicht zu treffen und selbst mit den verbrauchtesten, stumpfesten Pfeilen immer wieder grausam zu verwunden war.

Ich hatte, so klein ich war, schon bei diesem ersten Zusammenprall, den ich, scheu auf meinen Platz gebannt, verfolgte, das untrügliche Gefühl, die Tante hätte, in einer äußersten Entscheidung, dem Manne die Schneid abkaufen müssen, und ich wünschte mir glühend, so stark zu sein, wie Siegfried, oder Dietrich von Bern, deren Taten ich damals begeistert las. Ich hätte dann diesen Bären, mit starken Stricken bezwungen, meiner Dame vor die Füße gelegt und ihn Urfehde schwören lassen, sie nie wieder zu kränken.

So aber war ich ein schwacher Knirps und sah, wie der Onkel es nur um so toller trieb, je mehr die Tante Gefahr lief, ihre Fassung zu verlieren.

Auch in der Sache selbst, die den Anlaß zu dem unerquicklichen Streit gegeben hatte, erlitt die Tante eine Niederlage. Denn alsbald tranken wir doch Bier, und sie hatte seufzend und mit einem Schmerzensblick auf uns, der mir das Getränk noch bitterer machte, die

Gläser holen müssen. Ich ward die beschämende Mahnung nicht los, die Tante im Stiche gelassen und durchaus nicht wie ein Held gehandelt zu haben.
Der Onkel, wieder ganz uns zugewandt, als ob nichts gewesen wäre, erzählte schaurige Geschichten, die sich im Kloster und Schloß Halfing vor grauen Zeiten zugetragen hatten; wir hingen ganz an seinem Munde, und sein Versprechen, uns andern Tags die Trümmer dieses Schlosses zu zeigen, ja, uns in dem noch vorhandenen Burgverlies in den Bock zu spannen, um uns dann, mit vertauschter Rolle, aus der Gewalt des Raubritters zu befreien, löste, zudem uns das Bier schon in den Kopf gestiegen war, taumelnde Freude in uns aus. Als wir, spät genug, in unsere Stube gingen, waren wir uns wieder einig, daß Onkel Dietrich ganz unser Mann sei.
Der Mond schien. Das Fenster unserer Zelle ging, wie wir erst jetzt sahen, auf den Friedhof hinaus; gespenstisch standen die Kreuze, fahlweiß schimmerte die Mauer, nahe über uns aber erhob sich der Turm, rasselnd holte die Uhr aus und tat zwölf dröhnende Schläge. Dann war es still, durchdringend still, wie nie in der Stadt, und rasch und glücklich schliefen wir ein.

Die Sonne, der Hahn, der Lärm aus den Ställen weckten uns; Entdeckerfreude trieb uns hinaus, der Markt mit Läden und Wirtshäusern, Kegelbahnen und Schießstand, Mühlenrädern und Schmiedefeuern war unsere herrliche Welt. Nach dem Essen, kaum den Löffel aus dem Mund, brachen wir mit dem Onkel auf, von der Tante bescheiden ermahnt, doch ja nicht allzuspät heimzukommen.
Der Onkel war in bester Laune, ein Spiel- und Wanderkamerad, wie wir ihn nur wünschen konnten. Er bog junge Bäume herab, uns darauf schaukeln zu lassen, er wälzte mächtige Steine in den Bach, um uns zu hel-

fen, eine Brücke zu bauen. Er kletterte im Burggemäuer herum, ließ ein Feuerbündel in den tiefen Brunnenschacht fallen, spannte uns in einer schauerlichen Moderecke in den Bock, indem er uns die gefesselten Hände über die Knie streifte, unter deren Kehlen er einen festen Stock durchzog. Er ging davon, unter den greulichsten Drohungen und Verwünschungen, die wir nur je in unsern Räuberbüchern gelesen hatten und überließ uns der fiebernden Lust, uns selbst zu befreien und nunmehr ihm, mit Stöcken und Stricken bewehrt, aufzulauern.

Es dämmerte schon, als wir uns auf den Heimweg machten; doch kehrten wir im nächsten Gasthaus ein, weil der Onkel, wie er sagte, fleißig bei den Wirten zusprechen mußte, sich zu erkundigen, ob sie mit seinem Sud auch zufrieden wären. Der Wirt war ein lustiger Mann, der für jeden Spaß meines Onkels zwei wußte. Er brachte uns Bier, Brot und einen hausgemachten Preßsack; wir tranken und aßen, die Zeit verging. Bis wir aufbrachen, war es finster.

Die Tante, um uns besonders zu erfreuen, hatte eine feine Mehlspeise gemacht, einen kunstvollen Auflauf; sie trug ihn, als wir lärmend und leicht angeheitert ankamen, wortlos herbei, aber es war ihr anzusehen, daß sie mit dem Ärger kämpfte. Denn das Backwerk, auf die Stunde berechnet, war kläglich in sich zusammengefallen. Als wir nun, satt wie wir waren, nur zögernd zugriffen und der Onkel gar über die verunglückte Speise sich lustig machte, witzelnd, daß es ein Glück sei, daß wir schon was Handfestes im Magen hätten, konnte die Tante Tränen und Vorwürfe nicht länger zurückhalten. Wir drei Männer, meinte der Onkel großartig, ließen uns keine Vorschriften und wegen dem bißchen verdorbenen Hühnerfutter keine Geschichten machen; und während wir zwei Buben, rot

bis unter die Haare, unbehaglich dasaßen, ergriff er die Tante, die gerade aufschluchzend das Zimmer verlassen wollte, und drückte sie mit tölpelhafter Zärtlichkeit an sich. »Ei, ei!« machte er und rieb seine wüsten Bartstoppeln an ihrer Wange: »Sei nur wieder gut!« Und zwang sie, leicht ihre verzweifelnd wehrenden Hände führend, ihn zu streicheln. »Nimm ihm die Brille!« schrie Wilhelm aufgeregt; »pack ihn beim Schnurrbart!« wollte ich helfen. Und schon sprangen wir auf, der Tante beizustehen. Aber hier mußten wohl andere Gesetze walten als bei unsern heiteren Raufereien. Denn die Tante, kaum den Fäusten ihres Mannes entronnen, ging hinaus, wie aufs tiefste gedemütigt, und kam nicht wieder.
Der Onkel schenkte sich mißmutig Bier ein und saß eine Weile verdrossen rauchend und mit seinen gewaltigen Händen spielend. Es sei halt ein arges Kreuz mit den Weibern, die keinen Spaß verstehen, brummte er; wir aber schwiegen betreten. »Morgen früh«, sagte er plötzlich, ein ganz anderes Register ziehend und wohl wissend, wie süß es uns klingen würde, »morgen früh gehen wir zum Fischen! Und jetzt marsch mit euch ins Bett!«
Ja, er hatte immer wieder die Trümpfe in der Hand, der Onkel Dietrich! Kindern werden die Sorgen und Schmerzen nicht alt; wir hatten, noch ehe wir einschliefen, alles vergessen, ganz erfüllt von den ahnenden Wonnen des morgigen Fischzugs.

Der Palmsonntag, herrlich klar der Sonne wartend, war noch mit keiner Glocke wach geworden, als wir schon, fertig angezogen, uns leise aus dem Hause schlichen, um in eine alte Blechschachtel Regenwürmer zu sammeln. Wir fanden sie unter aufgedeckten morschen Brettern und großen Steinen, wir waren so eifrig in unsere

Arbeit versunken, daß uns der Onkel suchen und zum Frühstück treiben mußte.
Die Tante war sonntäglich gekleidet und zum Kirchgang gerüstet. Sie sah in dem schlichten, dunklen Gewand vornehm aus, ja sie war schön, eine holde Erscheinung, ihr feines Gesicht schimmerte in reinem Glanz. Gerade an diesem klaren und festlichen Morgen war sie mächtig genug, die tieferen geheimeren Kräfte aus dem Herzen eines Knaben zu ziehen, jene fast schon gefährlichen, rätselhaft beglückenden und zugleich ängstigenden Regungen, die ein Kind unversehens zum ritterlichen Diener, zum schwärmerischen Gefolgsmann machen können.
Es war, als hätte sie alle Kraft und Festigkeit in sich gesammelt, als sie jetzt ruhig und bestimmt sagte, sie hoffe doch, daß wir zuerst mit ihr in die Kirche gingen, der kurze Aufschub könne unserem Vergnügen wohl kaum Abbruch tun; auch sei es sicher unsern Eltern nicht recht, wenn wir an einem so hohen Festtag den Gottesdienst versäumten. »Wie es eure Mutter hält«, fiel da der Onkel ein, »weiß ich nicht, euer Vater hat jedenfalls die Kirche geschwänzt, seit ich ihn kenne; und das ist ja nun wirklich schon recht lange!« Nun waren wirklich unsere Eltern in diesem Punkt immer sehr lau gewesen; und wir selber hätten uns auch kein Gewissen daraus gemacht, die Messe einmal nicht zu hören. Aber wir spürten wohl beide, worum es der Tante ging, und standen unschlüssig. »Wir hätten doch immer noch Zeit ...« begann ich zögernd; aber der Onkel sagte, ganz beiläufig, indem er das herrliche Angelgerät, das schon bereit lag, aufzuräumen sich anschickte: »Gut, ihr wollt also lieber mit der Tante gehen. Es freut mich, daß ich so fromme Neffen habe. Mit dem Fischen ist es dann natürlich nichts. Die Fische sind nämlich nicht so gottesfürchtig; die beißen am besten, während der Pfarrer

predigt. Und wer weiß«, setzte er listig hinzu, da er uns in Zweifelsqualen erblassen und erröten sah, »wer weiß, wie lange sich das Wetter hält. Jeden Tag kann es umschlagen, abgesehen davon, daß ich unter der Woche anderes zu tun habe, als meine Herren Neffen spazieren zu führen.«
Die Tante machte schweigend ein paar Schritte zur Tür, wohl in der Hoffnung, daß wir ihr folgen würden. Wir aber verleugneten sie. Wir standen wie angewurzelt. Als sie gegangen war, ohne umzusehen, griffen wir glühend nach den Angelruten, der Onkel lachte rauh; wenige Minuten später trabten wir davon, zum großen Fluß hinunter. Der Inn selbst, der weißkochend vom geschmolzenen Schnee durch Sandbänke und wilde Ufer schoß, kam für unsere Künste nicht in Betracht und die armlangen Huchen, von deren Fang uns Onkel Dietrich prahlend erzählte, mußten wir wohl schwimmen lassen. Aber da waren, mitten in den weitgedehnten Erlen- und Weidenauen, begrenzt von wirrem Buschwerk oder strahlenden Schlüsselblumenwiesen, die schwarzgoldnen Tümpel der Altwasser, mit dem grellen Grün der Kresse, mit dem fetten Gelb der Dotterblumen, klare Fluten, an diesem zauberischen Tag von keinem Wellchen gekräuselt; da waren flinke Bäche, in tiefen Gumpen verweilend, an ihrer Mündung in den Strom nur langsam ihr reines Funkeln mit den trüben Wirbeln mischend. Und hier gab es, wenn man dem Onkel nur glauben durfte, Fische aller Art, Forellen und Äschen, Hechte und Barsche, Aitel, Brachsen, Lauben. Wir wateten durch Sümpfe, stiegen durch Gedörn, kletterten über Stock und Stein. Wir ließen den Arm sinken und steigen, in die Strömung treiben oder quer über weite Flächen spielen – aber nichts wollte verfangen. Einmal sahen wir eine große Flotte rotgeschwänzter Silberlinge dahinziehen, wir umschmeichelten sie aufge-

regt mit unsern Ködern; die Fische aber steuerten weiter, gelassen und unser gar nicht achtend. Auch der Onkel, der sich immer ein wenig abseits von uns hielt, um die guten Plätze als erster zu befischen, hatte nichts zu melden; trotzdem hielten wir alle drei den Vormittag mit jener Zähigkeit durch, die aus jeder einzelnen Vergeblichkeit die Anwartschaft auf den großen, endlichen Wunderfall steigert: einmal mußte der Hecht beißen, über die Schulter würden wir ihn hängen müssen oder gleich der Traube der biblischen Kundschafter an einer Stange tragen, so groß würde er sein.
Es biß aber kein Hecht, es biß nicht das windigste Weißfischlein und am Nachmittag wurde unser Eifer lahmer; wir waren naß und müde. Am schlechtesten war der Onkel gelaunt, denn er hatte sich als Meister aufgespielt. Er wußte nun, während wir unser Gerät zusammenpackten, hundert Ausreden für eine, ja, er wollte uns gar glauben machen, die Tante habe uns die Fische weggebetet.
Und doch sollten wir nicht ohne Beute heimkommen. Schon auf dem Rückweg, liefen wir ein Bächlein entlang; da sahen wir Forellen unter die Uferböschung schießen. Wir wollten schon die Gerten wieder klar machen und auch dem Onkel riefen wir zu, er sollte hier noch einmal sein Glück versuchen. Er bedeutete uns aber, daß er in diesem Wasser kein Fischrecht habe, ja, daß gerade dieser Bach dem Baron Baumgarten gehöre, seinem Brotgeber, der eben so reich wie wunderlich sei. Er pirsche nämlich ganze Tage lang in seinen Besitzungen herum, von einer seltsamen Jagdleidenschaft erfüllt. Seine Waffe freilich sei nur ein schwarzes Kästchen. Sobald er einen Holzdieb, einen Fischfrevler oder auch nur einen fahrlässigen Arbeiter erwische, zwinge er ihn, in genau der verfänglichen Lage, in der er ihn ertappt hatte, auf die Platte, dergestalt, daß er eine bedeutende

Sammlung solcher Verbrecher in seinem Schlößchen zu Amerang, wo er als Junggeselle hause, aufbewahrt habe. Nie rufe der Baron die Hilfe der Gerichte an. Wenn aber ein Bauer mit einem Ansuchen komme oder ein Knecht sich unbotmäßig aufführe, zeige ihm der Schwarzkünstler wortlos das belastende Bild. Der Onkel hatte uns, auf einem trockenen, von Seidelbast umdufteten Waldplätzchen sitzend, noch kaum diese schrullige Geschichte erzählt, als auch schon, wie der Glaskönig im Märchen, ein hageres graues Männchen vor uns stand und uns, wahrhaft ganz nach Zwergenart, ankicherte.
»Nichts gefangen, Bräumeister?« Augenzwinkernd schlug er mit dem Stock gegen das Angelzeug, das an einer Fichte lehnte. Der Onkel war aufgesprungen. »Nichts gefangen, Herr Baron!« sagte er dienststeifrig. Noch nie hatten wir ihn so zahm und gehorsam gesehen. »Haha!« meckerte das Männchen, das uns so gar nicht nach einem reichen Baron aussehen wollte, »ärgerlich, was!? Wo man fischen darf, ist nichts drin, und wo was drin ist, darf man nicht fischen! Oder hätten es die Herren grad versuchen wollen?« Er griff mit der Hand vielsagend nach dem Kästchen, das er umgehängt trug. »Wir haben da nicht gefischt!« riefen wir beiden Brüder zornig; es ärgerte uns, daß der Onkel sich das gefallen lassen mußte. Es schien allerdings diesmal nur ein Spaß des munteren Zwerges zu sein; denn die zwei blinzelten sich zu, und der Baron stellte sich vor unser Angelzeug und sagte spottend: »Jetzt könnt ihr fischen.«
Wie sollte er wissen, daß wir von Kind auf gelernte Fischdiebe waren! Wir sahen uns mit einem verständnisinnigen Blick an und liefen spornstreichs dem Bache zu. Wo wir eine Forelle unter das gehöhlte Ufer schlüpfen sahen, legten wir uns auf den Bauch und griffen,

gegen die Strömung, mit leise tastenden Händen nach dem schleimigen Fisch, streiften an ihm entlang, bis die vordere Hand an den Kiemen saß. Dann drückten wir zu und schleuderten den glitschigen Zappler, wenn er uns nicht doch noch einmal auskam, ins Gras. Dort freilich galt es, sich unverzüglich mit neuen Kräften, ja mit ganzer Leibesgewalt auf ihn zu werfen, wollte man nicht die schon gewonnene Beute blitzblatz enthüpfen und entschlüpfen sehen. Der Baron wie auch unser Onkel sahen uns gespannt zu, wie wir, ungerechnet aller vergeblichen Griffe, doch in kurzer Zeit fünf prächtige, rotgetüpfelte Goldbäuche als ansehnliche Strecke nebeneinander ins Grüne legten; mit einem Stein abgeschlagen, ein wenig hell blutend, feucht schimmernd, geheimnisvoll wie alles, was dem Wasser untertan ist, lagen sie da. Nicht vergeblich waren wir in den Sommerferien im Niederbayerischen bei einem alten Strolch in die Schule gegangen, der uns gelehrt hatte, Fische und Krebse zu fangen und die Rebhühner gegen die Drähte der Hopfengärten zu scheuchen. Wir hatten manchen Leckerbissen nach Hause gebracht, den unser lieber Vater unter kummervollen Ermahnungen an so mißratene Söhne, aber gleichwohl mit großem Behagen verspeiste. Nun habe er es doch mit Augen gesehen, lachte der Baron, was er bisher nur vom Hörensagen gewußt habe, daß man nämlich Forellen mit den Händen greifen könne. Und natürlich habe er von uns zwei Fischräubern auch eine Aufnahme gemacht; still genug seien wir ja auf der Lauer gelegen. Der kleine Graue war kreuzvergnügt über die Begegnung; gern ließ er uns die Beute, mit der seinigen wohl zufrieden.
Wir zogen den Fischen kunstgerecht Weidenruten durch Schlund und Kiemen und machten uns auf den Heimweg. Jetzt erst merkten wir, wie naß wir durch die Wasserpantscherei geworden waren; es fror uns erbärm-

lich. Die Tante, die nicht unsere stolzen Taten, sondern nur deren Nebenwirkung vor Augen sah, nämlich zwei schmutzige, halberstarrte, vor Kälte schnatternde Kinder, zeigte sich sehr besorgt und erschrocken, wir möchten, ihrer Obhut anvertraut, am Ende gar krank werden. Sie schalt den Onkel leichtsinnig, daß er das habe mit ansehen können, die paar Fische, die wohlfeil genug zu haben wären, seien die Gefahr eines Fiebers nicht wert. Doch hatte es diesmal der Onkel nicht schwer, uns zu überzeugen, daß die Weiber vom Fischen und überhaupt vom männlichen Werk und Wesen so viel verstanden, wie die Kuh vom Trommeln. Trotzdem nahmen wir die liebende Fürsorge der Tante gern in Anspruch, die uns alsbald mit vielen Wärmflaschen ins Bett steckte. Vielleicht hatte ich wirklich Fieber, denn zauberisch, aus grüngoldenen Dämmerungen, zogen Schwärme silberner Fische daher; ein gewaltiger, scharfmäuliger, engstirniger Hecht starrte mich aus bösen Augen an, dann wieder war es mir, als wäre der Onkel an mein Bett getreten. Wieder strömten die Fische, jetzt kamen sie, rotgeschwänzt, aus schwarzem Tümpelgrund, Nöck und Nixen tauchten empor, die kleine Seejungfer aus dem Märchen, sie beugte sich über mich mit holden Armen, sie küßte mich mit süßem Mund, schon war ihr Bild verglitten in das der Tante, die mit traurigen Augen fragte, warum ich nicht mit ihr in die Kirche gegangen sei.

Ich erwachte an einer blendenden Helligkeit, die weiß in unsere Stube brach. Ich fand mich nicht gleich zurecht; ich sah meinen Bruder noch schlafen, der Fischzug von gestern fiel mir ein, aber da waren doch ganz andere Farben gewesen, Himmelsbläue und Wiesengrün – ich sprang aus dem Bett, ich lief ans Fenster: es hatte geschneit. Tiefer Winter war es über Nacht geworden. Wohl stand eine wässrige Sonne am Himmel, aber schon zogen die Schleier sich wieder dichter, und ehe ich mich noch angezogen hatte, fielen die Flocken, große, weiche Flocken, wie sie zu Weihnachten erwünscht gewesen wären, wie sie jetzt aber ganz unerwünscht sein mußten, mitten im Frühling, mitten in den Osterferien, am letzten März.

Rechte Buben wie wir waren, suchten wir auch solches Wetter von der fröhlichsten Seite zu nehmen. Aber es blieb doch wahr, daß jedes Ding seine Zeit hat, und Schneeballenwerfen, Lawinenrollen oder Fechten mit Eiszapfen, lauter Freuden des Winters, wollte uns jetzt keinen rechten Spaß abgeben; bald standen wir naß und frierend im Hofe herum und waren froh, daß uns der Onkel hereinholte, um uns die Brauerei zu zeigen.

Daß Bier aus Hopfen und Malz gesotten wird, hatten wir schon in der Schule gelernt. Nun sollten wir also genau erfahren, wie das vor sich ging. Aber die Fülle der Eindrücke war zu verwirrend, und der Onkel machte gewiß auch den Fehler aller Fachleute, zu glauben nämlich, es wisse jedermann, was er doch selber auch erst in Jahren sich angeeignet hatte. Und so blieb diese Besichtigung des weitläufigen, wohl auch altmodischen und verzettelten Betriebes ein Gang durch fremde Zauberwelten, nur halb begriffen und deshalb zwiefach bewundert.

In feuchten Gewölben, wo der Boden von rieselndem Wasser überschwemmt war, klirrte es von Flaschen, polterte es von Fässern. Wir stiegen über Schläuche, rotgeblähte, schwarze, gelbgezackte, wie Schlangen verknäult, wir bückten uns unter Leitungssträngen, die uns ziellos scheinen mußten; dem Onkel waren sie wohlvertraut. Er griff da und dort nach kleinen Hähnen, heißes und kaltes Wasser kam oder Dampf schoß pfeifend hervor. Blanke, gehämmerte Kupferröhren liefen überall hin, die Wohngesetze des alten Klosters waren allenthalben durchbrochen und zerstört, Mauern waren eingezogen, Schächte ausgehauen, Schüttrinnen gingen mitten durch die heitere Pracht der ausgemalten Decken. Wir kamen an gelbgemauerte Feueranlagen, Haufen von Torf und Preßkohlen lagen da; ein rußiger Mann, der uns mit blanken Augen und weißen Zähnen anlachte, warf Schaufeln voll in offene Türen, dahinter eine Höllenglut stöhnte und prasselte. Dann wieder standen wir im Sausen und Schnurren des Maschinensaals; die Schwungräder schwirrten, die Treibriemen klatschten, blanke Kolben gingen auf und nieder, wunderliche Kreisel tanzten in seltsamem Takt, Löffelchen rührten zornig in triefendem Fett, es schien, als laufe hier schnaufend alles einander nach, um sich ewig auf Haaresbreite nicht einzuholen, wir wurden ganz dumm vom bloßen Hinsehen. Ein hohler und beklemmender Wind blies uns an, der Onkel schrie lachend etwas durch den Lärm, da winkte er uns und wir schlüpften durch eine eiserne Tür, wir stiegen eine eiserne Wendeltreppe empor, alles war hier aus Eisen und dröhnte, der Fußboden selbst, aus schwarzen, durchlöcherten Platten gefügt. »Hier ist es wie auf einem Kriegsschiff«, sagte der Onkel, »und ich bin der Kapitän!« Und wir waren ordentlich stolz, mit dem Kommandanten so über Brücken und Laufsteige zu wandern. Immer begleiteten uns Röhren, Schaltgriffe und Hebel verlockten zur Zauberei, ein schier bestürzendes Erlebnis. Wir kletterten auf Eisenleitern, wir standen vor mächtigen, blankgeputzten Kupferkugeln, die ein kleiner Mann eifrig bewachte. Eben noch war es kalt gewesen, hier war es heiß, der Mann schob einen Spalt auseinander, und nun sahen wir es drinnen brodeln, bräunlich, mit einem weißen Gischt, der von heftigen Wallungen geworfen ward. Wir wollten wissen, ob dies nun schon richtiges Bier sei,

der Onkel meinte schmunzelnd, noch nicht, aber hoffentlich auf dem besten Wege, eins zu werden, riechen könnten wirs ja schon, das sei die Würze und hier sei seine eigentliche Hexenküche. Der Mann schloß die Kugel wieder, wir nickten ihm zu; wieder gingen wir auf und ab, bis an eine feste Tür.
In diesem Augenblick mußte draußen die Sonne den verwobenen Tag zerrissen haben, denn ein starkes Licht, von allen Flächen Schnees hergeworfen, fiel in den Raum. Dies sei der Kapitelsaal, erklärte der Onkel Dietrich in unser verwirrtes Staunen hinein, und da hätten schon ganz andere Leute Augen und Maul aufgerissen und Weltreisende gebe es, die führen bis nach Indien, aber den Kapitelsaal der Erzabtei Halfing schauten sie nicht an; und die Herren von der Regierung hätten auch etwas anderes zu tun. Und so sei der Untergang des kostbaren Raumes wohl unabwendbar.
Wirklich erlebten wir Blüte und Verfall des prunkvollen Gemaches in einer einzigen Bestürmung des Herzens. Der Blick, der ein buntes, löwenbrüllendes Wappen ergriff, mußte wahrnehmen, daß der Mauerschwamm dran saß, das Auge, das den goldenen Linien des Stucks folgte, verlor sich in trüben Nestern der Zerstörung; in der Hand, die scheu nach der Malerei tastete, blieb die Farbe hängen wie der Staub von Schmetterlingsflügeln. Nässe tropfte durchs Dach und fraß sich mit fahlen Rändern weiter, Moder brach aus den verwahrlosten Böden und zerblätterte die Herrlichkeit eingelegter Hölzer. Die Fenster, oft glaslos und mit Brettern wüst vernagelt, verteilten kein ebenmäßiges Licht mehr. Und doch schwang der freie, hinreißende Jubel, die saftige Fülle der Farben und Formen noch mächtig genug durch den Raum, um uns Kinder völlig zu überwältigen. Aladin, unser Held aus Tausendundeine Nacht, konnte nicht verzückter gewesen sein, als ihm

sein Onkel, der Erzzauberer, die prächtigen unterirdischen Paläste der Geister aufschloß. Freilich, Schätze waren hier nicht zu raffen, wiewohl gewaltige Säcke dastanden. Wir durften in einen hineingreifen, es raschelte dürr, wir zerrieben süße Bitternis zwischen den Fingern. Der Saal in seiner verschollenen Heiterkeit diente als Hopfenlager und bald würde er, zerrieselnd in Schutt, muffelnd in Moder, selbst dazu nicht mehr taugen. Das Licht der Sonne losch, matt blinkte der Schnee, in fahles Dämmern sank der festliche Raum.
Wir verließen ihn auf der andern Seite und waren nicht wenig überrascht, nun in dem großen, hallenden Treppenhaus zu stehen, in dessen Erdgeschoß die Wohnung des Bräumeisters liegen mußte. Wir gingen aber noch einen Stock höher, der Onkel sperrte eine schwere Eisentür auf, wir tappten in eine warme, knisternde Finsternis, die erst langsam, Schleier um Schleier, sich zu heben schien. Wir gingen auf einem Brettersteg, mitten durch ein gewaltiges Balkengefüge; roh behauene, aneinandergeschlagene, verkeilte und gestützte Bohlen und Sparren umragten uns oder lagen quer vor unsern stolpernden Füßen. In der Mitte aber, von eisernen Klammern und Bändern gehalten, im schrägen und schmalen Licht der Dachluken, wölbten sich erdgraue, wunderliche Kuppen und wir wußten nicht, was unter ihnen aufbewahrt oder gar gesotten werden sollte. Der Onkel aber lachte schallend, weil wir ihm so auf den Leim gegangen waren und wir erfuhren staunend, daß wir uns unterm Dach der Kirche befanden. Auf einem Leiterchen krochen wir zu einem kleinen Gerüst empor, trübe, von Tausenden von Fliegen verschmutzte Fenster umschlossen ein Sechseck über uns: das war die Laterne, in deren Mitte, plump gemalt, wie uns aus solcher übergroßen Nähe schien, der Heilige Geist schwebte. Der Onkel aber hob einen hölzernen Deckel,

schwindelnd blickten wir übern Rand auf die Steinfliesen und Betstühle, auf die Altäre mit ihren Engeln und Heiligen, ja selbst auf die Ansätze der Kuppeln, alles in den verzerrten Maßen und verblüffenden Entstellungen unseres ungewöhnlichen Standorts.
Wir umwanderten die ganze Kirche, nun schon vertrauter mit unserm luftigen Weg, nach Fledermäusen spähend oder andern Abenteuern. Doch waren wir, ehe wirs gedacht hatten, wieder an der Eisentür, durch die wir hereingeschlüpft waren, und der Onkel, neuerdings das Stiegenhaus überquerend, setzte den Rundgang durch die Brauerei fort. Dies sei Tante Sabines Reich, sagte er, als wir durch einen sauber gehaltenen Dachboden zogen, in dem Wäsche aufgehangen war. Auch unsere Hemden von gestern erkannten wir darunter, wir freuten uns des unverhofften Wiedersehens.
Daß wir nun über dem Kapitelsaal dahinschritten, hatten wir wohl begriffen. Hier befand sich die Malzdarre, die Körner der Gerste waren, mit dem Rechen glattgestrichen, wie auf Beete verteilt, aus denen ein süßer, röstlicher Duft stieg. Der Onkel sah prüfend auf die Flächen, äugte auch, sich bückend, unters Dach. Platz für sechs Brauereien, schalt er, sei in dem alten Kasten, aber kein handbreites Plätzchen so, wie es sein sollte. Und er suchte uns zu erklären, welcher eindringlichen pflege das Malz bedürfe, wenn das Bier gedeihen solle.
Uns aber hatten schon, während wir wiederum eine Schnecke hinabstiegen, gewaltige, flache Pfannen in ihren Bann gezogen, die, wie wir hörten, zum Auskühlen des Sudes dienten; die eine war leer und glich einem ungeheuren Kuchenblech. Wir sollten, sagte der Onkel, getrost die glänzende Fläche berühren. Wir mißtrauten ihm lange; doch war es wirklich ein lustig prickelndes Gefühl, die Hände aus der klebrigen Haft zu lösen, und der Onkel wollte uns weismachen, ein junger Bräu-

knecht, der einmal mit nackten Sohlen über das Blech gelaufen sei, habe sich vor lauter Kitzeln zu Tode gelacht. Solche Aufschneidereien, die leicht zu durchschauen waren, nahmen wir gerne hin; doch wußte Onkel Dietrich seine Führung auch mit Geschichten ganz anderer Art zu würzen, schaudervollen Berichten von einem Bräuer, der sich im eignen Sud ertränkt habe und seitdem als Gespenst umgehe, von einem Bierführer, der im Eiskeller vergessen worden und jämmerlich erfroren sei, von einem Handwerksburschen, der einmal auf dem Hofe in einem der großen Fässer genächtigt und den ein Arbeiter, der andern Tags das Faß mit heißem Wasser reinigte, ahnungslos zu Tode gebrüht habe. Hatten diese Erzählungen den Schrecken der Wahrheit in sich, so wußte er mit andern, verschollenen Sagen aus der alten Klosterzeit das gruselnde Entsetzen des Geheimnisses in uns aufzurufen. Alle diese unseligen Gestalten waren ihm, wie er uns kalten Ernstes versicherte, selber begegnet, ruhelose Wanderer durch Keller und Speicher, wohin eben ihre Untaten sie zwangen, der feiste Prälat, der mit dem Teufel um Gold und Seele gewürfelt, der diebische Mönch, der das Versteck seines Schatzes nicht mehr gefunden, der Hauptmann der schwedischen Mordbrenner, der den Abt mit der heiligen Monstranz niedergeschlagen hatte. Mit hohler Geisterstimme oder dumpfen Grabestönen wußte der Onkel diese Gespenster nachzuahmen, so wie sie ihn eben selber angesprochen hätten, wenn er des Nachts durch die Räume gegangen sei. Unser ungläubiges Lächeln, fügte er drohend hinzu, würde uns schon vergehen, wenn wir plötzlich einem solchen Scheusal gegenüberstünden, vor dem einem ausgewachsenen Christenmenschen das Herz in die Hosen falle. Solcher Art waren die munteren Reden, mit denen Onkel Dietrich seinen Rundgang begleitete. Am hellichten Tage waren unsere Herzen wohl gespensterdicht genug, aber ein geheimer Schauder mochte sich doch darin einnisten. Oft auch waren seine Geschichten nur grauslich, so wie jetzt, da er zur zweiten Kühlpfanne sich wandte, deren weite Fläche dampfte. Diesmal, lächelte er befriedigt, seien nur wenige Ratzen in den Sud gefallen – wir rissen die Augen auf, ohne natürlich auch nur die Spur einer Ratte zu sehen – vor ein paar Jahren aber sei ein Zug von Wanderratten auf dem Weg nach Rom durch Halfing gekommen und schnurstracks auf die Brauerei losgestürmt. Das gute Bier in den Fässern und Flaschen hätten sie nicht erwischt, dafür wären sie über den Sud in dieser Pfanne hergefallen. Das sei eine wüste Sauerei gewesen, zu Hunderten seien sie, einander stoßend und beißend, in der Pfanne ertrunken, jämmerlich ersoffen seien sie und mit Schaufeln hätte man sie herausschaffen müssen. Den Ratzengeschmack aber wäre die Pfanne nie mehr ganz losgeworden, wir könnten uns selber davon überzeugen. Und er schöpfte mit einem Krüglein, das dort stand, aus dem lauen, bräunlichen Malz; wir kosteten, würgenden Ekel im Halse, und wirklich, das Zeug schmeckte fade, und wenn das Bier sein sollte, dann war es schlecht genug. Doch ließ uns des Onkels hämisches Gelächter vermuten, daß er uns wieder einmal gründlich hereingelegt hatte.

Nun kamen wir an großen Behältern vorüber, Maischbottiche nannte sie der Onkel; wir schauten, nun wieder zu ebner Erde, in die Faßpicherei, beizender Rauch machte uns husten, Onkel Dietrich reichte uns einen schwarzen Klumpen. Es ließen sich prächtige Kugeln daraus drehen, sagte er. Im Nu hatten wir wüstverklebte Hände, jeder Versuch, das Zeug wegzubringen, verschlimmerte das Unheil. Der Onkel aber grinste häßlich; er habe uns nur beweisen wollen, wie wahr doch das Sprichwort sei: »Wer Pech angreift, besudelt sich!« Wir hätten ja nun gewitzigt genug sein können, aber die Neugier und die Lust am Abenteuer waren doch größer. Und so schlüpften wir mit Begeisterung durch ein kleines Türchen, das »Mannloch« hieß, in eines der riesigen Fässer, die auf dem verschneiten Hofe lagen. Onkel Dietrich hatte uns heilige Eide geschworen, daß er nichts böses im Schilde führe, daß er vor allem nichts in das Faß spritzen oder schütten würde. Wir könnten, versicherte er ernsthaft, in dem Fasse laufen und es nach unserm Belieben, sogar bergauf, in Bewegung setzen. Wir begannen auch wirklich, in der finsteren Höhle zu traben, es war herrlich, wie die Walze unter uns wegrollte; schon aber ging es schneller und schneller, unsere Füße kamen nicht mehr mit, wir stolperten und purzelten, es blieb uns nichts mehr übrig, als, wie Igel eingerollt, schreiend, daß es nur so dröhnte, uns in dem laufenden Rade herumschleudern zu lassen, bis es, mit einem dumpfen und harten Stoß, stille hielt. Zerbeult krochen wir heraus, voller Zorn auf den tückischen Bösewicht; der aber, in geheucheltem Mitleide jammernd, schüttelte betrübt den Kopf, für so dumm hätte er uns nicht gehalten: wir hätten nach der anderen Seite treten müssen! Nicht in die abschüssige Hofecke und gegen die Klostermauer!

Er sah dabei freilich den alten Bräuknecht, der uns nicht von ungefähr dazustehen schien, mit einem allzulistigen Auge an. Nun, meinte dieser gutmütig, wir wüßten ja nun allmählich, aus was für einem Holze der Herr Onkel geschnitzt sei und morgen, als am ersten April, könnten wir uns ja einen gehörigen Keil bereithalten.

Mein Bruder und ich, wir wechselten bedeutungsvolle Blicke. Selbstverständlich würden wir den Onkel in den April schicken. Wir waren uns klar, daß die gewöhnli-

chen Scherze bei ihm nicht verfangen würden; der böse Dietrich, in allen Wassern gewaschen, kannte die landläufigen Überraschungen dieses Tages gewiß schon alle auswendig. Und vielleicht, während wir grübelten und miteinander tuschelten, hatte er, durch den alten Bräuknecht an die köstliche Frist erinnert, in seiner schwarzen Seele selbst schon die verwegensten Pläne ausgeheckt, sicher hob er die Fallgrube schon aus, in die er uns plumpsen lassen wollte.
Wir waren unterdes in den Keller hinabgestiegen, eisig hauchte er uns entgegen, trübe beleuchteten ein paar Lichter die schwärzlichen Gewölbe, in denen Faß neben Faß lag. Auf einem Brett standen Gläser. Der Onkel zapfte im Schein einer Kerze; funkelndes Bier stieg in die Gefäße, wie Bernstein klar blitzte es in unsern Händen. Kerzenschimmer fiel auch auf des Onkels Gesicht; unheimlich leuchtete die spiegelnde Brille in der Nacht, unsere Bewegungen wanderten als große, fahrige Schatten an den Wänden.
»Nun trinkt, ihr Männer!« rief der Onkel mit übertrieben wilder Stimme, »damit euch was recht Gescheites einfällt, womit ihr morgen dem bösen Dietrich eins auswischen könnt. Aber gerissene Burschen müßt ihr sein, wenn ihr einen alten Fuchs fangen wollt! Vielleicht ist es doch klüger, wir Männer schließen für morgen Frieden und überlegen gemeinsam, was wir der Tante Sabine antun können!«
Der Vorschlag gefiel uns nicht übel. Ich hätte ohnehin nicht gewußt, wie dem Onkel ein Streich zu spielen wäre; sollte mir noch was recht Lustiges einfallen, dann war ja noch immer ein Hintertürchen zu finden, um ohne glatten Wortbruch den Onkel aufs Eis zu führen.
Auch für Tante Sabine wollte sich lange nichts Passendes finden lassen. Noch beim Abendessen saßen wir brütend, das ahnungslose Ziel unseres Anschlages mit

scheuen Blicken streifend oder plötzlich in ein haltloses Gekicher ausbrechend, so daß uns der Onkel warnend, die Tante aber in lächelndem Nichtbegreifenwollen ansah. Doch schien sie uns mit einem Mal erraten zu haben; denn sie ging, kaum daß abgegessen war, lachend mit einigem Geschirr aus dem Zimmer, unter dem Vorwand, in der Küche noch dies und jenes richten zu müssen.
»Ihr seid mir die rechten Verschworenen«, spottete Onkel Dietrich. »Habt ihr wenigstens was Rechtes ausgeheckt, oder meint ihr am Ende, Sabine hätte nichts gespannt?« Wir schwiegen schuldbewußt und der Onkel schmiedete seinen Plan. Wir hatten zwei gleiche Mäntel oder vielmehr Radkragen aus blauem Stoff, rot gefüttert, mit großen, spitzen Kapuzen. Wer auf einige Entfernung diese Mäntel sah, mußte glauben, uns selber zu sehen. Nun sollten am andern Morgen, genau zur Frühstückszeit, zwei Buben aus dem Markt, die Onkel Dietrich zur Stelle schaffen und entsprechend unterrichten wollte, in unsere Mäntel verkleidet, auf einen Wink hin unter den Fenstern des Wohnzimmers vorüberlaufen, den Steig hinunter, der zur Bahn führte. Sie durften auf keinen Zuruf hören, sondern mußten nur um so stürmischer davonrennen, je lauter man nach ihnen schrie. Wir aber sollten, an der Zimmertür lauernd, in dem Augenblick, da er, der Onkel, uns ein Zeichen gebe, unter dem lachenden Ruf: »April, April!« der Tante entgegenstürzen. Kaum hatten wir das abgesprochen, als die Tante wieder erschien, einen Teller Süßigkeiten vor uns hinstellte und ihre Augen still und fragend von einem zum andern gehen ließ. Wir saßen mäuschenstill, der Onkel sah seine Frau treuherzig an, ja, er schlug vor, wir sollten noch ein bißchen Schwarzen Peter spielen. Tante Sabine mochte wohl meinen, hier müsse der Unrat stecken, den sie gewittert hatte;

sie stellte sich ein wenig zaghaft, wir sollten es nicht zu arg mit ihr treiben. Der Onkel mischte schon die Karten; der gefürchtete Gras-Peter ging von Hand zu Hand, doch blieb jedesmal der Onkel mit ihm hängen, der denn auch mit einem angerußten Korken zu seinem natürlichen Schnurrbart allerlei lächerlichen Zuwachs sich aufmalen lassen mußte. Die Tante aber war besonders vergnügt, nicht nur, weil ihr Glück im Spiel sie offenbar vor den ihr zugedachten Verunstaltungen bewahrte, sondern weil sie uns alle, den so brummigen Dietrich mit inbegriffen, heiter und gemütlich um den Tisch sitzen sah, recht so, wie es nach ihrem Geschmack war.

Es war spät geworden, als wir zu Bett geschickt wurden. In der Stube wars kalt und still, draußen schneite es wieder, überm Gewölk aber mußte der wachsende Mond stehen; denn Friedhof und Kirchwand glänzten geisterweiß.

Ich schlief schlecht, auch meinen Bruder hörte ich im Traume reden. Dann aber erwachten wir doch munter und wußten gleich, daß der erste April sei und hohe Zeit, sich für das Signal des Onkels bereit zu halten. Das Wetter draußen war noch schlechter geworden; der Schnee lag jetzt in dicken Hauben. Die Turmuhr schlug acht Uhr.

Das war die Frühstücksstunde. Der Onkel freilich hatte dann schon ein gut Teil seines Tagwerks hinter sich gebracht und auch die Tante war längst geschäftig gewesen. Nur wir Langschläfer kamen grades Wegs aus den Betten.

Wir stellten uns, wie es gelten mußte, im Flur auf und warteten des Zeichens. Allzugern hätten wir selber unsere Doppelgänger beobachtet, doch das ging nicht an; so harrten wir des Stichworts, lauschend und flüsternd. Onkel und Tante sprachen gedämpft, durch die schwere

Tür war nichts deutlich zu erhorchen und wir bangten schon, wir könnten den rechten Augenblick verpassen. Da hörten wir, wie der Onkel heftig auf den Tisch klopfte und die Tante laut und schmerzlich »Oh mein Gott, oh mein Gott!« rief. Nun mußte sie also unsere Mäntelchen durch den Schnee talab flattern sehen – und so griff es ihr ans Herz! Da zögerten wir nicht länger, sie aus ihrer Ungewißheit zu erlösen, »April! April!« schrien wir, polterten ins Zimmer und stürmten lachend der Tante entgegen.

Die aber sah uns bestürzt und verständnislos an, wir blickten scheu auf den Onkel, die Verwirrung war heillos. Dietrich lächelte matt, machte eine müde Bewegung mit seiner schweren Hand und sprach, leiser als wir ihn je hatten reden hören: »Ach so, ich habe ganz vergessen, es euch zu sagen: Der Spaß ist abgeblasen. Ich habe meinen Aprilscherz schon weg!« Und er wies auf einen Brief, der vor ihm auf dem Tische lag. Es zeigte sich, daß der erste April nicht nur ein Stichtag für schlechte Witze, sondern auch eine schlimme Frist ernster Entscheidungen sein konnte. Denn siehe, das graue Männlein, Schatzhauser aus dem grünen Tannenwald, hatte sich einen bitteren Scherz mit dem Onkel gemacht; ein heimtückischer Kobold war das – vorgestern noch hatte er leutselig und vergnügt mit uns geplaudert und hatte doch schon gewußt, daß heute das Schreiben der Freiherrlich von Baumgartenschen Gutsverwaltung zugestellt werden würde, in dem mit dürren Worten dem Bräumeister vorsorglich zum 1. Oktober gekündigt wurde, da sich der Betrieb infolge der wachsenden Übermacht der Großbrauereien nicht mehr lohne. Von dem Ergebnis der Verhandlungen mit einem solchen Unternehmen hinge es noch ab, wann die Klosterbrauerei Halfing stillgelegt würde. Wir Buben hatten na-

türlich nur eine sehr ungewisse Vorstellung von dem Schlag, der unsere Gastgeber getroffen haben mochte. Wohl begriffen wir, daß es ums Geld ging; um Geld etwa, wie wir es vom Vater erbitten mußten, wenn die Schulgebühren zu zahlen waren, um Geld, wie er es seufzend aus dem Schubfach des Schreibtisches holte, fragend, ob wir auch wüßten, wie schwer es verdient sei. Nein, wir hatten uns wenig Gedanken darüber gemacht. Vom Onkel Dietrich gar hatten wir geglaubt, daß er zu seinem eigenen Vergnügen die herrlichen Maschinen laufen lasse, ein mächtiger Kommandant auf der eisernen Brücke, ein Mann, der gerne Bier trank und es sich selber braute. Und weit eher wurde uns Macht und Niedertracht des grauen Männchens daran klar, daß er unserm Onkel einfach das Sudhaus zusperren wollte, so wie man einem Kinde das Spielzeug wegnimmt.
Jedenfalls aber sahen wir, daß dieser kräftige, herrische Mann, den wir für unbezwingbar gehalten hatten, an gar keinen Widerstand dachte, sondern klein wurde vor einem bösen Zwerg, den er in der Faust hätte zerquetschen können. Da saß er nun, der Riese, von Kummer erdrückt, starren Blicks, ohne Hoffnung. Wir verstanden es nicht. Tante Sabine hatte sich weit schneller gefaßt. Sie gab ihrem Manne gute Worte, die er in brütendem Schweigen oder mit bitterem, verächtlichem Lächeln hinnahm. Ein halbes Jahr, sagte sie, sei noch eine lange Zeit, da fließe noch viel Wasser den Inn hinunter. Die Welt habe noch viele Fenster, durch die ihr Dietrich nicht hinausgesehen habe und, da es zu jedem Fenster eine Tür gebe, solle er nur unverzüglich, noch vor den Feiertagen, da und dort anklopfen. Wenn es sich in der Nähe nicht einrichten ließe, gäbe es ja auch noch die Ferne und was sie selber angehe, ihr solle kein Weg zu weit und ungewiß sein. »Ja, bis ans Ende der

Welt!« knurrte Onkel Dietrich und, mit trübem Humor zu uns blickend: »Bei den Hottentotten werd' ich Brauer, da könnt ihr mich dann wieder besuchen!« Sein schweres Gesicht nahm uns den Mut, uns auf seinen Spaß einzulassen; gebeugt schritt er hinaus, an die Arbeit zu gehen, die ihm wohl von nun an verleidet war.
Kaum hatte er das Zimmer verlassen, als die Tante, kein Wort mehr über die Sache verlierend, uns freundlich fragte, was es denn mit unserm Aprilscherz auf sich haben sollte, der offenbar ein bißchen verunglückt sei. Ehe wir es ihr noch recht zu erklären vermochten, klopfte es und Sabine, die nachsah, führte zwei heulende und verfrorene Bürschlein herbei, wunderlich genug mit unsern Mänteln angetan. Auch sie hatten, im verschneiten Gebüsch versteckt, vergeblich den Wink des Bräumeisters erwartet, waren dann auf gut Glück davongerannt, bis an den Bahnhof. Aber niemand hatte sich um sie gekümmert, und nun wollten sie die Mäntel zurückbringen. Durch ihren wirren und schluchzenden Bericht war der Tante wohl ungefähr klar geworden, was wir ihr hatten antun wollen; so habe denn auch uns Bösewichter, sagte sie, ein Splitterchen des großen Schlages getroffen, der ja auch unsere schlimmen Pläne vereitelt habe. Doch hatte sie unterdes schon den Tisch neugedeckt und lud auch die zwei armen Schächer zu einem herzhaften Frühstück ein.
Im übrigen blieb es ein bedrückter Tag; den Onkel bekamen wir nicht zu Gesicht, auch die Tante machte sich viel zu schaffen, als wollte sie allen aus dem Wege gehen. Am Abend bat sie, wider ihre sonstige Gewohnheit, wir möchten uns mit unsern Büchern beschäftigen und sie ein paar Briefe schreiben lassen, die noch auf die Post müßten.

Andern Tags war nun wirklich der Onkel, noch ehe wir aufgestanden waren, über Land gereist. Im Grunde vermißten wir ihn nicht; denn er war uns unheimlich geworden in seiner finsteren Niedergeschlagenheit und Schwäche, die bedrohlich schien, wie die dumpfe Stille vor der gesammelten Wucht des Gewölks, da niemand weiß, wohin der erste, schmetternde Strahl trifft. Auch von der Tante mußte ein schwerer Druck genommen sein, denn nun, in unserm kleinen Kreis, bewegte sie sich freier und sicherer, unbeschadet der Sorge, die immer wieder, wenn unser Blick sie unvermutet traf, ihr klares Antlitz in einer strengen und herben Spannung hielt, bis sie, unsere scheue Rührung unbewußt gewahrend, mit innersten Kräften solcher Verstrickung sich entwand.

Unversehens wandelten wir uns in diesen Tagen; wir spürten kein Joch und keine Bürde, wenn wir nun, gesitteter als vordem, in den Tageslauf der Frau uns einordneten, rechtzeitig zu Tisch kamen, in den Kartagen sogar, was die Tante besonders freute, mit in die Kirche gingen, die mit knarrenden Ratschen nach uns rief und in der wunderliche, von ältestem Zauber umwitterte Bräuche uns fesselten, am Samstagmorgen gar, da der Priester die lodernde Flamme besprach und junge Burschen, aus der ganzen Umgebung, das geweihte Feuer in glimmenden Scheiten heimtrugen. Mit bunten Lichtkugeln aber und, dem eisigen Wintereinbruch zum Trotz, mit leuchtender Blütenpracht war das Grab Christi geschmückt; gefährlich süß, von den Schaudern des Leidens und des Verwesens unterströmt, rührten Tod und Verklärung an unsere jungen Herzen.

Dieser hartnäckige, selbst für jene Gegend ungewohnte Versuch des Winters, sein schon gestürztes Reich noch einmal aufzurichten, war gewiß noch einflußreicher auf die Veränderung unserer Ferientage gewesen, als des Onkels Abreise und die Führung der Tante. Wohin

sollten wir laufen im nassen Schnee, wo sollten wir verweilen, da es selbst im großen, lustigen Saal, der ans Wohnzimmer stieß, zum Spielen zu kalt war!
Wieder zogen wir, wie am ersten Vormittag, durch den Markt. Der Schmied wurde unser Freund, er ließ uns ein wenig hantieren in seiner Werkstatt, den schweren Hammer durften wir heben und wir ließen ihn zwei-, dreimal fallen auf das rotglühende, weiche Eisen, wir sahen es dann, Sternchen sprühend, sich krümmen unterm klingenden Schlag des Meisters, aber wir hatten dran mitgeschmiedet; ja, wir durften es mit der Zange fassen und ins kalte Wasser stoßen, es zischte, daß wir wegsprangen, der Alte lachte, die rußige Hand im Bart. Die Gesellen neckten uns, wir standen ihnen im Wege; gut, wir konnten ja gehen, es gab noch einen Wagner im Ort, einen Schreiner, ja, einen Lohgerber sogar, der ein Handwerk trieb, wie wirs noch nie gesehen hatten. Überall ließ man uns ein bißchen dreinpfuschen und gab acht, daß wir nichts verdarben; aber wenn die Großen ihren Spaß mit uns getrieben hatten, jagten sie uns fort, mit gespieltem Grimm nur und scherzendem Schelten, aber die Ehre verbot uns, länger zu bleiben, wo wir unnütz schienen.
Nur der Alte, der Storcherzähler, der Kofferträger, vertrieb uns nicht, denn er selber taugte nicht mehr zu rechter Arbeit; mit wässrigen Augen und zitternden Händen werkelte er ein wenig, besserte Geräte aus und schichtete Holz, für das Gnadenbrot, das er hier aß.
An ihm hatte vor allem mein Bruder einen Freund gefunden; sie bastelten miteinander an einem Mühlrad, das sie am ersten warmen Tag ins Wasser setzen wollten. Mich ließen sie nicht so recht mittun, ich sei zu ungeschickt, sagte mein Bruder.
So saß ich jetzt viel mit der Tante in der Küche; ihr zu helfen, war ich geschickt genug, Eier zu färben, Strick-

garn aufzuwickeln oder Erbsen auszulesen. »Wie ein Mädchen kannst du das«, sagte die Tante und ich hätte mich schämen müssen über solch ein Lob. Aber ich freute mich darüber, und sie erzählte mir aus ihrer eigenen Kinderzeit in Hamburg, denn von dort stammte sie, weit weg von hier; und ganz anders war es dort gewesen, die Stadt mit dem großen Strom und den mächtigen Schiffen, im Winter gar, wenn dicker Nebel lag und die Hörner heulten überm Wasser gar und die roten und grünen Lichter hin und her zogen. Und auch die Menschen seien anders dort, sagte sie, und ganz habe sie sich nie hier unten im Süden eingewöhnen können, wie schön es auch sei in dem grünen bayrischen Land mit den klaren Flüssen und den hohen Bergen.
Und da fragte ich sie plötzlich und erschrak und wurde feuerrot bei meinen eigenen Worten: »Warum hast du eigentlich den Onkel Dietrich geheiratet?«
Sie zürnte nicht über mich vorlauten Buben, sie sah mich traurig an. Sie sagte, ganz nach innen gewendet: »Ja, warum? ... Ich habe gehofft«, sagte sie, aber dann schwieg sie. »Weißt du«, fing sie wieder an, »er war ganz anders damals ... Vielleicht verstehe auch ich es nicht, mit ihm umzugehen ...« Und sie sah auf den Tisch nieder, aber da fiel schon eine Träne. »Ach, Kind, wie solltest du das begreifen, da ich es selber wie ein Rätsel mit mir herumtrage ...« Oh, ich hatte sie schon verstanden, ich, ein Kind, hätte ihr das Rätsel deuten können, daß sie mit ihrer Güte nur die Bosheit des Onkels nährte; aber ich konnte ja nicht reden und ich sah sie schweigend an, hilflos. Denn die eigne Tiefe des Herzens war mir noch verschlossen. Die Tante aber umfing mich, zog mich an ihren Schoß mit einer fast wilden Zärtlichkeit: »Willst du mein Bübchen sein?« flüsterte sie, »willst du?!« Und sie küßte mich mit

einem roten Mund, ihr Haar hing an meiner Stirn, ganz weich lag ich an ihrer Brust.
Nie war ich solcher Süßigkeit teilhaft geworden, denn die Mutter war karg mit ihren Liebkosungen. Küssende Tanten aber waren mir immer ein Greuel gewesen, mit zornigen Händen hatte ich mich ihrer erwehrt. Nun aber gab ich diesem Strome nach, ich blieb, an ihre Wange geschmiegt; wir weinten zusammen.

Den Onkel hatte die Tante für den späten Abend des Karsamstags zurückerwartet. Er kam aber, unvermutet, bereits einige Stunden früher, weil ihn ein Bauer, der den gleichen Weg hatte, von Rosenheim aus in seinem Wägelchen mitgenommen hatte. Als er eintrat, saßen wir gerade beim Essen, und da die Tante mit uns Kindern die Fasten durchhalten wollte, gab es frischen Spinat mit schönen Ochsenaugen darin, eine Leibspeise von uns und, so früh im Jahr, eine Kostbarkeit. Der Onkel setzte sich verdrossen, die Tante sah ihn ängstlich an, aber sie brauchte ihn gar nicht zu fragen, es war ihm vom Gesicht abzulesen, daß er nichts ausgerichtet hatte. Sie schob ihm einen Teller hin, sie sagte entschuldigend, daß sie für den Abend nicht auf ihn gerechnet habe; ob er mit unserem Essen fürs erste vorlieb nehmen möchte. Natürlich, lachte der Onkel, aber es war ein bedrohliches Lachen, ein stellungsloser Bräuer nehme mit allem vorlieb, es sei gut, beizeiten zu lernen, am Hungertuche zu nagen.
Nun, soweit sei es noch lange nicht, sagte tapfer lächelnd Sabine, aber der Onkel war nun gerade lustig aufgelegt, er biß in einen Zipfel des Tischtuches, es schmecke so übel nicht, solange noch die Reste von mancher guten Mahlzeit hineingekleckert seien. Der Tante, die alles auf eine blütenweiße Wäsche gab, stieg der Zorn auf, aber sie sagte nichts. Dietrich, im Spinat her-

umstochernd, meckerte wie ein Geisbock. »Schau, schau«, frohlockte er, »wie sich das Tierlein freut, Grünzeug zu kriegen!« Nun brummte er wie ein Bär: »Nein, nein, du bekommst nichts, sei still!« rief er sich selber zu, »Fasttag hats Maul einen Rasttag! Und dem Mann geben wir auch nichts, der Mann hat sein Brot verloren und das Fleisch obendrein, der Mann taugt nichts, niemand will dem Mann ein Stück Brot geben! Die guten Freunde im Lande, zu denen er gefahren ist, haben die Achseln gezuckt – schade, schade, daß ich der Mann selber bin, ich möchte sonst bei Gott auch nichts mit ihm zu tun haben!«

Wir hatten zu essen aufgehört, wir saßen, die Gabel in der Hand; wir lachten nicht, wie lustig auch der Onkel sich gebärdete. Die Tante war hinausgehuscht; sie brachte Bier und Wurst, sie lächelte mit aller Kraft, diesmal wollte sie standhalten. »Iß, Dietrich«, sagte sie sanft, »den Kindern möcht es sonst den Appetit verschlagen!«

»Meck, meck! Meine jungen Geißlein«, rief der lustige, der gefährlich lustige Onkel, »euch soll das Grünfutter wohl schmecken! Ihr habt wohl keinen Grund, betrübt zu sein. Sagt es nur niemand, daß der Bräumeister gekündigt ist, denn Schulden hat er auch, euer sauberer Onkel, und wenn die Herren Gläubiger was riechen, rennen sie ihm das Haus ein. Aber wenn ihr fein stille seid, wollen wir unser Gerstl noch selber verputzen, ehe Hopfen und Malz ganz verloren ist. Morgen, Kinder, fahren wir nach Kuffstein, ins Tirolische fahren wir hinüber, nobel soll die Welt zugrunde gehen. Den tückischen Zwerg, den Baron, erschlagen wir mit dem Osterschinken, er soll uns die Feiertage nicht mehr verderben!«

Er war nun wirklich von einer wilden Heiterkeit, er sang sogar: »Gehn wir einmal 'nüber, gehn wir einmal

nüber, 'nüber ins Landei Tirol!« Er schaute uns aufgeräumt an, griff nach der Wurst, schnitt sich ein herzhaftes Stück herunter und gab so das Zeichen, daß wir alle mit dem Essen wieder anfingen. Es war eine glückliche Stunde. Wir sahen der Tante wohl an, wie froh sie war, ihres Mannes schlimme Laune derart sich entwölken zu sehen. Aber auch wir Kinder, unter des Onkels milderen Blicken aus einer Krümmung des Leibes wie der Seele uns aufrichtend, waren herzlich vergnügt, am Vorabend des Osterfestes gar und in Erwartung jener bedeutungsvollen Fahrt in ein anderes Land, ins Kaisertum Österreich, das hinuntergriff bis zu den Serben und Türken, bis an das große, blaue Meer, wie wir's in der Schule gelernt hatten. Und die Eltern waren schon dortgewesen; neben dem weißblauen Pfahl mit dem bayrischen Löwen stand einer, schwarzgelb, mit dem Doppeladler, aber kein Mensch durfte vorüber, weil eine Schranke quer über die Straße ging; und zwei Zöllner kamen aus ihrem Häuschen und der eine schaute die Leute an, ob er sie hinauslassen sollte, der andere aber, ob sie hineindürfen ins heilige Land Tirol.
Und so bestürmten wir den Onkel mit Fragen, und er saß ganz gemütlich da und rauchte und trank sein Bier. Er gab uns Antwort, in seiner Art, daß wir nie wußten, ob wir ihm auch glauben durften; er tat kräftige Schlukke aus seinem Glas und hatte schon die nächste Flasche zur Hand, es war die letzte, und er winkte der Tante, sie solle ihm neues Bier bringen. Sie stand zögernd auf, sie warf einen mißbilligenden Blick auf die vielen leeren Flaschen, der Onkel aber, noch lustig, aber schon gereizt, rief, er müsse trinken, sie höre doch, daß die Brauerei sich nicht lohne, da müsse wohl er zuerst den Absatz heben. Und er trank sein Glas auf einen Zug aus.

Die Tante stand noch immer unschlüssig, wir saßen wieder geduckt; ich dachte, nun wird sie etwas sagen, sie wird kein Bier mehr bringen. Der Onkel trommelte mit schweren Fingern auf den Tisch. Er sagte nichts, es war eine drohende Stille; dann trommelte er wieder, fordernder. Die gespannten Züge der Tante wurden schlaff, der ruhige Glanz ihrer Augen erlosch, sie senkte den Nacken, sie tat den ersten Schritt zur Tür. Da sagte ich ganz leise und mir war, als spräche eine fremde Stimme und ich erbebte bis ins Innerste, als ich mich sagen hörte: »Bring ihm kein Bier mehr, Tante!«
Entsetzt sah ich die Tante Sabine an. Sie war fahlweiß geworden, sie schwankte, sie wurde brennend rot. Ich hatte, ein Kind, das Geheimnis ausgesprochen, zu spät, um Jahre zu spät, jetzt, da es nicht mehr Hilfe, da es nur noch Unheil bringen konnte.
»Ah!« sagte der Onkel, und er sagte es so leise, so unheimlich, daß wir erschauerten. »Ah! Mein Herr Neffe will seinem Onkel Vorschriften machen, ob er noch ein Glas Bier trinken darf! Das ist ausgezeichnet! Nun, Herr Direktor, in Ihrer Trinkerheilstätte bin ich wohl noch nicht untergebracht, ich bin noch Bräumeister in Halfing, noch bin ichs und die Herren Söhne meines Bruders sind bei mir zu Gast, in einem Hause, wohlverstanden, in dem ich der Herr bin! Aber – – –« und er wandte sich verächtlich von mir ab und sah meine Tante mit einem höhnischen Blick an: »Aber es ist ja nur an dem, daß es aus dem Walde so herausschallt, wie man hineingerufen hat. Gut hast du deine Tage genützt, Sabine, das muß der Neid dir lassen! Hast die Kinder aufgehetzt gegen mich, hast ihnen schöne Märchen erzählt vom bösen Dietrich, während ich zum Betteln fortgeschickt worden bin, an fremden Türen –«
»Hör auf!« rief die Tante mit einer festen und harten Stimme, hochaufgerichtet stand sie da. Der Onkel

schwieg betroffen. Es war wie ein Warnungszeichen, uns allen überraschend, und die Stille knackte. Es war deutlich zu hören.
Aber der Onkel, schon allzu entfesselt, überfuhr das Halt. »Ha«, spottete er, »du hast es ja leicht, du mußt ja keine Stellung suchen, du wartest, bis ich wieder ein Nest habe, dann setzt du dich hinein! Aber mir dieses Nest ungemütlich zu machen, die Kinder aufzuwiegeln, dazu brauche ich dich nicht!«
Sabine bebte wie unter schweren Schlägen, aber sie weinte nicht, sie blieb aufrecht stehen. Wir ahnten nur dumpf, wie tief der Mann sie verwundet hatte. Und er selber wußte es wohl auch nicht in seinem jähen Zorn.
Er ließ von seinem Opfer ab und wandte sich wieder uns zu: »Von dir Duckmäuser«, sagte er zu mir, »werde ich ja nichts erfahren – aber du, Wilhelm, wirst es mir sagen, was ...«
»Pfui, Dietrich!« rief flammend die Tante. »Hab ich euch?!« trumpfte der Onkel auf. »Nichts haben wir, gar nichts!« schrie Wilhelm zornig. »Laß dir einmal den Finger an die Nase legen« – es war dies eine untrügliche Probe der Wahrheit – der Onkel tat es, Wilhelm hielt seinen Blick aus. »Du lügst ja!« lächelte der Mann listig. »Ich lüge nicht!« sagte Wilhelm finster. Der Onkel spürte des Kindes unbeugsame Gewalt. Ob er nun, die tiefe Zerrüttung der Herzen verkennend, hoffen mochte, noch einmal alles ins Scherzhafte zu wenden, ob er wirklich, im Gefühl seines Unrechts, sich demütigen wollte: Wir jedenfalls, allzuoft von ihm hinters Licht geführt, mißtrauten ihm, als er nun, mit den Worten, wenn dem allem so sei, müsse er wohl um Verzeihung bitten, aufstand und auf die Tante zuging. »Rühr mich nicht an!« rief sie und wich an die Tür zurück. Aber da griff er schon nach ihrer abweisend

vorgestreckten Hand, plump griff er nach ihr mit seinen Eisentatzen.
Wer weiß, ob er ihr weh tun wollte.
Aber die Tante schrie laut auf unter seiner Berührung. Und da sprang auch ich empor, blindlings, dem Onkel in den Arm zu fallen.
Der war zuerst verdutzt, er begriff nicht, was da vorging; dann ließ er die Tante los und lachte schallend. Ja, unbändig lachte er, fröhlich, als er mich, den Knirpsen, an seinem Arme hängen sah, rot vor Wut; und er lachte noch lauter, als nun auch Wilhelm, unbedenklich dem Bruder beispringend, an seinen Beinen sich anklammerte. Und dieses Lachen, das mächtig genug gewesen wäre, diese ganze Peinlichkeit wegzuschwemmen, wenn wir es nur begriffen und herzhaft mit eingestimmt hätten – dieses dröhnende, befreite Riesenlachen erbitterte uns, war wie Gebläse in unsern rasenden Zorn. Wie die Hunde einen Eber, so fielen wir den schweren Mann an, bissen und kratzten, bis er, mit wenigen Griffen, jeden bei der Joppe hatte und uns mit gestreckten Armen vor sich hielt. In der Luft wollte er uns verhungern lassen, stieß er schnaufend hervor, wie die Wanzen wolle er uns zerdrücken. »Das ist gemein!« keuchte Wilhelm, »du bist ein Rohling!« schrie ich – er schüttelte uns und lachte. Und nun hörten wir den vertrauten Ton so mancher Balgerei aus diesem Gelächter und »Schnipp – Schnapp« rief der Onkel und setzte uns unsanft auf den Boden. Wir saßen erschöpft und verwirrt, ich sah noch, wie die Tante, bleichen Gesichts, die erschrockenen Augen auf uns geheftet, dastand und wie sie gleich darauf lautlos aus dem Zimmer ging.
Der Onkel setzte sich wieder, wollte sich einschenken, sah, daß die Flaschen leer waren. »Ach so!« sagte er vor sich hin, als erinnere er sich jetzt erst wieder, was

den ganzen Streit hervorgerufen. Er ging hinaus, wir standen auf und setzten uns auf unsere Stühle. »Wir hätten die Brille erwischen sollen!« seufzte Wilhelm, den nur unsere Niederlage zu schmerzen schien.
Onkel Dietrich kehrte zurück, mehrere Flaschen Bier im Arm, und in der Hand aber ein Hufeisen.
»So, ihr tapferen Brüder!« sagte er mit gutmütigem Spott, »ihr seid mir ja Mordskerle! Was ist nur in euch gefahren? Ich hab doch der Tante Sabine gar nichts tun wollen. Nun, ihr werdet sehen, diesmal ist sie bitterböse und mit unserem Ausflug nach Kufstein ist es wohl Essig. Oder sollen wir drei Männer allein gehen?«
Es war ihm aber anzusehen, daß er sich, den spaßhaften Worten zum Trotz, schwere Sorgen um sie machte, in dem ahnenden Gefühl, sie sei doch nicht ganz so unverwüstlich, wie er, nach so vielen Zerreißproben, zu glauben sich angewöhnt hatte. Eine Weile saß er dumpf vor seinem Bier; gewiß wartete er, wie wir auch, daß Tante Sabine wieder erscheinen werde. Aber sie kam nicht.
»Nun, ihr Helden!« rief der Onkel munter, aus seinem Brüten sich ermannend, »ihr werdet wohl auch Durst haben, nach der heißen Schlacht! Hier, diese Flasche sei euer, seht, ich bin nicht wie ihr, ich gönne euch einen tüchtigen Schluck!« Ich schwieg, aber Wilhelm griff zaghaft nach der Flasche. Er krümmte die Finger, er verzog schmerzhaft sein Gesicht, aber er vermochte nicht den Strammer des Verschlusses aufzudrücken. Onkel Dietrich sah eine Weile zu, dann öffnete er die Flasche mit einem Griff. »Da fällt mir ein«, sagte er wie beiläufig, »warum ich das Hufeisen mitgebracht habe. Habt ihr mich nicht einen Rohling geheißen?« Wir erröteten, er aber sagte, traurig mild sah er uns an dabei: »Es sei euch vergeben und vergessen, obwohl ihr mir bitter Unrecht damit getan habt. Ich will euch ein-

mal etwas zeigen!« Und er nahm das Hufeisen, klopfte es an den Tischrand, daß es klang, bot es auch uns zur Prüfung, ob es stark sei und ohne Fehl. Dann packte er es mit seinen riesigen Händen, setzte alle Kraft an, daß er rot wurde und zitterte, langsam drehte er das Eisen ab, aufatmend legte er die beiden Stücke vor uns hin. »Da seht ihr«, lächelte er müde, »was aus euch geworden wäre, wenn ich mich als ein Rohling erwiesen hätte. Sanft, wie Schmetterlinge, habe ich euch eingefangen, kaum ein Stäubchen hab ich euch von den Flügeln gestreift. Aber –« setzte er nachdenklich hinzu, »ihr glaubt gar nicht, ihr Buben, wie schwer das ist für einen so ungeschlachten Tölpel; oft meint er, wunders wie behutsam er zugreift und schon ist das Unglück geschehen.«

Wir gaben keine Antwort; aber ich dachte, daß er wohl die Tante gemeint haben müsse. Und nach einigem Schweigen sagte der Onkel denn auch: »Sabine kommt wohl heute nicht mehr. Ich habe drei Tage den Betrieb nicht mehr gesehen, morgen und übermorgen ist Feiertag, ich will doch noch einmal nachschauen, ob alles in Ordnung ist. Oder –« besann er sich plötzlich und der alte Dämon blitzte in ihm auf, »oder will mir einer von euch das abnehmen und durch die Brauerei gehen? Den Weg kennt ihr ja, unters Kirchendach braucht ihr nicht zu kriechen; nur das Sudhaus, den Malzboden und den Keller müßt ihr aufsuchen. Nun, wer wagt es, Rittersmann oder Knapp?« Wir schwiegen beklommen. Wir gedachten der Verdammten, die dort umgingen, wie der Onkel sie uns geschildert, mit glühenden Augen die Nacht zerbrennend, weiß wehend, eiskalt, in hohlem Seufzen hinklappend, nein, keiner von uns beiden rührte sich ...

Und da zeigte es sich doch, daß er es auf mich abgesehen hatte, der mich, und mich allein, herausfordernd

und geringschätzig anblickte. »Dem Wilhelm«, sagte er, »dem traue ichs ja zu, aber unser Muttersöhnchen, unser bierfrommer Tugendwächter, unser edler Ritter, der soll einmal zeigen, ob er mehr wagt, als die Herzensdame gegen den eigenen Mann aufzuhetzen und unsern sonnigen Familienabend zu zerstören!«
Und wieder lachte der Onkel, hell lachte er zu seinen finstern Beleidigungen. Nie hatte ihn jemand in die Schranken gewiesen; nun hatte er längst das Maß verloren, ein ungeschlachter Lümmel war er geworden an Leib und Seele.
Ich aber war in aller Bitternis seiner Kränkungen plötzlich erfüllt von dem Gedächtnis jenes Augenblicks, da Sabine mich unter Tränen geküßt, da sie mich gefragt, ob ich ihr Bübchen sein wollte. Ja, ich wollte es sein, in diesem Nu hatte ich dem Onkel abgeschworen. Er war mein Feind, vor dem es galt, nie mehr zurückzuweichen. Ich sagte, so wild mir das Herz auch sprang, leise und fest sagte ich: »Ja, ich gehe!«
Wilhelm sah mich fassungslos an, er mochte sich schämen. Es schien eine winzige Frist, als ob er etwas sagen, als ob er sich brüderlich an meine Seite stellen wollte. Aber es blieb bei einem schnellen Blick und zuckenden Lippen.
Der Onkel aber, völlig überrumpelt, pfiff leise durch die Zähne: »Schau das Bürschlein an!« Aber rasch hatte er sich gefaßt: »Du hast Mut bewiesen, mein Söhnchen, eine silberne Mark schenk ich dir, und du brauchst nicht zu gehen.« »Ich will kein Geld«, sagte ich finster, »gib mir die Schlüssel, ich gehe!«
»Stolz lieb ich den Spanier!« lachte er rauh, »du willst also meine Mark nicht, du schlägst sie aus und du willst auch meine Gnade nicht, die sichs mit einem mutigen Wort hätte genug sein lassen. Gut, so geh denn. Aber nun will ich es auch genauer nehmen, nicht, daß du ins

nächste Mauerloch dich verkriechst und wiederkommst, nach einer halben Stunde vielleicht, und ich soll glauben, auf dein Wort hin, du wärst überall gewesen. Hier –« sagte er und zerteilte ein Stück Papier in acht Streifen – »hier, diese Zettel legst du, so verteilst du sie, daß ich sehen kann, ob du wirklich durchgegangen bist, denn ich werde nachschauen, natürlich werde ich nachschauen, heute noch!«

Ich nahm wortlos die Zettel, der Onkel zündete ein Windlicht an, er gab mir eine Schachtel Streichhölzer, vorsichtig müßte ich damit umgehen, nur im Notfall sie benützen, wenn vielleicht der Zugwind das Licht ausbliese. Im Sudhaus und im Keller sei es nicht so gefährlich, aber droben auf dem Speicher, da müßte ich aufpassen. Auf die elektrische Beleuchtung aber könnte ich nicht rechnen, da der Strom schon ausgeschaltet sei für die Feiertage.

Ich ergriff das Licht, ich steckte die Streichhölzer in die Tasche, ich hielt den Schlüsselbund fest. Meine Hände zitterten und schwitzten. Meine Kehle war trocken, ich schluckte heftig, kein Wort hätte ich sagen können. Der Onkel und Wilhelm begleiteten mich bis zur eisernen Tür. »Sind wirklich Gespenster drin?« flüsterte mein Bruder, und wiewohl er die Frage tat aus Sorge um mich, hätte er doch fast meinen Vorsatz ins Wanken gebracht. Dietrich aber brummte: »Dummer Bub, dummer!« Er besann sich jedoch, daß er es mir nicht zu leicht machen wollte, und sagte: »Wenn welche drin sind, werden sie kaum in der Osternacht herumgeistern. Die haben auch ihre Gesetze – aber«, setzte er zweifelnd hinzu, »man kann nie wissen!«

Ich sperrte die eiserne Tür auf, kalte Finsternis wehte mir entgegen, das Licht flackerte. Dann war ich allein, es war ganz still. Ich tat ein paar Schritte über die knarrenden Dielen, mit einem Ruck zusammenfahrend blieb

ich jäh stehen; ging da nicht jemand, pochenden Tritts? Ja, es stapfte, aber es kam nicht näher. Ich spähte, ich horchte. Das Pochen blieb. Nun aber sah ich, daß es nicht völlig finster war, nein, Mondlich war draußen, aufblinkend und löschend im wilden Wandern des Gewölks. Was ich hörte, mußte klopfendes Wasser sein, klopfendes, tropfendes Gerinsel von den Dächern und Traufen; ich vernahm auch das Rutschen und das Klatschen des nassen Schnees, der wegschmolz, der die steilen Ziegel hinunterglitt. »Es wird ein schöner Ostertag werden, morgen«, sprach ich zu mir, um meine Furcht zu bemeistern; ich stand im Kapitelsaal. Schattengitter flimmerten an den Wänden, hier strahlte voller der Silberglanz. Wunderlich veränderte er die Farben, schwärzte das Rot und bleichte das Blau, das Grün aber ward von einer durchsichtigen Blässe; es spielte meine Kerze Feuer und Finsternis darein, Gesichter schwankten von der gemalten Decke und Wellen weicher Dunkelheit wuchsen aus den Winkeln des weiten Raumes.
Noch hatte ich den ganzen Weg vor mir; beherzt schritt ich vorwärts. Das ging ja besser, als ich gedacht hatte, redete ich mir zu; im Sudhaus gar, unter Kesseln und Maschinen, hat es keine Gefahr, mit Gespenstern nicht und nicht mit nächtigenden Landstreichern – was raschelt da?! Plötzlich stand ich still, mit angehaltenem Atem: da vorne, das war ein gefährliches Geräusch, dort, aus der Ecke muß es gekommen sein. War da nicht ein todbleiches Gesicht, rasselte es nicht von Knochen eines wandernden Gerippes? Wo war mein Mut – schon lächelte ich wieder, mit kaltnasser Stirn. Mondlicht war vorübergeglitten, eine Maus hatte im Hopfen geraschelt. Nichts sonst, still, mein Herz, nichts sonst!
Weiter ging ich; stieg die eiserne Wendeltreppe hinunter, legte Zettel ans Schaltbrett des Maschinensaals, auf

den Werktisch neben die Sudpfannen, auf die Spülbank der Flaschenfüllerei. Nein, hier war nüchterne Wirklichkeit, hier war kalte Ordnung der Dinge, die Nacht hatte keine Gewalt über sie.
Nun aber war der Keller zu bestehen, und ich fürchtete mich sehr. Ich tastete die zerbeulten Stufen hinab, kälter und kälter wurde es, dumpf die Luft, feucht standen die Wände, glitschig; ein hohler Wind sog und blies, wie in schwerem Atem. Ich beschwor mich, daß dies eben ein Keller sei, Keller sind nun einmal modrig und finster, nichts besonderes war in diesem Keller, ein gewöhnlicher Bierkeller war es. Aber da schrie ich schon, laut schrie ich auf; denn glühende Augen sahen mich an, ich warf den Zettel hin, beim ersten Faß und stürzte die Stufen wieder herauf und mein Licht duckte sich seufzend mit kleiner, blauer Flamme. Und ich sah, stolpernd, emporhastend, in dieses Licht hinein, als wäre es mein eignen Lebens Docht, aufs äußerste gefährdet – aber dann war ich oben, die Klinge fand ich wie im Traum, donnernd schlug ich die Tür zu, da blühte golden die Kerze auf. Und der weiße Zettel ist drunten, jubelte ich mir selber zu und mußte mich an die kalte Mauer lehnen; denn Angst, dem Körper entströmend, oh, wie süß enthaucht und entrieselt, schwächte meine Knie.
Das Schwerste war getan. Abermals galt es, das Sudhaus zu durchmessen. Ohne Aufenthalt tat ichs, eifrig steigend auf der klimpernden, schwarz und metallen blinkenden Eisentreppe, rund um die Mittelstange, Seele hatte sie neulich der Onkel genannt, ein spaßiger Name für eine Eisenröhre. Warm wurde mir, und schwindelig wurde mir vom Drehen, vom schraubigen Aufwärtslaufen in der Schnecke. Ich gedachte es nun in einem Schwung zu vollenden, im Sturmschritt wollte ich das Stück nehmen, der Furcht keine Zeit lassen, ein

Schnippchen ihr schlagen und draußen sein, im großen, sicheren Treppenhaus, ehe sie mich ansprang.
War ich drunten im engen, hartschattigen Kreise meines Windlichts allein gewandelt, so stieg ich jetzt aus der Tiefe in die blasse, immer leichter werdende Helligkeit der Mondnacht herauf, matter Glanz blinkte mir entgegen; es waren die Kühlpfannen, beide nun gefüllt. Ich tauchte den Finger ins laue Naß, ich beugte mich über die blanke Fläche, da sah ich den Kerzenschein gespiegelt und sah mein eigenes Gesicht zu mir heraufsteigen. Es war schaurig und schön zugleich in der zwiefachen Stille, die aus dem tiefen Schweigen kam ringsum und aus der ruhigen Festigkeit meines Herzens. Ich vergaß die Eile, mit der ich weiter wollte, nur durch den Malzboden noch und durch Tante Sabines Speicher und dann hinaus und hinunter, in Licht und Wärme hinunter. Es gibt keine Gespenster, dachte ich, es gibt gewiß keine Gespenster, der Onkel hat gelogen; auch das mit den Ratten ist ja nicht wahr, nicht eine einzige habe ich gesehen. Ich ging zur feuerfesten Tür, die das Sudhaus gegen den Malzboden abtrennte; ich steckte den Schlüssel ins Schloß. Der Schlüssel paßte nicht. Es überlief mich kalt. Ich versuchte einen andern. Er schien der rechte. Ich drehte; kein Riegel sprang. Ich wollte ihn herausziehen, den verhexten Schlüssel. Er klemmte, er wich nicht von der Stelle. Langsam, seines Sieges schon gewiß, griff das Grauen nach meinem Hals. Sah es mir nicht höhnisch zu mit hundert schwarzen Augen? Was tappte da die eiserne Treppe herauf? Ich horchte. Ich hörte die Stille singen, es brauste in den Ohren. Ich rief: »Ist jemand da?« Mit tiefer Stimme rief ich es, als fordere ein Mann Rechenschaft, bereit, es aufzunehmen mit den Mächten der Finsternis. Noch einmal rief ich: »Wer da!?« Aber da kamen mir schon die Tränen. Ich war gefangen, wenn ich den

Schlüssel nicht mehr herausbrachte. Ich versuchte, zu überlegen, aber es war kein Ausweg. Ich stellte das Licht auf den Boden; wie riesige Spinnen fuhren die Schatten meiner Finger an der Tür hin. Mit beiden Händen, schmerzhaft, rüttelte ich an dem Schlüssel. Klirrend schwankte der Bund. Unverrückt blieb das Schloß. Ich stand still, ich spürte den Ausbruch schrecklichster Verzweiflung. Da war es, als spräche eine ganz leise Stimme in mir: »Du mußt ihn fester hineindrücken!« Ich tats, ungläubig, aber mit aller Kraft. Eine Feder kreischte und schnappte, ach, und so leicht sperrte der Schlüssel, gehorsam seinem Zauber tat sich die Tür auf.

Der Malzboden, wie süß und schwer er mir roch, wie hold und leicht er mir im Mond zu rasten schien! Und nun war es gut, sich an ein Fenster zu stellen, für einen Augenblick nur, und hinauszuschauen in die Nacht. Da stand das silberne Gestirn und die Wolken waren nicht mehr so schwer, aus Süden trieb sie ein froher Wind. Mondhell, ohne Schnee fast, lag das Tal, und da ich die Landschaft sah, ordnete sich auch das Haus, schloß ich mich selber in ihren Frieden.

Ich trat vom Fenster zurück, wieder in den rotgoldnen Kreis des mit mir wandernden, getreuen Kerzenlichts. Aber wo die Schatten sprangen, spielten schon schwebendere Schleier mit ihnen.

Und schon war der Malzboden durchquert, arglos trat ich, durch die angelehnte Tür, in den Wäschespeicher. Und da, da war es – das Gespenst. Dort, am Fenster, schwankte es weiß, klagende Laute stieß es aus; leise, wie Weinen, wie schmerzliches Rufen.

Ich war stehengeblieben, mir brauste das Blut. Ich schwebte, wie aufgehoben von Entsetzen. Den Schlüsselbund aber und das Windlicht hielt ich so starr in Händen, als schlösse sich in ihnen ein Stromkreis von zwingendster Gewalt.

Unverwandt blickte ich hin. Daß die Erscheinung nicht auf mich zukam, daß sie ganz in ihr eignes Leid versunken schien, machte mich wohl ruhiger. Schüchtern wagte sich das Leben hervor. Gedanken lockerten das starre Grauen. »Vielleicht hat Onkel Dietrich –« schoß es mir durch den Kopf, aber ich verwarf es sogleich wieder. Denn das Gespenst dort war nicht gräßlich, sanft stellte es sich vielmehr dar, unendlich traurig; abgewandt war es von mir, in den Mond hinaus mochte es wohl starren und horch! jetzt sprach es vernehmliche Worte. Ich lauschte, angespannt, das Herz schlug mir im Halse. »Er braucht mich nicht ... er hat mich nie geliebt ...!«
Es war Tante Sabines Stimme. Ach, und was tat sie nur, was wollte sie tun, hier oben, allein, spät am Abend?
»Tante!« rief ich und hatte nicht mehr Angst um mich, wohl aber um sie, und so heiser machte mich diese Angst, daß mein Ruf nur ein Krächzen war, und noch einmal rief ich, mit aller Anstrengung, und diesmal war Stimme in meinem Ruf, und sie hörte ihn. Sie erschrak sehr. Sie fuhr zusammen, dann, wie aus Träumen erwachend, wandte sie sich um und erkannte mich. Ich wollte zu ihr hin, aber: »Bleib!« rief sie flehend und eilte mir entgegen. Aus dem Dämmern glitt sie in den Kreis meines Lichtes, sie trug ein weißes Nachtgewand und ihr dunkles Haar war gelöst. »Bübchen«, fragte sie staunend und zwischen Lächeln und Tränen mich an sich ziehend, »mein Engel Gottes, wer hat dich in dieser Stunde hierher geschickt?«
»Der Onkel Dietrich!« sagte ich und erzählte ihr alles. Sie aber fragte ich nicht; denn mir war, als wüßte ich ihr Geheimnis und mehr, als ich begreifen konnte.
Wir gingen Hand in Hand zur Tür; Sabine blies meine Kerze aus. Sie entflammte aber nicht die Treppenbeleuchtung; im Dunkeln stieg sie mit mir die Stufen

hinab, im verlornen Schimmer des Mondes. »Wirst du«, begann sie stockend, »dem Onkel sagen, daß du mir begegnet bist?« »Ich werde ihm nichts sagen!« Da küßte sie mich glühend im Finstern.
Am großen Bunde hing auch der Schlüssel zur Wohnung; wir sperrten auf und schlichen in den Flur. Es war aber weder der Onkel da noch mein Bruder, sie waren aufgebrochen, meiner Spur zu folgen. »Geh schlafen, Kind«, sagte die Tante, »morgen ist Ostern!«
Ich ging, ich tat die Kleider ab; vieles war zu bedenken, allzuvieles. Da schlief ich schon, kaum daß ich die Decke ans Kinn gezogen hatte. Des Onkels und des Bruders lärmende Rückkehr hörte ich noch, wie aus großer Tiefe.

Glockenklang und Orgelbraus weckten uns; es war ein strahlender Ostertag.
»Du bist ja gestern wirklich durch die ganze Brauerei gelaufen; sogar im Keller bist du gewesen!« sagte mein Bruder bewundernd: »Und hast du kein Gespenst gesehen?«
»Es gibt keine Gespenster!« sagte ich überlegen.
»Ah!« trumpfte mein Bruder auf, »und doch haben wir im Dachboden einen Strick gefunden. Da ist sogar der Onkel Dietrich erschrocken, und zu mir hat er gesagt, der muß von einem Gespenst stammen!«
Ich erbleichte, ich zitterte.
»Da hast du Glück gehabt«, meinte Wilhelm, »daß du dem nicht begegnet bist.«
»Ja«, sagte ich, »da habe ich Glück gehabt. Jetzt schweig von der ganzen Geschichte!«
Am Frühstückstisch, der noch reich beschickt war und der jedem von uns ein Nest bunter Eier bot, saß bedrückt und still Onkel Dietrich. »Die Tante Sabine«, sagte er tonlos, »ist heut in aller Frühe zu ihren Eltern

gereist ... Es ist jemand krank geworden«, setzte er unsicher hinzu. »Da werden auch eure Tage hier gezählt sein; denn was sollt ihr bei einem einsamen, geschlagenen Manne?«

DER REGENSCHIRM

Zu Pfingsten war damals ein blankes, brausendes Vorsommerwetter und kein Mensch hätte einen Regenschirm gebraucht. Die Witwe Afra Kögel aber war altmodisch genug, zu glauben, eine rechte Reise sei ohne ein solches Rüstzeug nicht zu bewerkstelligen. Und so gab sie ihrem Sohn Jakob, der über die Feiertage nach Grafing fuhr zur Tante Berta, einer Vatersschwester, den neuen, guten Schirm mit, unter immerwährenden bösen Ermahnungen, ihn nirgends stehen zu lassen, ja, unter der heftigen Drohung, sie werde ihn erschlagen, wenn er das kostbare Stück nicht unversehrt wieder mitbrächte.
Der Bub machte mancherlei Ausflüchte. Er wollte den unerwünschten Reisebegleiter lieber gar nicht mitnehmen, aber er mußte wohl oder übel, die Mutter drückte ihm den Schirm in die freie linke Hand; in der rechten trug er den Koffer, ein verwetztes, billiges Ding, viel zu groß für die Siebensachen, die er barg. Aber es hofften beide, Mutter und Sohn, die Tante würde es auch bemerken, wieviel da noch Platz drin wäre für ein paar Pfund Schmalz und Mehl oder was sie sonst den ärmeren Verwandten schenken wollte, über die Guttat hinaus, daß sie den Jakob aufnahm für die paar Feiertage.
Noch im letzten Augenblick versuchte der Bub sich des lästigen Schirms zu entledigen. Er stellte ihn einfach in die dunkle Ecke des Hausgangs, rumpelte die Stiege hinunter und schlich, an der Mauer entlang, davon.
Aber da hörte er auch schon die gellende Stimme der Mutter, die ein Fenster aufgerissen hatte und ihm nachschrie, das könnte ja gut werden, wenn der Lauskerl den Schirm daheim schon stehen lasse. Und unter den

Blicken und Zurufen der rasch aufmerksam gewordenen Nachbarschaft mußte er bis unters niedere Fenster des Oberstocks treten, und die Mutter schutzte ihm den Schirm zu, laut keifend die Drohung wiederholend, daß sie ihn umbringen würde, wenn er ihr ohne den Schirm wieder unter die Augen träte.
Der Bub lief davon – eilig, schamvoll geduckt; er schlenkerte den Koffer, er hielt in der verkrampften Hand den Regenschirm, diesen lächerlichen und gefährlichen Schatz, den er zu hüten hatte, diesen tückischen Teufel, nur gemacht, ihm seine Ferien zu verderben, immer bereit, sich zu verstecken, dem Gedächtnis zu entschlüpfen, wie ers jetzt im Geist schon vor sich sah, der Jakob, der arme Kerl, der den Schirm schüttelte vor Wut und doch Angst vor ihm hatte und vor dem Unheil, das in ihm steckte.
Denn erbarmungslos würde die Mutter ihn schlagen; ein böses Weib war sie, und das sagten jetzt auch die Nachbarinnen, die beim Krämer standen und die Geschichte aufwärmten von Afras seligem Mann, der ein guter Mensch gewesen sei, nur daß er zuletzt getrunken hätte, aus lauter Gram über die Frau. Und ob das wirklich bloß ein Unglück gewesen ist, damals vor zehn Jahren, wie er im Auer Mühlbach ertrunken ist, das ist noch lange nicht ausgemacht. Die Afra aber ist seiner Zeit wenig getroffen gewesen: »Jessas Maria und Josef«, hat sie bloß gejammert, »muß das grad heut sein, wo er das gute Gewand angehabt hat und die goldene Uhr einstecken.«
Und die Frauen wandten nun ihr ganzes Mitleid dem Jakob zu, der mehr Schläge als Essen kriege, ein braver Bub, nur ganz verkümmert vor lauter Muffigkeit und Ungutsein der Mutter.
Inzwischen war der Jakob auf den Bahnhof gekommen, atemlos und gar nicht mehr zu früh; denn die

große Uhr über dem Eingang tat gerade einen bösen Ruck, sie hatte eine von den zehn Minuten gefressen, die noch bis zum Abgang des Zuges waren; und viele Leute standen in Reihen vor den Schaltern, alle schon aufgeregt und auch unbeholfen mit ihren Rucksäcken und Koffern, ängstlich, daß ihnen nichts abhanden komme und daß kein Zwischenfall die eben anzutretende Reise störe.

Der Bub stellte sich hin, ward in den Engpaß geschoben, wußte nicht, wie er Schirm und Koffer tragen sollte und das Geld dazu, das er aus der Hosentasche geholt hatte und in der schwitzenden Faust preßte. Er stand jetzt am Schalter, schrie erregt und überlaut durchs Fenster hinauf, was er sich selber so oft vorgesagt hatte: »Sonntagskarte vierter Klass' nach Grafing!« – »Ort oder Bahnhof?« fragte der Beamte zurück. Der Bub wußte es nicht, noch einmal sagte er, ängstlich diesmal und flehend, das eingelernte: »Sonntagskarte vierter Klass' nach Grafing!« Ein Herr hinter ihm, mit einem brandroten Schnauzbart, in einer Jägerjoppe, mischte sich hinein: der Bahnhof sei weit weg vom Markt, ob er, der Bub, in den Ort wolle. Ja, er besuche die Tante Berta in Grafing, stotterte der Jakob. »Also Grafing-Markt«, entschied der Herr, und der Kleine legte das Geld klimpernd auf die Steinplatte, bis zu der gerade sein Kopf reichte. Der Beamte, braunrunzelnd hinter der Brille, erklärte mit unwirschem Bedauern, das Geld lange nicht. Jakob stand hilflos da und rührte sich nicht. Er begriff dunkel, daß das mit anderen Worten heiße, daß er nicht fahren könne, daß er wieder heim müsse. Die Mutter habe ihm nicht mehr mitgegeben, klagte er weinerlich; und als der Beamte, unter der wachsenden Ungeduld der Nachdrängenden, mit herausgeducktem Kopf, mit einer Stimme zwischen Mitleid und Ärger wiederholte, es seien um fünfzig Pfennige zu wenig, sagte Jakob abermals, diesmal schon unter springenden Tränen, mehr habe ihm die Mutter nicht mitgegeben – als wolle er damit die ganze Verantwortung für diese peinliche Lage den Erwachsenen zuschieben.

Scheltende Stimmen wurden laut; in der Tat galt aller Zorn der Mutter, aber wirksam wurde er nur gegen den Knaben, weil andere Leute auch verreisen möchten und der Schalter dazu bestimmt sei, Gäste mit abgezähltem Fahrgeld abzufertigen. Da aber machte der Herr mit dem brandroten Schnauzbart dem Streit ein Ende, indem er aus der Tasche seiner schilfgrünen Jägerjoppe ein blankes Fünfzigpfennigstück fingerte und es zu den übrigen Münzen warf, lachend, wegen der paar Kreuzer werde doch niemand dem Buben seine Pfingstfreude verderben wollen. Jakob schaute den Herren an, mit einem innigen und doch verwirrten Blick, zugleich griff er nach der hingeschobenen Fahrkarte, nahm seinen Koffer auf und stolperte weg. Holla, rief der Herr ihm nach, deshalb brauche er seinen Schirm nicht stehen lassen, der Herr Professor, Schirmvergesser, so viel Zeit wäre schon noch; und er hing dem Buben, dem das Blut ins Gesicht schoß vor Scham und Aufregung, unter gemütlichen Späßen das schwarze Ungetüm über den Arm. Jakob aber preßte den Schirm an die Brust, stammelte ein paar Dankschön! und Vergelts Gott!, zwängte sich durch die Sperre, fragte jedermann, wo der Zug nach Grafing abgehe. Und als er, durch einen Tunnel geschickt, wieder auftauchend, die lange Wagenreihe vor sich sah, schon dicht mit Reisenden gefüllt, da wollte er es noch oft und oft bestätigt wissen, daß er hier recht sei, ehe er einstieg und sich schnaufend und schwitzend auf ein bescheidenes Plätzchen setzte. Jetzt erst wagte er, zu sich selber zu kommen und mit scheuen Blicken aus dem Fenster zu spähen.

Schau, da kam auch der brave Herr, der jetzt ein Gewehr umgehängt hatte, einen Rucksack trug und einen munteren, hellbraunen Dackel an der Leine führte. Der Herr ging geradewegs auf den Wagen zu, es war ja auch keine Zeit mehr zu verlieren, denn der Mann mit der roten Mütze hob eine kleine, schwarze Pfeife an den Mund und tat ein paar gellende Pfiffe. Mit einem heftigen Rumpler fuhr der Zug an und »Hoppla!« rief der Herr, der gerade im Gang stand und durch den Ruck aus dem Gleichgewicht kam, so daß er sich mit hartem Griff an der Schulter des Knaben festhalten mußte. Und zu seinem Hunde gewandt, meinte er fröhlich, beinahe hätten sie – und er bezog den Waldl mit ein – ums Haar hätten sie das Büberl zerdrückt, aber es sei noch einmal gut hinausgegangen.

Der Knabe aber stand auf, um dem Herrn Platz zu machen; es gab sich jedoch, indem die andern Fahrgäste zusammenrückten, daß die Bank für beide noch langte und den Hund obendrein, der, halb auf dem Schoß seines Herrn, mit feiner Schnauze schier an des Jakobs Gesicht streifte und auch wirklich immer wieder versuchte, ihm die Wange zu lecken. Über den Ermahnungen des Besitzers, derlei Unfug zu lassen, der freundlichen Versicherung, daß der Waldl nicht beiße, begann ein Gespräch des ganzen Abteils. Der Kleine, zutraulich werdend, streichelte den Hund, ohne freilich seinen Schirm auszulassen, den er mächtig vor sich aufgepflanzt hatte. Diesem Schirm wandte sich bald der gutmütige Spott der Fahrtgenossen zu; wo das Mordstrumm Parapluie mit dem Knirps hinwolle, ob er damit Heuschrecken fangen möchte, und da müßte er, lachte der Herr, ja aufpassen, denn sonst ginge es ihm wie seiner seligen Großmutter. Und er gab die Geschichte zum besten, wie die alte Frau vertrauensselig die großen grünen Heupferde, die er, als Kind damals, von

den Wiesen gegriffen hatte, bösblickende, zangenmäulige, strampelnde Gesellen, in ihrem neuen, grauseidenen Sonnenschirm beherbergt habe. Als sie aber des Abends, heimgekehrt, den Schirm aufspannten, um die Burschen in einen gläsernen Gewahrsam zu überführen, da hätten nur faustgroße Löcher im Tuch gezeigt, welchen Weg in die Freiheit die Bestien genommen hatten.
Gottlob, es war nicht dieser, war nicht Jakobs Schirm, und der Bub lachte über die Geschichte. Aber die Gedankenverbindung von Schirm und Zerstörung genügte doch, um ihn gleich darauf wieder trüben, besorgten Blicks vor sich hinstarren zu machen.
Wie er heiße, wo er wohne, ob er noch in die Schule gehe und was er werden wolle, ermunterten nun mit ihren Fragen die Nachbarn das scheue Kind, und es gab zuerst einsilbige Antwort. Aber daß er ein Uhrmacher werden möchte, im Herbst, wenn er aus der Schule wäre, das sagte der Bub mit solcher Bestimmtheit und Freude, daß der Herr ihm wohlwollend auf die Schulter klopfte. Und es erwies sich, daß er selber einer war und nicht abgeneigt schien, den Jakob in die Lehre zu nehmen. Und als er gar seinen Namen auf einen Zettel schrieb und damit zeigte, daß es ihm Ernst war, da leuchteten die Augen des Buben, und die holde, tiefverschüttete Lebensgewalt der Jugend sprang quellend schön in sein blasses Gesicht.
Indes hatte der Zug soeben den Bahnhof Grafing erreicht; es gab ein rasches und fröhliches Abschiednehmen, der Hund bellte, alle halfen dem Kind beim Aussteigen und wiesen ihm das Bummelbähnchen, das schon schnaufend bereit stand. Den Schirm aber hielt Jakob fester denn je in der Faust.
Er habe auch so einen Buben gehabt, sagte der umgängliche Herr im Weiterfahren, und grad in dem Alter ungefähr, mit vierzehn, sei er ihm weggestorben, vor zwei

Jahren – und er schaute wehmütig in die wälderflammende Landschaft hinaus. Und so gehe es auf der Welt, die einen müßten ihre Kinder hergeben und die andern wüßten nicht, was sie dran hätten. Denn, daß der Bub da ein liebes Bürschel wär, nur ganz verschreckt und wie eingefroren vor lauter Angst und Geducktsein, das sähe einer auf den ersten Blick. Aber er wollte ihn schon wieder auftauen, meinte der Herr und hatte jetzt nur Sorge, der Kleine könnte den Zettel verlieren und so den künftigen Meister nicht wiederfinden. Damit stand er auf, rückte den Hut und verließ den Wagen, zwei Haltstellen hinter Grafing. Und die Reisenden sahen ihn noch mit dem Hunde dem Walde zustreben.
Jakob war samt Koffer und Regenschirm wohlbehalten bei der Tante Berta angekommen. Die Vatersschwester, auch eine Witfrau in kargen Umständen, war gut zu dem Buben und freute sich, wie er aufblühte in den zwei Tagen, munter und gesprächig, wie sie ihn gar nicht kannte, immer wieder von dem Herrn erzählend, der das Fünfzigpfennigstück großherzig für ihn hingelegt und der versprochen hatte, ihn die Uhrmacherkunst zu lehren. Und nur mit Mühe konnte sie ihn davon abhalten, daß er nicht am heiligen Pfingstsonntag die alte Küchenuhr zerlegte, mit dem großspurigen Versprechen, sie wieder in Gang zu setzen. Kinder haben eben, so dachte sie, Lachen und Weinen in einem Sack, und sie sah es als gutes Zeichen, daß die Kümmernis seines schlimm bedräuten Lebens doch nicht tiefer eindrang in das jugendkräftige Herz und noch leicht abzuwischen schien, mit ein paar so frischen Tagen wie diesen. Und nur, daß der Jakob so weich war im Gemüt, das machte ihr Sorge. Denn wie sollte er so seine Mutter bestehen, die Afra, die zäh war und zornig und die schon den Mann zermürbt hatte, Jakobs Vater, daß er lieber als Trinker verdarb und ins Wasser ging.

Es war dann ein bittrer Abschied, wie der Bub gehen mußte, am Montag abend; und die Witwe, die selber nichts Überflüssiges hatte, gab dem Jakob mit, was nur in den Koffer hineinging. Und bloß der Gedanke tat ihr weh, daß auch die andere, die böse Schwägerin, sich gütlich tun würde an den Leckerbissen, die sie sich abgespart. Und einen mächtigen Strauß Pfingstrosen aus dem Gärtlein band sie auch noch zusammen, ehe sie den Buben zur Bahn schickte.

Am Abend dieses zweiten Pfingsttages brandeten überall die glühenden Wellen der rückströmenden Ausflügler an die Bahnhöfe und überfluteten die Züge. Doppelt und dreifach wurden die gefahren. In Trauben hingen die Menschen sich an die Trittbretter; wie von schwärmenden Bienen war das Gewühl und der summende Lärm der Fröhlichen und der Müden. Wanderer und Radfahrer, Wassersportler und Schiläufer, Jäger und Fischer waren darunter, alte Männer am Stock und selige Liebespaare und junge Väter, ihr Söhnchen im Nacken reitend, Mütter, die welken Kinder wie Sträuße an die Brust gedrückt. Ja, und die Blumen selber: die prangende Pfingstherrrlichkeit flog wie eine bunte Schleppe mit stadteinwärts in den schwarzen Zügen, in Kränzen von Feldblüten, in Büschen von Waldgrün, im Bruch der geplünderten Gärten.
Auch in Grafing waren die Bahnsteige voller Menschen, die in die große Stadt zurückwollten und nun ungeduldig, sturmbereit auf das Heranrauschen der Züge und das Aufleuchten der goldenen Lichter warteten. Denn es war schon später Abend; im Westen verglühte noch der erkaltende Tag, über den Scheitel des Himmels aber zog ins lichtere Blau hinein schon die Finsternis und die Sterne brannten auf.
Jakob stand hart an den Gleisen, als der Zug einfuhr.

Er war aufgeregt und unschlüssig, wo er einsteigen sollte. Da hörte er sich angerufen und sah, aufblickend, den gemütlichen Herrn dicht über sich; er hatte sich aus dem Fenster beugt, in die milde Luft hinaus, auf den wilden Kampf der Andrängenden zu spähen, mit jenem Behagen, das einer empfinden mag, der sich selber geborgen weiß. Für einen Knirpsen wie Jakob sei schon noch ein Plätzchen frei, lachte er, der Bub sollte nur versuchen, sich hereinzudrücken.
Da stand nun der Kleine, indes der Zug anfuhr; und er war glücklich. Denn das war eine über alle Maßen beseligende Wendung gewesen, ein holdes Eingreifen des guten Geschicks, das ihn da aus seiner ängstlichen Verlassenheit um drittenmal seinem neuen Freunde zugeführt hatte.
Und der Hund war auch da. Er schlief auf einem zusammengerollten Mantel, aber jetzt hob er den Kopf; und kein Zweifel, er erkannte den Jakob wieder. Und ein Fräulein, ein sehr nettes und freundliches Fräulein, das einen ungeheuren Margeritenstrauß in den Armen hielt, rückte ein bißchen zur Seite. Jakobs Koffer aber schwang ein vierschrötiger Mann leicht und hoch auf das Gepäckbrett, über einen Berg von Rucksäcken und Blumen hinweg.
Da durfte er nun sitzen, wieder nah bei dem Hunde, dem Herrn gegenüber, der sich den Bart strich und liebevoll zu ihm herübersah. Wie gut doch alle diese fremden Menschen zu ihm waren, dachte er, und eine Süßigkeit brach in ihm auf, als sei nun das Leben freundlicheren Mächten untertan. Und er hoffte, der Herr würde abermals davon beginnen, wie er ihn zum Lehrling nehmen wollte; ihn verlangte nach einer neuen Bestätigung. Der Herr aber lachte, ein bißchen listig lachte er, schmunzelnd und recht behaglich und deutete auf den Strauß üppiger Bauernrosen in Jakobs Arm:

Da sei ja, sagte er, ein Pfingstwunder geschehen, da habe sich ja, sagte er, der schwarze Regenschirm in rote Rosen verwandelt!
Regenschirm, Regenschirm. Der Bub saß da, starr und bleich. Ein schreckliches, aber dem Verstand wie dem Herzen gleich unfaßbares Wort war in ihn gefallen. Es lag in seiner Brust wie eine Sprengkapsel, es mußte ihn zerreißen, wenn er aufbarst in Begriffe und Gefühle: Regenschirm! »Um Gotteswillen«, sagte der erschrokkene Herr und holte mit beiden Händen den völlig entgeisterten, stumm und tränenlos blickenden Buben auf seine Knie herüber. Ob er denn den Schirm stehengelassen hätte und wo, ob bei den Verwandten oder im Zug vom Markt zum Bahnhof oder ob auf dem Bahnhof selber. Und da fing das Kind zu zittern an, aber weinen konnte es nicht. »Ich weiß nimmer!« Es war viel zu hoffnungslos, um nachzudenken. Regenschirm, dachte es und sonst nichts. Nur hinter dieser schwarzen Wand brannte es von höllischen Feuern.
Noch einmal versuchte es, eindringlicher und fast streng, der Uhrmacher. Aber tonlos, aus einer tiefen Verzweiflung heraus, sagte der Bub wiederum: »Ich weiß nimmer!«
Der ungeschlachte Mann vom andern Ende der Bank, derselbe, der so hilfreich den Koffer besorgt hatte, horchte mit halbem Ohr herüber; ob der Bub seinen Schirm stehen lassen habe, das gebe ein Ohrwaschelrennen daheim und das wären fröhliche Pfingsten. Er stieß ein polterndes Gelächter durch seine Zahnlücken. Nun aber verwies ihn das Fräulein, das in ihren Blumen fast eingeschlafen war, den Buben so zu schrecken. Und was dem Herrn nicht gelungen war, das vermochte jetzt die Stimme, ja einzig die Stimme der Frau: der Kleine brach in ein schluchzendes Weinen aus, langsam schmolz die grausame Spitze seines Schmerzes. Der

brave Herr, in dessen Joppe er hineinweinte, zog ein mächtiges, rotgewürfeltes Schnupftuch aus der Tasche und wischte die Tränen fort. Er solle aufpassen, lachte er – und er war ja selber froh, daß der Bub nicht mehr so glasig starrte –, ja aufpassen sollte er, daß es keine Überschwemmung gebe, da im Wagen herin und daß es den Waldl nicht forttreibe in dem Tränenstrom. Und der Bub, der einen scheuen Blick hinüberwarf auf den Hund, der gerade aus dem Schlafe sich rührte, tat einen tiefen Schlucker und Seufzer. Und dann lächelte er, lachte und weinte in einem und strich leise über das Fell des Tieres. Der Herr aber nahm die Gelegenheit wahr, den Buben wieder auf seinen Platz zu setzen. Ermutigt durch die lösende Wirkung, die seine Späßchen getan, fuhr er fort und er meinte es jetzt nicht schlechter als vorher und scherzte, drei Tage lang beim strahlendsten Sommerwetter, habe der Bub den Schirm mit sich herumgeschleppt und nun, bei einem solchen Platzregen von Tränen, habe er ihn nicht dabei.
Und als der Bub jetzt stiller wurde, nicht mehr weinte, da ahnte der Gute nicht, daß er in der kleinen Seele mit der bloßen Erwähnung des Schirms wieder den vollen Sturm heraufbeschworen hatte; nur daß, was zuerst eine nackte, grifflose Wand des Entsetzens von Hirn und Herz abgeschlossen, nun in hundert einzelnen Bildern und Gestalten hemmungslos durch ihn hinbrauste. Jetzt dachte er, wo er den Schirm stehen gelassen haben könnte, aber seine Erinnerung verwirrte sich. Er sah sich da und dort, durch diese drei Tage zurückgehetzt, mit Schirm, ohne Schirm, mit Schirm, ja, er sah den Schirm allein, in ein lebendiges Wesen verwandelt, als einen höhnischen Kobold umherhüpfen.
Er baute sich kleine Hoffnungen auf und zerbrach sie wieder: wie die Tante den Schirm entdecken würde, daheim friedlich an die Küchentür gehängt, wie der

Schaffner in der Kleinbahn, der liebe, kleine Schaffner mit dem Zwicker an der Schnur schmunzelnd den Schirm finden würde im verlassenen Wagen: »Schau, das ist ja der Regenschirm des Putzelmännchens, gleich werd' ich ihn der Tante bringen ...« Und jetzt wußte er auch: damals, als der Schaffner ihn Putzelmännchen nannte, hatte er den Schirm noch gehabt.
Aber er hatte ihn nicht mehr. Und seine Mutter würde nicht Putzelmännchen zu ihm sagen, nein, sie würde ihn anschauen mit argen Augen und würde fragen: »Wo ist der Schirm?« Und jetzt schon, und immer wieder, hatte Jakob diese schreckliche Frage zu bestehen; aber er konnte sie nicht bestehen, es gab kein Entrinnen.
Es war jetzt ganz still im Zug; die Menschen schliefen, rauchten, dösten vor sich hin. Von beiden Seiten flogen die Lichterketten der Straßen und Gleise der großen Stadt zu.
Es war heiß im Wagen; der Zug ratterte und rauschte hohl. Der vierschrötige Mann schnarchte mit offenem, schwarzzahnigen Mund, das Fräulein war ganz in ihren Margeritenstrauß gesunken, und auch der Herr war eingenickt; der Gemsbart auf seinem Hut schlug im Takt der stoßenden Räder.
Jakob saß wie in einer Verzauberung. Der Regenschirm, der Regenschirm, klang und schaukelte es, aber immer ferner, immer brausender. Dichter und dichter, wie steigende und fallende Dämpfe, wogte die Angst herauf, senkte sich die Qual hernieder. Lange, scharfe Messer blitzten durch, schnitten und stachen: der Schirm war nicht da. Dann schmerzten sie nicht mehr. Jakob war eingeschlafen.
»Wir sind da!« sagte eine gute, holde Stimme neben ihm. Er war nicht mehr auf dieser Welt. »Wir sind da!« hallte es in seinen Traum hinein; es war unendlich süß, sich hinzugeben.

Da ruckte er auf. Der Zug dröhnte. Die Menschen waren erwacht. Sie holten ihr Gepäck und machten sich fertig. Sie sahen alle so fremd aus; keiner sprach zu dem andern. Gleich würde der Zug einfahren. Der Herr hatte sich ermuntert. Er hatte das Fenster geöffnet und sich in die Nacht hinausgelehnt, in den immer dichter werdenden Glanz huschender Lichter. Das Fräulein war schon ein Stück gegen den Ausgang vorgetreten und der vierschrötige Mann holte gerade Jakobs Koffer herunter. Den Kopf werde ihm niemand abreißen wegen dem Schirm, sagte er geringschätzig; und wer denn gar so zu fürchten sei daheim, der Vater oder die Mutter?
»Die Mutter!« preßte Jakob hervor. Mit schrecklicher Wucht war in diesem einen Augenblick das ganze Verhängnis wieder auf ihn niedergestürzt, alle die kleinen Schächte des Lebens und der Hoffnung hatte es ihm eingedrückt. Jetzt, vielleicht am Bahnhof schon, unentrinnbar, ohne Gnade, mußte er Antwort geben auf die grausame Frage: »Wo ist der Schirm?!«
Die Gesichte in ihm überstürzten sich. Konnte nicht die Mutter tot sein, tot, für immer verstummt, der böse fragende Mund? Nein! Konnte er nicht krank sein, spürte er nicht das Fieber in sich, Hitze und Frost in jagenden Stößen, wankten ihm nicht die Knie? Nein. Konnte nichts geschehen, lieber Gott, was denn, irgend etwas, die Sterne vom Himmel, nein, er wußte nichts. Nichts. Unentrinnbar. Alles brauste.
Der Herr lehnte breit im Fenster. Der Hund fing zu bellen an. Das Fräulein hing, halb stehend, erschöpft über ihrem Strauße. Eine Stimme sagte tröstend. »Gleich kommen wir jetzt ins Heiabettchen!« Ein Kind weinte.
Jakob hörte und sah alles unter brausenden Wellen der Qual. Konnte sich ein so kleiner Mensch nicht so gering machen vor Angst, daß er verging? Nein. Er war

da und der Schirm war nicht da. Nichts mehr konnte dazwischentreten. Nichts. Die Stadt war erreicht. –
Der Stoß war von schmetternder Wucht. Das Licht platzte in Flammen und Finsternis. Stille lag einen schrecklichen Augenblick lang schwer über dem ganzen Zug. Dann hörten die Menschen, langsam fast, ein gräßlich heranschwellendes Geräusch. Das Mahlen und Schmatzen ungeheurer Kiefer. Holz brach und barst, Fenster klirrten, Eisen knirschte und sprang. Nun hatte der malmende Biß auch Jakob erreicht und die, die mit ihm fuhren. Und jetzt tönte spitz und martervoll ein einziger Schrei des Schreckens und des Schmerzes die Wagen entlang, ein hohles, heulendes Wimmern. Und dann erst löste sich das begriffene Unglück in den schauerlichen Wirrwarr seiner Einzelheiten.
Jakob erwachte halb, vom Fackellicht und nahe rufenden Stimmen. Er spürte einen fernen Schmerz, er hörte ein schluchzendes Wimmern von weit her. Schmerz und Klage, unscharf verschwimmend, näherten sich einander, schärfer, deutlicher, und jetzt schmolzen sie in ihn ein; er selbst war es, der in Schmerzen lag und stöhnte. Dann wieder sprang alles weg, huschend wie Schatten.
Er sah, wie fremde Männer das Fräulein fortführten; es hielt den weißen Margeritenstrauß fest in den Händen und weinte bitterlich. Und große, rote Tropfen fielen auf die Blumen. Der Herr aber schaute immer noch zum Fenster hinaus, obwohl er, Jakob, hier lag und obwohl die fremden Männer das Fräulein fortführten. Das Fenster freilich schien so seltsam schmal; und alles war so schief und wirr, wie in der Hexenschaukel damals auf dem Oktoberfest. Und es wurde ihm auch schon wieder so schlecht. Er hörte noch eine Stimme: »Was ist denn mit dem Buben da?«
Er wurde wohl fortgetragen. Wohin? Er wandte den Kopf und jetzt schaute ihn der Herr an, aus dem Fen-

ster gebeugt, und er lachte. Und die Hand hatte er ausgestreckt. Ja, er würde schon kommen, und ein Uhrmacher werden. Aber wo war der kleine Hund geblieben?
Die Witwe Afra Kögel hatte bis um elf Uhr auf die Heimkehr ihres Sohnes gewartet. Sie saß bekümmert in der kahlen Küche im grellen, ungeschirmten Licht und flickte an einem Hemd. Sie hatte keine Zeit gehabt, Pfingsten zu feiern. Einer armen Witwe, die tagaus, tagein am Waschtrog steht, kommen ein paar Feiertage gerade recht, um daheim Ordnung zu schaffen. Nichts wie Sorgen hat man, so allein in der schlechten Welt, und da sollte man nicht selber hart werden, wenn es einem so hart gemacht wird. Und wo kommt die Wirtschaft hin, wenn man nicht pfenniggenau ist und alles zusammenhält? Und gar mit einem heranwachsenden Buben wie dem Jakob. Der ist dem Vater nachgeraten. Viel zu weich und schusselig, und der wird dann auch einmal ein Säufer wie der Vater. Aber die Leute mögen ja natürlich solche lieber, die sich so gehen lassen; und ihr hängt man's an, sie hätte den Mann ins Wasser getrieben. Dem Buben freilich wird sie's schon zeigen, dem Duckmäuser; und wo bleibt er nur? Meinetwegen, wenn ihn die Schwägerin noch einen Tag füttert, ihr soll's recht sein. Wenn er bloß den guten Anzug nicht zerrissen hat und den neuen Schirm wieder richtig mit heimbringt.
Und mit Seufzen löschte sie das Licht und legte sich ins Bett; aber sie hatte schlimme Ahnungen und die Sorge um den Schirm ließ sie lange nicht schlafen. Vielleicht wäre es besser gewesen, ihm den Schirm nicht mitzugeben. Ja, aber wenn er dann in ein Gewitter gekommen wäre und es hätte den guten Anzug so angeregnet, daß er ganz zusammengeschnurrt wäre vor lauter Nässe?

In dieser Nacht also träumten drei Menschen, eben die

drei, die es anging, von dem Regenschirm. Die Tante Berta träumte von dem Schirm, den sie eine Viertelstunde nach Jakobs Abschied, mit stockendem Herzen an der Küchentür hängen sah und den sie laut jammernd und so schnell ihre alten Füße sie zu tragen vermochten, an die Bahn getragen hatte, ohne ihn doch dem Buben noch geben zu können; denn der Zug stampfte schon den Berg hinauf.

Die Mutter träumte von dem Schirm und sie sah die drei blanken Markstücke, die sie hingelegt hatte, um ihn zu erwerben. Sie sah aber auch, wie der Bub mit dem Schirm in Mauslöchern herumstochert und mit der Krücke nach Zweigen angelt, und sie sah, wie er den Schirm stehen läßt, der vergeßliche, windige Lausbub, mitten im Wald, wo er nie mehr gefunden wird.

Und der Bub träumte von dem Schirm; er sah sich heimkommen und vor die Mutter treten, zitternd, vor die Frage, die schreckliche, unabwendbare, ausweglose Frage, und er fühlte den unbarmherzigen Blick und die harte, zum Schlag bereite Hand. Aber da, in der tiefsten Erniedrigung des Bettelns und Lügens, in der lähmendsten Angst weiß er plötzlich, jubelnd, voll himmlischer Beredsamkeit den Ausweg der Gnade: »Mutter!« ruft er, und ist des leuchtenden Blicks schon gewiß und die Hand, die dem Schlage wehrt, ist nicht seine, ist eines Engels Hand: »Mutter, die Züge sind zusammengestoßen und ich bin da!« Aber ungerührt und finster sagt die Mutter: »Wo ist der Schirm? Geh und bring mir den Schirm!« Und er geht zurück in die Hölle der Vernichtung, ganz geisterhaft geht er und geht; aber da lacht plötzlich der gute Herr, ob er denn nicht wisse, daß er den Schirm gar nicht mitgebracht habe, sondern lauter rote Pfingstrosen.

Am Dienstag in aller Frühe brachte ein Mann einen

kleinen Koffer vor die Tür der Witwe Afra Kögel und fragte sachlich ernst und doch bebend vor verhaltner Erregung, ob sie dieses Gepäckstück als ihr Eigentum anerkenne. Der Koffer hatte zwar ein paar Schrammen und einen großen, sonderbar dunklen Flecken, aber es war derselbe, den ihr Sohn Jakob mit auf die Reise genommen hatte. Dann müsse er ihr mitteilen, sagte der Mann, daß heute nacht ein schweres Zugunglück vor dem Bahnhof gewesen sei und daß der Besitzer des Koffers, also ihr Sohn, verletzt im Krankenhaus liege, im Zimmer sechzehn im zweiten Stock.
Die Frau schaute wortlos den Mann an, der ihr die traurige Botschaft gebracht hatte. Der stand noch ein Weilchen unschlüssig und hilflos; er fand die rechte Art nicht, sie zu trösten und so wandte er sich lieber zum Gehen. Die Witwe aber, aus der Beträubung erwacht, rief ihm nach. Ob er dort, fragte sie bekümmert, wo er den Koffer gefunden, nicht auch einen Schirm gesehen hätte, einen guten, fast neuen schwarzen Regenschirm. Und sie machte sich daran, das kostbare Stück eingehend zu beschreiben. Der Mann aber, der auf einmal sehr verfallen und übermüdet aussah, machte, sich wieder der Frau zuwendend, eine abgründige Bewegung mit der Hand, und, so könne nur fragen, sagte er, wer den Zusammenstoß nicht gesehen; und bis fünf Uhr früh hätte er in den Trümmern gearbeitet und mehr als einen Toten herausgetragen und auf den Kies des Bahndamms gelegt. Was aber an Gepäckstücken noch gefunden worden sei, erklärte er, wieder dienstlich in Ton und Haltung, das sei alles in das Leichenhaus auf den Friedhof geschafft worden und vielleicht sei auch der Schirm darunter. Im übrigen würde, und das sagte er jetzt mit kalter Schärfe, als spüre er plötzlich und nachträglich den ganzen Frevel ihrer Frage, würde ein solcher Verlust, wenn sie ihn anmelde, von

der Bahnverwaltung gewiß ersetzt werden. Die müsse jetzt für ganz andere Schäden aufkommen, gar nicht zu reden von dem, was mit allem Gelde der Welt nicht mehr gut zu machen sei.
Und in zorniger Erbitterung stieg er die Treppe hinunter.
Die Witwe Afra Kögel rüstete sich, ihren Sohn zu besuchen. Im Krankenhaus war es nicht still wie sonst; viele Menschen warteten fragend und weinend in den Gängen und vor den Türen, stärker war der Geruch der scharfen Säfte, und niemand nahm sich Zeit, das blutige Handwerk zu verbergen, das hier getrieben ward. Eine Schwester wehrte der Frau den Eintritt in das Zimmer. Es seien gerade die Ärzte da, sagte sie milde, aber bestimmt, in zwei Stunden frühestens möge die Mutter wiederkommen. Und da sie fühlte, daß die Bejammernswerte noch etwas auf dem Herzen habe, suchte sie nach einem Wort des Trostes: die Frau möge zu Gott beten, der alles noch gnädig wenden könne, und des Sohnes Zustand sei ernst, aber nicht ohne Hoffnung. Ob der Bub, fragte die Witwe leise und demütig, wie sie ihn gebracht hätten, nicht einen Regenschirm – »Nein, nichts, gar nichts«, schnitt die Schwester mitleidig ab und drängte die Mutter fort. Wie kann doch, dachte sie, der jähe Schmerz ein armes Gehirn so völlig verwirren, daß die Mutter nach einem lächerlichen Ding sich erkundigt, indes ihr Sohn im Sterben liegt.
Die Witwe stand auf der Straße und hatte zwei Stunden Zeit. Ob sie wollte oder nicht, es trieb sie zum Friedhof; dort, hatte der Mann gesagt, sei alles Gepäck aufbewahrt, und er hatte selbst zugegeben, es sei nicht ausgeschlossen daß sich der Schirm darunter befinde.
Sie kam ungehindert bis an das Totenhaus und gewahrte mit scheuem Blick die schrecklichen Zurüstungen zur

Aufbewahrung der Leichen, die in rasch bereitgestellten Särgen, in Laken gehüllt, in eine ungewisse Dämmerung von Lorbeer und Blumen weggeschafft wurden. Aber näher sah ihr suchendes Auge einen verstreuten Bestand von besudelten und zerstörten Rucksäcken, Köfferchen und Kleidungsstücken, mit deren flüchtiger Ordnung sich soeben einige Leute beschäftigten. Ein älterer Mann mit einer grünen Dienstmütze band gerade Stücke zu einem Bündel zusammen. Es war auch ein Schirm dabei, aber ein heller, grauer Sonnenschirm und nicht der ihre. Ein Beamter trat auf sie zu, ob sie jemanden suche; nachdem sie Namen und Umstände genannt, antwortete er, eine Liste durchblätternd, er könne ihr die zwar immerhin betrübliche, in Ansehung der Verhältnisse aber dennoch tröstliche Mitteilung machen, das Kind liege, wenn auch verletzt, so doch vorerst gerettet, im Krankenhaus, Zimmer sechzehn, zweiter Stock. Da tat die Frau, als höre sie das zum erstenmal, nickte und ging. Sie hatte keinen Mut mehr, den Beamten nach dem Schirm zu fragen, wie sehr er ihr auch am Herzen lag. Im Weggehen hob sie einen vollen Büschel Lorbeer auf, der achtlos auf den Boden geworfen schien. Sie wußte nicht, wozu er ihr dienen würde; aber es verdroß sie, daß der kostbare Zweig hier verderben sollte. Doch warf sie das Blattwerk sogleich wieder fort, als sie sah, wie es dunkel glänzte von frischem Blute.
Sie stand jetzt wieder auf der Straße, und es war noch keine Stunde vergangen. Sie ging nun doch dem Bahnhof zu und der Unglücksstätte. Der Weg war nicht schwer zu finden; denn Tausende von Menschen strömten hinaus, zu Fuß, im Wagen, mit dem Fahrrad. Bald aber war der Menge Einhalt geboten. Schutzleute und Ketten von Soldaten sperrten das Gelände ab und die Frau konnte nur, zwischen Hüten und Helmen hin-

durch, das schwarze Gewirr der Trümmer erspähen, das friedlich grauenhafte, das aus der Ferne fast spielerische, an diesem reinen Frühsommermorgen. Die Toten und Verletzten seien alle weggebracht, riefen die Polizisten unaufhörlich in die Andrängenden hinein, Auskunft werde den Angehörigen im Wartesaal erteilt, das Gepäck befinde sich auf dem Friedhof. Hier habe niemand etwas zu suchen.
Dies war wie auf sie allein gemünzt, spürte sie, als es ihr ein Wachtmeister, scharf vor Überanstrengung, dicht und drohend ins Gesicht schrie, ohne sie freilich zu meinen, und es erschreckte sie, daß gerade sie hier nichts zu suchen hätte. Da folgte sie wie einem persönlichen Befehl und ließ vorerst die Hoffnung fahren, noch zu ihrem Eigentum zu kommen. Überdies war es an der Zeit, sich im Krankenhause wieder einzufinden.

Jakob wachte auf, nur für einen kurzen, klaren Augenblick. Er war wie völlig ausgeruht, leicht wie ein Federfläumchen und ganz ohne Schmerz. Am Bett aber saß die Tante Berta, auf die Nachricht von dem Unglück eilig herbeigereist; und in der Hand hielt sie den Regenschirm, den sie mitgebracht hatte. Da ging ein Lächeln und ein Leuchten über Jakobs Gesicht, und er griff nach dem Schirm, der kein Unhold mehr war, sondern ein trostreicher Gast, geliebt und willkommen, ein starker und sicherer Führer in die Finsternis.
Und nun trat auch die Mutter ein. Sie sah zuerst – und es konnte gar nicht anders sein – den Schirm liegen, groß und schwarz auf der weißen Bettdecke. Da lag er, unversehrt, der Regenschirm, den sie vergeblich gesucht hatte. Und da mußte ja auch ihre erste Frage sein, wo denn der Schirm herkomme; und die Schwägerin gab Antwort, ohne Arg, der Bube habe ihn draußen bei ihr stehen lassen. Die Mutter sagte nur: »So!« und

sonst nichts. Aber es waren Himmel und Höllen ihres armseligen Herzens in diesem einen Wort und der Widerschein vieler Gedanken zog über ihr Gesicht. Die Tante Berta aber hatte all das schon nicht mehr wahrgenommen. »Schau nur, der Bub«, flüsterte sie in einer jähen Angst und beugte sich vor. Da sah es auch die Mutter, daß Jakob spitz und fahl wurde. Und sie wußte, daß er jetzt tot war.

Und somit schloß sich der Kreis, der ein kleines Schicksal geheimnisvoll an ein großes knüpfte. Denn, daß der brave Herr nicht mehr gelacht hatte damals, sondern tot war und mit Schweißfeuern aus dem Fenster hatte geschürft werden müssen; und daß das blumenfrohe Fräulein die schweren, entstellenden Narben auf der Stirn trug, seitdem; und daß das gräßliche Unglück mitten im Mai viele Gräber aufgetan hatte – das waren ja schon andere Geschicke, vielfach ineinander verflochten und doch so fremd wie alles in diesem rätselhaften Leben.

RECHT

Im Jahre 1625 stand der Feldherr der Liga, der siebenundsechzigjährige Graf Tilly, hoch im Ruhm. In acht Kriegsjahren hatte er seinem kurfürstlichen Herrn, Maximilian von Bayern, und der Sache des Kaisers, eine Schlacht um die andere gewonnen und lag nun, mit ungeschwächten, zuversichtlichen Truppen im Norden Deutschlands, gegen den Dänenkönig Christian zu fechten.
Der Winter war hereingebrochen, bei nassem Schnee gab es kalte und windige Tage, blutrote Sonnen stiegen gewaltig aus weiten Nebeln, und die Nächte waren schwarz und ohne Sterne.
Der Krieg ward nach einem Novembergefecht bei Selze lässig geführt, und der Dänenkönig, von einem Sturz mit dem Pferde übel mitgenommen, verhandelte wegen einer Waffenruhe.
Tilly stand am Kamin, in dem das nasse Holz zischte. Das Amtshaus von Rössing, einer kleinen Stadt im Hannoverschen, wo er Quartier bezogen hatte, knarrte, balkengefügt, im pfeifenden Wind, der auch die Kerzenflammen hin- und herwarf, daß das Licht ohne Ruhe war in dem niederen Zimmer.
Der Krieg mit den Dänen machte dem General wenig Sorge. Wo Waffen sind, da ist auch Hilfe. Aber ein Feind war gegen ihn aufgestanden, den er Freund nennen mußte, und gegen den kein offener Krieg zu führen war: Der Kaiser hatte Wallenstein zum Oberbefehlshaber sämtlicher Truppen ernannt.
Tilly haderte mit sich selber. Wie oft hatte er in dringenden Briefen den Kurfürsten bestimmt, die Aufstellung einer zweiten Armee neben der ligistischen beim Kaiser durchzusetzen.

Und jetzt, wo er sich's zutrauen durfte, mit ein paar raschen und sicheren Schlägen den Krieg spätestens im Herbst des kommenden Jahres zu enden – gerade jetzt kam dieser Dämon, dieser gefährliche und böse Narr Wallenstein, in keiner Schlacht noch erprobt, mit einem ungeheuern und verwahrlosten Kriegsvolk und drückte ungestüm und herrisch in die schon überlasteten und ausgefressenen Quartiere.
Von der Straße her, aus der Finsternis, kam Lachen und Lärm vorüberziehender Soldaten. Sie sangen. Ein neuer, frecher Ton ließ den General aufhorchen:

> Wir han gar kleine Sorgen
> wol um das Römisch Reich,
> es sterb heut oder morgen,
> uns gilt es gleich!

Tilly riß zornig ein Fenster auf.
Der Gesang verstummte augenblicklich. Ein Trupp Reiter tauchte, auf die Pferde geduckt, in die Finsternis.
Melden! schrie Tilly hinunter, und noch einmal: Melden!

Aber es war nur noch Nacht und ein fernes Trappeln von Rossen. Der General schlug das Fenster zu. Soweit war es also schon gekommen. Drei Wochen Wallensteiner Nachbarschaft, und die in vielen Jahren gehärtete Zucht ging zum Teufel.
Es gärte quer durch die Regimenter. Die alten bayerischen Kerntruppen haßten das hergelaufene, freche und gottlose Volk, schimpften auf die Grünhörner, die noch keinen Schuß Pulver gerochen hatten. Wo sie aneinander gerieten, gab es Reibereien und Raufhändel.
Aber die neugeworbenen Soldaten und die Ausländer schauten sehnsüchtig hinüber zu dem neuen Herrn, wo

es weniger Profosen gab und dafür mehr Troßweiber, und wo einer nicht gleich am Galgen hing, wenn er einen Bauern mehr oder weniger auf dem Gewissen hatte.
Saubere Grundsätze hatte der Wallenstein. Der Krieg muß den Krieg nähren – Freund und Feind werden ausgeplündert bis auf den nackten Hintern. Aber dafür ist der Friedländer ein Genie, und der Wiener Hof hat einen Narren an ihm gefressen. Sein Soldatenhaufen kostet Deutschland das Leben, aber dem Kaiser keinen Kreuzer.
Nein, Genie ist er keins, er, der alte Tilly. Er ist ein trockener, strenger und fadengerechter Kriegshandwerker, und daß er so an die zwanzig Schlachten und Gefechte gewonnen hat, das ist so schnell vergessen worden, daß man es ihm jetzt zumutet, für die vorgeschossenen Lorbeeren des Wallensteins Blatt um Blatt aus seinem vollen Kranze herzugeben.
Da auf dem Tisch liegt noch die Antwort des Kurfürsten auf seine Beschwerde. Was Beschwerde – den Dienst hatte er aufgesagt, auf seine kargen Güter in der oberen Pfalz hatte er gehen wollen oder gar ins Kloster von Altötting. Nur diese eine Schmach nicht dulden: unter dem Stab jenes böhmischen Fuchses dienen zu müssen, der keinen Christenglauben hatte und der morgen schon, wenn es ihm paßte, die ganze Armee dem nächstbesten Herrn in die Hände spielte, der in seinen Sternen stand.
Aber der Kurfürst hatte sich's selber leicht gemacht und ihm so bitter schwer. Einem Befehl kann man sich entziehen, dem Hilferuf eines alten Freundes nicht. Er möge sich, stand da in dem Brief, durch des von Friedland bekannten Humor nicht irre machen lassen; ein Streit im eigenen Lager sei aber mit allen Kräften hintanzuhalten, da neuerdings der Däne mit England und

den Generalstaaten ein ausdrückliches Bündnis geschlossen hätte.

Gestern war es durchs ganze Lager getrommelt worden, daß der neue Generalissimus Wallenstein heiße. Das einzige, was Tilly hatte durchsetzen können, war die Einschränkung, daß er, Tilly, den ligistischen Truppenverband geschlossen weiterführe, daß ihm keines seiner alten Regimenter genommen und kein fremdes zugeteilt werden dürfe. Aber was half das schon, wenn der drüben alle Verführungskünste spielen ließ und die besten Kapitäne, ja gar Obristen ihm abspenstig machte. Durch alle Quartiere der Liga schlichen seine Werber; jeden Morgen waren wieder ein paar Nester leer, und sogar der Graf Pappenheim zeigte einen verdächtigen Eifer, wenn es galt, dem Abenteurer da drüben die Stange zu halten.

Mochten die Abtrünnigen und die Glücksritter laufen, wohin sie wollten! Aber daß die Stammregimenter, die alten Soldaten, kaum mehr zu halten waren in ihrer Wut, und daß sie gegen die Friedländischen jede Stunde hätten anrennen mögen, und mit hundertmal mehr Sporn als gegen die Dänen – das war es, was dem kleinen, grauen Mann Sorgen machte und ihn ruhelos durch das ächzende Zimmer stapfen ließ.

Tilly war zu stolz gewesen, die neuen Truppen aufzusuchen. Aber was ihm seine Feldwachtmeister erzählt hatten von diesen Eisenfressern und Hosenlätzen mit ihren hoffärtigen Schärpen, Kollern und Federbüschen, von diesen Maulaffen, die sich über die zerhackten Harnische und zernarbten Gesichter seiner Veteranen lustig machten, ja, das fraß auch ihm in der Brust.

Aber immer wieder stieß er, ein Gefangener seiner Pflicht, an die Gitterstäbe seiner Demütigung: Er hatte nichts mehr zu sagen, er hatte kein Recht mehr. Nur eins konnte er tun: So schnell wie möglich sich von den

Wallensteinischen absetzen, die eigenen Truppen gegen Westen verschieben und einen breiten Streifen abgehausten Landes zwischen die beiden Heere legen.

Indem der Generalleutnant, über eine Karte gebeugt, hierzu die Möglichkeiten erwog, vernahm er vor dem Hause Lärmen, hörte den Ruf des Postens und die antwortende Stimme seines Wachtmeisters, der denn auch gleich, unangefochten von der sonst so dienstfertig sperrenden Partisane, in rumpelnder Hast die hölzernen Treppen heraufjagte.
Der sonst so ruhige Mann, der nie ungerufen das Zimmer betreten, fiel mehr durch die Tür, als daß er ging, und stand bleich, zerrauft und blutig vor dem aufgeschreckten General.
In den kalt fragenden Blick warf der Atemlose mit flackernd aufgerissenen Augen nur immer die gleiche wilde Handbewegung gegen Osten, und eine Ahnung ließ Tilly forschen, ob es mit den Friedländischen zusammenhinge, was der Wachtmeister mit heftigem Kopfnicken bestätigte.
Der Feldherr, auf Unerfreuliches gefaßt und eigenen Zornes bis an den Hals voll, bezwang in raschem Auf- und Niedergehen seine Erregung. Sie hätten drüben, berichtete der Wachtmeister, indem er über seine Worte stolperte, ja, die Friedländischen hätten, und so sei das Unglück geschehen, und Schuld treff nur die welschen und böhmischen Hunde, und kein ehrlicher Reiter lasse sich solchen Schimpf gefallen, und sie hätten den General verhöhnt, ihn, Tilly, und über die Jungfrau Maria hätten sie sich lustig gemacht. Und erst auf Tillys immer ungeduldiger gesteigertes Fragen kam, stockend, und nach Botenart mit dem geringsten beginnend, die ganze Wahrheit heraus:
Der Kornett Graf Bassenberg, eines nahen Freundes

einziger Sohn, und dem General mit väterlich besorgtem Briefe in Obhut gegeben, war am Morgen mit einem Fähnlein bayerischer Dragoner ausgeritten, um Kundschaft wegen eines strittigen Quartiers einzuholen. Er, der Wachtmeister, hatte ihn begleitet und etliche zehn Mann, lauter ruhige und umgängliche Leute, wie der Meldende sie jetzt herzählte, und der General bei jeder Namensnennung nickte, zum Zeichen, daß er sie alle kannte, alte Soldaten, und drei noch vom weißen Berge her.

Sie hatten das bewußte Dorf zum größten Teil schon, und ohne jedes Recht, von den Kaiserlichen, und zwar von dem tschechischen Regiment Terzky, besetzt gefunden, und nur um des lieben Friedens willen waren die Herlibergschen Truppen, denen es zugewiesen war, der Gewalt gewichen und schon so gut wie im Abrücken gewesen; noch unschlüssig, wohin sie sich wenden sollten, standen sie im nassen Schnee, mit Sack und Pack und gewiß nicht in bester Laune.

Die Wallensteinischen, die solchen Rückzug für billige Feigheit halten mochten, hätten nun des Hänselns und Hinauftreibens kein Ende gefunden und hätten durch Schimpfworte, oder, soweit sie der deutschen Sprache nicht mächtig waren, durch unflätige und drohende Gebärden die bayerischen Soldaten in eine unbändige Wut gebracht.

Da also sei, gerade im entscheidenden Augenblick, der Kornett mit seiner Schar des Wegs gekommen. Er sei, kaum daß er den Sachverhalt erfahren, mitten in das Dorf gesprengt und habe durch den Trompeter die Wallensteinischen auffordern lassen, unverzüglich den Ort zu räumen.

Ob er dazu Befehl gehabt hätte, fragte Tilly scharf.

Befehl nicht, sagte der Berichtende erschrocken, aber es sei doch ...

Also keinen ausdrücklichen Befehl, schnitt der Alte ab, weiter!
Die Wallensteinischen wären darauf böse geworden wie die Hornissen, hätten einen höllischen Spektakel geschlagen, einige hätten gar aus voller Kehle die Spottlieder auf Tilly angestimmt, wie sie bei den Mansfeldischen seit Wiesloch im Schwang gewesen wären.
Dann sei einer von ihren Wamsklopfern, will sagen, Offizieren, vorgetreten und hätte zu dem Kornett, der mitten in dem wilden Schwarm mit verhaltener Wut auf seinem Pferd gesessen, höhnisch hinaufgeschrien, der Tilly hätte jetzt gar nichts mehr anzuschaffen, ob sie's noch nicht wüßten, der neue Herr heiße Wallenstein, Herzog von Friedland!
Tilly sagte, wie gefroren: der Mann habe ein Recht gehabt das zu sagen, es wäre den Truppen ausdrücklich kundgemacht worden, daß der Friedländer den Oberbefehl führe. – Weiter!
Der Böhme habe gerufen, sie sollten sich heimgeigen lassen mit ihrem Pfaffen-General, der wäre zum Beten recht, aber zum Kriegführen wäre jetzt ein anderer da, der auf die Gestirne schaue, und der groß angeschrieben stünde in den Sternen.
Und aus der Reihe hätte ein Friedländischer geschrien, ein Soldat pfeife auf den ganzen Hokus-Pokus, und die Jungfrau Maria brauche er schon gar nicht, solang nur sonst wackere Mädchen zu finden wären. Der Kornett sei blaß und rot geworden auf das schänderische Wort – und es sei ja auch noch viel lästerlicher gefallen als er es hier erzähle – und hätte dem Offizier in mühsam gezügelter Wut befohlen, den Kerl sofort herauszuholen, der das gerufen.
Der aber hätte, unter dem Gewieher der Friedländischen, mit einer derben Zote den Junker abfahren lassen.

Da hätte der Kornett einen Schrei getan, und hätte, ohne daß ihn einer hindern konnte, vom Gaul herunter, dem Wamsklopfer in die Gurgel gehauen. Und zugleich wären auch die andern, ungeachtet seines, des Wachtmeisters Zuruf, gegen die Friedländischen eingesprengt. Er allein habe sich zurückgehalten und sei so entkommen. Die andern aber, die sich in ihrer Wut zu weit vorgewagt, seien, nach dem ersten überraschenden Erfolg, und nachdem sie ein paar von den Tschechen niedergehauen, von den Pferden gezerrt und jämmerlich zugerichtet worden. Ihrer fünf seien dabei auf der Stelle ums Leben gekommen.
Schon hätte das bayerische Regiment sich gerüstet, die Leute herauszuholen und den angetanen Schimpf zu rächen, da wäre drüben, auf den Tumult hin, der Generalissimus selber, der Herzog, der unseligerweise gerade des Wegs gewesen, vom Obristen Graf Terzky begleitet, in das Getümmel geritten. Und unter seinen Augen wäre alles zu einer kalten Stille erstarrt, und der Friedländer hätte nach der Ursache solcher Zusammenrottung gefragt, freilich nur die eigenen Leute. Die hätten nun alles verdreht, so als ob ohne jeden Anlaß der Kornett selber den Streit vom Zaun gebrochen und die Unsern wie Mordbuben die Kaiserlichen angefallen hätten. Da habe er, der Wachtmeister, sich ein Herz genommen und hinübergerufen, sie ließen sich ihren General nicht verunglimpfen, unter dem sie in zwanzig Schlachten gesiegt, und noch weniger die heilige Jungfrau von den Schandmäulern unversuchter Prahlhänse und Eisenbeißer zerreißen.
Der Generalissimus hätte höhnisch und unter dem brüllenden Beifall der Seinen gefragt, ob die Jungfrau ihnen erlaubt hätte, in ihrem Gewissen, sich als Aufrührer und Mörder wider die Gewalt seines Befehls zu werfen – er jedenfalls werde es nicht erlauben. Und

er schere sich nicht drum, ob seine Soldaten an den Teufel glaubten, wenn sie nur das Kriegsrecht wüßten; das sei der Katechismus der Kriegsknechte, das er den Buben schon beizubringen gedächte.
Und damit habe er einen Wink gegeben, daß der Kornett und die Leute, so noch am Leben waren, abgeführt würden.
Tilly hörte den Bericht schweigend an. Dann, nach heftigem Hin- und Hergehen, trat er auf den Wachtmeister zu: Ob er, bei seiner Ehre und in voller Verantwortung sagen könnte, nicht seiner Meinung nach, sondern dem Gesetz, daß der Kornett Recht getan hätte oder Unrecht.
Unrecht – nach dem Gesetz, sagte stockend der Wachtmeister und bückte den Kopf. Aber nach seiner Meinung und der des ganzen Regiments hätte das Wallensteinische Gesindel zusammengehauen gehört wie Türken und Heiden.
Der General entließ ihn. Er befahl, die Obristen zu holen und den Profosen.

Unterdes ward es unter dem Fenster laut von klirrendem Eisen. In dem kalten Winterabend standen die Leute vom Herlibergschen Regiment. Vater Johann! riefen sie, immer lauter und fordernder. Der Generalleutnant riß das Fenster auf. Der Platz brauste von Soldaten, schwarz von Stahl, grau im Grau des Nebels und des Schnees, dazwischen rot von Fackeln, mit riesigen Schatten im wehenden Rauch.
Ein alter Mann trat vor. In unbeholfenen aber festen Worten verlangte er, der Feldherr müsse den Schimpf abwaschen von sich selber und von seiner Fahne, zu der sie in zwanzig Schlachten vertrauend geblickt hätten.
In dem Augenblick, da der Generalleutnant antworten

wollte, und er hatte davon reden wollen, daß, nach dem Kriegsrecht, die eignen Leute schuldig seien – in dem Augenblick entstand draußen eine Bewegung und aus der zerteilten dunklen Front trugen je vier Männer die Leichen der Erschlagenen. Sie stellten die Bahren in den Schnee, in den lodernden Lichtschein der Fackeln.
Der Mann, der soeben gesprochen hatte, trat dicht an die Toten. Ihr habt unsere Ehre verteidigt, sagte er laut, wir verteidigen die Eure, im Namen der Jungfrau Maria, die Euch eine selige Auferstehung geben mag. Die anderen Kameraden aber werden wir aus der Hölle holen, wenn es sein muß, das schwören wir Euch, so wahr uns Gott helfe!«
Und plötzlich schrie einer in die flackernde Stille und hundert schrien es ihm nach: Euere Freiheit soll unsere Ehre sein! Und da sie nun erwartungsvoll auf den Alten blickten, sagte der fest: Das Recht ist meine Ehre!
Und schloß das Fenster.

Die Inhaber der Regimenter kamen; es war schon Nacht, zwei Kerzen brannten auf dem Tisch.
Dröhnend stieg der Reitergeneral Graf Pappenheim die knarrenden Stiegen hinauf. Ihm folgte der Obrist Graf Gronsfeld, der das Regiment Herliberg führte. Der Kornett war ein weitläufiger Neffe von ihm. So ging ihn die Sache, die jetzt verhandelt werden würde, doppelt an. Die Obristen der Regimenter Schönberg und Reinach traten ein. Es waren schweigsame Herren. Sie setzten sich nach kurzem Gruß. Zuletzt kam der Profos, ein vertrockneter kränklicher Mann, solange keiner seine Augen sah. Die aber waren von kaltem Feuer.
Der Generalleutnant, ohne große Umschweife, setzte sie ins Bild. Er gab zu bedenken, daß der Fall, zu einem Exempel gemacht, die Frage der Befehlsgewalt und

des Kriegsrechtes überhaupt anrühre, daß er aber entschlossen sei, es daraufhin zu tun.
An den Profosen richtete er die Frage, ob das gültige Gesetz erlaube, den Antrag auf Auslieferung der Gefangenen zu stellen; er wolle keinen Schlag in die Luft tun.
Der Generalgewaltige überschlug rasch die einschlägigen Ziffern und sprach ein festes Ja.
Dann war eine Weile Stille. Als erster gab Pappenheim seiner Meinung Ausdruck, es sei mit dem Wallenstein nicht gut Kirschen essen und wenn schon dem Friedländer eins ausgewischt sein sollte, rate er eher noch zur Gewalt, und zwar in der Nacht noch den Aufenthalt der Gefangenen auszukundschaften und sie durch Handstreich mitten aus dem kaiserlichen Lager herauszuhauen. Die Federfuchserei aber führe zu keinem guten Ende, Blutsachen wären keine Papiersachen, und mit der Tüftelei, was nun Recht sei oder nicht, dürfe man ihm nicht kommen.
Graf Gronsfeld vertrat offen und mit Wärme die Sache seines Neffen. Kein ehrlicher Kriegsmann und guter Christ könne ruhigen Blutes mitanhören, wie der Feldherr und gar die selige Jungfrau verhöhnt und in Schmutz gezogen würden. Er selber, ein alter Mann, könne nicht für sich einstehen, ob er nicht auch einem solchen Schweinehund die Lästerung in die Gurgel zurückgestoßen hätte, Offizier hin, Offizier her.
Er wolle einen Rat und kein Bekenntnis, unterbrach Tilly mit ungewohnter Schärfe; der Oberst, gekränkt, brach ab und es war Schweigen im Zimmer.
Tilly verbarg schlecht seine Enttäuschung. Er spürte deutlich, daß ihn keiner begriff: Das Recht wollte er und mußte sehen, daß die da nicht wußten, was das Recht ist.
Unberaten und verdrossen entließ er seine Führer.

Er ging jetzt allein im Zimmer auf und ab. Niemand hatte ihm helfen können, das Recht zu finden. Und daß Unrecht in der Sache war, Unrecht auf seiner Seite, das wog schwer. Hätte nicht von den verfluchten Tschechen einer dem Pferd des Kornetts in die Zügel fallen, einer einen Stein werfen oder einen blinden Schuß abfeuern können! Hätte es nicht acht Tage früher geschehen können, wo der Friedländer die endgültige Zusage des Oberbefehls noch nicht in der Tasche gehabt hatte?
Dann wieder überlegte Tilly, ob er nicht doch lieber klein beigeben sollte; alles niederschlagen, den Kornett preisgeben dem Lauf der Welt, die sich wieder einrenken würde und deren Gras über furchtbareren Gräbern wuchs, als über dem von einer Handvoll Kriegsleute, die ein schnelles Gericht hinweggerafft.
Der Generalleutnant ließ, spät in der Nacht noch, den Feldprediger zu sich bitten. In der Zwiesprache mit Gottes Stellvertreter hoffte er den Weg zu finden, im Schatten des Kreuzes fühlte er sich geborgen. Der Priester kam. Er sprach von der Gnade.
Gnade, sagte Tilly bitter, kann einer für Recht ergehen lassen, der das Recht hat. Seit ich dem Friedland unterstellt bin, muß ich mein Recht suchen. Oder soll ich von dem da Gnade erbitten?
Nicht von dem Friedländer, Exzellenz, sagte der Priester, aber von Gott. Von Gott sollen Sie die Demut erbitten. Denn, verzeihen Sie meine Kühnheit: Sie suchen nicht die Gerechtigkeit, sondern Ihr Recht, fast möchte ich sagen, Ihre Rache.
Der Generalleutnant wehrte heftig ab. Meinen eigenen Sohn würde ich dem Friedländer lassen, wenn ich ihn nicht auf dem geraden Weg des Rechts zurückholen dürfte.
Sie haben keinen Sohn, sagte der Priester kalt.
Ich habe zehntausend Söhne, das sind meine Soldaten

und ich bin ihr Vater Johann. Soll ich in so viel Herzen den Glauben wanken machen, daß es ein Recht gibt?
Und er verabschiedete den Geistlichen mit kurzem Gruß.

Wallenstein war genau über Tilly unterrichtet. Geld ist der beste Kundschafter.
Der Herzog verwarf Terzkys Forderung, mit der sofortigen Erschießung des Kornetts dem tschechischen Regiment ein billiges Schauspiel zu geben; die fünf Soldaten ließ er in aller Stille aufknüpfen.
Er befahl, den Gefangenen, wohlbewacht, sonst aber besser gehalten, als er sich's erwarten durfte, nach Halberstadt zu bringen, wo er jedem Zugriff der Ligisten unzugänglich war, gesetzt den Fall, der tollkühne Gedanke einer Befreiung würde doch noch seine Männer finden.
Aber, daß der trockene Tilly keinen anderen Weg gehen würde, als den des Rechts, das hatte er im Gefühl.
Füchsisch, wie er war, gab er seinen Sekretären den Auftrag, die Sache zur Staatsaktion aufgebauscht, so fadengerecht, aber auch so saumselig und verwickelt wie nur möglich zu behandeln.
Er hatte seine Freude daran, zu erfahren – und er erfuhr alles – wie heftig der General darunter litt, zumal er für den Kornett persönlich einzustehen dem Vater versprochen hatte.
Der Winter zog sich hin. Zweimal waren sich die beiden Feldherren begegnet. Das erstemal hatte Tilly, unter äußerster Überwindung, auf den gefangenen Kornett die Sprache gebracht. Wallenstein, verbindlich lächelnd, hatte auf den laufenden Prozeß verwiesen, dem er nicht vorgreifen wolle. Tilly, beschämt und erbittert, hatte zum zweitenmal nicht mehr der Sache Erwähnung getan.

Währenddem waren die Schriftstücke schon oft hin- und hergegangen und um den Kornett war genug Papier verschrieben worden, ohne daß sich auch nur ein Jota verändert hätte. Nur der an sich nie geforderte Aufschub der Verhandlung schleppte die Angelegenheit durch zähe Monate, während derer ein Dutzend ähnlicher Zwischenfälle, schlimmerer noch, beiderseits rasch beigelegt worden waren.

Wieder war Wallenstein Herr der Lage. Es kostete seine Günstlinge am Hofe Ferdinands wenig Mühe, den störrischen General der Liga in den Schatten zu stellen und mit der geschickt zum Seufzer gedrehten Bitte, die Majestät wolle ihn vor derlei Plackereien ein für allemal bewahren, dem Kaiser die Unterschrift unter den nur flüchtig überlesenen Ablehnungsbescheid abzunötigen.
Der Friedländer, längst vor dem Eintreffen der kaiserlichen Kuriere an ihn wie an Tilly von dem Ausgang der Sache unterrichtet, zog gerade gegen Dessau, um dem Grafen Mansfeld, der unvermutet wieder im Felde stand, den Weg ins Sächsische zu verlegen.
Er saß, der ersten Schlacht gewärtig und bei doppelter Überlegenheit des Sieges gewiß, mit seinen Generalen zu Tisch, als der Bote eintraf und ihm die vertraute Meldung überbrachte, daß nämlich zu seinen Gunsten der Kaiser entschieden habe.
Unter Gelächter ward die Neuigkeit verbreitet und Wallenstein hörte wohlgelaunt auf die wenig witzigen Vorschläge, die ihm seine Offiziere machten; Terzky meinte, man sollte auf der Stelle über den Kornett das Urteil sprechen und so, des kaiserlichen Rechtsanspruchs im voraus versichert, zugleich zeigen, daß man seiner nicht bedürfe. Illo, der erst vor halber Jahresfrist, des

rücksichtsloseren und deshalb aussichtsreicheren Kriegsführens halber, von Tilly zu Wallenstein herübergewechselt hatte, war in einer rührseligen Stimmung, wie sie der Trunk ihm oft bescherte. Er gedachte des alten Waffengefährten, und indes er unter dem Beifall der Tafelrunde die trockene, karge und unbeholfene Art Tillys nachahmte, bat er, in dessen Auftrag sozusagen, in der linkischsten und demütigsten Haltung, der Herzog möge den armen Schelmen laufen lassen, damit der General in seinen alten Tagen, bei völlig sich verdunkelndem Kriegsruhm, doch noch einmal sein Recht bekomme.

Sein Recht, sagte Wallenstein, jählings schroff und feindselig, könne er dem Widersacher nicht geben, das Recht, vom Kaiser verbrieft, stünde auf seiner Seite. Aber – und er lächelte böse und wie in einer teuflischen Freude – die Gnade wolle er ihm gerne schenken. Es müsse ein Hauptspaß werden, wenn, und so gleichzeitig wie möglich, der Gefangene und des Kaisers Urteil bei ihm einträfen.

Und gab sofort Befehl, den Kornett herbeizuschaffen und, mit keiner anderen Weisung als der, daß er durch Wallensteins Gnade frei sei, bis an die Vorhut des ligistischen Heeres zu bringen.

Unverzüglich schrieb er an Tilly einen kurzen Brief, darin er, etwa so, wie ein Gutsherr dem Nachbarn von der Jagdbeute bietet, dem Generalleutnant den Kornett zur Verfügung stellte.

Tilly hatte gerade des Kaisers Ablehnung gelesen und saß, ein geschlagener Mann, bei herabgebrannten Kerzen in der warmen Aprilnacht, als er drunten Lärm hörte, frohen Zuruf der Soldaten, näher und näher zu seinem Hause. Er vernahm den Anruf des Postens und ein helle, knabenhaft glückliche Stimme, die jenen Namen rief, jenen Namen Kornett Graf Bassenberg, um

den er jetzt Monate gekämpft und um den er soeben endgültig sein Recht und seine Macht eingebüßt hatte.
Der Kornett war die Treppe heraufgeeilt und hatte sich vernehmlich an der Tür aufgestellt. Tilly riß sie auf. Ein Luftzug blies die Kerzen aus. In der Finsternis, im fahlen Glanz der Gesichter, standen sie sich gegenüber.
Kornett! sagte Tilly mühsam, in der Hoffnung, es könnte wirklich ein Wunder geschehen sein und des Kaisers Entscheidung ein Irrtum, Kornett, wie kommen Sie hierher?
Der Jüngling, der sich, freudiger begrüßt zu werden, versehen hatte, trat einen Schritt zurück und seine Stimme hatte den sieghaften Klang nicht mehr, den sie drunten gehabt, meldete sich förmlich als aus kaiserlicher Gefangenschaft zurück.
Ob gegen ihn ein Verfahren stattgefunden habe, kraft dessen er rechtsgültig freigesprochen worden sei?
Kein Verfahren, sagte der Kornett befremdet, ohne Urteil und Weisung, einzig mit dem Brief des Herzogs versehen, sei er von kaiserlichen Reitern an das ligistische Lager gebracht worden.
Er gab, im Finstern die Hand vor sich streckend, dem General das Papier. Der rief nach der Wache, die mit einem Windlicht kam. Erschrocken sah der Kornett die vernichtende Wirkung des Schreibens. Der General, das bleiche Gesicht wie von Blitzen durchzuckt, las es, mit einer starren Aufmerksamkeit; ein Ausbruch rasenden Zornes stand auf seiner Stirn.
Blieb aber aus. Statt dessen sagte Tilly verhalten mit einer traurigen und zerbrochenen Stimme: Kornett, Sie bringen mir und bringen der Armee das Recht nicht – Sie haben auf keine Gnade zu hoffen.
Und befahl der Wache, indem er sich mühsam umwandte, den Kornett in strengen Gewahrsam zu nehmen.

Der Kornett, die ihm zuerst unfaßbare Wendung
schrecklich begreifend, fiel in die Knie. Aber Tilly, ohne
ihn anzusehen, heftig und abwehrend die linke Hand
nach rückwärts gestreckt, die rechte über den Augen,
ging ans Fenster. Mein Recht, sagte er, wäre die Gnade
gewesen. Ohne Recht habe ich keine Gnade für Sie,
Kornett!
Und gab den Wink, den Kornett abzuführen.

Noch in der Nacht trat das Kriegsgericht zusammen.
Das Urteil lautete auf Tod.
Tilly, um Mitternacht noch ruhelos auf- und abgehend,
ward von dem Beschluß des Kriegsgerichts verständigt.
Er befahl, den Kornett, der, die Entscheidung seines
Schicksals erwartend, unzweifelhaft in schrecklichster
Bedrängnis des Herzens sei, auf der Stelle vorzuführen.
Unverrichteter Dinge und aufs äußerste bestürzt kam
die abgesandte Wache zurück. Sie führte den Stockmeister mit sich, den sie, mit Stricken gebunden, an Stelle
des Gefangenen aufgefunden hatte. Der gab Bericht,
es sei die Kunde von der Verurteilung des Kornetts unter die Truppen gedrungen. Noch keine halbe Stunde,
nachdem sie den Kornett in seine Arreststube gebracht
hätten, sei dieser, wohl auf die Anstrengungen des langen Rittes hin, in einen tiefen, unerwecklichen Schlaf
gefallen. Eine Handvoll Leute des Herlibergischen Regiments hätte die Wache überrumpelt, ihn selber in
Stricke geschlagen und sich des Kornetts, der auch davon nicht erwacht sei, bemächtigt und ihn samt dem
Zelttuch, darauf er gelegen, fortgeschafft.
Der Generalleutnant hörte den Bericht mit finsterem
Staunen an. Er schwieg noch lange, nachdem der Stock-

meister geendet und eine knisternde Kerzenstille durch das Zimmer zog. Der Blick des alten Mannes ging geheimnisvoll durch das Licht.
Er dachte an jenen Augusttag vor acht Jahren an der böhmischen Grenze; zehn Wallonen sollten gehenkt werden. Sie hatten geplündert und gar noch im Bayrischen. Sie standen nun drunten in der prallen Hitze, alte Kriegskameraden des Generals, noch aus seiner ungarischen Zeit her.
Er war hin- und hergegangen in seinem Zimmer, überlegend, wie er sie retten könnte. In Furth war es gewesen, vor dem Rathaus.
Da sah er, wie sechs wallonische Reiter, im vollen Eisen, sich auf die Wache stürzten und die gefangenen Landsleute heraushieben. Acht Jahre war das her ...
Er sah sich selber metertief aus dem Fenster hinunterspringend auf den grellheißen Platz, mit querem Säbel vor die murrende Mauer des wallonischen Regiments treten.
Zehn Verurteilte und sechs, die sie befreit, hatte er durch die glühende Kraft seines Blickes herausgeschmolzen aus dem starren Widerstand der Masse. Sechzehn Mann hingen am Galgen, und das Regiment marschierte vorbei, unter dem unbeugsamen Joch des Rechtes.
Der kleine, finstere Mann wuchs, als er sich jetzt den Harnisch reichen ließ, den Hut und den Degen.
Von niemandem begleitet, ging er in die Nacht hinaus.

Das Heer schlief und schlief nicht. Es war huschendes Licht in den Häusern, schwirrendes Schwatzen in den Zelten; die Unrast wuchs, je näher er dem Herlibergschen Regiment kam.
Ein Posten rief ihn an, erkannte ihn, war einen Augenblick unschlüssig, ob er Lärm schlagen sollte. Da hatte

ihn Tillys Auge schon gebannt, und er verkroch sich lautlos in der Finsternis.
Dann stand der General, im flackernden Schein des gerade frisch geschürten Lagerfeuers, lautlos dem Schatten entwachsen, mitten unter den Soldaten. In das jähe Verstummen derer, die ihn gesehen, dröhnte noch die Stimme des Rädelsführers, sie gäben den Kornett nicht mehr heraus, und wenn der Teufel käme, ihn zu holen.
Und wenn, sprach Tilly fest, Euer alter Vater Johann kommt?
Und jetzt sahen ihn alle, in Verwirrung herumgeworfen, geblendet in den Funkelblick dieses harten Gesichts hinein. Der soeben gesprochen hatte, versuchte dreist aufzustehen, aber er war ganz allein im Raum, er verlosch mit offenem Mund.
Der Kornett schlief noch, totenfest schlief er in seiner Zeltbahn, wie sie ihn an das Feuer gelegt hatten.
Kameraden, ich habe diesen Mann so lieb wie ihr, sagte Tilly. Ich habe unserm allergnädigsten Kurfürsten drei Briefe geschrieben, ich habe ihm geschrieben, daß die Ehre meines grauen Kopfes und die Ehre meiner Armee an dem Recht mit Ketten hängt, an unserem Recht. Unser Herr Kurfürst hat mir dieses Recht bei kaiserlicher Majestät nicht zu verschaffen vermocht. Dort hat jetzt ein anderer Gewalt, ihr wißt es, einer, der noch keine Schlacht geschlagen hat, einer, der sein Glück aus den Sternen, sein Geld aus der rohen Gewalt und sein Recht aus der Ungerechtigkeit Wiens holt. Und der Mann hat uns den Kornett geschenkt, ohne alles Recht, nur weil er über uns lachen will, wie wir von seiner Gnade nehmen, was unser Recht ist, um das er uns betrogen hat. Ich frage euch, wollt ihr, daß ich dem da aus der Hand fresse – oder wollt ihr unser Recht?
Unser Recht, schrien einige laut, andere, noch nicht begreifend, schwiegen still.

Die Leute, sprach Tilly, die den Kornett hierher gebracht, bringen ihn wieder zurück. Ich könnte sie an den Galgen hängen lassen, als Aufrührer und Meuterer. Ich will nicht wissen, wer sie sind. Ich will euch damit beweisen, daß ich Gnade walten lasse, wo mir ein Recht zusteht zur Gewalt. Seht zu, daß ihr ihn schlafend wieder in sein Quartier schafft. Er soll's nicht erfahren, daß ihr ihn habt frei machen wollen. Denn die Freiheit, die ihm allein zusteht, hättet ihr ihm nimmermehr geben können!
Zögernd traten neun Mann aus der Gruppe, mißtrauisch und maulend noch faßten sie das Zelttuch. Der General, ohne sie, wie es schien, weiter zu beachten, wandte sich um und ging durch das Lager zurück.

Die Nacht war tief, das Heer war still geworden. Nirgends mehr brannte ein Feuer. Der Ruf der Posten ging fern und nah. Der General schlief nicht. Er saß, den Mantel übergeworfen, am offenen Fenster.
Er sah in den ruhigen Glanz der Sterne. Zuletzt, im bleicher werdenden Firmament, hing noch der Morgenstern, wie ein großer goldener Tropfen, der fallen wollte.
Tillys Gedanken gingen hinüber zu Wallenstein, dem Sterngläubigen. Sein eigenes Leben ging an ihm vorbei, ein hartes und grades Leben, voller rechtschaffener, handwerklicher Siege, die er seinem sichern Können, der Schlagkraft und Mannszucht seiner Truppen, freilich zuletzt immer wieder der Gnade der Mutter Gottes dankte, für die er focht. Der alte Mann spürte den neuen Geist, der ihn von drüben anwehte. Aber er mißtraute ihm. Es wird nicht gut hinausgehen mit diesem Wallenstein, dachte er; das Glück ist kurz und der Krieg dauert lang.

Der General erforschte sein Gewissen. Wenn es deine gekränkte Eitelkeit ist, Johann, sprach er zu sich, dann laß ihn laufen, den Kornett. Wenn es nur ist, damit du dem Friedländer den Streich vergiltst, dann laß ihn laufen. Wenn es nur ist, daß du den jungen Menschen zum Opfer machst für die, vor denen du prahlen willst, als der Unbestechliche – dann laß ihn laufen. Wenn es aber an dem ist, daß einer, der über die Menschen gesetzt ist, um des Rechtes willen, dieses Recht preisgibt, dann muß der, der die Kraft dazu hat, dies preisgegebene Recht eisern halten, damit es nicht quer durch alles Gesetz renne und heillose Verwirrung stifte.
Der Tag hob sich in schwirrender Helligkeit vom Rande des Himmels. Die Vögel begannen zu singen.
Tilly stand auf und ging zu dem Verurteilten. Er hatte einen ungewöhnlichen Entschluß gefaßt; der Kornett sollte aus freien Stücken entscheiden, ob er das Recht wollte und den Tod oder die Gnade und das Leben.
Der Gefangene war soeben erwacht, als der General barhäuptig und allein in die Stube trat.
Ihr wißt, Kornett, welches Urteil über Euch gesprochen ist.
Ich weiß es, sagte der Junker leise.
Und seid Ihr bereit zu sterben?
Ich bin noch sehr jung, General. Ich hatte gehofft, hier die Freiheit zu finden.
Es gibt keine Freiheit, außer der des Rechtes ... Und der Gnade? Der Kornett sah den harten, kleinen Greis mit einem hilflosen Blick an. Er sah keine Barmherzigkeit in seinen Augen. Da sagte er, schon ohne Hoffnung, aber voll Haß:
Sie sind ein alter Mann, Exzellenz, Sie haben kein Herz mehr!
Tilly wurde nicht zornig. Seine Stimme war müde und bekümmert: Wenn ich für Sie sterben könnte, Graf, es

wäre ein leichteres Los. Aber das Schicksal will, daß Sie für mich sterben.
Für Sie, General?
Tilly schwieg betroffen. Also doch für mich? dachte er, doch für mich?
Er sagte kalt: Die Gnade können Sie nur von dem erwarten, der das Recht hat. Ich stelle Ihnen frei, in das Lager des Herzogs von Friedland zurückzukehren und dort zu melden, Generalleutnant Graf Tilly wolle das Recht seiner Armee, ein Almosen könne er nicht nehmen.
Lassen Sie mich erschießen! sagte der Kornett rasch, wenn es keinen anderen Ausweg gibt.
Für mich keinen, denn der Weg des Rechtes geht über Wallenstein.
Noch einmal brach der Lebenswille des jungen Menschen durch. Noch einmal fragte er, mit kaum verhehlter Gier: Und der Weg der Gnade?
Tilly sagte: Ich habe drei Briefe an den allergnädigsten Herrn Kurfürsten geschrieben, Ihr Herr Vater hat einen Fußfall vor ihm gemacht. Seine Erlaucht haben in einem Handschreiben Seine kaiserliche Majestät gebeten, meiner ruhmreichen Armee und meinem grauen Kopf das Recht nicht zu versagen. Der Kaiser hat dieses Recht dem Friedländer gegeben. Wenn Sie wollen, Kornett, daß ich Sie betteln schicke, auf eigne Faust, so gebe ich Sie frei. Vielleicht bekommen Sie dort Gnade, wo der alte Tilly vergeblich sein Recht gesucht hat.
Es ist kein Ausweg, sagte der Kornett leise. Dann bitte ich nur: Gleich!
Der General sagte: Ich danke Ihnen, Kornett. Ich habe gewußt, wie ein bayerischer Edelmann handeln würde. Ihre rasche Tat verwirkt den Tod nach den Kriegsartikeln. Aber ich selbst möchte Ihnen hier danken, daß Sie meine Ehre, die Ehre unserer Armee und der hei-

ligen Jungfrau, in deren Namen wir kämpfen, so ritterlich verteidigt haben. Tun Sie das Schwerste noch, Graf, und sterben Sie tapfer!
Er gab dem Kornett die Hand; ein Schmerz, den er seit frühen Tagen nicht mehr gespürt, stieg ihm die Brust herauf. Den alten Mann rührte das junge Leben an. Wie weich war diese Hand, wie einsam und kalt war sein Leben ... Er ging starr hinaus. Hinter ihm brach der Junker, von Todesgrauen geworfen, in die Knie.

Wallenstein befand sich um jene Zeit gerade auf dem Marsch durch Böhmen; er verfolgte den Grafen Mansfeld, den er am Dessauer Brückenkopf soeben geschlagen hatte.
Der Herzog unterhielt sich, weitere Zukunftspläne kühn an diesen ersten Erfolg knüpfend, vor einer Schenke mit dem Grafen Terzky über das ligistische Heer und den General Tilly. Ich wollte, sagte der Herzog, ich hätte so viele Siege vor mir, wie sie der alte Bursche hinter sich hat. Die dänische Sache kann noch heiß werden, ich will mir die Finger nicht dran verbrennen. Siegt Tilly, komme ich immer noch zurecht, um mitzuhalten. Siegt er nicht, dann bin ich der einzige, bei dem Rat und Hilfe steht. Wenn ich nur wüßte, wessen ich von diesem Tilly mich versehen soll. Er ist von einer unangenehm altmodischen Art. Und ich glaube gar, dieser unbequeme Herr führt den Krieg noch um des Friedens willen und als untertäniger Beamter dieses halsstarrigen Max von Bayern. Ich brauche aber beweglichere Leute ...
Dabei soll er arm wie eine Kirchenmaus sein, lachte Terzky. Ein General, der seit acht Jahren in den reichsten Gegenden Deutschlands Krieg führt und sich kein neues Wams kaufen kann, es ist ein Witz!

Der Diener brachte einen Brief vom Grafen Tilly; der Kurier sei, ohne Antwort abzuwarten, unverzüglich wieder fortgeritten.
Wallenstein las. Terzky redete weiter: Jeder Mann hat seinen Preis; ein Fürstenhut wird ihn schon auf unsere Seite bringen. Oder – wie wäre es mit einem Sack Äpfel? Ich habe mir erzählen lassen, das sei die einzige Dotation gewesen, die der pfenniggerechte Herr für sich selber angenommen hat ...
Die Züge des Herzogs verfinsterten sich. Mit dem da, sagte er, werden wir nicht fertig, nicht um einen Fürstenhut und nicht um einen Sack Äpfel. Terzky, wir hätten dem alten Mann den Schimpf nicht antun sollen. Er hat wahrhaftig den Kornett erschießen lassen.

DER WEG ÜBERS GEBIRG

Geregnet hatte es, den ganzen Frühsommer lang, draußen in den Städten, im flachen Land; geregnet hatte es in den Bergen und weiter oben wohl geschneit, mitten im Juli. Auch im Klaffertal war es nicht anders gewesen. Der Nebel war kaum einmal gewichen, von Sonne herausgekämmt und zausendem Wind aus dem grünen, triefenden Haar der Lärchen und Zirben, der hellen, leichten Bäume und der schweren, zottigen dunklen. Kalt war es gewesen, an freudlos fröstelnden Abenden, in den regenblinden Nächten; und die mißmutigen Sennen überlegten sich schon, ob sie das Vieh nicht abtreiben sollten von den höheren Almen, die Kühe und Kalben, die stumpfen Blicks und mit verklebtem Fell herumstanden im nassen Gras und im sulzigen Schnee. Und nichts anderes dachten sich die Sommergäste, in den vornehmen Alpenhöfen oder in den bescheidenen, schlecht zugerüsteten Schutzhütten; ob sie nicht besser den Urlaub abbrächen, die Bummler, die sich in Liegestühlen rekeln wollten und braun werden in der Sonne, und die Bergsteiger, die den Hochklaffer belagerten oder das Große Zinnhorn, die sie doch kaum einmal sahen, die Riesen, eisgepanzert, weiß verschneit aus den Fetzen zerflatternder Flöre, einen flüchtigen Morgen lang glitzernd und drohend aufragen, oder nachts unter blassen, feuchten Sternen, im zaubrischen Gewirk der Wolkennetze, körperlos, selber wie Nebel leicht, schweigende, unnahbare Wohnung von Wassern und Winden.

Und wirklich zogen etwelche ab, nach drei, nach acht Tagen, aus den langweiligen, mageren Berghäusern, müde des Fliegenfangens, des Schmökerns in zerlesenen Zeitschriften, des Kartenspielens satt und des beiläu-

figen Geschätzes, überdrüssig des hoffenden oder zornigen Trommelns auf das Wetterglas, des Herumstampfens vor der umstürmten Haustür oder der lahmen Versuche, in die milchige Trübnis emporzusteigen, wo sie königliche Flüge sich erträumt hatten, mächtige, glühende Bezwingungen des Steins und des Eises, glückliche Adlerblicke aus dem Horst goldner Gipfel.
Nun trabten sie verdrossen, kaltfeucht bis ins Herz, hinunter ins Klaffertal, an den blinden, grünrauchenden Seen vorbei, über die Elefantenrücken der Granitblöcke, die weißstürzenden Wasser entlang, ins modrige Zwielicht der dampfenden Wälder hinein. Und vielleicht, zum Hohne, schaute jetzt, eine dünne Scheibe Goldes, die Sonne durch den Dunst, leuchtete ein Eisbruch funkelnd, stand die schwarze Schulter, ja selbst das starre Haupt des Zinnhorns mächtig im Rauch der ziehenden Schwaden.
Aber der gleiche knallrote Postkraftwagen, der drunten im Dorf die Ergrimmten aufnahm, um sie das lange, grüntriefende Tal hinauszufahren an die Bahn, hatte einen ganzen Schwung neuer Gäste gebracht und vor dem Alpenhof ausgeladen, hoffnungsvolle und ungebrochene Menschen, die in dem aufgeregten Gewühl des Kommens und Gehens zornig nach ihren Koffern spähten, den trotteligen Hausknecht, der Trinkgelder und Grobheiten mit der gleichen Ruhe einsteckte, mit Fragen bestürmten und sich bei dem weißköpfigen Wirt, der eifrig begrüßte und verabschiedete, immer wieder nach Zimmern und den genauen Bedingungen des Aufenthalts erkundigten. Andere aber nahmen gleich, mit verzweifeltem Mut, die schweren Rucksäcke auf, schulterten die Pickel und liefen, in Mäntel und Zeltbahnen vermummt, hinauf ins triefende, lautlos verschlingende Nichts.
So war auch der Rechtsanwalt Doktor Wilhelm Bornkessel angekommen, am späten Nachmittag. Er hatte

sein vorbestelltes Zimmer bezogen und vertrat sich nun, nachdem der Schwarm der Gäste sich verlaufen hatte, vor der Tür ein wenig die Füße.
Grün war das Tal, das Klaffertal; auch jetzt, ohne Sonne, unwahrscheinlich grün. Der Nebel war gestiegen. Er hing oben in den Felsen, zäh, schwer, unzerreißbar, nach unten abgeschnitten in einem graden Strich, wie mit dem Messer. In diesen dichten Vorhang hinein stießen die düstergrünen Wälder, stiegen die grünen, steilen Wiesen; aber es fielen daraus bleiche Ströme Schuttes und Schnees, stürzten die weißen, wildschleudernden Bäche, es hingen aus den Flören die Gesimse von Eis herunter, grau, ohne Licht, quellende Nester von Geklüft, an schwarze Felsen geklammert. Ein Schleier von Grün wob auch über deren Gestein. Schier friedlich sah sie aus, traurig freilich auch und frierend, die grüngraue, kalte Wildnis, den Tod mühelos verbergend in der rauschenden Stille. Und daß Menschen dort hinaufsteigen wollen, hinaufsteigen können, Fuß vor Fuß, emsig, ja, ameisenfleißig, das war nicht recht einzusehen jetzt, in dieser tropfend grünen, kalten Abendstunde. Und den Doktor schauerte es. Den Fuß krümmte es ihm im Schuh, und ein Frösteln verzog ihm die Schultern, wenn er sichs vor Augen stellte, welcher Gefahr sich weihte, wer da droben wandelte. Was lautlos da hing, klimperklein wie ein Strich Glasfluß, das waren mächtige Gletscherbrüche, unbezwingbar dem Kühnsten, der am Fuße der Türme und Zacken stand, am Kelche blanken Schrundes, blauen Rauschens voll und kalt knisternden Funkelns. Nacktes Eis war es, atmend zwischen den schwarzen Rippen des Felsens.
Und er, der Bergsteiger, der noch gar kein Bergsteiger war, vorerst, sondern ein sicherer Mann, in bequemen Schuhen auf der glatten Straße stehend, spürte jäh eine quellende Angst, als gelte es, jetzt gleich, den gewagten

Griff zu tun, in die Flanke des Steins, den verwegenen Sprung über die Spalte, hochklopfenden Herzens. Und er wandte den Blick talaus, in die grüne, dämmerweiche Mulde der Wiesen, in das schwärzliche Wogen der hinuntersinkenden Wälder.

Morgen aber würde, so dachte er, mit neuem Atem sich füllend, morgen würde ein klarer Tag sein, ein blauer, ein fast schwarzer Himmel über dem blendend weißen Firn. Dann würde alles anders aussehen, dort droben und wohl auch hier drunten in der eignen Brust, die darauf brennt, den Berg anzugehen, ihn zu bezwingen, unbekannten Göttern zu opfern am rauchenden, urgrauen Stein, hoch droben, morgen, im lodernden Licht!

Langsam erkannte er nun auch die Gegend wieder. Zwanzig Jahre war es her, daß er sie durchwandert hatte, mit Sola zusammen, der blonden, hirschfüßigen. Wo mag sie jetzt sein? Vom Süden waren sie gekommen damals, vom Hochklaffer herab, übers Eis. Ja, dort oben, unter dem Bruch hin, muß der Weg gehen, dann, an dem graden Nebelstrich entlang, durch die Hohen Gänge und dort, auf der Kuppe, rechts über dem weiß schlenkernden Faden des Rinnsals, muß die Kolberger Hütte stehen. Aber nun, in der Dämmerung, ist sie nicht mehr zu erkennen.

Fünfundvierzig Jahre ist er jetzt alt; und fünfundzwanzig war er damals, ein wilder Bergsteiger, den nicht leicht einer einholte, wenn er einmal die Füße über die Achsel nahm. Alpen-Expreß hatten sie ihn geheißen, der, die Pfeife qualmend, bergauf zog, oder später – und der Name war ihm geblieben – Latschennurmi, die Spötter, die keuchend hinterdrein liefen, die Kameraden von der Hochschule, mit denen er die Berge durchschweifte nach dem Krieg.

Nichts hatten sie damals in ihren Rucksäcken gehabt als ein Stück nassen Brotes, ein wenig Kunsthonig, eine

saure Gurke, einen Rettich oder, wenns hoch kam, eine Schwarte ranzigen Specks, wie ihn die reichen Vettern über See gnädig verkauften an die Hungrigen. Hätte es aber wirklich da und dort im Tal gut zu essen gegeben, dann fehlte den Wanderern das Geld. Und so war er seinerzeit auch hier mit Sola vorbeigeschlichen an dem vornehmen Alpenhof, in dem er jetzt wohnt, im besten Zimmer, als wäre das selbstverständlich.
Weit hat er es gebracht im Leben, wie man so sagt, aber vielleicht nicht weit, wenn man genauer zusieht. Glücklicher war er jedenfalls an jenem brausenden Sommertag gewesen, da er hier rastete mit Sola, dort vorn, er weiß es plötzlich, an dem Felsklotz, der am Bach in der Wiese liegt, und da sie hinaufschauten zum Hochklaffer, die weiße, steile Spitze im verzaubernden Spiel des Abendlichtes. Und droben waren sie doch gewesen, glühend noch von dem glühenden Tag. Müde, ausgebrannt, hatten sie nun nicht satt werden können von zärtlichem Blick und kindischen Scherzen – zwei so winzige Menschlein und ein so großer Berg! Immer wieder hatte er ihr, der Stolzen und Glücklichen, den unbegreiflichen Unterschied weisen müssen, mit Daumen und Zeigefinger ihre eigene Kleinheit und mit hochgeworfnem Arm die unwirkliche Ferne des Riesen, der langsam in stillem Leuchten verging.
Mit Sola war es dann doch nichts geworden, nichts fürs Leben, wer weiß warum. Und mit andern Frauen auch nichts, ungeachtet schöner und glückhafter Begegnungen. Ein Junggeselle war er geblieben; ein Hagestolz würde er werden, nicht gern, aber wie einer halt unversehens was wird im Leben. Die Jahre läppern sich zusammen, die guten gehen dahin, und es kommen die besten, erstaunlich schnell.
Das war er jetzt, ein Mann in den besten Jahren, gesund soweit, einer, der jetzt noch einmal auf den Hoch-

klaffer steigen wird. Wie ein Junger, würden die Leute sagen, aber das ists ja, der traurig spottende Schattenvergleich, das kahle Lob, als wäre er noch der, der er gewesen – und ists nicht mehr, unwiederbringlich. Und doch, zum Teufel, kein alter Mann! Auf den Hochklaffer wird er turnen und mehr noch, er wird den Übergang zum Zinnhorn machen, eine nicht ganz leichte Sache, gar für ihn, der den linken Arm nicht mehr recht gebrauchen kann, in dem noch, von Ypern her, die winzigen Splitter einer englischen Granate stecken.

Die Verwundung, dachte der Doktor, indem er zu einem Blumenbeet trat, hohem, stahlblauem Rittersporn, verwirrend kühnblau im grüngrünen Klaffertal, die Verwundung ist ja auch schuld daran, daß er in diesem Sommer 1940 nicht im Felde steht, daß er, nach einem halben Jahr, entlassen worden ist und den Krieg nicht vorne mitgemacht hat, diesen unbegreiflichen Krieg, der in wenigen Tagen die Franzosen überrennt, die tapferen des Weltkrieges, die blutlos und müd gewordenen, die Sicherheit sich vorgaukelten in ihren gemauerten Gruben und spitzfindigen Fallen, in denen sie sich selber gefangen haben.

Sicherheit – das große Zauberwort, überlegte er, der Brücke zuwandelnd, unter der das Wasser quoll in mattem Glanze. Er war mit einem Male alt und müde, selber voller Sehnsucht nach süßem Frieden, der doch nicht erlaubt war, einem ganzen Geschlecht nicht erlaubt, das aufgerufen war, immer wieder, zu kämpfen, zu opfern, zu sterben. Schreckliches Schicksal einer Welt, die keinen Glauben mehr hatte als den an ein gutes Leben. Und er selber ist ja wohl auch nicht besser, er möchte auch nur seine Ruhe haben, in den paar guten Jahren, die er noch vor sich hat. Und wer weiß, wie lange der Krieg noch dauert und wie er hinausgeht, trotz dieser ersten, trügerischen Siege schlecht vermutlich

... und was danach kommt, wenn er alt ist und verbraucht ...
Wie aber, wenn es ihm bestimmt gewesen wäre, den Krieg mitzumachen, vorne? Und wer weiß, vielleicht, ja sicher sogar wurde er eines Tages wieder eingezogen, wenn Not am Mann war, wenn die Riesen erst aufstanden, hüben und drüben. Und dann galt es, zu erproben am eigenen Leib und an der eigenen Seele, wie es tue, noch einmal sich der Gefahr zu stellen, diesseits des gelebten, des voll ausgekosteten, süßen und bittern Lebens, so wie er damals, ein Neunzehnjähriger, sich gestellt hatte, weit vor dem Leben, das er nicht kannte, das herüberglühte durch einen Wald der Schlachten, der immer tiefer und verworrener sich um ihn schloß. Und das dann trübe kam, fiebernd, hungrig, sorgengrau. Aber was darf das schon heißen, solange einer jung ist! Wie würde es jetzt zu bestehen sein, mit fünfundvierzig Jahren, mit dem verdammten Gefühl in den Knochen, daß der Krug solang zum Brunnen geht, bis er bricht. Wasser genug geschöpft, dachte der Doktor, und lang keins mehr so süß und frisch wie in der Jugendzeit. Und damals meinte man noch, es müßte Wein kommen...
Das grüne Klaffertal war inzwischen um einen Strich dunkler geworden. Aber es begann nun, von weißem Schneelicht erhellt, kalt zu glühen. Das Grün, wie von Baum und Gras geschmolzen, schwebte ungewiß im Raum. Für einen Augenblick, in einer Blöße von reinster Bläue, stand die Spitze des Hochklaffers klar im Glanz. Der Mann auf der Brücke sah ihn wie eine himmlische Erscheinung. Die Bergfahrt fiel ihm ein und der, mit dem er sie machen wollte, Franz Stauffer, sein Freund.
Der nun hatte den Krieg miterlebt, draußen in Polen zuerst und jetzt in Frankreich. In Rennes stand er zur Zeit, und vor vierzehn Tagen, anfangs August, hätte er Urlaub bekommen sollen, und dann wollten sie die

langgeplante Bergfahrt machen, den Hochklaffer und das Zinnhorn. Aber es war nichts geworden aus dem Urlaub, vorerst. In acht Tagen, so war zu hoffen, würde er ihn kriegen, und es war vielleicht gut so, daß er hatte verschoben werden müssen; denn es hatte ja immer geregnet, und jetzt mußte doch endlich die alte, die verteufelte Rechnung aufgehen, daß auf Regen Sonnenschein folgt. Der späte Sommer würde schön werden, wolkenlose Tage mußten kommen, Tage aus Himmel, Eis und Stein, Tage in C-dur, Orgelbraus- und Trompetentage in den hohen, heißen Bergen.
Inzwischen wollte er, so dachte der Mann auf der Brücke und schaute in das wieder schwer verwobene Felsengrau hinauf, die Woche nützen und die Füße ein wenig rühren, ungeübt, wie er war, nach soviel Stubenhockerei und Großstadthetze. Denn immerhin, der andere, der Freund, der Hauptmann, hatte ihm einiges voraus. Durch ganz Polen und Frankreich war er geritten und marschiert. Braungebrannt und frisch würde er kommen. Da galt es, sich zu wappnen, wenn man nicht unversehens abgehängt sein wollte beim scharfen Anmarsch zur Kolberger Hütte.
Wilhelm Bornkessel genoß es, so ziellos in den Abend zu bummeln. Gestern noch, um die Abreise überhaupt möglich zu machen, hatte er wie ein Narr gearbeitet. Am Nachmittag war zu allem Überfluß noch die Beerdigung von Pernet dazwischengekommen; Staatsschauspieler Karlheinz Pernet, alter Schulkamerad, rasch gestorben, an einer Art Grippe, leicht gestorben, wenn man so sagen will, weggeschlichen aus einem so schweren, ungewissen Leben, das mit andern, schrecklicheren Prüfungen aufwarten kann jede Stunde, grausameren, als einem solchen Tod.
Jedenfalls, die Altersgenossen fingen an, in die Grube zu fahren. Es würde jetzt öfter solche Beerdigungen

geben, bei denen man hinter dem Sarge ging und ein Stück eigenen Lebens mit hinuntergab. Man würde sich, so gesund man schien, mit dem Tod befreunden müssen, mit Weihrauch und Kerzen und mit der fauligen Süßigkeit des Moders. Und die Leichenträger, die eisgrauen, blaulippigen Männer, von denen es kalt wehte nach Grab und Verwesung, wer weiß, wann sie, gleichmütig wie immer, den Sarg aufnehmen werden, zu dessen Häupten die Tafel steht mit dem eigenen Namen, Bornkessel, Wilhelm, und den kahlen Ziffern des Alters, das man erreicht hat. Die andern, ohne ihn, aber für ihn, werden sich in Trab setzen unterm hellen Geläut des Glöckleins und werden unterm vorgehaltenen Zylinder ihre Männerscherze einander zuwispern, wie ers selber noch getan hatte gestern, als sie den Pernet zu Grabe geleitet hatten.
Der Doktor war nun, auf dem feuchten, steinigen Weg hintrödelnd, doch bis zu dem Felsblock gekommen, an dem er damals gewesen war mit Sola. Eine Bank war inzwischen dort errichtet worden; auf die setzte er sich nun und dachte der jungen Geliebten, die freilich auch nicht mehr jung war jetzt. Und wer weiß, wie es sein würde, wenn er ihr nochmal begegnete, mit einem müden »Weißt du noch?« und einem traurig lächelnden »Damals« ein Flämmchen anzublasen auf der alten Brandstätte wildlodernder Gluten. Zwanzig Jahre waren dahingegangen, und dann waren es noch einmal zwanzig, seit er den Pernet zum erstenmal gesehen, in der Schulbank, einen blassen, zärtlichen Buben, über den nun auch die Akten geschlossen waren, wie über so viele, mit denen er zusammen ein Kind gewesen und ein junger Mensch, gar nicht zu reden von den Älteren.
Er saß in der schwirrenden Dämmerung und spürte, wie das Leben Verfall war, unaufhaltsamer Verfall, in

den blassen Schuttströmen da droben, in den Wellen des Baches hier, überall. Fünfundvierzig Jahre hatte er durchlebt und so viele davon voller Unheil und Blut und Tränen. Und doch hatte er sie durchlebt, fröhlich sogar, wenn er sichs nur zugestand. Wie durch einen Irrgarten war er gewandelt, voller Gefahren und Bedrohungen. Viele, viele hatte er stürzen sehen im Feuer, fortgespült werden im Geröll, versinken im Schlamm – und ihm selber war nichts zugestoßen. Was er gefürchtet hatte, oder gehofft, rasend schnell war es vorübergeglitten, schon vorbei, ehe er es recht begriffen. Und so würde auch der Tod kommen, wer weiß wo, wer weiß wann, aber jedenfalls rasch in dieser rasenden Zeit.

Nun, gar so rasend war wiederum die Zeit nicht, jetzt nicht, da er hier saß im Windschatten des ungeheuern Sturms, mitten im Krieg im grünen, nachtrauschenden Tal, bereit, den Hochklaffer zu besteigen, mit dem Freund zusammen, nächster Tage, mit dem Hauptmann, der aus dem Feld in Urlaub fahren würde, mir nichts, dir nichts, der zwei Welten vertauschen würde, ohne viel Aufhebens zu machen. Ein wunderliches Geschlecht sind wir, sagte sich der Sitzende. Der andere würde wieder hinausgehen, irgendwohin, wo seine Truppe lag, heut ein Bergsteiger, morgen ein Soldat, und dann vielleicht dreißig Jahre lang noch ein ruhiger Bürger, mitten im Umbruch der Welt. Denn der Doktor hatte es im Gefühl, daß jener siebzig Jahre alt werden würde und älter, diesen Krieg überstehend wie den vorigen. Es war ja noch lange nicht ausgemacht für einen, der des Lebens Hälfte gewonnen hat und der nun den Tod in vielerlei Gestalten erwarten muß, ob die Tapferkeit gefährlicher sei als die Feigheit.

Dieser Pernet, der Schauspieler, war ein Feigling gewesen. Und jetzt war er tot. Er hatte sich als Zwanzigjähriger schon gedrückt, er hatte sich vergeblich geduckt und geängstigt, der Bühnenheld, der Lebensschwächling. Vergeblich, nicht umsonst freilich. Denn er hatte dieses Dasein mit Schmerzen bezahlen müssen wie jeder Sterbliche; nur die Münze war kleiner gewesen, und schäbig genug hatte er bezahlt, unter Seufzen und Feilschen. Den Heldentod war er nur auf den Brettern gestorben, der Drückeberger. Oft und oft hatte ers dargestellt, das verachtende Sterben, mit eisigen oder mit zornheißen, schicksalbeflügelten Worten kundgetan, daß das Leben der Güter höchstes nicht sei. Aber bei diesen Worten hatte er sich nicht nehmen lassen wollen, wenn es ihn selber anging. Schall und Rauch hatte er sie genannt, die Weltgeschichte wollte er nicht wahr haben auf seinem eigenen Rücken und die schreckliche Gerechtigkeit des Dichters, der die Rollen verteilt, die prunkenden und die undankbaren.

Noch immer hing, in der schwirrenden Verdüsterung, das Grün im Schleiergrau, ein losgelöstes, wie nicht mehr in Baum und Gras haftendes, ein schwimmendes, verwischtes Grün. Der nahe Bach zog schnell und leise; aber die Wasserstürze ringsrum rauschten so laut, weißherschimmernd aus dem schweren Felsen. Die feuchte Dämmerung sah ihn an, wie ein Gesicht, von Tränen überströmt. Die Einsamkeit war da, die große Einsamkeit – gestern, im Trubel, noch ersehnt und jetzt schon so drückend, so grau greifend und ohne Zuflucht, sich vor ihr zu bergen. Er stand auf und griff an den Stein. Und auch der Stein war naß von dem Weinen, das in der Welt war. Überm Gewölk war jetzt der Mond zu ahnen, ein mattes, ungewisses Glänzen im grauen Geschiebe. Die Fichten standen schwarz. Aus dem reißenden Bach blinkte es auf, wie das Weiße eines rasch aufgeschlagenen, schnell verlöschenden Auges.

Nichts mehr von diesem Pernet, dachte der Wandler in der Nacht. Der ist dem Leben entwischt, er hat sein

Grab, das keinem Lebendigen sicher ist heute, wo die Welt aus den Fugen ist. Er selber aber, er lebte noch. Und er dehnte sich, damit er die Wärme des Gewandes spüre. Und Franz lebte noch, und in acht Tagen, früher vielleicht, würde er hier sein. Mitte vierzig, ein schönes Alter, nicht? Schauts einer gut an, denkt er ans Hochzeitsbett, schauts einer schlecht an, denkt er ans Grab. Ein Mädchen, nicht viel älter, als Sola damals war, konnte er heiraten, die Zeit zurückzwingen um ein Menschenalter. Erwachsene Kinder würden noch an seinem Grab stehen, wenn er stürbe, mit siebzig. Sein Vater ging schon auf die achtzig zu und war lebensfroher als ein Junger. Aber so alt wollte er, Wilhelm Bornkessel, gar nicht werden – oder am Ende doch, so nach und nach? Hatte ihm nicht als Zwanzigjährigen geschienen, mit fünfzig sei einer ein steinalter Mann, höchste Zeit, in die Grube zu fahren, nach einer so schier endlosen Zeit? Ja, was finge einer mit soviel Zeit an? Und jetzt schossen ihm die Jahre zusammen zu einem schmalen Spalt Licht, kaum breit genug, um einen vollen Blick zu tun in dieses verwirrend bunte Leben. Ließ er nicht jetzt schon mit sich handeln, wollte er nicht sechzig werden zum mindesten, um nur das Nötigste zu ordnen?

So wird sich jeder weiterlügen, und der Tod wird auch dem zu früh kommen, der weiß, daß er vom Leben nichts mehr zu erwarten hat. Und wahrlich, was sollte sich einer noch erhoffen dürfen? Blieb nicht ein bedrohter Rest, in dem nur alles noch zu befürchten war? Blieben nicht bloß Prüfungen, schwere vermutlich, die bestanden sein wollten? War nicht der Grund, darüber man ging, von Gefahren schwankend? Gesundheit, Wohlstand, Freundschaft, Weltvertrauen – was durfte auf die letzte Probe gestellt werden?

Das flimmernde Grün, das schimmernde Weiß waren verschwunden. Kaum, daß noch der Weg matt aufglänzte. Keine Antwort war auf alle Fragen. Wie auf Hörnern geblasen, langtraurigen Tons, zog die Stille schwermütig über sein Herz. Da graute ihm im brauenden Nebel, da gingen golden die Lichter auf im Haus. Erschauernd schritt er den hellen Fenstern entgegen.

Der nächste Tag war keiner geworden, wie ihn der Doktor erhofft hatte, sondern ein kaltzorniger, der in Stößen weinte, ein ungeduldiger, der aufs Blechdach trommelte, ein boshafter, der den Dampf wild herumtrieb in dem mächtigen, graugrünen Kessel des Klaffertals.
Auch gut, gab sich der Gast zufrieden. Er würde ihn schon hinzubringen wissen, den Tag, einen ersten Faulenzertag nach all der Unrast der letzten Zeit. Er trank, spät aufgestanden, gemächlich seinen Tee und las die Zeitung. Dann streunte er durchs Haus.
Wunderlich, wie langsam so ein Vormittag verging und wie rasch die Möglichkeiten erschöpft waren, sich zu zerstreuen. Die so ersehnte Muße, nun, da sie aufgezwungen war, wollte sie nicht schmecken. Es war, wenn er sichs nur eingestehen wollte, langweilig, so durchs Haus zu streichen. Es war ja auch alles so verwahrlost, das Billard zerstoßen, die Kegelbahn ohne Kugeln, das Schach ohne König, die Zeitschriften schmutzig und zerlesen, die Spiele zerstreut und zerrissen. Er ging dahin und dorthin. Der Speisesaal war kalt und verlassen, die Lüster aus vergoldeten Baumwurzeln, die birkengerahmten, falschderben Sprüche in Brandmalerei waren scheußlich. Er brachte, heute wenigstens, den Humor nicht auf, dergleichen Fremdenfängereien lustig zu finden.
Er schaute sich die Gäste an. Gern hätte er gewußt, wohin denn die wirklich netten und auch dem Auge erfreulichen Menschen im Sommer reisen. Aber es

mußte wohl ein Geheimnis sein, das er nie ergründen würde. Trotzdem war er, nach einem mageren und freudlosen Mittagessen, bereit, das Geschwätz der Weiber milder zu beurteilen, ja, sogar mit den kreuzbraven Kartenspielern sich anzubiedern, die überall in verdrossenen Gruppen herumsaßen, als er unvermutet das Lesezimmer entdeckte, einen Zwitter von Gebirglerstube und Plüschsalon, darinnen zwischen bunten Öldrucken, Jägers Liebeslust und Überraschung des Wilderers darstellend, ein vielverheißendes Wandschränkchen voller Bücher sich auftat, dergestalt, daß selbst bei mißtrauischster Schätzung wenigstens *ein* lesbares darunter sein mußte. Endlich würde er nun lesen können, wie seit Knabentagen nicht mehr, schwelgend in Zeit, bis über die Ohren vertieft in Spannung und Abenteuer.
Aber wie er nun Band um Band aufschlug und wieder weglegte, wuchs seine Enttäuschung, denn hier hatte sich ein Lesestoff angesammelt, der schlechterdings vom Teufel nicht übler hätte zusammengetragen werden können. Einiges, was vor zwanzig, dreißig Jahren hochberühmt gewesen, was auch ihm einmal gefallen hatte, las er wieder an, in der leisen Hoffnung, das Glück der Jugend könnte wieder mächtig aus diesen Seiten sprechen. Aber traurig ließ er alsbald davon ab. Welkes und plattes Zeug, schlecht geschrieben, nicht der Mühe wert, selbst einen so verlorenen Tag daran zu verschwenden. War sein Anspruch so gestiegen? War, vor zwanzig Jahren, sein und der Welt Urteil so falsch gewesen? Hatte diese Welt sich so gehärtet, daß nichts mehr vor ihr bestand? Er wußte es nicht zu sagen. Und als nun doch in dem Wust ein paar seiner Lieblingsbücher auftauchten, schob er sie wieder beiseite, in der Furcht, Götter stürzen zu müssen, die er gerne unangetastet behalten wollte in seinem Herzen.

Laß sie stürzen, dachte er darauf gleich, bitter geworden. Was fallen will, soll man noch stoßen, Vergänglichkeit die ganze Erde und Totengräberei noch unser frömmstes Handwerk; der frische Lorbeer von gestern raschelt welk, noch ehe die Schläfe bleicht. Was bestehen soll, muß den Elementen verschworen sein, dem Wasser, das feucht und grün erhält oder dem Feuer, das einschmilzt und läutert. Aber dies alles ist ja nur dürr ohne Flamme, und wenn es feucht war, war's schlüpfrig und voll Moder. Umfängliche Romane kamen ihm unter die Hände, mühseligen Fleißes hart den Jahren abgerungen und doch hundertfach aufgewogen von acht Zeilen Mörike, acht grünen, blühenden, duftenden Zeilen; was ist Menschenwerk, was Verdienst und Gnade – trüber Tag, trübe Welt, trübe Gedanken ...
Schließlich blätterte er in einigen alten Jahrgängen der Alpenvereinszeitschrift und stieß auf einen längeren Bericht über den Tod in den Bergen, Unfälle in Fels und Eis. Das beschloß er zu lesen.
Er hatte noch nicht recht begonnen, da fiel Licht auf die Seiten, er schaute hinaus, Sonne blitzte durch die Fenster, das Wetter klarte auf. Er trug unverzüglich das Buch auf sein Zimmer. Nichts jetzt, lachte er, die Nagelschuhe schnürend, vom Tod in den Bergen. Fröhlich trat er vors Haus.
Schwalben saßen auf den Drähten, die, noch regennaß, glänzten wie Harfensaiten. Höher ging der Blick, die Nebeldecke hatte sich gehoben, ein breiter Streifen neuen Schnees, glitzernd weiß im Grauen, war locker über Fels und Firn gestreut. Das nasse Grün, angefunkelt von der Sonne, dieses mächtige Grün stieg empor, aus nahen Büschen und Gräsern in die Halden, in die Wälder, die stürmischen, schwarzgrünen Fichtenwälder hinauf, droben stand es feurig in den saftigen Matten, zuletzt verlor es sich, hingehaucht über das schädel-

nackte Gestein. Dünne Fäden der hundert Rinnsale und Wässerlein fielen leichter als Frauenhaar, silbernes, goldenes Haar, über die schwarzen Mäntel der Felsen. Nasse Flecken erglühten im Panzer des Berges, Licht stürzte aus geballten, wieder zerreißenden, himmelfahrenden Wolken. Klirrendes Glas gleißte in den schwarzen Wänden.

Grau und trüb war das Wasser, dem er entlang stieg, weiß nur droben im donnernden, langpeitschenden Sturz, Lattich und Nieswurz wuchs, Blätter wie Elefantenohren, naß, unterm Sprühregen schlappend, grün oben und unten silberbehaart, zorniges Gewirr von halbverschwemmten, im Schutt verstemmten Fichten, Steine, silberne, grüne, schwarze und weiße Köpfe und Blöcke, im wilden Geschiebe sich werfend und sperrend. Die hohen grünen Flammen der Nesseln, düster brannten sie im Rauch der Flut, Disteln, vielköpfige, mannshoch, rotgeschopft, stiegen auf, der wilde korallenrote Holunder hing herein, zierlich stand der rote Weiderich und duckte sich in den spritzenden Schlägen des Wassers.

So war es am Fuß der Schlucht, im Lärm, in den Regenbogenfächern des Sturzes, aber der Wanderer stieg höher, durch die perlenschüttelnden, gelbblinkenden Stauden des Kreuzkrautes, durch patschende Sumpflöcher, über schwankende Schollen und Schüppel Grases, bis die Bergflanke wieder erreicht war und die Brüstung, von der sich der Gießbach stürzte, wild hinauswarf, greifend, schleudernd, glasklirrend, bewegt und starr zugleich.

Hier oben rauchte der Nebel noch, über dem schwarzen und grünen Moor, Basaltrücken hoben sich, dickhäutig, graugrün von Flechten. Blonde und braune Pferde tauchten unvermutet im Dunst auf und witterten mit weichen Nüstern. Ihre großen, traurigen Sternaugen

ruhten eine Weile im schmalen Blick des Menschen und wandten sich ab, unbegreiflich fremden Welten zu, als hätte sein Blick nicht bestanden vor ihrer Unschuld, die einsam war wie der Tod.
Vielleicht wußten die Rosse hier ein Geheimnis, uralt, von jenseits aller Menschen, bewahrt im ewigen Gleichmaß dieser Landschaft, der grünen, feuchttriefenden, ständig verwesenden, unverweslichen Schöpfung vom ersten Tage. Keine Sonne war jetzt, aber viel Licht, kaltes, weißes Licht aus den fließenden Flören, schweres, greifbar flutendes Licht, gurgelnden Schwalls, rauschend, durch die Wolken getrieben, heruntergeschüttet, das Grün sog sich voll davon, nasses, schwappendes Licht war das. Und die Pferde wateten darin, leise zogen sie davon.
Noch ein letzter steiler Wall, dann war der Steiger droben, in der Mulde, weithin erstreckte sich der Weidegrund, von Rampen Zwerggebüschs eingefaßt, in abgetretenen Grasstufen zu Söllern und Kanzeln vorspringend, in sanften Trögen bis an die Klippen des Eises hingetragen, wo aus morschen, schwarzschuppigen Schneefeldern das trübe, milchige Schmelzwasser floß, aus den geheimen Quellen, weit unter den mürben, zerfressenen Brücken aus den kalten Gewölben, den ewigen Brunnenstuben der Gletscher.
Weit und grün schwangen die Flächen von Alm zu Alm, oder sie brachen auch jäh ab an nassen Steinwänden, wassergeschwärzten, die hinunterfielen, bis in die Wälder, bis in die grüne, die grasgrüne, feuchtgrüne Talsohle mit dem Geäder der Sumpfbäche, der graugrünen Verfilzung des Erlengehölzes, dem winzigen Spiel der rauchenden Hütten und der weidenden Rinder.
Hütte und Rinder waren aber auch hier oben, jenseits des Baches, der weiß und grün in steinernen Wannen schäumte, in Schneckengängen den blankgewetzten Fels

bespülte, aus sprudelnden Bechern stieg und von Rampe zu Rampe hinunterfiel. Ein Zaubergarten köstlicher Blumen war um das stäubende Wasser her, Hahnenfuß und Himmelsschlüssel, Vergißmeinnicht, so blau, so zärtlich blau, wie nie und nimmer im Tal, Blüten eines späten, eines kurzen und doch zugleich eines ewig scheinenden Sommers, einer alterslosen Jugend, kühl und keusch, heilig nüchtern, vom Eise genährt und von der Sonne, einer reinen und starken Sonne, die noch nicht hinabgestiegen war zu den Menschen.

Der Wanderer spürte, wie ihm das Herz blühend heraufstieg aus der Brust, das begrabene Herz, das nie mehr sich zu entfalten wagte zu reiner Schwärmerei; denn ein schweres Leben hatte das Gefühl verborgen in spottender Scham, und auch jetzt war schon wieder das traurig fragende, glückscheuende Lächeln um des Mannes Lippen, aus Angst, es quölle die Macht des Gemütes über ihn. Und wirklich traten Tränen in seine Augen.

Kniend bog er sich in Blumen und Gras, als dürfe er noch einmal neue Blüten flechten in den verdorrenden Kranz seines Lebens. Alt geworden, dachte er, klug unter den Menschen, Meister des Verschweigens, Held der Härte, müde vom Wachen, ohne Gott und ohne Mütter, heimatlos, schamlos und scheu, verzweifelnd an Himmel und Erde und dennoch ausharrend in tiefer Treue. Ja, hier, im Gefilde reiner, ach so lang schon vertriebener Götter durfte er sich bekennen in seiner Not, dieser übertünchten Not des Mannes. Hier war alles unverstellt, wie sollte er hier sein Herz verbergen müssen, horchend und weinend an den Brüsten der Natur, den großen Gesetzen gehorsam. Nahe war der Tod, kalt blies er ihn an vom Eise her. Aber furchtlos war das Leben, blühend in der Gnade klarer Farben, holden Zaubers mächtig, der Unsterblichkeit gewiß über

den Grüften. Menschenherz, unruhige, düstere Flamme, läutre dich hier zum Licht!
Er stand auf, nassen Augs, selig, als hätte er Stimmen vernommen, als hätte er eine Weihe empfangen und gültigen Zuspruch, als sei es leichter von nun an und würdiger, zu leben und zu sterben. Der Nebel riß da und dorten. Nah und schwer, in Dämpfe gehüllt, stand das Zinnhorn, aber um den Hochklaffer fuhr das Greisenhaar windgetriebenen neuen Schnees. Alle Wolken begannen zu bluten, Röte zog über die Schneefelder herab, ein rotes und silberblaues Licht schwamm im hohen Himmel. Drunten die Wiesen, von einer Sonne getroffen, die zwischen den Schultern der Felsen stand, glänzten in grüngoldenem Feuer.
Chöre seliger Geister, in zartbunten Schleiern wallend, stiegen herauf mit lieblichem Gesang. Dämonen stürzten hinunter, schädelfahl, knochenbleich, schwarzpolternd. Wasser weinte hinab in die Nacht der Schluchten und Schatten. Und wie Wasser wuchs jetzt auch die Finsternis aus dem Tal herauf. Dann aber, in den Zelten und Feuern, die ringsum wehten und brannten im Fels und im Eise, rauschte gewaltig die Stille. Wie Rauch schlug es noch einmal empor, das Gold verschlüpfte wie Schlangen ins Grüne und Graue und allein, im rosigen, kälter scheinenden Silberlicht ausgesparten Himmels, stand der Abendstern.
Der Wandernde, sein Geheimnis bergend in dem Schauern seiner Brust, wandte sich talab. Wild lief er, folgend eines ungewissen Weges bleich schwimmender Spur, wasserentlang, waldhinunter. Heiß und hungrig kam er, bei völliger Finsternis, im hellen Hause an.

Auf seinem Tischchen neben dem Teller fand der Zurückgekehrte zwei Briefe, die ihm hierher nachgeschickt worden waren. Der eine war von seiner Kanzlei, der

andre, Feldpost, von Franz Stauffer, dem Hauptmann, dem Freunde. Einen Augenblick wog er das verschlossene Schreiben in der Hand, dem Gefühl nachforschend, ob gute oder schlimme Nachricht ihn erwarten würde. Gute! riet er und brach den Brief auf. Aber die ersten Worte, die er las, hießen: »... leider nicht kommen ...« und bestürzt hielt er inne. Das Mädchen brachte die Suppe, er aß sie geistesabwesend. Mit jedem Löffel, den er zum Munde führte, schlang er es in sich hinein ... »leider nicht kommen« ... und hatte es doch nicht begriffen mit dem Herzen, als er nun starr vor dem leeren Teller saß.
Er überflog die übrigen Zeilen: daß an einen Urlaub auch jetzt nicht zu denken sei, da der verdammte Papierkrieg erst angehe; und daß wieder einmal die Feder verderbe, was das Schwert gewonnen habe, nämlich den Anspruch auf vierzehn Tage im Gebirge. Ob er die Bergfahrt nicht lieber allein machen wolle, wenn er nun doch schon darauf gerüstet sei? Was ihn selbst angehe, so müsse er sich eben damit trösten, daß er von einem Fünfundsiebziger gelesen habe, der noch auf dem Hochklaffer gewesen sei. So könne er also sogar nach dem Dreißigjährigen Kriege noch hoffen, den ersehnten Berg besteigen zu dürfen.
Je nun, dachte der Lesende, ein matter Scherz, der fühlen ließ, wie bitter dem Freunde der Verzicht wurde. Ob er am Ende selber auch dem Berg entsagen sollte, ihn gewissermaßen dem andern aufopfern? Aber wie er den Franz kannte, würde der das nicht annehmen. Jeder habe sein eigenes Schicksal, würde er schelten, wo kämen wir hin, wenn wir bei vollen Schüsseln hungern sollten, nur weil der andre grad nichts zu beißen habe? Als ob dann nicht in vier Jahren Weltkrieg keiner eine frohe und fette Stunde hätte haben können, bloß weil inzwischen die andern im Feuer standen? So

hatte er oft gesagt und so würde er wieder sagen – also würde er, Wilhelm Bornkessel, allein auf den Hochklaffer steigen, in drei, vier Tagen vielleicht und dem Freunde wollte er, vorher schon, ein paar Lichtbilder schicken, damit er wenigstens im Geiste mit dabei sein könnte.
Er öffnete nun auch den zweiten Brief. Und siehe da, der paßte zu der ersten Hiobsbotschaft wie vom Teufel bestellt: auch sein eigener Urlaub war hinfällig geworden, ein wichtiger Stichtag hatte sich nicht verschieben lassen, am ersten August mußte er in Leipzig sein, um dort eine Verhandlung zu führen. Die fremde, hier schon völlig verschollene Welt bürgerlicher Geschäftigkeit schlug häßlich herein. Nirgends, auch im grünen, einsamen Klaffertal, würde man vor ihr sicher sein. Der Anwalt überlegte ärgerlich, daß ihm bei äußerster Zeitausnutzung noch vierthalb Tage zu Gebote standen und daß er, wenn er nicht den Hochklaffer fahren lassen wollte, morgen aufbrechen mußte. Er beschloß, das zu tun. Er trat vor das Haus, es war bitter kalt, der Himmel war weiß von Sternen. Geheimnisvoll, aus dem ungeheuren Becher des Tales, brausten die Wasser. Es würde wohl ein klarer Tag werden.
Er ging zurück, traf den Wirt und verlangte, mit der unerfreulichen Wendung seines Geschicks die vorzeitige Abreise entschuldigend, seine Rechnung. Der Wirt, der einen Jagdgast erwartete, war froh um das freiwerdende Zimmer. Als er aber hörte, der Herr wolle über die Klafferscharte gehen, verzog er sein Gesicht und kratzte sich bedenklich hinter den Ohren. Viel Neuschnee würde liegen, meinte er, denn lang sei es schlechtes Wetter gewesen, und kaum dürfe man damit rechnen, einen frisch gespurten Weg zu finden.
In der Tat wurde Bornkessel bedrückt und unschlüssig, zumal er bei einem zweiten Gang vor die Haustür den

Himmel bedeckt fand und einen weichen, warmen Wind spürte, der für den nächsten Tag nichts Gutes verhieß.
Mit einem Fluch auf seine eigene Wankelmütigkeit ging er in sein Zimmer und packte seine Koffer. Die wollte er auf jeden Fall mit dem Postwagen talaus senden. Über die Scharte würde er schließlich doch kommen, er konnte dann immer noch zu Tal steigen und andern Tags über den Sulzbachboden bis zur Bahn herauslaufen. Allzu früh brauchte er sich morgen nicht auf den Weg zu machen, er konnte also abwarten, wie das Wetter sein würde. Mit besonderer Sorgfalt rüstete er noch seinen Rucksack, dann legte er sich zu Bett.
Da lag noch das Buch auf dem Nachtkästchen! Der Tod in den Bergen – verwünscht, das war ein Lesestoff für einen, der ausziehen wollte, bei hohem Neuschnee den Hochklaffer anzugehen. Er griff nach dem Band und legte ihn wieder fort: Was scherten ihn jetzt die ausgebrochenen Mauerhaken, die gerissenen Seile, die Schneestürme, Steinschläge und durchgetretenen Wächten? Schlafen sollte er lieber, um morgen frisch zu sein und bereit zu mutigen Entschlüssen. Er löschte das Licht und machte die Augen zu. Aber sogleich fielen Gedanken und wache Träume über ihn her.
Franz also kam nicht. Allein mußte er die Bergfahrt antreten. Wieder einmal allein, wie so oft im Leben. War er nicht immer allein? All die Jahre her, diese traurigen und gefährlichen Jahre. Sola hätte er heiraten sollen, Söhne könnte er haben, der älteste hätte schon mitgehen können, morgen, über die Klafferscharte. Er verwarf den Gedanken, neue Bilder schoben sich drüber her: Die Bergfahrt mit dem Freunde – ach, und nun kam er nicht! – auf den Großlitzner, vor fünf Jahren, die unvergeßliche. War das Angst gewesen, dieses fröstelnde Gefühl, im eiskalten Morgenfeuer der Gipfel,

als sie die Kletterschuhe banden und das Seil knoteten, am Fuß des wuchtigen Turmes? Still! Diesmal würde es ein Kinderspiel sein gegen Litzner und Seehorn, schlafe!

Warum trat ihm jetzt, gerade jetzt, die heikle Stelle beim Abstieg immer wieder vor die Seele: aus der Wand heraus, ja, zum Teufel wie? Es ist ja kein Griff im Stein, die in den Mauerriß gezwängte Faust ist der einzige Halt, es geht nicht, ich stürze – ab! Es warf ihn im Bette, er mußte schon gedämmert haben, nun machte er Licht: Das Buch war auf den Boden gefallen! Er drehte sich wieder um und versuchte, seinen Gedanken zu befehlen. Morgen würde er übers Eis gehen, ein Spazierweg war es nur, an dem gemessen, was er schon gewagt hatte. Was durfte der Tod da kommen und ihm graben im Herzen? Hatte er Angst vor der Klafferscharte, über die Hunderte gingen, Jahr um Jahr? Er schloß die Augen: da saß der Klapperknochige, der Schädelnackte, frierend saß er auf dem Felsen, wartend, in der heißen Sonne, überm blendenden Schnee, unterm tiefblauen Himmel. Schreckliches, dummes Gespenst – fort, fort! Ich fürchte dich nicht! Da hockte es ihm auf dem Rücken, durch die Rippen griff es hinein, griff nach seinem Herzen; drückte, drückte zu, bis er röchelte. Der Schläfer fuhr auf, sein Kopf war vom Kissen geglitten, er lag zu tief, er rückte sich zurecht.

Er begann zu zählen, das mochte helfen. Eins, zwei, drei, vier, fünf, sechs, sieben – sieben Tote waren es gewesen damals in der Schüsselkarwand, warum fielen sie ihm jetzt ein? Er sah die grau schwirrenden sonnenheißen Plattenschüsse, sah die schattenfeuchte Schlucht über der Rampe; ein riesiger Totenschädel war es, und aus der Augenhöhle dieses Totenkopfes seilten rufende, rasche Männer die Abgestürzten heraus. Eine braune, in Sackleinen vernähte Gestalt begann herabzuschwe-

ben, wie eine Schmetterlingspuppe am Seidenfaden; leise und dumpf schlug sie am Felsen an, rollte, hing frei in der Luft, kam herabgeglitten, schleifte groß im Geröll des Kares, wurde hingelegt, ein Mumienbündel, zu andern, die schon dalagen bei abgehackten jungen Fichtenstämmchen, nur die Wipfel waren geblieben, breitästig, grün. Von oben her, von weit oben, schauerlich klein, tänzelte an der Schnur die nächste Leiche, die siebente, wie die Männer einander zuriefen, die letzte, eine Frau. Denn sechs Männer und eine Frau hatten den Tod dort oben gefunden. Niemand vermochte zu erklären, wie es möglich war...
Der Schläfer wehrte sich nicht mehr gegen das schreckliche Bild. Im Gegenteil, mit Begierde löste er's aus der Finsternis des halben Erinnerns; wie die Männer nun die Seile einzogen, die unbegreiflich vielen und langen Seile, und wie sie selber an dem letzten herabgeturnt kamen aus der lotrechten Wand. Die Toten aber, Mönche in groben braunen Gugeln – häßliche, dunkelfeuchte Flecken hatte der Rupfen – wurden an die Fichten gebunden. Hockend saßen sie im Geröll, Pilger, den grüßenden Stab im Arm, geheimnisvoll gerüstet zur letzten Reise, in Kutten gehüllt, wie Totenköpfe zeichnete es sich ab unter der Kapuze. Friedlich, vertraut saßen sie unter den Männern, die rasteten nach schwerer Arbeit, an die sie ihr Leben gesetzt hatten.
Denn tagelang waren sie geklettert durch die steilstürzenden Felsmauern, bis einer sie gefunden hatte, unvermutet, im Rinnsal der Schlucht. Ja, die Männer redeten jetzt und rauchten. Sie packten auch ihre Rucksäcke aus und schnitten große Keile Brotes ab und boten einander von Speck und Wurst. Hungrig waren sie geworden, die Lebendigen. Und die Toten saßen still und traurig dazwischen, keiner irdischen Speise mehr bedürfend, aber wie gierig lauschend auf menschliche

Rede und Antwort. Keine Totenklage, wahrlich, sondern kühnes, männliches Wort und klare Anweisung, wie das Werk nun zu Ende zu bringen sei: die schwere, gefährliche Bergung der Opfer.
Durch die sonnenglühenden Kare ging es hinunter dann. Zwei, drei Männer schleiften eine Last, die Wipfel wirbelten im Geröll nach. Und rasteten wieder, heiß und atemlos, an einer Steilstufe. Wieder saß er nickend, der tote Pilger an seinem Stab; auf einmal, in der Verwandlung des Traumes, war es Franz, der Freund, der doch gar nicht dabei war damals. Er war es aber doch, und er fragte, ob es ein Leben gebe nach dem Tode. Das hatten sie sich ja auch oft gefragt bei ihren Wanderungen, den Fluß hinab oder wo es auch war. Und nun erschrak er, Wilhelm Bornkessel, zutiefst über diese Frage; denn es war ja ein Gestorbener, der sie tat. Im halben Schlaf sich herumwerfend, wollte er sagen, das müsse doch er, der Tote, müsse das wissen. Aber jener war wieder einer von den sieben, ein fremder Mann, und schüttelte traurig den Kopf.
Endlich kam der tiefe Schlaf: In grüne Wälder hinunter, in rauschende Tannen, in die Finsternis schwankte der Totenzug. Hoch droben glühten die Zinnen der Felsen im Abendlich, goldrot, weißgolden, eisblau. Ganz schwer war unten die Finsternis. Dann standen schwarz am Sträßlein die Leichenwagen: schwarz die Rappen, schwarz die Menschen. Es brauste, Fackeln loderten, die Glocken läuteten.
Die Glocken läuteten, eine Morgenglocke nur. Der Schläfer erwachte halb, der Morgen sah blaß herein, das Frühglöckchen klang vom Dorf herauf. Er ging ans Fenster und sah hinaus. Bläulich und rosenfarben, falterleicht, wippte der Tag auf dem frischen Schnee. Das Tal lag noch graurauchend und finstergrün. Ein großer, goldner Tropfen, hing der Morgenstern. Dann glänzte,

lichtgetroffen, der erste Gipfel. Wilhelm Bornkessel bezwang ein Frösteln, das aus dem Schatten seiner Träume kam. Der Himmel hatte entschieden, der Tag war da, der Trompetenstoß: Auf! Und vorwärts über die Klafferscharte!

Viel zu zeitig war er eigentlich aufgestanden. Jetzt vertrödelte er mit umständlicher Sorgfalt den frühen Morgen. Weiter als bis zur Hallerhütte kam er ja heute doch nicht, am Fuß des Hochklaffers war ihm für diesen Tagesmarsch das Ziel gesetzt. Je später er aber aufbrach, desto eher konnte er damit rechnen, daß vor ihm einer die Spur bahnte, ein Einheimischer, ein Führer, ein junger Draufgänger, wie er selber einmal einer gewesen war; aber jetzt mußte er's vielleicht doch dulden, daß ein jüngerer, stärkerer Steiger an ihm vorbeizog, mit einem bißchen Hohn im freundlichen: »Bergheil!«, wie ja auch der Kraftfahrer spöttisch-liebenswürdig winkt, wenn er überholt, bergauf, mit der stärkeren Maschine.

Kurzum, es eilte ihm nicht, über den Firn, den weichen, mußte er ohnehin um die Mittagsstunde, das war nicht zu vermeiden. Vielleicht hatte sich später sogar der Neuschnee etwas gesetzt. Allerhand Gründe wußte er sich zu sagen, die für ein wenig Zuwarten sprachen – nur, um sich den einen Grund zu verschweigen: daß es ihm unbehaglich war, allein sich auf den Weg zu machen. Als er endlich aus dem Hause trat, fuhr gerade der rote Postwagen heran. Um so besser, konnte er sich doch nun selber überzeugen, daß seine Koffer richtig verladen wurden; es ist immer ein freundliches Gefühl, wenn man seine Sachen unter dem vielen Gepäck erkennt und weiß, daß jetzt alles seine Ordnung haben wird.

Vielleicht waren auch Briefe gekommen, und er fragte danach. Aber es war nichts für ihn in dem Postsack,

nur die Zeitung, die er sich hierher nachbestellt hatte. Er warf, im Stehen, die schwere Traglast neben sich auf die Hausbank, einen flüchtigen Blick auf die Schlagzeilen der ersten Seite und steckte das Blatt in die Außentasche des Rucksacks. Noch schaute er zögernd um sich, ob denn keiner der neuen Fahrgäste sich zum sofortigen Abmarsch rüsten wollte. Da es aber nicht den Anschein hatte, schwang er seinen Sack auf den Rükken, ließ noch einmal das Auge grüßend und abschiednehmend umherschweifen und ging dann entschlossen taleinwärts, in den leuchtenden, mächtigen Tag.
Mit wenigen Schritten war er zu dem Stein gekommen, an dem er vorgestern abend gesessen war auf der Bank, allein; und vor zwanzig Jahren, mit Sola. Wie ein Markstein seines Lebens schien ihm jetzt der Felsenklotz, das kühne Land seiner Jugend betrat er nun wieder, da er hier vorbeizog. Er streifte den Granit, den kalten, morgenfeuchten, mit der Hand, er legte die Wange daran, geschloßnen Auges. Komm mit, Sola, flüsterte er, schöne, hirschfüßige Sola, o du, meine Jugend, komm mit, einmal noch geh mit mir durch das grüne Klaffertal; und du, Franz, komm mit, alter Freund, daß wir's einander beweisen, droben in Fels und Firn, daß wir noch rechte Kerle sind, diesem Leben zum Trotz, das uns nichts erpart hat. Aber niemand kam mit, nicht Frau, nicht Freund, er löste Wange und Hand vom Stein und ging allein seines Wegs, mit schnellen, mit vielen schnellen kleinen Schritten, wie ers gewohnt war; weithin, mäßig steigend, zog das steinige Sträßlein über die Grasböden dem Talschluß zu.
Grün war das Klaffertal gewesen in den grauen Regentagen, nur grün. Jetzt aber war hoch über Wiesen und Wäldern das weiße, das blendgrelle, oder schattenblaue, das rötlichgoldne, Zelt an Zelt leichthin gespannte Lager der Gipfel, im neuen, im flaumenschwebenden

Schnee, breitflächig, unterm lichtblauen, warm atmenden, glanzruhenden Himmel, im wachsenden Strahl der Sonne. So klar, so rein war die Luft, daß jedes Kraut am Weg, der Baum, jeder Felsgrat überdeutlich erschien, wie durch scharfe Gläser angeschaut. Das Zinnhorn stand, leicht bestäubt, im windlosen Schweigen, wie gewichtlos, das Gewölk um das Felsenhaupt schien nicht schwebender als Fels und Eis. Grün war das Tal, funkelnd grün, in wohliger Wärme gedehnt, duftend, unerschrocken aufblühend wie der einzige Riesenkelch einer ungeheuern Blume.

Aber in alles Grün und Weiß mischte sich, aus Lüften sinkend, aus Wassern steigend, geheimnisvoll im Schnee saugend und strahlend wie eine Flamme, das tiefe, flutende Blau, heiß lodernd an den Wiesen, in den wogenden und stillen Bäumen, schließlich gewaltig brennend im brausenden Rad der Sonne. Und so wenig ein Mensch sich gestern oder ehegestern solche Heiterkeit des Himmels hätte vorstellen können, im triefenden Grau, im feuchten Grün der Regentage, so wenig konnte er heute, im makellosen Glanz der großen Farben die Betrübnis schleppenden Gewölkes denken, und sein Herz mußte rot werden, blutrot im Grünen, im Weißen, im Blauen, im Goldenen: Leben, beglückendes Leben, zeitlos in Kraft und Jugend, Traum ohne Bewußtsein, im Lichte ewiger Sonne, im Schatten ewiger Berge!

In der großen, schweigenden Landschaft, beim hämmernden Takt seiner greifenden, raschen Schritte, im Pulsen der kräftigen Bewegung wurde der Wanderer froh. Der schwere Tritt im Nagelschuh, ihm schien er tänzerleicht, die Last des Rucksacks spürte er kaum, er ging das Sträßlein entlang, oder im weichen Moorboden daneben, Gatter auf und Gatter zu, über eine zitternde Brücke, an tiefgrünen Gumpen hin und kieselheller Strömung, an Sumpfgräben vorbei, schillern-

den, eisenrostigen, weichschwarzen Wassers voll, wieder waren Pferde da, im Morast watend, zwischen wehenden Feldern seidigen Wollgrases, zwei, drei, eine ganze Koppel junger Tiere und weiter hinten, die Berglehnen hinauf, Weidevieh und lustig läutende Geißen.
Schwarze, mit Tännlingen wie mit grünen Wimpeln besetzte Steintrümmer lagen über die Hänge verstreut, dann schoben sich Streifen Waldes herein, an geröllschiebenden Wildbächen entlang und durch die Stämme und Wipfel der Fichten sahen nun, schärfer zum Bilde gefaßt, die weißbrennenden Flächen und finsteren Türme der Gebirgsstöcke großartiger herein.
Jetzt schnitt der Ziehweg, wie eines Pfluges Furche, schräg in die Halde hinein. Lärchen stiegen vereinzelt aus dem dichteren Waldgürtel herab und breitästige Tannen, moosbärtige Zirben, mit tiefhängendem, schirmendem Gezweig, standen schlangenwurzlig über dem Geklüfte uralten Felssturzes. Wasser schoß aus unvernarbter Erde, Wasser rieselte aus dem Moos, Wasser gluckste und rann, plätscherte und triefte, zerflutete das steinige Sträßlein, hüpfte zu Bächen zusammen, stand klar in Tümpeln und Trögen, stürzte in mächtigen Fällen über die Rampen der Felsen, nah entsprungen und weit vom Eise herab, ewiges Wasser, Nährerin der Heimat, Bewegerin der Welt, hier waren seine unversieglichen Quellen, hier wölbte sich die Wohnung seiner Götter. Grüngrünes Tal, dies waren die brausenden Brunnen seines Gärtners.
Noch schoben sich, bei Zwergwacholder, winziger Weide und Rauschbeerengebüsch, zerfetzte Wetterfichten an schroff niederbrechende Klüfte hin, dann lag, an einem einzig schönen Platz, die untere Durcheck-Alm in einer weiten, doppelt grünen Mulde. Ungangbar schien hier der Weg im tiefen, quellenden Lehm und Kot, das grüne Feuer hoher Nesseln säumte den zer-

trampelten Brei aus Wasser, Erde und Mist, und der fette, übersaure Boden war bedeckt von mannshoher faltblättriger Hammerwurz und dürrstengeligem, lappenblättrigem, rostfleckigem Ampfer, einer wuchernden Wildnis. Am Saum des Weges über festere Wasen und gelegte Knüppel tänzelnd, erreichte der Bergsteiger die Alm, wo ihn allsogleich eine Schar übermütiger junger Geißlein stürmisch begrüßte, an ihm emporsteigend, ja, auf die Füße ihm tretend, schleckend und knabbernd, stoßend und drängend in unstillbarer Neugierde. Mit Mühe erwehrte er sich der munteren Tiere.
Die Alm, balkengefügt, war vom Wetter zu tiefer, samtener Bräune gebeizt, silbergrau glänzte das Schindeldach. Die Tür zum Wohnraum war in zwei Hälften geteilt, die untere geschlossen, die obere offen wie ein Fensterladen. Im Vorbeigehen warf er einen Blick hinein. Alles war wie zu Urväters Zeiten, die mit Steinen umlegte Feuerstelle, wo am mächtigen Schwenkbalken im eisernen Haken der rußschwarze Kessel hing, von innen leuchtend wie schieres Gold aus der rauchigen Finsternis. Durch eine Tür sah er in die Milchkammer. An den Borden standen Schüsseln und Eimer, Schäffer und Schöpfen, Gatzen und Kellen, Siebe und Seiher, ein Geschirrbrett hing hinterm Herd, bunte, zerwaschene Fetzen baumelten an Stangen, der Fußboden war aus zerschlissenen Brettern gefügt, darin die Äste glänzten. Alles war von einer wunderlichen, schmutzigen Sauberkeit.
Der Raum hatte leer geschienen, doch entdeckte der Wanderer hinter einem Schleier von Rauch ein dürres, koboldiges Männlein, das freilich auf mancherlei Anruf taub blieb, bis es von dem Angebot einer Zigarre wie von einem Zauberwort verwandelt ward, eilfertig herbeikam, aus freien Stücken ein Glas Milch holte, wobei es freilich allzu eifrig das Gefäß, das ihm nicht rein

genug scheinen mochte für den Gast, mit einem Lappen wischte, dessen bedenklicher Anblick die Lust an der kühlen Labung fast vertrieben hätte.

Ob er über die Scharte wolle, fragte der Alte, unter mancherlei Hin- und Herreden. Und Wilhelm Bornkessel, obgleich er selber ein Altbayer war, hatte Mühe genug, den zahnlosen Raunzer und Wisperer zu verstehen, der dem wolkenlos schönen Tage zu mißtrauen schien, da, einer alten Wetterregel nach, der Regen nach so langem Verweilen sich noch einmal aufwärmte, bevor er endgültig abziehe. Was nur die jungen Leute da droben wollten im Stein und Eis, er selber trage kein Verlangen darnach, ein einzigesmal sei er, vor fünfzig Jahren und mehr, auf den Hochklaffer gestiegen mit ein paar Kameraden, und heute noch grause ihm vor seiner eigenen Verwegenheit; denn so schier ungut sei es da droben gewesen in der luftigen Höhe, und einen einzigen falschen Tritt wenn er getan hätte, wäre er hinuntergereist in die jähen Wände, und von einem Geschwisterkind von ihm hätten sie nicht einmal mehr die Knochen gefunden bis auf den heutigen Tag. Fast beschwörend aber und schmeichelnd schaute der Greis, aus rötlich blinzelnden Augen, den Fremden an, gelt, auf den Klaffer steige er doch wohl nicht, der schöne junge Herr.

Nun, meinte der Gast lächelnd und reichte das Milchglas zurück, das er ausgetrunken hatte, das sei wohl seine Absicht, und deshalb sei er ja hergereist, von der Stadt heraus; aber so schön und jung sei er ja leider nicht mehr, fünfundvierzig, da müsse man sich dranhalten, wenn man noch ins hohe Gebirg wolle.

Der Alte, der sich unter einem Fünfundvierzigjährigen einen abgerackerten Graubart vorstellen mochte, wakkelte ungläubig mit dem Kopf und maß den Gast immer wieder mit mißtrauisch-verwunderten Blicken.

Von den jungen Leuten, sagte er endlich verweisend, von diesen Springinkerln und Felsenhupfern, könnte mans am Ende noch begreifen, wenn sie nicht wüßten, an was sie ihren Übermut auslassen wollten; aber daß ein gestandner Mann aus freien Stücken sich die Plage auftue, das verstehe er nicht. Es brauche keiner dem Tod aus dem Weg zu gehen, aber nachlaufen müsse er ihm auch nicht.
Der schlimmere Tod, sagte Bornkessel, der komme noch immer vom Tal herauf; drum sei wohl, scherzte er, der Senn so alt geworden, weil er sich von beiden gleichweit entfernt halte; das sei also hier eine sichere Gegend.
Im Gegenteil, zwiefach unsicher, gab ihm der Alte ernsthaft heraus, denn bald hole sich der Tod vom Berg, bald der vom Tal seine Beute. Gestern erst habe sich auf der oberen Durcheckalm der Hüterbub erfallen, im Nebel, beim Viehsuchen; und der Andreas werde jetzt gleich herunterkommen, mit dem Muli, den Buben ins Dorf zu schaffen, und nach Zell hinaus, dort sei er daheim und dort werde er beerdigt, morgen. Der Bene, sagte er, sich umblickend, sei auch schon fertig, der gehe mit und da bleibe er selber allein mit der ganzen Arbeit.
Währenddem stieg ein jüngerer Mann von der Schlafstubenleiter und trat stumm herzu. Er trug das schwarze Feiertagsgewand, die Haare hatte er sich mit Wasser glattgestrichen, sein brauner Schnurrbart steckte in einer Binde, wie sie vor einem Menschenalter üblich gewesen sein mochte. Das breite, frischrasierte Kinn und der sehnendürre Hals waren übel genug zugerichtet von einem schartigen Messer. Das knochige, entfleischte Gesicht, der dünnbehaarte Schädel, der wunderliche Blick aus dem Zwielicht der Almhütte: es war der bedrückende, quälende Spuk eines Totenkopfes. Ohne

sich um den Gruß des Fremden zu kümmern, tauchte die Gestalt in das rauchige Dämmern zurück.

Rasch und unbehaglich verabschiedete sich der Gast von dem Alten, der ihm mit einer Stimme, die plötzlich fahl und gespenstisch klang, nachrief, er möge schauen, daß er auf seinen zwei Füßen wieder heil bergab komme ...

Als der Wanderer gegen links hinauf sah, erblickte er das Maultier mit dem Treiber schaukelnd den steilen Pfad herzotteln; dem unheimlichen Geleite auszuweichen, ging er, doppelt eilig, weglos die grasige Halde empor. Der Tag brannte heiß und golden, mächtig war des Himmels blauer Atem, es schmolzen blinkend die Wasser von den weißen Mänteln und von den dunklen, gewaltigen Gliedern der Riesen. Ohne Frage und ohne Antwort schwiegen die steinernen Häupter, grün und warm schlugen die lautlosen Brandungen des Tales herauf. Allein und winzig war der Mensch, der da emsig stieg, steil empor, keuchend, im prallen Licht der Sonne, im weiten Bogen das Becken des Tales ausgehend, den grasgrünen Anger zwischen Fels und Eis, das blumige, breite Band, das sich hinzog unter die Mauern und Türme, zwischen denen der Eisbruch lag und der Firn, der zur Klafferscharte führte.

Allein ging der Mensch, der Bergsteiger, Doktor Wilhelm Bornkessel, aber mit einem, der allein geht, gehen viele Gedanken. Heftig und kräftig stieg er, den Schweiß wischte er sich von der Stirn, aber die Gedanken nicht. Der Tod war wieder da, wie ein Schatten hinter ihm, vor ihm. Die Begegnung in der Almhütte hatte ihn wieder geweckt in seinem Herzen, der Traum der Nacht war lebendig in ihm, hoch am Felsen schwebte die Puppe am Seil, über die Kare brauste die grauenhafte Last hinunter.

Die Wirklichkeit sollte den Traum verscheuchen: In einer Biegung des Wegs, den er wiedergewonnen hatte, spähte er zur Alm hinunter. Friedlich lag sie da, das Maultier hatte sie schon verlassen, dort schwankte es, ein schwarzer Punkt, und die zwei Männer gingen daneben, der helle Fleck, quer über den Rücken des Tieres, das war der tote Hüterbub. Was war schon dabei, ruhig ließ er sich betrachten, bald würde er verschwunden sein, waldhinunter und morgen wurde er begraben, in Zell, ein schöner, stiller Friedhof. Vorgestern, ja, wirklich erst vorgestern war er, Wilhelm Bornkessel, im leisen Regen dort durch die Gräberreihen gewandelt, in der müßigen Stunde vor der Abfahrt des Postwagens, und wahrhaftig, hatte er sich nicht gedacht, vorgestern, es müsse sich gut liegen dort unterm Holunderstrauch, im Angesicht der schweigenden Häupter, im Rauschen der Wälder?

Warum aber brannte jetzt die Flamme des Lebens so steil, warum sog sie und holte Atem so tausendfach, daß eines fremden Knaben Grab ihn schauern machte? Der Senn, der ihm hergeschaut hatte wie der leibhaftige Tod, wie lächerlich war diese Täuschung der Sinne; ein magerer, beiniger Bauernkerl war es, ein unwirscher Grobian. Schnurrig hatte er ausgesehen mit seinem zerhackten Geierhals und seiner verschollenen »Es ist erreicht«-Schnurrbartbinde. Und des Alten wunderliches Gekrächz, er möge schauen, daß er auf seinen zwei Beinen wieder zu Tal komme; zu Teufel, er würde schon aufpassen, fest stand er auf seinen beiden Füßen; und schließlich war es ja kein Wagestück mit Mauerhaken und Seilquerung, wie ers ja auch nur kannte aus Bildern und vom Hörensagen; denn nur den Berggehern durfte er sich zuzählen, nicht den Kletterern, die wie Franz Stauffer, der Freund, die Gefahr aufsuchen in ihren höchsten und letzten Schlupfwinkeln, der Kühn-

heit vertrauend und dem Können. Ja, wenn Stauffer ihn führte, wenn seine Zuversicht auf ihn überfloß, dann konnte auch er, Bornkessel, ein mittlerer Steiger, über sich hinauswachsen und schwierigere Gipfel angehen. Aber heute brauchte er ihn nicht, ein Jochfink war er ja nur, ein Schartenwetzer, eine, zwei heikle Stellen gab es bloß, was sollte er sich da Sorgen machen, vorher, er würde es ja nun sehen und entscheiden, bald genug.
Der Neuschnee zerging rieselnd und glucksend auf Halm und Stein. Der Weg ging schmal und weich im Gras empor oder als steiles, wassergehöhltes, schneckengewundenes Rinnsal, schwarzerdig, silberblinkend von winzigen Stäubchen Glimmers, über kräftige Granitrücken, brüchigen Schiefer, an felsigen Stufen hin. Der Wanderer hob eifrig Fuß vor Fuß. Er ging noch, wie vor zwanzig Jahren, Latschennurmi noch immer, wenn auch hier, im Urgebirg, keine Legföhren wuchsen, sondern kurzstruppige Erlen, kriechende Weide und stachliger Zwergwacholder.
Das war das beste Heilmittel gegen die dummen Spintisierereien: fest und liebevoll die Natur betrachten, im kleinen, im einzelnen, wie sie hier sich bot, dicht am Wege, in der zaubrischen Blumenpracht dieses Sommertages, dieses einen, blühenden Tages, an dem Frühling, Sommer und Herbst zusammengewoben waren in ein kurzes, überschwengliches, glücklich verströmendes Leben. Das war es ja, was dem Menschen das Sterben so schwer macht: dieses Warten auf das Glück und daß es nicht kommt und statt seiner das Alter und der Tod und die Ahnung, nun sei es vorbei für immer. Auf der Höhe eines großen Glückes, im Jubel siegreicher Fahnen, im süßen Schwall der Liebe, wie leicht flöge das Leben dahin.
Nun verbot sich der Wanderer aber ernstlich, immer wieder abzuschweifen in die Gefilde des Todes, hier,

angesichts des Blumenangers, des hold lebendigen. Vom weißen, wilden Speik brach er ein paar Blättchen, zerrieb das gefiederte, wollige Grün in der Hand und sog den würzigen Duft in seine schwer arbeitenden Lungen. Warum rannte er so? Lief er dem Tod davon oder fieberte er so der Entscheidung entgegen, dort oben, an der Randkluft, an der Scharte, am Drachengrat?
Ja, zum Henker, hörten denn diese lästigen, diese blödsinnigen Gaukeleien nicht auf, waren sie denn um ihn wie Fliegengeschmeiß? Er hieb zornig in die leere Luft. Er stieg weiter, mit stummem, wütendem Eifer. Es glühte in ihm, es gleißte um ihn. Die Schultern taten ihm weh, der Rucksack hatte sein Gewicht; das Blut pochte ihm in den Schläfen, längst hatte er den Mund offen, schwer schnaufend. Er schaute bergauf, dort grenzte ein Mäuerchen das letzte volle Almengrün gegen die steinerne Welt ab; dort war eine Kanzel, vorspringend in das starre, naßblitzende Plattengefäll; dort gedachte er zu rasten, vielleicht – setzte er listig zögernd hinzu, mit schon zitternden Knien über hohe Treppen zerworfnen Gesteins klimmend. Er stieg, stand oben an dem grasigen Söller, warf einen Blick zurück und einen nach vorn und tat, nur leicht den Rucksack lüpfend, entschlossen den nächsten Schritt, den Weg wieder aufzunehmen: So habe er denn, frohlockte er, den alten Adam übertölpelt und um sein Paradieschen geprellt – weiter müsse er, dort hinauf, wo schon der Schnee herschwimme und wo, unausweichbar, die Entscheidung des Tages ihn erwarte.
Ein Vogel flog auf, nah und knatternd, wie höhnisches Gelächter klang sein Ruf. Der Bergsteiger, erschreckt, spürte sein Herz im Halse schlagen. Sein Blut brauste, Funkeln und Finsternis war vor seinen Augen, eine beklemmende Angst grub in seiner Brust, Hitze überflog ihn, die Erde schwankte unter ihm weg – noch konnte

er in einem feurigen Zucken wirrer Gedanken die Erkenntnis fassen, daß er sich zuviel zugemutet, daß er den alten Adam nicht übertölpelt habe. Dann griff es nach ihm, brausend, in wehen Wirbeln sog ihn ein Sturm schwarz in sein Innerstes hinab, trieb ihn eine purpurne Flut reißend hoch: Ob das, fragte er sich, auf den Knien keuchend vornübertaumelnd, der Tod sein solle, jetzt schon? Und über der wilden Wehmut jagten die Blitze scharfen, klaren Gespötts: nicht mehr auf seinen zwei Füßen ins Tal, umsonst vergeblich den schweren Rucksack bis hier heraufgeschleppt, prachtvoller Platz für ein Marterl: Doktor juris Wilhelm Bornkessel, Wandrer geh nicht vorbei ... vorbei – Das Wort kreiste in seinem Hirn, dann sah er wieder klar, kurz und vorsichtig schnaufte er.

Vorbei – sagte er halblaut vor sich hin, inbrünstig. Er war wieder da, er stieg an die Oberfläche seiner selbst. Das Herz rumpelte noch gewaltig, aber jetzt holte er tief Atem, süß und voll war der Trunk himmlischer Lüfte, den er tat. Er setzte sich ins Gras, er schlüpfte aus den Tragriemen des Rucksacks, lächelte. In lauter Blumen saß er. Still war es, ungeheuer, sausend, saugend still. Weit wogte, drunten und draußen, in steinernen Trögen, in grasigen Matten, in Wäldergürteln, in Wiesenbreiten das grüne, blau überhauchte, julibrausende Klaffertal. Der Tod war es noch nicht gewesen, ein Schwächeanfall. Kein Wunder bei dieser hirnrissigen Rennerei, mit fünfundvierzig, vom Schreibtisch weg, laufen wie ein gestutzter Hund, das kann man nicht, das heißt, man kann es schon, aber dann haut es einen hin.

Er legte sich wohlig der Länge nach in das weiche Gras und blinzelte in die Sonne. Wieder einmal gestorben, dachte er, und nicht tot. Jetzt wäre es schon überstanden und eigentlich, so schlimm wäre es nicht gewesen.

War es damals schwerer, vor dem Leben, 1914, im nassen, pulverbitteren Wald vor Ypern? Es ist ja nicht wahr, daß einer nur einmal stirbt – man muß die Haupt- und Generalproben mitzählen. Im Grunde hätte ichs nobel bestanden, diesmal. Wer weiß, wie schlecht man sich dabei benehmen kann: Sterb' Er anständig!
Der Träumer im Gras spann leise vor sich hin: Stirb und werde, je nun, er war wieder geworden, pfui des Gewitzels, am Busen der Natur, ja, was war denn in ihn gefahren, nichts wie Albernheiten fielen ihm ein. Er machte die Augen auf: Eine Bergaster stand dicht an seiner Schläfe, den fliederfarbenen Kranz der Blütenzungen lodernd um die goldene Scheibe. Unweit hob sich noch ein ganzer Büschel aus dem Gras, kleine, bunte Sonnen, der einen, großen Sonne zugewandt. So hätten sie ihn umblüht, besann er sich in jähem Ernst. Innig bedachte er das und schaudernd zugleich, so hätten sie seinen toten Leib bewacht, während die Seele schon dahinfuhr – und wieder stieß ihn der Bock – in der Blüte seiner Sünden.
Es half alles nicht, ein Gelächter wollte heraus, ein schallendes, ein ungeheures Gelächter, daß er lebte, daß er da im Grase saß, wieder ruhig schlagenden Herzens, die Lungen voller Luft und mit kräftigen Beinen, die ihn über die Klafferscharte tragen würden, jetzt gleich, und auf den Hochklaffer, morgen und wieder ins Tal hinunter. Kein Maultier mußte kommen und keine Männer mit Seilen und – aber nun graute ihm doch, als sein Lachen von den Wänden zurücksprang, ihm mitten ins Herz.
Fromm wollte er sein und den Blumen wandte er sich zu, als könnten sie ihn dem Himmel versöhnen. Weiß und gelb strahlende Gemswurz schaute ihn an, die lavendelblaue, rauhhaarige Glockenblume, sanft blickend, wie ein liebendes Gemüt, das sich bekümmert, daß der

Schweifende, zu dem es auflächelt, nicht glauben will an den lieben Gott und an den süßen Himmel der Unschuld. Wilhelm Bornkessel kniete im Grase, das weich und prall hier sich nährte im Schutz eines steinernen Mäuerchens, jenseits begann die wüste Welt der Felsen und des zerworfenen Schuttes. Steinbrech, zarte, weiß und rosenfarbene Blütenstengel aus saftgrünen Polstern, starkgelber Pippau und safrantiefe Pinsel von Habichtskraut wuchsen da, Wildfräuleinskraut und dazwischen, duftend, schwarzbraun und weinrot, das Blutröserl, das tausendnamige, ach wie oft gesuchte, holde Erinnerung während an verschollene Knabentage in all den Bergen ringsum, jubelnd begrüßte Lieblingsblume von unnennbaren glücklichen Tagen, blauflatternden, grünseligen, rotglühenden Quelltagen des Lebens.

Und andere Blumen waren noch da, in dem Gärtchen, das die Natur selber geschaffen, Sterne und Teller, Rispen und nickende Ähren, er wußte sie nicht mit Namen zu nennen, aber sie tönten mit, sie jubelten, die kleinen, ungenannten, im Lobgesang Gottes, winzige Stimmlein im mächtigen Braus dieser urgewaltigen Landschaft, die freudig klang vom Werden, dröhnend schrie vom Vergehen, und darin nun auch des Menschen Herz mitschwang in Liebe, in Furcht und Anbetung.

Eine Handvoll der Blüten hatte er gebrochen, wie unbewußt, er tat es nie sonst, schon lange nicht mehr, aber nun hielt er sie, unschlüssig, ob er sie mitnehmen sollte. Nein, er nahm sie nicht mit. Wo er gelegen, wo er in die Knie gesunken war, vermeinend, sterben zu müssen, dort streute er sie hin, Flocke und Flaum, Auge und Stern, Raute und Glocke, als ein Weiheopfer, unwissend, welchem Gotte, aber quellender Ahnung voll.

Er war nun wieder ganz frisch geworden. Er nahm sein Gepäck auf und verhielt noch ein Weilchen, ins Tal zurückschauend und vorwärts, in die aufgetürmte Öde, in die hangenden Nester des Eises, auf die blitzenden, unbeschriebenen, geheimen Wortes wartenden Tafeln des Schnees. Sein Auge war wieder klar und scharf, und es war des Adlers Blick überm Abgrund, mit dem er die Welt maß, die große, die so klein sein konnte.

Ach, der Strom des Lebens war nicht so breit, wie es dem scheinen mochte, der ihn befuhr. So also hätte sein Dasein ausgesehen, vorbei wäre es gewesen und abgeschlossen, zu einem Nichts zusammengeschrumpft die Jahre, ausgelöscht Freuden und Leiden, unversehens bestanden die große Prüfung – wer weiß, wann und wie sie nun noch zu bestehen war, in dieser grausamen Zeit, darin einer des schrecklichen Endes konnte gegenwärtig sein.

Die eifrige Kraft des Steigens, wie der Wanderer jetzt seinen Weg wieder aufnahm, zerriß die trüben Gedanken. Der Pfad, im Gewirr dicht starrender Blöcke und im beschwerlichen Geschiebe naß funkelnder Platten, von denen der letzte, wäßrig gewordene Neuschnee schmolz, mündete jetzt, zwischen jäh flankenden Türmen, in ein Tor finsteren, kaltatmenden Schweigens. Die Sonne war von der Mauer des schwarzen, sperrenden Bollwerks verstellt, ihr Licht fiel noch auf den grünen Anger, drunten zur Rechten, wo die Kolberger Hütte stand, mit geschlossenen Fensterläden, silbergrauen Daches, wie verwelkt.

Dann schwanden Hütte und Tal, das weite, grüne Klaffertal hinter den Wällen von graugrünem, schwarzem und rötlichem Schutt, den der Gletscher weit vorgetrieben hatte bis an die Rampe des Troges, darin er lag, schlafend jetzt, aber stöhnend und berstend oft in Föhnnächten und Frösten, krachend und sich bäumend im Urtraum verschollener Jahrhunderttausende, mit gewaltigen Rucken zerpressend die eigene, schwer schnaufende Brust. Schatten war hier, beklemmender, fahler Schatten im drohenden Zusammentritt der Klötze und Zacken. Bis ans heiße, schlagende Herz hauchte die kalte Stille. Ein Bannkreis der Feindseligkeit mußte durchschritten werden.

Nahe aber waren die wunderlichen, wild übereinandergeworfenen Gebilde des Trümmerfeldes; vor Jahrtausenden oder gestern erst waren die Felsen herabgeschleudert worden, von den zerrissenen Graten und Scheiteln, über die Gesimse heruntergekollert, schwirrend, pfeifend, zersplitternd, aus frostgesprengten Rissen gestoßen, im mahlenden, bleichen Strom des Geröll hergeschwommen, bröckelnd und bröselnd; von Moos überwachsen, grün von Flechten leuchtend, einem fast weißen, glimmernden Grün, schwarz, wie von Tusche überflossen, die alten, die jahrhundertalten und darüber, hell und schartig, die frischen Brüche, wie von Hämmern zerschlagen, scharfkantig, in Platten zerspalten, aufblätternd wie Papier, zu Rauten aufgeteilt, als Bänke und Tische sonderbar aufgestellt, zu Treppen geschichtet wie von Menschenhand, ja, wie Türstücke über Höhlen gelegt, daraus es kalt blickte von modrigem Wasser.

Einer zerstörten Stadt glich die Steinwüste, durch die der Wanderer schritt. Kühn aufeinandergestellt, waghalsige Kunststücke der Natur, hoben sich die glatten Blöcke. Eines Menschen Tritt, eines Windes Stoß konnte ihr schwankes Gleichgewicht stürzen. Zu Scherben zerschellt, zu einem genauen Satz flacher Schalen zerfallen, lagen sie, wie das Gerippe scheußlichen Drachengetiers. Wie ausgebrochene Zähne waren sie hingestreut. Dann wieder staken Pfeiler, messerscharf im Schutt, alter Sage verschollene Schwerter, Schilde und Beile, und daneben streckten sich, wie von Händen behauen, die Särge, die mächtigen Hünengräber toter Helden der Vorzeit. Die Säulentrommeln riesiger Tempel waren umhergewälzt, und da und dort ragte ein geklemmter Block, ein steinerner, klar geformter Balken schräg aus dem Geschiebe, als hätten Götter hier gebaut und in toller Laune, des Spielens müde, alles wieder über den Haufen geworfen.

Noch wucherte verkrüppelte Erle und rostiges Alpenrosengebüsch dazwischen. Da und dort schimmerte noch, spät im Jahr, eine rote Blüte; weiß und rosig, wie der Maienblust von Apfelbäumen, wuchs Gletscherhahnenfuß im Gesteinsschutt und auf dürftiger Grasnarbe. Dann gluckste weißes, wesenloses Wasser in den weitläufigen Irrgängen der Felsen. Und jetzt, wieder im vollen Licht der Sonne, die aus den Zinnen des Grates getreten war, blinkte unter den kühnen Stufen und weit hinaushängenden Klippen eine glitzernde Gumpe her, unbewegt, grell spiegelnd im schrägen Blick, aber tot und überklar dem hinabtauchenden Auge, in Spalten gähnend, bis grün und eisblau die Tiefe heraufschimmerte.

Drüben, in nackten, ausgewaschenen Trögen abgeschliffnen Gesteins, sickerte Schmelzwasser durch tropfende Inseln neuen Schnees, wie er auch während des letzten Wegstückes in Streifen über dem Kar gelegen war oder an den Nordseiten der Blöcke sich gehalten hatte. Weiter droben aber lag prall, über den Rand der weiten Wanne quellend, das Eis des Salburger Keeses, von frischem Weiß überzogen. Der Ferner jedoch, steil zwischen den verwitterten Pfahlmauern, die ihn zu beiden Seiten wie lautlose Orgeln begleiteten, stieg bis zur Klafferscharte empor.

Hier erwartete den Bergsteiger die erste der drei heiklen Stellen, vor denen ihm so bange gewesen war. Er mußte – und Kratzspuren im Gestein gaben ihm die Gewißheit – unterhalb des Gletscherabbruches nach rechts em-

por auf einen Felsenwulst und von hier aus über eine mehr oder minder breite Randkluft auf den Firn hinüber.
Gern hätte der Einsame einen Begleiter gehabt, er dachte an Franz, der nicht hatte dabei sein können, an Sola, die hier vor zwanzig Jahren mit ihm herabgekommen war. Es mußte damals gesprungen werden, und zwar über einen beträchtlichen Spalt schräg aufwärts, vom eingesunkenen, glattrandigen Eis auf den Felsen, und beinahe wäre Sola gestrauchelt, mit hastiger Kraft hatte er sie hochgezogen, mit dem Seil, am Buge der Klippe. Und sie hatten viel gelacht und geredet, hernach. Übereifrig hatten sie geredet, um den Schrecken zu betäuben, der sie ergriffen hatte, rückwirkend, auf dem sicheren Grunde.
Jetzt hatte Wilhelm Bornkessel niemanden, mit dem er hätte sprechen können. So sprach er, während er die Steigeisen anschnallte, mit sich selber. Nichts Ernsthaftes sprach er, dummes Zeug, nur um seine Stimme zu hören. Als er indes auf die Felsenschulter getreten war, sah er mit Erstaunen, daß er sich umsonst Anstände gemacht hatte: Dicht schmiegte sich der Firn an den Stein, eine sichere Brücke führte hinüber, glatt und spaltenlos zog sich das weiße Feld empor. Der kühle Sommer hatte den Schnee nicht ausgeapert, leicht war zu beschreiten, was in andern, heißen Jahren nicht ungefährlich war.
Gleichwohl trat er vorsichtig auf, und als die Decke nun doch mit einem wunderlichen Grunzen, das den Bergsteiger warnt, leicht schwankend sich setzte, griff ihn eine jähe Angst an den Hals, er könnte doch dem lauernden Würger in die Sense getreten sein. Aber es blieb nachdem still, heiß und blendend still. Er ging, Fuß vor Fuß, das flimmernde, grelle, schmelzende Feld hinauf. Der Schnee trug nicht mehr recht um die späte

Mittagsstunde, es war ein mühsames Gehen, oft brach er zwei-, dreimal bis zum Knie, bis zur Leibesmitte ein. Der neue Schnee klebte, in harschigen Inseln war er an den Altschnee gebacken, das körnige Geriesel des Firns klingelte leise, schwer rauschte es von seinen Tritten weg.
Eine elende Schinderei war es, das mußte er sich zugeben, und er sagte es, oft und laut in vielen kräftigen Redensarten. Der Firnhatscher verdroß ihn, es war eine schwere Arbeit, eintönig ging es bergauf. Er stieg und stieg, den Klapphornvers von den zwei Knaben auf dem Gletscher summte er keuchend; ja, wenn es nur zwei Knaben gewesen wären, dachte er, seinetwegen auch ein Mädchen, aber allein, tutto solo, weiß Gott, der Alte auf der Alm hatte recht, warum stieg einer, der schon ein gestandner Mann war, in die hohen Gebirge? Er glühte, der Schweiß rann ihm aus dem Haar, unterm Hut vor, in beizenden Bächen in die Augen. Schweiß und Hitze saßen ihm in klebrigen Nestern am ganzen Leib, es prickelte und juckte ihn, die Hände liefen dick und rot an. Die Brille war trüb beschlagen, die dunkelglasige, aber wenn er sie abnahm, war es noch schlimmer, schmetternd war dann das Weiß.
Ja, das war der Tag in C-dur, wie er ihn ersehnt hatte, der Schnee schrillte wie tausend Geigen, die einen Ton halten, einen einzigen Ton. Der Himmel aber, der tiefblaue Himmel, flutete die Weise, loderte den Gesang.
Der Wanderer blieb stehen, hob den Kopf, spähte und lauschte. Er hatte nun fast die Höhe der Scharte erreicht, es war ihm nicht mehr ernst mit dem Schelten über die Mühsal des Aufstiegs. Noch war ein Hang von bedrohlicher Steilheit zu queren. Er verschnaufte, zog die Gurten der Steigeisen fester. Unter Schollen abblätternden Schnees zeigte sich das gläserne, blasige Eis, ja, mitunter brach auch, an dünnen Stellen, der

Panzer in klirrenden Platten weg, und der Zackenzahn des wohlbewehrten Schuhs biß in den harten Stein.
Dann stand er auf dem breiten Rücken der Klafferscharte, die in diesem schneereich gebliebenen Sommer mit einer Wächte, die der Sturm der letzten Tage zu neuer Stärke mochte geblasen haben, hinausing in die blau und golden duftende, wie auf Adlerschwingen herschwebende Welt der warm wogenden Gipfel. Noch verstellte der hohe, silbergehämmerte Rand der Wächte den Einblick in die nahen Täler, und nur mit Vorsicht machte der Bergsteiger eine sichere Stelle auf der Brüstung aus, ehe er, bei abgelegtem Gepäck freier atmend, zum zweitenmal das Gesicht hob gegen das unfaßbare Antlitz der Berge.
Dicht vor ihm zur Rechten, über den Abgrund weg, stieg aus bleichen Strömen von Schutt, aus Blütenfeldern von Schnee, aus blankem Geschirr des Eises der feierliche Doppelturm des Hochklaffers: die Spitze vergleichbar einer uralten, schwarzgrün verwitterten Schere eines Riesenkrebses. Eis stieg in schroffen Rinnen empor, Eis stürzte in hängenden Wulsten herab, Eis stand in breiten, hingelagerten Barren zwischen dem Fels, still, aber so verhalten mächtig, als könne es krachend den Stein zersprengen, mit einem einzigen, berstenden Ruck der gefesselten Schultern.
Näher noch, in der Senke des Tales, spannte sich in der abgeschliffenen Wanne des Steins der mächtige Rücken des Grundeises, in bläuliche Spalten zerklüftet. Zäh und träge, ein erstarrter Brei, wälzte er sich, in wüstem Geschlinge hangend, die abbrechenden Stufen hinab. In fahlem Grün glatten und verwüsteten Serpentingesteins verdeckten die unzugänglich aufgebauten Wände nächster Gebirge den blendenden Kamm des Hauptstockes. Von links her aber, aus dem Südosten, über die flacheren Firste silbernen Schneegetäfels her, schauten

die fernen, duftenden Gipfel herein, leicht aufstrahlend wie unter milderem Himmel, aber auch sie, so leicht sie zu heben sich schienen, unterm Löwengebrüll der Sonne, die ungeheuer hing, brennend über der furchtbaren Landschaft. Nur von ganz links her, aus der Tiefe, stieg an den Gürtel des Eises der würzige Strauß der Wälder, wogte der grüne Faltenwurf lebendigen, quellenreichen Gewandes an die ewige Erstarrung der steinernen Welt.
Eine tiefe Unrast hatte, bei aller Andacht des Schauens, den Wanderer nicht verlassen wollen. Jetzt regte sie sich stärker und stärker: noch stand ihm das entscheidende Stück Weges bevor, der Abstieg von der Wächte und der Übergang zum Drachengrat, der sich unten, halbrechts, hinzog, wirklich anzuschauen wie ein stachelkämmiges Untier, das sich plump sonnte im prallen Licht, mit langem, graugrünem Schweif hinunterpeitschend in das Schneefeld.
Es ließ dem Bergsteiger keine Ruhe, hier oben zu rasten; in einer halben Stunde wollte er es tun, hundert Meter tiefer, auf dem Rücken des Drachen, zwischen Edelweiß und Rauten vielleicht, den sichern Weg vor Augen, da ließ sich gemütlich schauen und schmausen, rauchen und ruhen. Er warf noch einen Blick zurück durch die Scharte, ins grüne Klaffertal hinaus, das zwischen den schwarzen und rötlich schimmernden, den lichtbeglänzten und veilchenschattenden Türmen der Felsen, über die ganze Kimme des Schuttwalles, den Spiegelblitz des Eiswassers hin leicht und lavendelblau hersah. Und er nahm Abschied von diesem Bild; alles andere, den Hochklaffer und die nahen, heißen Wände, das Eis drunten und die Gipfel drüben, all das Gestein unterm Feuerrad der Sonne, würde er ja auch von seinem Rastplatz aus überblicken, seliglich zwischen Gras und Blumen und den Stachel nicht mehr im Herzen,

das bohrende Gefühl, rund heraus: die Angst, den Einstieg zu verfehlen, den Faden des Weges im Gewirre der Rippen und Rinnen, der Eisbrüche und Plattenfälle nicht mehr zu finden.

Schon von dem überhängenden Dache der Wächte auf das abschüssige, oben überall steile Schneefeld zu gelangen, erwies sich, als er es versuchte, nicht als so einfach, wie es geschienen hatte. Wohl fand er eine Stelle, an die ihn auch alte, verwischte Gehspuren gelockt hatten, wo die Rampe des Schnees sich weniger vorwölbte. Aber gerade hier brach das Firnfeld unten in felsige Stufen ab, und es war nicht geraten, in dem körnigen, rasch wegschwimmenden Schnee ins Gleiten zu kommen. So blieb nur, auf die Gefahr hin, ein Stück mit hinabzubrechen, der Sprung vom Wächtenrand an einer Stelle, die nach unten zu sanfter auslief, so daß nur eine nasse, aber ungefährliche Reise im flutenden Weiß zu erwarten stand. So tat er auch; freilich hätte er hier einen Pickel brauchen können, ja, er vermißte ihn, wenn er sichs nur zugestand. Aber das alte, hochstielige Eisbeil, ein Erbstück seines Vaters aus der Kinderzeit der Bergsteigerei, hatte er doch daheim stehen lassen; mit solchen Ungetümen auszuziehen, wäre ihm allzu lächerlich vorgekommen. Bei anderen Bergfahrten hatten immer Kameraden mit ihrem Gerät ausgeholfen, und auch diesmal war ja ausgemacht worden, daß Franz, der Hauptmann, der erwartete Begleiter, Seil und Pickel mitbringe.

Er schlug also nun, nicht anders und, wie er sich selber schelten mußte, nicht weniger leichtsinnig, als die Buben das Eis auf dem Weiher, mit dem Eisenschuh vorstoßend, den Rand der Wächte ein. Es brach aber dann wirklich ein Stück mit ihm hinunter; in einem goldenen, weißen, blauen Geplätscher, unter polternden

Schollen und sprühenden Funken sprang und rutschte er hin. Kollernd, klirrend, rauschend kam der Schnee in Bewegung, aber wie in einem wunderlich trockenen Wasser ruderte der Mann, und sitzend fuhr er eine kleine Strecke ab, bis sich die Massen, bei flacher werdendem Feld, gestaut hatten. Dann stand er wieder fest auf den Füßen; lachend schüttelte er einen blitzenden Regen aus seinen Kleidern. Jetzt querte er nach rechts unter der Hauptwächte durch, die als eine weiße Blume gegen den tiefblauen Himmel stand. Ein Rücken festen Gesteins hob sich aus dem gleißenden Schnee. Er betrat ihn, er erkannte die Schleifspuren vieler Eisentritte und war glücklich über die Entdeckung, die ihm verbürgte, daß er auf dem rechten Wege war. Gleichwohl betrachtete er das Gelände mit Überlegung.
Die Spuren führten von links nach rechts, aus dem Schnee und wieder in den Schnee. Von oben, aus der mächtigen Flanke des Berges, aus einer blauen Zackenmauer von Eis, fuhr eine schmale Zunge des Gletschers herab in die gestufte Felsengasse, die sich, an den Wänden und Schründen des Drachenkamms entlang, bis zu dem Geröllfeld der Teufelsmühle erstreckte. Diese Zunge, ein schmutziger Strom von Steinblöcken, zermahlenen Felsenstaub und Trümmer führendem Eis mußte überschritten werden, dann galt es, über den Rücken des Drachengrates zu steigen und von dort aus erneut die Spuren des begangenen Weges aufzusuchen.
Der Schuttstrom, der überquert werden mußte, war nicht breit; mit wenigen, sicheren Tritten dachte er, ihn hinter sich zu bringen. Aber kaum hatte er den Fuß vom gewachsenen Stein in die Rinne gesetzt, so begriff er schon, daß er trügerischem Boden sich ausgeliefert hatte. Blankes, schwarzes, blasiges Eis war sein Grund. In einem zähen, knöcheltiefen Schlamm, der wie Mauermörtel sich anließ, war große Vorsicht geboten. Jeder

Tritt konnte die gleitenden, oft in gefährlicher Kippe übereinandergeschobenen Blöcke zum Einsturz bringen. Wie Beile so scharf waren Kanten des frisch geborstenen Steins, unversehens schlugen sie nach dem Fuß des Wanderers. Endlich begann gar die ganze Masse in mahlende, treibende Bewegung zu geraten. Knatternd dröhnte der Steinschlag herauf aus der Gasse, in die, immer rascher, der wogende Fluß des breiigen, scharrenden Geschiebes sich drängte. Und dem Bergsteiger, wollte er nicht mit abgetrieben werden und über die Stufe hinausgeworfen, blieb nichts, als eilig, mit äußerster Anstrengung, scharfen Auges und festen Fußes, zu springen und zu waten, breitbeinig, um sich nicht die scharfen Zähne der Steigeisen an die Knöchel zu schlagen, klopfenden Herzens, von wankenden Blöcken bedroht, vom zähen Mörtel festgehalten, am blanken Eise gleitend. Aufatmend schwang er sich drüben auf einen Bord gewachsenen Felsens, krallte die Hände an einen Block, während hinter ihm, unter ihm, ja über ihm die schwanke, zähflüssige, übers Eis schlitternde Masse rascher und rasender zu gurgeln, zu stoßen, zu arbeiten begann, um in einem rauschenden, schmetternden Sturz sich aus der Runse zu ergießen, mit pfeifendem Jaulen der schlagenden, hüpfenden, kreischenden, zerspringenden Steine, im wilden Widerhall von allen Wänden des aufgeschreckten Talkessels.

An den schattenkalten Block gepreßt, lauschte der Wanderer auf das wütende Gewitter, bis es mit einem letzten Rollen und Rieseln verstummt war und das große, siedende Schweigen wieder ruhig atmete über heißem Fels und schmelzendem Schnee. Wiederum, dachte er, zitternd noch, dem Tod in die Sense getreten, aber zum letztenmal. Denn hier stand er, am Fuß des Drachengrates, über den der Weg ging, ein Stück oberhalb vermutlich. Ein gemütlicher Weg von nun an, bald auf den

Pfad stoßend, den viel begangenen, über das Hallerkees, von wo aus die Hallerhütte in vier Stunden zu erreichen war, über das Niederjoch, keine große Leistung mehr für heute, für einen fast noch vollen Sommernachmittag.
Den Schuttstrom, jedenfalls, hatte er hinter sich, den tückischen, der ihm den Rückweg abschnitt. Denn wie wollte er wieder an seinen Ausgangspunkt gelangen, von hier unten aus? Mit dem Schotter war er herabgewatet, im Gefälle, viel zu tief war er geraten, in die verdammte Gasse hinein; aber aufwärts, gegen die Strömung – das war nicht zu bewältigen, auch wenn ers hätte wagen wollen, vermessen, wunderbar gerettet. Je mehr er zu sich selber kam, aus der Betäubung des Schreckens, um so schaudernder, auftauenden Gemütes, ermaß er die überstandene Gefahr. Wieder besann er sich, und kalt griff nach seinem sich regenden Herzen die würgende, die eisige Hand, spielerisch, grausam quälend, ihm zeigend, wie sie hätte greifen können, unerbittlich: daß er nun tot schon läge, zerrissener Glieder, gesteinigt, drunten; nicht, wie drüben, im grünen Klaffertal, auf Blumenwiesen gebettet, rasch hingerafft, den schönsten Tod gestorben, den die Alten schon priesen, den unerwartetsten; nein, dahinfahrend, im schrillen, atemgepreßten, herzzermalmenden Entsetzen, wimmernd, unter den Hieben der schnarrenden Felstrümmer, hinausgeschleudert, auf den Schutthaufen geworfen, ein blutiger Klumpen und vielleicht noch nicht tot, noch immer nicht tot, kein Mensch mehr, ein winselnder Schmerz, eine gräßliche einsame Angst, ein Nichts, ein Aas schon, von den ungeheuren Bergen umstanden, von ihrem Schweigen zugesiegelt, Herz, das nicht mehr Herz, Lippe, die nicht mehr Lippe war.
Das Leben, tausendfach geweckt von rufenden Ängsten und blinkenden Wahngebilden, warf sich wild gegen

den Tod. Es schrie in ihm, daß er ja noch lebe, noch da sei, seiner Seele mächtig und seines Leibes, entronnen der Gefahr, schön noch und unentstellt, da die braune Hand, wohl und weich im Schuh der Fuß, adlerklar, Sonne zu Sonne, der schweifende Blick. Und er bezwang eine Wehmut, die sich selbst beweinen wollte und faßte kräftige Entschlüsse. Tapferkeit sei die Flucht nach vorne, sagte er zu sich selber.

Hinauf mußte er auf den Rücken des Grates. Ein grasiges Band führte schräg nach abwärts, doch schien es sich in die sperrende Mauer hineinzuziehen, bis an eine Rinne, die in nicht allzusteilen, griffigen Stufen nach aufwärts ging. Als aber der Bergsteiger sich bis zu dieser Stelle vorgearbeitet hatte, mußte er sehen, daß das tragende Band sich in glatten Abbrüchen verlor, ehe es die Stufen erreichte. Allerdings hatte die Rinne, die dazwischen sich hinabzog, wenige Meter unter seinem Stand eine feste, mit weichem Gesteinsschutt ausgefüllte Sohle. Wenn er sich, halb springend, halb an der Wand hingleitend, hinunterließ, gelangte er an den Fuß der aus getürmten und verkeilten Blöcken, aus kurzgrasigen Wasen und seichten Rainen gebildeten Stufen, die sich emporzogen, so weit sein Blick reichte und die ihn wie eine Himmelsleiter verlockten.

Er war sich darüber klar, daß er hinauf mußte, nicht weiter hinunter durfte in die immer steiler werdenden Stufen. Schon vorher, das wurde ihm jetzt bewußt, hätte er in den verdammten Schuttstrom nicht einsteigen dürfen, droben, über den Schnee, wäre der Weg gegangen. Nun hatte er kostbare Meter verloren – sollte er noch tiefer hinabsteigen?

Er ließ sich, ehe Bedenken ihn schwankend machten, in die Grube gleiten und kam auch wohlbehalten auf den Grund. Unverzüglich machte er sich an den Aufstieg. Er pfiff und summte, während er Griff um Griff prüfte

und sich hochzog und stemmte, allerlei Lieder, schnurriges, krauses Zeug, wie aus verschollenen Tiefen aufsteigend, längst vergessene Worte und Weisen. Grundfröhlich war er; denn, das wurde jetzt mit jedem Schritt deutlicher, diese Rinne war keine Mausefalle, nein, sie führte ihn, so schmal sie war, auf die Höhe des Drachengrates. Zuletzt kam er auf einen schönen, grasigen Fleck, da wollte er nun Rast halten, und er warf den Rucksack hin und löste die Bänder von seinen Steigeisen.
Schon im Begriff, es sich bequem zu machen und seinen Mundvorrat auszupacken, stand er doch noch einmal auf, um sich des weiteren Weges zu vergewissern. Vorsichtig trat er an den Rand des Grasplatzes und spähte in die Tiefe. Es waren vielleicht zehn Meter, mehr nicht; aber sie fielen in drei, vier glatten Stufen senkrecht hinunter. An einen Abstieg war hier nicht zu denken. Betroffen, aber sich selber zu ruhiger Überlegung beschwörend, wandte sich der Bergsteiger der andern Seite der Plattform zu. Hier schienen die Aussichten günstiger. Eine Felswand, von mehr als doppelter Mannshöhe, darüber, vorstehend, ein geborstener, zu Balken und Pfeilern zersplitterter Block und, noch höher, wieder grasige Bänder. Wilhelm Bornkessel begann, mit Augen und Händen das Wandstück abzutasten. Er wies nicht die kleinste Nase auf, an der man hätte es greifen, nicht den seichtesten Riß, in den man Finger oder Schuh hätte zwängen können. Trotzdem, und nun schon den Druck der Angst vom Magen her aufsteigen fühlend, versuchte er, an verschiedenen Stellen, den Durchstieg zu erspähen.
Es war doch lächerlich, diese Wand, dieses Wändchen, nicht höher als eine Gartenmauer, bis zum ersten Griff. Was Gartenmauer? Gefängnismauer war es, Zuchthausmauer; lebenslänglich verurteilt war er, keine Zelle, ein Grasfleck unter freiem Himmel, kein Verlies, aber

verlaßner, preisgegebener war er als jeder Gefangne, hier konnte er – nein, nein! Er brach den Gedanken ab, er warf sich noch einmal wütend gegen den Stein. Dann ging er, mit zitternden Knien, zu seinem Rucksack zurück.
Er setzte sich nieder und betrachtete die Gegend – ruhig wieder und klar – in ihren großen Zusammenhängen. Das gewaltige Rund des Felsenkessels war unverändert vor ihm, wie er es von der Klafferscharte aus gesehen hatte. Weiß stand auch deren Wächte gegen den blauflutenden Himmel; auch der Ansatz zur Schuttrinne war, von nahen Klippen halb verdeckt, zu erblicken. Der Drachengrat, auf dem er saß, viel zu weit unten saß, wie ihm jetzt immer klarer wurde, zog sich zum Eise empor, das rechts oberhalb der Scharte grau und bläulich über die Steintröge hing. In Rampen und Bändern zog der Grat gegen Westen in die Schnee- und Schutthalden hinein, einzig sein Grasplatz, auf dem er da saß, hing wie ein Söller, an die glatte Wand gemauert, über dem Abgrund. Keine große Sache – das war das Erbitternde – ein paar Meter, zum Teufel, und dieser verdammte, schwerfällige Leib, Stümperei, elende Stümperei, zum Schämen für einen alten Bergsteiger! Einen Berliner Fexen hätte er ausgelacht, der es ihm erzählt hätte: Verstiegen, unrettbar verstiegen an der Klafferscharte. Ihm mußte das zustoßen, der, weiß Gott, schwerere Bergfahrten hinter sich hatte.
Das war kein Zufall, der Tod stellte ihm nach, heute, den ganzen Tag schon. Bestimmung war das, unausweichbares Schicksal. Zweimal entronnen, nur um zum drittenmal, aufs gräßlichste, sehenden Auges, hinuntergestoßen zu werden, nein, schrecklicher noch, sich selber hinunterzustoßen; denn wagen mußte er den entscheidenden Schritt, wenn er nicht da heroben elend zugrunde gehen wollte.

Nun aber, unterbrach er sich, sei des Jammerns genug. Immer noch stand ihm der Rückweg offen. Er stand ihm nicht offen, sagte die Vernunft, zweimal war er ihm abgeschnitten; aber warten konnte er, bis jemand kam, heute noch, spätestens morgen, irgendwer mußte doch kommen über die Klafferscharte; aber vielleicht heute nicht und morgen auch nicht; und wenn, sollte er um Hilfe rufen, kläglich, ein paar Meter überm sichern Boden, sollte ihm wer die Alpenstange heraufreichen oder ihn mit der Rucksackschnur aufseilen? Und er stieß einen langen, kräftigen Fluch aus.
Danach fühlte er sich merklich erleichtert. Müde und hungrig war er. Daran lag es, deshalb sah er alles in so schwarzen Farben. Er packte nun doch seinen Vorrat aus, schraubte die Feldflasche auf, begann zu essen und zu trinken. Daß es doch ganz behaglich hier sei, ein wunderschönes Erdenfleckchen, redete er sich ein; aber der Bissen würgte ihn.
Er schaute hinüber auf den Hochklaffer. Nicht mehr blau war der Himmel über den Gipfeln. Nebel, aus dem klaren Nichts aufgestiegen, dampften herauf, hoch droben in Lüften war ruheloses Wandern zarter und dichter Schleier, Geschiebe ganz feiner, hauchdünner Platten Gewölks, wie treibenden Eises, bläulich und milchtrübe verblasen, aneinander sich werfend und ballend, in des Regenbogens Farben schimmernd, in Schichten verschiedener Höhe sich kreuzend und übereinander wegziehend, wie ein wohleingeübter Reigen lustiger Geister. Die Sonne brauste und brannte nicht mehr, verstummt das funkelnde Feuergebrüll über Felsenriesen und prallen Muskeln von Eis. Eine fahle, wäßrige Sonne ging droben durch den Dunst, und von nur geahntem Atem emporgerissen stiegen bleiche Nebel in Wirbeln empor, sogen kalte Dämpfe aus unsichtbaren Tiefen braune und veilchenfarbene Dämmerung. Die

weite Bühne der Eishäupter, der Panzerwände, der Götterburgen war ohne Rampenlicht. Es war, als würden auch in den Hintergründen und Schiebewänden des mächtigen Schauplatzes Lampen um Lampen gelöscht, Licht und Schatten wandelnd und geheimnisvolle, halbe Farben setzend an Stelle der glühenden, Braun statt Gold, Grau statt Silber, Schwarz statt Grün und heraufziehend mit gelben und roten Vorhängen vor den wimmelnden Duft der fernen Gipfelzelte. Dann wieder fuhr mit breiten Schwertern das flammende Licht aus dem verfinsterten Gestirn, und eine blinde Barre Eises klirrte gleißend auf, in weißen Feuern funkelnd.

Der einsam und bedrückt Sitzende verfolgte das prächtige und gefährliche Schauspiel. Die Orgeln des Lichts, in allen Stimmen gezogen, in allen Künsten gespielt, wandelten sich in seiner Brust zu Tönen eines stürmischen und traurigen Lebensliedes, und seine schweren, beklommenen Gedanken hoben sich auf die Fittiche des Gesanges. Bilder vergangener Tage wuchsen auf, in Traumkristallen gespiegelt, blühende Gärten der Kindheit und Jugend, in Schichten lockender Verführung, süßen Genusses und stolzen Abschieds verworfen in die stoßende Erschütterung der Ängste einer nahen, schlafend nahen, grausamsten Wirklichkeit. Glühend begehrte er, in einer jähen Anwandlung lustvoller Erinnerung: es möchte Sola hier sein, mit ihm eingeschlossen auf dem unzugänglichen Block wie in einem Grab der Liebe.

Dann wieder stellte er mit rasender Begierde schlichteste Freuden sich vor; am Tisch zu sitzen, roten Wein zu trinken, in der wunderbaren Geborgenheit einer Stube, er, der hier saß, preisgegeben, ausgeliefert, verurteilt und schon gerichtet – nein, gerichtet noch nicht, noch nicht.

Ihm selber war die Entscheidung überantwortet, und nun sprang er auf, aus der Träume Gespinst sich hauend mit zornigen Armen, entschlossen, nicht länger untätig hier zu verweilen, vom Gewitter lauernd umdroht. Er ging noch einmal die ganze Wand entlang, seine Erregung niederkämpfend, ruhig und sachlich prüfend. Nichts, nichts war zu entdecken, kein Griff, kein Spalt. Was half der Mut, wenn die Stelle fehlte, ihn anzusetzen.
Den Gedanken, geradeswegs nach oben steigen zu können, mußte er aufgeben. Aber genau so unmöglich war es, die senkrechte Wand unter ihm heil zu überwinden. Vielleicht aber bot sich, rechts um die Ecke, gerade dort, wo es zuerst am aussichtslosesten geschienen hatte, ein Ausweg. Er beugte sich, an der Kante, über dem Grasschrofen und spähte, vom Schwindel gedrosselt, um die Ecke. Und wirklich erblickte er dort, in gleicher Höhe, eine griffige Schrunde im Fels. Den Füßen freilich bot sich nirgends ein Halt. Erst einen Meter weiter drüben, tiefer gelegen, zeigte sich ein schmaler Standplatz. Er hätte also sich frei in die Wand werfen, mit der rechten Hand in der Schrunde verklammert, sich hinüberangeln und im Schwung auf das Gesims springen müssen, vertrauend, daß es hielt und daß er, die rechte Hand loslassend und vorschwingend, mit beiden Händen irgendwas zu greifen bekam, Gras oder Fels. Stand er sicher dort, war das Spiel gewonnen; er konnte unschwer auf den höher gelegenen Grasplatz aufsteigen, der in breitem Band an die Halde hinüberzog. Gelang es ihm nicht, so stürzte er unweigerlich zehn Meter an der lotrechten Wand hinunter.
Wilhelm Bornkessel trat wieder zurück, schaudernd, als hätte er sein offenes Grab gesehen. Er ruckte mit dem Halse, als müsse er prüfen, ob ihm der Kopf noch recht sitze. Ein häßliches Gefühl kroch ihm in die Brust her-

auf. Kaum aber hatte er den sicheren Boden unter den Füßen, wich der Schwindel von ihm und er sah alles weit ungefährlicher: die Wand nicht so steil, den Griff nicht so entfernt, den Sprung nicht so gewagt. Doch wenn er sich wieder vorbeugte, den Schritt abzuschätzen, wehte ihn aus der Tiefe das Entsetzen an und schwimmenden Auges vermeinte er, den Tod leibhaftig dort hocken zu sehen, unbeweglich, eiskalt, schweigend. Der Tod hatte Zeit, zu warten, ob der Mensch sich ihm stellte; am Rande der Ewigkeit wartete er.

Der Mensch ging an seinen Lagerplatz zurück; er nahm das schreckliche Zwiegespräch mit der Hoffnung wieder auf. Er rief die innersten Kräfte aus der eignen Brust, er gab sich den hohen Mächten der Bewährung anheim. Er gelobte sich, zu handeln, wie er es dem Gesetz in ihm selber schuldig war: mutig! Dann aber befiel ihn wieder die Verzweiflung: das war nun kein romantisches Geflunker, das war die furchtbare und zugleich so lächerliche Wahrheit. Hier saß er, auf einer Bergfahrt, zu seinem Vergnügen, aus purem Übermut, mitten im Kriege, und nicht im Kriege, auf verlorenem Posten und überhaupt nicht auf Posten, so wie Franz Stauffer etwa auf seinem Posten stand, der Hauptmann, der im Felde war und nicht bei ihm. Allein war er hier, auf einem mäßig hohen Felsenklotz, unter einem zweimal mannshohen Mäuerchen, pfui, pfui, wie erbärmlich war das. Allein, ohne Ermunterung, mußte er den Schritt tun, hinter dem Himmel und Hölle lagen, alles und nichts.

Der Bergsteiger schaute wieder in das weite Felsenrund, schaute auf den Hochklaffer hinüber, wo jetzt die Farben tiefer wurden und goldner Rauch in Säulen aufstieg. Es war ihm elend zumute, vor diesem schweigenden Tod, der nicht einmal wegen einer Übergabe verhandelte, der stumm den tollkühnen Ausfall er-

wartete und sonst nichts. Diesen Ausfall aber forderte er dringlicher, immer dringlicher; denn die Zeit verging hier und das Gewitter, schon im Harnisch, stieg leise klirrend, mit verhülltem Schwerte, aus den Schatten empor.
Wilhelm Bornkessel war abermals aufgestanden, den schweren Gang anzutreten. Aber wiederum, den Rucksack zurücklegend, setzte er sich, von Furcht gelähmt. Wann hatte er schon einmal diesen Geschmack im Munde gehabt, diesen zähen Rauch in der Brust, hinschwelend über dem Feuer der Tat? Vor langer, langer Zeit, als Knabe noch, als er sein Gepäck aufnahm, damals, im flandrischen Gutshof, anzutreten zum Sturm auf Ypern. Die Erinnerung an den Soldaten in ihm flößte ihm wieder Mut ein. »Nur nicht weich werden« – ein lächerlicher Spruch, der beim Barras im Schwang war, wirkte kräftig auf ihn wie ein Glas scharfen Schnapses. Noch eine Pfeife wollte er rauchen, dachte er und holte sie aus dem Rucksack hervor, den Tabak dazu; er stopfte sie umständlich und es beruhigte ihn, wie er sie in Brand setzte. Nur seine Hand, er mußte sich drein ergeben, sie zitterte. Schnell ist einer vor die letzte Frage gestellt, sagte er vor sich hin, und die fühllosen Steine schauen zu, was der Wurm für eine Antwort drauf weiß. Oft geprobte Frage und Antwort, in nachttiefen Gesprächen, mit Franz zusammen, unterm Mond, den klaren Fluß entlang, oft geprobt, jetzt braucht es eine gute Aufführung. Niemand schaut zu, die toten Steine nicht, einsamer Traum der Welt, der hier schläft; ungestört läßt ihn mein Schicksal.
Als der Bergsteiger den Tabak in die Tasche des Rucksacks bergen wollte, geriet er an die Zeitung, die er heute morgen – heute morgen erst? ja, heute morgen – eingesteckt hatte. Sie hatte etwas so Tolles jetzt, eine Zeitung, die sich anbot zum Lesen, in diesem Augen-

blick, daß er sie nahm, mit grausamen Humor eingehend auf den launischen Scherz, und sie entfaltete, willkürlich eine Seite aufblätterte. Noch besser, hohnlachte er, eine liebliche Weissagung, vortrefflich für Abergläubische: die Todesanzeigen hatte er aufgeschlagen. So also würde da sein Name gedruckt stehen ... Doktor Wilhelm Bornkessel, in seinen geliebten Bergen ... romantische Verlogenheit, in den fremden, furchtbaren, in den gehaßten Bergen! Nie wieder, wenn es heute noch einmal gut ging, nie wieder würde er – halt, nichts verschwören! – unter quellenden Tränen eines ungeheuren Mitleids mit sich selbst lächelte er.
Aber was stand da? Stand da in festen Buchstaben? Franz Stauffer, ja, das stand da. Und: Hauptmann und Regimentsadjutant, stand auch da und: unerwartet an Herzschlag verschieden, das stand auch da. Aber es war doch nicht möglich! Gestern abend noch hatte er ja einen Brief von ihm bekommen, da, in der Brusttasche trug er den Brief. Aber schnelleren Flügels war die Botschaft geeilt, die nun hier zu lesen war, schwer zu fassen, mit dem Herzen nicht zu begreifen, daß er tot war, Franz Stauffer tot, der Gefährte, der freundlichste der Freunde, tot also, tot ...
In diesem Augenblick ergriff ein Windstoß die Blätter der Zeitung. Hoch in die Lüfte entführte er sie, als sollte die Kunde von des Mannes Ende nicht länger bleiben dürfen in den Händen des Freundes. Eine schwarze Beklommenheit war in der Landschaft, es huschte über den Fels wie der bläuliche Kern nach Luft jagender Flammen. Dann hieb ein Blitz quer wie eine Ader Goldes unter den Firsten ein. Ein Donner knallte kurz wie der Schlag eines gelösten Schusses, und während ferner und naher Widerhall zögernd aus den Wänden kollerte, stieß der gewölbte Atem dampfenden Sturmes grau pfeifend über die verlöschende Klafferscharte. Einige

wenige Tropfen fielen, dunkel klatschend, in den heißen Stein. In der Düsternis der Felsentürme stieg eine einzelne, leichte, schwefelgelbe Wolke senkrecht auf wie die drohend gehißte Flagge eines Piratenschiffes. Wind flatterte in allen Segeln, aus dem gepeitschten Meer von Gebirge, Eis und Gewölk knarrte und knatterte es von tausend beigedrehten Kielen, schäumend zogen die Flotten rasender Gewitter gegeneinander auf. Dann war noch einmal eine hohle, ausgesogene Stille, ehe der Nebel einfiel, in Fetzen losgerissen von den schweren Schwaden, die sich über die Scharte wälzten.
Wilhelm Bornkessel nahm seinen Bergsack auf. Er trat an den Rand des Abgrunds. Franz Stauffer ist tot, dachte er, nichts sonst. Tausend Erinnerungen, Bilder, Fragen, Zweifel, zuckten hinter der starren Wand dieses eines Gedankens, daß jener tot sei, gestorben, aus, dahin für immer – nicht für immer, wenn er tot war, wußte er die Antwort, wenn er tot war, konnte er frei sein, in Lüften wohnend, über ihm, mit ihm, jetzt, ihm zur Seite.
Der Tod saß nicht mehr dort auf dem Felsen. Ein schwerer Schritt war zu tun, aber kein unmöglicher. Nebel verhüllte gnädig die Tiefe. Der Bergsteiger reckte sich, griff mit dem rechten, gesunden Arm in die Schrunde, hing sich ein, pendelte im Schwung hinüber, stand, krallte sich mit der linken, greifschwächeren Hand in einen Büschel Gras, die rechte hatte die Schrunde losgelassen, aber es war, einen Herzschlag lang, gewesen, als zerre es an ihr, als ließe eine fremde Kraft sie nicht los. Schmerz und Angst erpreßten einen kurzen, heiseren Schrei, dann fand auch die rechte Hand neuen Halt, der Mann legte, erschöpft und inbrünstig, schwer Atem ziehend, die Stirn an den Stein. Franz Stauffer war tot, aber er, Wilhelm Bornkessel, lebte! Ein Meer von Tränen brannte hinter trockenen Augen. Er spürte, wie der

andere bei ihm war, der Freund, und doch, weit weg, nicht dazubehalten im wilden Wirbel der Freude, die in ihm hochstieg, Freude, daß er lebte, warmen Blutes, heiler Knochen, schlagenden Herzens, auf seinen zwei Füßen stehend, verwurzelt in sicherem Grund. Er flüsterte in die Erde hinein, den Mund am Fels, daß er lebe, er horchte, ob keine Antwort käme, ob nicht die Orgeln des Steins aufjubelten zu einer wunderbaren, tröstenden, schwingenden Musik.
Aber Stille war, eine große Stille. Sein Atem ging schwer, seine Schläfen klopften, die Erde schwieg, Himmel und Erde schwiegen. Er beschwor sich selber, suchte einen Rausch des Glücks heraufzupressen, eine warme Welle der Wollust nach so schrecklicher Nüchternheit der Entscheidung. Aber es gelang ihm nicht, er hatte keinen Gott angerufen, ihm zu helfen; nun wollte kein Gott seinen Dank annehmen. Er hätte beten mögen, jetzt, aber er konnte nicht und spürte doch unbekannten Mächten sich anheimgeben. Sie gaben, sie nahmen. Er lebte, aber der Freund war tot.
Wilhelm Bornkessel stieg in die grasige Treppe hinauf. Edelweiß stand da, schöne, große Sterne. Einen davon brach er, das mußte erlaubt sein in dieser Stunde. Er holte den Brief aus der Tasche, den letzten Brief des Freundes, das klare Funkeln eines Sternes, der inzwischen erloschen war. Stumm, mit tausend Gedanken und keinem, legte er die weiße Blume zu dem Blatt in dem Umschlag.
Dann trat er hinaus auf das Trümmerfeld, querte über Streifen von Schnee, rot fielen drei Tropfen Blutes ins Weiße, hellrot. Das mußte von der Hand kommen; er bemerkte es erst jetzt. Eine Schramme wars am rechten Handrücken, da hatte der Tod nach ihm gefaßt; aber festhalten, hinunterstoßen hatte er ihn nicht können ...

Nicht können? fragte er schaudernd sich selbst, nicht können? Hatte er, der eitle Mensch, den Quell der Gnade schon wieder zugeschüttet, kaum, daß er auf festem Boden stand? Vor den Menschen durfte er seines Sieges sich rühmen, wenn sie ihn nicht auslachten, den Bezwinger des Drachengrats. Ganz still wollte er sein, niemandem erzählen, daß er sich verstiegen hatte an der Klafferscharte; und vor sich selber mußte er noch viel bescheidner sein. Er war geprüft worden, zur Not hatte er bestanden, der Freund hatte ihm geholfen, eingesagt wie in einer Schulaufgabe, der tote Freund: Eine Wirklichkeit hatte die andere aufgehoben, die ungeheure Nachricht, daß jener tot sei, hatte seine tausend lebendigen Ängste betäubt, wie im Traum war er hinübergeglitten über die Schwelle des Todes.
Er spürte, wie sich der aufgerissene Spalt seiner Brust schon wieder geschlossen hatte, Schauder des offenen Grabes und Tiefe letzter Erkenntnis, die ihm jetzt, da er, ein Geretteter, dahinging, selber nicht mehr zugänglich war, ihm nie mehr, wenn nicht in den Beschwörungen aufreißender Träume, schaubar sein würde. Das Leben würde – das ahnte er schon in diesem Augenblick – den Tod wieder vertreiben aus seinem Herzen, den hohen Rang dieser einverstandenen Stunde nicht duldend.
Schräg über den wilden Anger gestürzter Blöcke wandernd traf der Bergsteiger auf Spuren des Weges, wie er es erwartet hatte. Mit einem einzigen Schlag begann zugleich die Wucht des Gewitters sich zu entladen. Aus der schwarzen Verfinsterung des gewaltigen Felsrundes sprangen die blauen Knospen der Blitze auf und erblühten zu goldenen, weitaufleuchtenden Blumen. Donner stießen gegen Donner, die Luft roch bitter. Dann schlug schwer der Regen ins Gestein, zischende, naßschwarze Flecken zeigten den Prall der ersten, großen

Tropfen an, aber gleich war alles eingehüllt in die triefenden, hämmernden, glitzernden Schwälle des stürzenden Wassers. In breiten Fächern zauberhaften Geflammes glänzten sie auf wie schmelzendes Erz, schwer hinschlagend, mit Hagel vermischt, wegspritzend, zu weißschäumenden Trichtern zusammentrudelnd, wie Nattern hinabfahrend, in Bächen, wiegenden Hauptes, wegsuchend, unheimlich schnell.
Der Regen sott jetzt im Schnee, prickelnd und brodelnd, in einem hohen, zirpenden Ton, der das Schnarchen und Rauschen überstieg. Nah und schmetternd grellte jetzt ein Blitz in den Drachengrat, splitternde Lanze, Wutgeheul, krachender Stein, mächtig schallender Donner. Luftige Geister tanzten über die Scharten herein, flatterten, es hieb wie mit Schwertern in ihren Reigen, eisklare Schilde leuchteten auf. Gesprengte Steine polterten aus schwarzen Gassen herab, riesige Blöcke zerschlugen sich, der Bergsteiger sah ihren Fall und Prall im nassen Rauch der Granitrücken und Eisfelder.
Dann war wieder nichts zu hören als das Singen des Regens im Schnee. Für einen Augenblick hob sich das Nebelhaupt des Hochklaffers aus dem Wolkenbann. Hoch in sausenden Lüften spielte die Feuerkrone des zornigen Bergkönigs, Strahlen schießend um die steinerne Stirn.
Längst war der wandernde Mann durchnäßt von den Güssen des prasselnden Regens. Er fror in den Stößen kalten Windes; die Tropfen, mit Eisnadeln durchsetzt, peinigten sein Gesicht. Schwer von Nässe waren seine Kleider; unerträglich schien der Rucksack, mit den Riemen in die Schultern schneidend. Wasser rann ihm durch den Hut, in den Hals hinunter, das zähe, vollgesogene Gewand scheuerte seine starren Glieder, die Füße patschten im nassen Schnee, weich und quellend waren die Stiefel. Fuß vor Fuß ging er über den summenden,

plätschernden Ferner, brach ein, stand wieder auf. Einförmig fiel jetzt der Regen, knatterte Steinschlag und Schmelzwasser.
Er stieg auf den gespurten Weg, der vom Tal heraufkam, ging über blankgewaschenes Eis, sah in finster gurgelnde Abgründe. Gleichmütig schritt er fort, er hatte keine Gedanken mehr; er trug das warme, kleine Licht seines Lebens der sicheren Hütte zu, ohne Angst, ohne Freude. Tod und Leben hielten sich die Waage in ihm, müde war er, rauschend müde, er brauchte alle Kraft, nur um zu gehen.
Manchmal schaute des Freundes ernstes, gutes Gesicht herein und er nickte ihm zu; dann wieder klopfte der Tod mit knöchernem Finger und horchte – aber es kam keines Schreckens stürmische Antwort aus des Menschen begrabener Brust. Alles war wie ein fernes Dröhnen, unendlich weit weg, das Ziehen des Gewölks, das Trommeln des Regens. Rot und steif waren des Bergsteigers Hände, kalt war in den klatschenden Kleidern der Leib, kalt in den quietschenden Schuhen waren die Füße. Heiß war nur tief drinnen das angestrengte Getriebe, das ihn hinauftrug durch den eisigen Sturm, durch die graue, wehende Dämmerung. Das Auge erspähte den Weg, der Rücken trug die Last, die Beine bewegten sich, die Lungen pumpten, das Herz schlug.
Leise, ganz leise, aus tiefem Schlaf der Sinne heraus, hörte er das Zwiegespräch des gestorbenen Freundes mit dem Tod. In seiner eigenen Brust redeten sie, vom Leben, vom Sterben, vom Tode, von der Unsterblichkeit: und der Wanderer horchte in die flüsternden Stimmen, ob auch er, der Lauschende, eine Antwort bekäme, auf uralte und immer neue Fragen. Aber er mußte sich bescheiden mit dem tiefen, versöhnenden Klang, den er vernahm. Er hatte ja das Leben gewählt und konnte keine gültige Erkenntnis mehr erwarten.

Dann stand, unvermutet, im nassen Dampf der Wolkenfetzen, die Hütte da, als ein Ziel, als ein starker und freudiger Anruf des Lebendigen. Augenblicklich schwiegen die Stimmen in des Wanderers Brust. Er trat, über gewaltige Steinplatten hinweg, durch die windgerüttelte Tür, mitten hinein in Licht und Wärme.
Eine sanfte und fröhliche Magd nahm sich seiner an. Und jetzt erst, im holden Begreifen menschlichen Angesichts und Wortes, fiel er aus seiner Erstarrung, spürte er, wie erschöpft er war. Er hätte weinen mögen. Das Mädchen wies ihm ein Zimmer an, die Kerze brannte seliglich im hölzernen Haus. Noch war ein verzweifelter, ein freilich schon lächerlich erbitternder Kampf zu bestehen, bis der Erstarrte mit klammen, keines Zugriffs fähigen Fingern die Schuhbänder lösen, die nassen Kleider von den schlotternden Gliedern streifen konnte. Der Rucksack hatte dicht gehalten, wie wunderbar wärmte nun weiche Wolle den Leib, den geretteten, den lebendigen, den allzu geliebten Leib.
Der Ofen glühte, die Lampe summte, die Stube war voll Lärm und Rauch. Viele Bergsteiger waren heraufgekommen, vom nahen Tal her, während er allein über die Scharte gegangen war. Nun saß er am Tische, ein schweigender Gast. Brot und Wein besprach er in dankbarer Andacht. Langsam taute er auf aus frostiger Erstarrung; dunkel, von tief unten her, lösten sich die schweren Bäche des Schlafes. Auf der Spitze seiner Seele, wie Blitze flackernd, tanzte die Erinnerung; ja, schon war es Erinnerung – das Erlebnis des heutigen Tages, vermischt mit Vergänglichkeit und Vergessen. So saß er lange.
Das Unwetter hatte sich ausgetobt. Noch einmal trat der Bergsteiger vor die Hüttentür. Der späte Abendhimmel, nach Osten und Norden vom schweren, abziehenden Gewölk blau und purpurn verstellt, glänzte

im Südwesten in reinen und starken Farben. Ein unbegreiflich hohes Steingebilde, die eisigen Kanten, die verschneiten Tafeln leuchtend als Kristall, von geheimnisvollem Lichte gespeist, ragte der Hochklaffer empor. Dort hinauf, so sprach zu sich selber der winzige Mensch in der fallenden Nacht unterm Scheitel der Gestirne, dort hinauf würde er morgen steigen. Morgen.

EIN DUTZEND KNÖPFE

Ich kann heute noch nicht, als ein gestandener Mann, ohne Herzklopfen über eine Ladenschwelle treten, und die höflichste und unverfänglichste Frage nach meinem Begehr vermag mich mitunter so zu verwirren, daß ich mir Mühe geben muß, um meine lächerliche Rolle als Käufer irgendeiner Kleinigkeit mit einigem Anstand zu spielen. Mein Ungeschick hat mir schon mehr als einmal peinliche Verlegenheit bereitet. Ich habe als Lateinschüler kostbarste, langstielige Rosen erworben, die mein Taschengeld für ein Vierteljahr verschlangen, nur weil ich den Mut nicht aufbrachte, zu sagen, daß mir auch ein Veilchenstrauß für fünfzig Pfennige genüge; ich habe voller Verzweiflung zwei Mark für ein Kragenknöpfchen bezahlt – echt Büffelhorn, aus einem Stück geschnitten –, weil ich mich schämte, das voreilig ergriffene Ding wieder aus der Hand zu geben; ich habe mir, als ein schüchterner Provinzler in Berlin, ganze Pakete von Haarwasser und Salben aufschwätzen lassen, wehrlos gegen den Redeschwall des Pfiffigen, der mit tausend Gründen mir bewies, wie bitter notwendig mir dergleichen Mittel wären, wenn ich nicht, ein Dreißigjähriger erst, als ein Kahlkopf herumlaufen wollte. Und mehr als ein Paar Schuhe habe ich mit Schmerzen getragen und vor der Zeit hergeschenkt, nur weil ein freundliches, aber unbeugsames Fräulein mir versicherte, sie paßten wie angegossen.
Ich bin sonst kein Feigling gewesen, den Großen Krieg habe ich mitgemacht und auch sonst manchen Strauß tapfer ausgefochten im Leben, aber an der kleinen Front des Alltags bin ich kein Held geworden, bis heute nicht und werde auch wohl keiner mehr werden. Und wenn ich in ein Geschäft muß, etwas einzukaufen, und

wenn gar eine Frau hinter dem Ladentisch steht, dann wird mir beklommen zumute.
Gescheite Leute, die eine Wissenschaft daraus gemacht haben, für alle solche Unbegreiflichkeiten, die sie Verdrängungen und Zwänge nennen, in einem Erlebnis aus der Kindheit den Schlüssel zu suchen, werden mit Freuden die kleine Geschichte vernehmen, die ich jetzt erzählen will, eine lächerliche, eine ganz und gar belanglose Geschichte aus verschollenen Jahren, als ich in die Volksschule ging, damals lang vor dem Großen Krieg.

Wir wohnten in jener Zeit im vierten, höchsten Stockwerk eines rasch und billig gebauten Miethauses, wie sie vor der Jahrhundertwende errichtet wurden, Häuser, die schon baufällig, schäbig und, ähnlich dem Hausrat aus zu jungem Holz, rissig und verbogen werden, ehe sie recht fertig sind. Ich erinnere mich jeder Einzelheit, sobald ich an diese oder eine ähnliche Geschichte denke; und wenn wirklich die Treppe die eigentliche Seele des Hauses genannt werden darf, dann war dieses kummergekrümmte, abschüssige, zitternde Stiegenhaus der Wesensausdruck des ganzen Gebäudes, dessen schwankenden Wipfel wir bewohnten. Gefährlich, beängstigend war die Treppe, schwindelerregend war die Tiefe in der Mitte der ungeheuren Schnecke. Ich war gerade an den schlecht verschraubten, klappernden Gußeisenstäben des Geländers, den gähnenden Abgrund unter mir, an der Außenkante emporgeklettert, als meine Mutter von oben nach mir rief. Ich schwang mich, was für ein so kleines Geschöpf gar nicht leicht war, über das Geländer und raste die paar Stufen hinauf, froh, daß sie meinen verbotenen halsbrecherischen Spielplatz nicht entdeckt hatte. Die Mutter gab mir einen Knopf in die Hand und holte dreißig

Pfennig aus ihrem Geldbeutel. In der Dachauer Straße, auf der linken Seite, dem Bahnhof zu, sei ein Geschäft, Scheller oder so ähnlich heiße es, dort solle ich ein Dutzend Knöpfe holen wie den da, den sie mir als Muster mitgebe.

Ein solcher Auftrag war mir so schrecklich, als hätte sie mir befohlen, eine Prinzessin aus der Höhle eines Ungeheuers zu rauben, wie ich dergleichen erschauernd in Märchenbüchern gelesen hatte. Ich schaute meine Mutter mit gequälten Augen an, ob es ihr Ernst sei, mir so etwas zuzumuten; aber sie wurde nur böse und spottete mich aus, ob ich, als ein Bub von acht Jahren, mich nicht getraue, in einen Laden zu gehen, um gegen mein gutes Geld etwas einzukaufen.

Ich duckte mich und sprang eilig fort. Ich sah ein, daß es kein Entrinnen gab, und wollte das Unabwendbare bestehen, rasch, wie in einem Traum, ehe es mir recht ins Bewußtsein gedrungen wäre. Den Knopf und die drei Nickel trug ich in der krampfhaft geschlossenen, schwitzenden Faust, die ich tief in die Tasche vergrub. Es war ein früher und trüber Novemberabend, zischelnd gingen die Bogenlampen auf, Lichter und Lärm der großen Stadt wurden heftiger und verworrener, je näher ich dem Bahnhof zustrebte. Ich strich ganz nahe an den Häusern hin, hatte für nichts ein Auge, streifte kaum mit flüchtigem Blick ein Schaufenster, fiel über einen Hund, erschrak vor einem Schutzmann, drängte mich wieselschnell durch die großen Leute, stieß mit einem dicken Mann zusammen, den ich noch lange, wie im Schlaf, hinter mir herschimpfen hörte. Ich zog nur den Kopf ein und rannte um so schneller.

Dabei flüsterte ich mir immer die Worte vor, die ich sagen wollte: »Ich bitte –« nein! – »ich soll für meine Mutter –« ach wie dumm! »meine Mutter schickt mich –« nein, das war alles nichts. »Ich möchte ein

Dutzend Knöpfe wie den da!« Ja, so würde ich sagen; das war gut: »Ich möchte ein Dutzend Knöpfe wie den da!« Genau so würde ich sagen, nicht mehr und nicht weniger. Es mußte dann alles glatt gehen, es war ja auch so lächerlich einfach. Ich erinnerte mich mit Gewalt so manchen Einkaufs, zu dem mich meine Mutter mitgenommen hatte. Da war nichts als Freundlichkeit und Wohlwollen: »Bitte sehr!« und »Danke ergebenst!« und: »Beehren Sie mich bald wieder!«
Schließlich war ich ja nicht in der Schule, wo der Lehrer gleich so mit den Augen hinter der Brille funkelte, wenn man ein bißchen zu stottern anfing. Schule – das gab mir einen Stich: Morgen früh begann sie mit der Rechenstunde und ich hatte das Einmaleins mit dreizehn noch nicht gelernt. Der graufeuchte und lichtergrelle Abend blinkte in meine nassen Augen. Aber, dachte ich entschlossen, wenn ich erst die Knöpfe in der Tasche hätte, würde das andere sich schon geben. Zeit genug, das Einmaleins noch zu lernen. Nur die Knöpfe, die Knöpfe! Wie war doch das Sprüchlein, das ich aufsagen wollte? »Ich möchte ein Dutzend Knöpfe wie diesen da!« Ja, ich wußte es noch. Ich hob den Kopf, ich atmete auf. Ich sah überheblich die großen Leute an, als wollte ich sie fragen, ob sie vielleicht den Auftrag hätten, ein Dutzend Knöpfe zu holen, die genau so aussehen müßten wie der, den ich in der Tasche trug.
Aber da war auch schon der Laden. Kein beliebiger Laden, wie der Bäcker da nebenan oder das Spenglergeschäft – sondern mein Laden: »Alois Schöllerers Witwe, Kurzwaren.« Da stand es geschrieben, wie mein Urteilsspruch. Es überlief mich heiß und kalt. Ich stand wie angenagelt. Ich las immer wieder: »Alois Schöllerers Witwe, Kurzwaren.« Ich hob schwer die Füße vom Boden auf, ich tat einen Schritt nach vorn. Ich spürte, daß es keine Rettung mehr gab. »Ich möchte

ein Dutzend Knöpfe wie diesen da!« Das war mein
Stoßgebet. Ich machte die Augen zu, drückte auf die
Klinke, es läutete schrill. Es läutete ohne Aufhören. Ich
vernahm, in brausendem Entsetzen, eine böse Stimme:
»Tür zumachen!« kreischen, ich ließ die Klinke los, ich
drückte gegen die Tür, sie fiel ins Schloß, das entsetzliche Läuten verstummte, ich stand im Laden.
Es war dämmrig und warm, ein öder Geruch von
Wachstuch und gestärktem Weißzeug schlug mir entgegen. Es mußten viele Kunden hier sein, es schwirrte und
klapperte von halblauter Rede und raschelnden, prüfenden Händen. Plötzlich traf mich aus dem halben
Dunkel eine scharfe, blecherne Stimme: »Was willst du,
Kleiner?« Ich sah, aus der Höhe der Erwachsenen über
die Ladenbudel gebeugt, drohend nahe ein gelbes, fin-
niges Mädchengesicht, geiergleich, hexenhaft, aus wuschli-
gen Haaren, ich war ganz verwirrt von dieser Häßlichkeit, pfui, wie wüst die ist, dachte ich und war nahe
daran, einfach davonzulaufen. Aber schon erscholl es
abermals, laut diesmal und ärgerlich, was ich denn
wolle. Ich wurde weiß und rot, mein Herz schlug bis
zum Hals herauf, ich öffnete die Faust und holte den
Knopf hervor. Ein paarmal setzte ich an: »Eine Emp-
fehlung« – würgte ich heraus. Aber das war ja dumm.
Ich nahm mich zusammen, das Zaubersprüchlein, hatte
ich es denn ganz vergessen? Mit einemmal fiel es mir
ein; klar und fest sagte ich: »Ich möchte ein Dutzend
Knöpfe wie diesen da!«
Ich schnaufte tief auf. Das Fräulein nahm den Knopf
und ging. Ich war gerettet. Von nun an würde alles
glatt gehen; was an mir lag, war getan. Alle Verantwortung lag jetzt bei dem Mädchen. Langsam, wie eine
Schnecke, kroch ich aus mir heraus und ließ meine erstaunten Augen wandern gehen. Da waren hohe Ge-
stelle mit Ballen von weißem und buntgemustertem

Wachstuch, von Leinwand und allen möglichen Stoffen, da waren Schaukästen und halb offene Schubladen mit grellfarbigen Bändern, mit Zwirn und Nähzeug, Stöße von Schürzen, Schachteln voller Knöpfe, Häkchen, Fischbeinstäbchen und Fingerhüten, verhundertfacht, verwirrend mannigfaltig all der Krimskram, den ich von meiner Mutter her kannte. Und da sah ich auch, zwischen laufenden, abmessenden und einwickelnden Ladnerinnen, mein häßliches Mädchen, wie es in einem großen Kasten voller Knöpfe herumgrub. Gleich würde es mir die meinen bringen. Aber das Fräulein griff immer tiefer in den Kasten, verglich und verwarf, schüttelte den Kopf und lief schließlich zu einer alten Frau hinüber, der sie fragend etwas zuflüsterte. Ich sah, wie sie meinen Knopf herzeigte. »Vielleicht links oben«, krächzte die Alte, indem sie mit der Hand, die eine Schere hielt, eine gespenstische Bewegung ins Leere machte.

Mein glückliches Vertrauen in den schönen, sicheren Lauf der Welt wich schon wieder einer heimlichen Angst. Endlich kam das Mädchen mit einem Bündel Knöpfe. Ich sah gleich, daß es nicht dieselben waren wie der, den ich mitgebracht hatte. Ich strecke abwehrend die Hand aus, in mir schrie es: Nimm sie nicht, nein, nimm sie nicht! Ich stotterte etwas von meiner Mutter, aber die Alte rief aus ihrem Dämmergrund nach vorne, es werde so schon recht sein, genau die gleichen gebe es nicht.

Schon hatte das Mädchen ein Dutzend abgezählt und eingewickelt, es nahm zwei von den drei Zehnern, die ich hinhielt, und ich lief hinaus, durch die gellend läutende Tür, auf die kalte, dunkelrauchende und lichterblitzende Straße. Ich redete mir ein, meine Mutter würde sich zufriedengeben, aber mein innerstes Herz wußte es besser, wußte es nur zu gut, daß sie die Knöpfe nicht

nehmen würde. Und dann? Ja, dann mußte ich sie zurücktragen, mußte, ein zweites Mal, und weit schrecklicher noch, das Wagnis bestehen. Nein, das konnte ich nicht, das ging über meine Kraft. Vielleicht würde meine Mutter, so tröstete ich mich, zornig werden auf die Frau im Laden und selber gehen, die Knöpfe umzutauschen, und ihr richtig die Meinung sagen, was das für eine Schlamperei sei und ob sie ihr, der Mutter gegenüber, auch behaupten möchte, die gleichen Knöpfe gebe es nicht, unter den Tausenden, die ich doch liegen gesehen hatte. Und das tat ich nun selber in Gedanken, heimtrabend, auf der sicheren Straße, weit weg von der Gefahr; böse, treffende, hochmütige Worte fand ich für das häßliche Mädchen und die krächzende Alte; ob man denn heutzutage für sein gutes Geld nicht mehr das kriege, was man wolle, und ob man glaube, einen kleinen Schulbuben einfach abspeisen zu dürfen mit einer so lächerlichen Ausrede. – Ich faßte den verwegenen Gedanken, auf der Stelle umzukehren, so zu tun, als ob ich schon daheim gewesen wäre und wieder hergeschickt, kühn und befehlend sah ich mich im Geiste den Laden betreten – aber beim ersten Schritt überfiel mich wieder düsterste Verzagtheit und ich hielt es noch für aussichtsreicher, bei meiner Mutter mein Glück zu versuchen. Vielleicht kam es ihr gar nicht so sehr darauf an, daß es haargenau die gleichen Knöpfe wären, vielleicht auch waren die, die ich nun heimtrug, den gewünschten ähnlicher, als ich in meiner Angst selber glaubte. Aber mir war, als schauten mich alle Leute auf der Straße höhnisch an, als wüßten sie, daß ich ein Tölpel sei, der nicht einmal ein paar Knöpfe richtig besorgen könne. Ich steckte wieder den Kopf zwischen die Schultern und rannte dahin.
Daheim wischte ich so leise wie möglich ins Zimmer, legte das zerknüllte Papier auf den Nähtisch und war

schon wieder in der Tür, als mich das Donnerwort der Mutter zurückrief. Das seien die Knöpfe nicht, sagte sie streng, die sie haben wolle. Erst vorgestern habe sie dort welche gekauft; unverzüglich solle ich sie zurücktragen und ausrichten, man dürfe sich schon etwas mehr Mühe geben.
Ich wollte dies und jenes darauf erwidern, allzuviel wollte ich sagen, daß ich meine Schulaufgaben noch nicht gemacht hätte, daß wir das Einmaleins mit dreizehn noch lernen müßten, daß es doch überhaupt viel richtiger wäre, die Mutter ginge selber. Aber ehe ich ein vernünftiges Wort herausgebracht hatte, war meine Mutter aus dem Zimmer gegangen und hatte mich stehen lassen. Ich wußte von innen heraus, daß es vergeblich sein würde, sie noch umstimmen zu wollen. Ich ergriff die Knöpfe, sie brannten in meinen Händen. Ich kämpfte mit einem Weinen aus Scham und Wut. Und der Zorn kam mir jetzt wirklich zu Hilfe, auf den Ladentisch wollte ich die Knöpfe werfen, gleich, über die vier Stiegen rasselte ich hinunter, in tollen Sätzen rannte ich den Weg zurück, vor den eigenen Tränen lief ich davon. Hätte ich nur einen Atemzug verhalten, ach, die Angst und die Qual hätten mich eingeholt, keinen Schritt mehr hätte ich gehen können. So aber jagte ich mich selber durch die Straßen, heiß und rot vom Laufen sah ich den Laden, blindlings stürzte ich hinein, das Läuten gellte, ich preßte die Tür zu, ich solperte, ich keuchte, ich sah das Gesicht der Alten, ich stotterte irgend etwas, drohend und flehentlich zugleich schob ich ihr die Knöpfe hin.
Die Frau ging, unwirsch kramte sie in einem Schubfach herum, niemand sonst war im Laden; mit fliegendem Atem noch zog ich den wunderlich muffigen Geruch ein, betäubend war er, eine große Stille ging von ihm aus. Angestrengt blickte ich auf die Wachstuch-

muster, die vor mir ausgebreitet lagen, dachte plötzlich an das Einmaleins mit dreizehn, als wollte ich eine Qual mit der andern vertreiben. Aber schon kam die Frau zurück, so böse schien sie nicht mehr, keine Hexe, nein, sie brachte die richtigen Knöpfe, sie schalt auf das hudelige Mädchen, alles müsse man selber machen. Und fünf Pfennige bekomme sie noch, für diese Knöpfe da; ich gab ihr meinen Zehner, nahm das herausgegebene Fünfpfennigstück und taumelte nur so hinaus.
Wie ein Vogel so leicht flog ich dahin, eine ungeheure Last war von mir gewichen, ich hupte, ich trällerte durch die Straßen, die auf einmal golden schienen vor lauter Licht. Dann wieder ging ich langsam, in alle Schaufenster blickte ich, schön war die Welt und nur sechs Wochen waren mehr bis Weihnachten.
Nein, und wie einfach war das gewesen, die Knöpfe umzutauschen! Nun wollte ich sie doch anschauen, ob es auch wirklich und wahrhaftig ganz genau die gleichen waren. Ich fuhr in die Tasche, sie war leer! Nur das Fünferl griff ich, tief am Grund des Hosensacks. Ein blitzschneller, zuckender Schrecken, ein schmetterndes, ganz dünn und scharf krachendes Entsetzen hinterdrein; ich stürzte in einen Abgrund. Noch einmal erhob ich mich, tastete mich ab, fuhr in alle Taschen. Hoffnung um Hoffnung zerriß, Verzweiflung war das Ende: Nichts, nirgends – Die Musik meiner Fröhlichkeit brach ab in jähen Paukenschlägen, in finsterer Stille. Straßen und Menschen, alles verging in einem sausenden Wirbel: Verloren? Nein – liegen gelassen!
Liegen gelassen das Dutzend Knöpfe, vergebliche, lächerlich vergebliche Tapferkeit, einzudringen in die Höhle des Ungeheuers und den Schatz, den schon geraubten, den sicheren Schatz zu vergessen.
Hilflos und vernichtet stand ich auf der Straße; kalt und dampfend blies mich der Novemberabend an, tük-

kisch und grell blinzten die Lichter. Heimgehen? Wie sollte ich meiner Mutter unter die Augen treten? – unbarmherzig würde sie mich ein drittes Mal in den Laden schicken. Ausschelten, schlimmer noch, auslachen würde sie mich. Und aus freien Stücken umkehren? So wie eben, noch einmal blind hineinrennen in das Geschäft, durch die gellende Tür, in die zwielichtige, übel riechende ungewisse Dämmerung? Saß da nicht die alte Hexe, mit rotglühenden Augen, die Knöpfe bewachend, die sie längst wieder hineinverzaubert hatte in den tiefen, schwarzen Kasten? Und sie würde sagen, was ich denn schon wieder wollte, und sie wüßte nichts von Knöpfen und das häßliche Mädchen würde auch sagen, ich hätte doch meine Knöpfe schon bekommen, und wenn ich zu dumm gewesen sei, sie mitzunehmen, dann geschähe mir nur Recht. Der ganze Laden begann sich mir plötzlich im Kopf zu drehen, alles war wüst verzaubert, zu böse funkelndem Blick und höllischem Hohngelächter. Der widerwärtige Geruch wurde zu einem sichtbaren Schwaden, einem greulichen Gespenst, und die gellende Tür schrie und war nicht mehr zum Schweigen zu bringen. – Ich stand wie im Fieber, mich fror. Inbrünstig bat ich den lieben Gott um Gnade, nur diesmal sollte er mir noch helfen, ach, ich wußte selber nicht, wie.

Und wirklich geschah ein Wunder. Ein Bub schnurrte vorbei, ein Schulkamerad, er rief mich an, Rucker hieß er, ein Vorstadtstrolch war er, abgerissen, stinkend und frech, der übelste Raufbold unserer Klasse. Mir aber erschien er in diesem Augenblick wie ein Engel. Mit einem kurzen »Servus« wollte er vorüber, ich aber heftete mich an ihn, sein Weg ging ohnedies durch die Dachauer Straße, wie von ungefähr standen wir vor dem Laden, ich erzählte ihm, daß ich die Knöpfe da drin liegen gelassen hätte. Er merkte gleich, wo ich hin-

auswollte, er freute sich mit dem bösen und sicheren Neidhaß des Gassenbuben meiner Schwäche, grausam ließ er mich zappeln, einen Schisser schimpfte er mich, und machte Miene, davonzugehen und mich meinem Schicksal zu überlassen. In meiner letzten Angst zeigte ich ihm das Fünfpfennigstück. Das würde ich ihm schenken, wenn er die Knöpfe brächte. – Ohne weiteres stieß er die Ladentür auf, gellend klang das Läuten bis auf die Straße heraus, wo ich schaudernd stand, gewärtig, den Tollkühnen verschlinge jetzt die Hölle. Aber unverzüglich erschien er wieder, unversehrt, grinsend brachte er mir die Tüte. Auf dem Ladentisch seien die Knöpfe noch gelegen, gewartet hätte die Frau, daß sie geholt würden, sagte er verächtlich; zugleich streckte er die Hand aus nach seiner Belohnung. Beschämt und bekümmert gab ich ihm das Geldstück. So einfach war es gewesen, viel, viel leichter, als jetzt ohne die fünf Pfennige der Mutter gegenüberzutreten. Ich spürte plötzlich ein wildes Verlangen, das Geld wiederzuhaben. Aber der Bub hatte die Münze schon in den Stiefel gesteckt, bei seinen zerrissenen Taschen die einzig sichere Sparkasse, wie er lachend zu verstehen gab.
Wie erschrak ich, als ich das Geldstück so verschwinden sah! Ich versprach dem plötzlich so verwünscht erscheinenden Helden goldene Berge, morgen, ja morgen wollte ich ihm Zinnsoldaten, Briefmarken, Knetgummi, eine Trillerpfeife mitbringen, wenn er mir nur, heute und jetzt, meine fünf Pfennige zurückgab. Aber der herzlose Bursche lachte nur, und als ich dringlicher wurde, gab er mir einen Stoß und schob ab, rasch verschlang ihn das Gewühl der Straße.
Das Geld war fort und ich wußte mit jedem Schritt deutlicher, wie schlimm es hinausgehen mußte. Eine hilflose Wut gegen mich selber stieg in mir auf, so einfach wäre es gewesen, bereitgehalten waren die Knöpfe,

kein Wort hätte ich zu sagen brauchen. Und für diese Heldentat, die keine war, hatte ich feiger Hund fünf Pfennige bezahlt, die nicht die meinen waren.

Ich wagte nicht, Gott ein zweites Mal um Hilfe zu bitten. Und äugte trotzdem in jeden Rinnstein, ob nicht vielleicht doch ein Wunder geschähe. Konnte da nicht eine Münze aufblinken, oh du gütiger Himmel, nur ein Fünfpfennigstück? Nichts blinkte mich an, nur der Straßenschmutz glänzte im Licht; es blieb nichts anderes übrig, als heimzugehen. – Ich stieg die Treppen hinauf, ich sah in den gähnenden Abgrund, bis mir schwindelte. Tot wollte ich da drunten liegen, weinen müßten die Eltern um mich, um den braven Buben, der die richtigen Knöpfe besorgt hatte. Aber ich war nicht tot, ich lebte, ich mußte nun die Entscheidung bestehen und wußte nicht, wie. Zögernd drückte ich auf die Klingel, ganz leise nur zirpte sie, aber rasch, als hätte sie nur darauf gewartet, machte meine Mutter die Tür auf.

Kein Lob erscholl dafür, daß ich die rechten Knöpfe ihr brachte; wo ich mich so lang herumgetrieben hätte, fuhr sie mich an, und daß sie noch fünf Pfennige bekäme, wie oft sie es noch sagen müßte, daß herausbekommenes Geld unaufgefordert abzuliefern sei.

Ich wurde rot bis ins Weiße meiner Augäpfel hinein, ich versuchte zu erzählen, was nicht zu erzählen ist in wenigen Worten, für einen Großen nicht, wie viel weniger für ein verwirrtes Kind. Und meine Mutter hatte auch gar keine Lust, mein Gestammel anzuhören; daß sie erst vor drei Tagen ein Dutzend solcher Knöpfe besorgt habe, für fünfundzwanzig Pfennige, und ob ich sie vielleicht anlügen wolle, fuhr sie fort, verschleckt hätte ich das Geld, pfui Teufel, ein Lügner, ein Dieb sei ich, wer weiß, was ich sonst noch gestohlen hätte. Ich ließ alles über mich ergehen, damals, ich schlich hinaus, ein ungeheures Mitleid mit mir selber, mit Scham und Zorn vermischt, erlöste mich zu einem Weinen, dem ich mich grenzenlos hingab.

Mehr als einmal war ich später, zwanzig, dreißig Jahre später, als erwachsener Mann, versucht, meiner Mutter die Geschichte von damals zu erzählen, unverwirrt diesmal, mit wohlgesetzten Worten, um nachträglich, gewissermaßen meine Ehre wiederherzustellen. Aber dann begriff ich das Empfindsame solcher Herzensverwirrungen selber kaum mehr – und wie sollte eine Frau dergleichen begreifen? Nein, niemals würde ein weibliches Wesen Verständnis haben für ein solches Kindererlebnis, denn ganz anderer Natur sind sie, die Weiber, die nichts lieber tun und von jeher taten, als in Geschäfte laufen, feilschen, prüfen und umtauschen und unnachgiebig, ja mit Lust, für ihr gutes Geld das verlangen, was ihnen zusteht und mehr noch.

Ich habe also meiner Mutter nichts erzählt, und wenn sie es, die alt gewordene, nicht längst vergessen hat, mag sie es heute noch glauben, daß ich damals ein Lügner gewesen bin und ein Dieb, ein mißratenes Kind, aus dem, wider Erwarten, doch noch ein ehrenfester Mann geworden ist. – Aber als ein Mann bin ich einmal, und es ist noch gar nicht so lange her, wieder in die Gegend gekommen, in der wir damals gewohnt haben und von der wir, noch als ich ein Kind war, in ein weit entferntes Viertel der Stadt verzogen sind. Es war an einem kalt rauchenden, lichterblitzenden Novemberabend, als ich durch die Dachauer Straße ging und mich plötzlich an das Geschäft erinnerte. Ich fand es auch sofort, es war noch fast der gleiche Laden. Mich kam eine qualvolle Lust an, hineinzugehen. Ich tat es denn auch; aber vorher überlegte ich genau, durch einen Blick ins Schaufenster mich vergewissernd, was ich kaufen wollte. Die Tür gellte wie einst, auch der fade Geruch nach Wachstuch und Stärke war geblieben. Die alte Frau

war nicht mehr zu sehen, uralt mochte sie jetzt sein oder lang schon gestorben, aber das häßliche Mädchen erkannte ich sofort wieder; es war nie jung gewesen, so war es auch jetzt nicht alt, nur ein wenig fetter und fahler war es geworden und schien so etwas wie die Besitzerin des Ladens geworden, seitdem. Mit ihrer blechernen Stimme fragte sie, die Wüste, Wuschelhaarige, womit sie dienen könne, und ich verlangte mit fester Haltung, und doch ein wenig verwirrt und verzaubert, ein Dutzend Kragenknöpfe.
Ich könnte jetzt erzählen, daß ich, in einem merkwürdigen Doppelspiel, in einer späten Spiegelung des Schicksals, die Knöpfe liegen gelassen hätte. Aber ich will bei der Wahrheit bleiben, ich habe sie mitgenommen, die letzten von ihnen tun mir heute noch gute Dienste.
Ich bin dann den Weg der Kindheit wieder gegangen, das Unnennbare gewann über mich Gewalt, beklommen trat ich in unser altes Mietshaus. An Stelle der trüben Lampen war schärferes Licht getreten, sonst erschien das Treppenhaus unverändert, das fremd gewordene, seit Jahrzehnten vergessene. Ich stieg, als gehörte ich noch herein, bis zum vierten Stock hinauf. Ganz außen ging ich, an der verschabten Wand, es war mir unbehaglich zumute. Abschüssig und verschliffen waren die Stufen, bedenklich neigten sich die Böden. Droben wagte ich mich an das Geländer und schaute in den schummrigen Abgrund. Bis an die Hüften nur gingen mir die wackeligen Gußeisenstäbe, die mich als Kind wie ein Gitter umschlossen hatten. Hier war ich herumgeturnt, furchtlos. Aber ein Dutzend Knöpfe richtig zu besorgen, war ich zu feige gewesen.
Da wurde die Tür aufgerissen, eine Frau schoß halb heraus und fragte drohend in das Stiegenhaus hinein, ob der lausige Herumtreiber endlich heimkomme. Und

wenn sie auch, sogleich ihren Irrtum erkennend, sich entschuldigte, ihren Buben erwarte sie, den Streuner, den nichtsnutzigen – ich war doch erschrocken und trat eilig den Rückzug an. Aufatmend verließ ich das Haus, froh zu entrinnen, ja überhaupt, kein Bub mehr zu sein, hilflos vor kleinem Schicksal. Aber es gibt wohl kein großes und kein kleines, sondern nur eine Grenze, für jeden anders gezogen, nach seiner Einsicht und seinen Kräften. Und wo die versagen und nicht mehr ausreichen, beginnt das Reich der dunklen, quälenden Mächte, denen kein Menschenherz zu gebieten vermag.

DAS SCHWEIZERHÄUSL

Vierzig Jahre habe ich meinen Schulkameraden Martin Sinzinger nicht mehr getroffen, obwohl wir in derselben großen Stadt München wohnen. Ich habe nur gewußt, daß er später auf dem Gymnasium nicht mehr weiter gekommen und Musiker geworden ist; er hat im Staatstheater die Baßgeige gespielt und noch während des Kriegs habe ich ihn von Zeit zu Zeit gesehen, mit seinem roten Haarschopf leuchtend, am Rande des großen Gewühls, sein riesiges Instrument befingernd im schwirrenden Lärm des Stimmens. Ich habe dann wohl auch versucht, in die dämmrige Versenkung des Orchesters hinunterzugrüßen, aber er sah mich nicht in seinem Eifer. Und ihn gelegentlich am Bühneneingang abzufangen – nein, so wichtig war mirs dann doch wieder nicht, es hat mir genügt, ihn wohlauf zu wissen. Dieser Tage jedoch habe ich wunderlicherweise den Sinzinger gleich siebenmal gesehen. Ich bin mit der Straßenbahn stadteinwärts gefahren, bin am vereisten Fenster gesessen und habe durch das Loch, das ich mit immer frischem Hauch offen zu halten suchte, auf die Straße hinausgeschaut. Da hab ich ihn, von rückwärts zuerst, auf dem Rad dahinstrampeln gesehen, dann hat er ein Weilchen gleiche Fahrt mit uns gehalten und ich hab ihn ganz dicht neben mir gehabt. Ich hab ans Fenster geklopft, aber er hat mich ja hinterm Eis nicht erkannt, er ist stumm und angestrengt dahingefahren, ist zurückgefallen und hat wieder aufgeholt, wenn wir gehalten haben.

Das ist siebenmal so gegangen, bis sich dann seine Spur verloren hat. Und ich habe mir fest vorgenommen, daß ich den Martin Sinzinger jetzt endlich einmal aufsuchen will, den ältesten Kindheitsgefährten, den ich noch habe, ja vielleicht ist er der einzige, der noch lebt. Ich habe aber nirgends seine Anschrift gefunden, und so ist er wieder verschollen, wie ers war, und daß ihn mir der Zufall so bald ein zweites Mal über den Weg treibt, scheint mir recht ungewiß. Die alten Schulgeschichten aber, die mir bei seinem Anblick alle wieder eingefallen sind, und die vom Schweizerhäusl im besonderen, die auch ihn angegangen ist, will ich doch aufschreiben, bevor auch sie wieder hinuntersinken in die Vergangenheit.

In unsere Volksschule damals, gleich nach der Jahrhundertwende, sind allerhand Kinder gegangen, arme und reiche, Christen und Juden, Buben und Mädeln gemischt; denn die Schule ist von den vornehmsten Gegenden der Stadt und ihren finstersten Glasscherbenvierteln, die dort hart aneinander stoßen, gleichermaßen beschickt worden.

Nur die Protestanten sind ganz für sich gewesen, in dem gleichen Riesenkasten zwar, aber mit eigenem Eingang. Sie haben natürlich auch ihre besonderen Lehrer gehabt, denen wir nicht untertan waren, den schnauzbärtigen, einäugigen Oberlehrer ausgenommen, der dreist genug war, auch einen katholischen Lausbuben, wenn er ihn über einer Untat ertappte, ins Gebet zu nehmen, obwohl er doch den wahren Glauben nicht gehabt hat. Mit den Kindern aber, die doch oft genug denselben Weg gegangen sind, haben wir wenig Gemeinschaft gehabt. Sie haben sich, schon von den Eltern her, für was Besseres gehalten und wir haben sie höchstens, wenn sie uns in die Quere gekommen sind, mit dem Spottvers verjagt: »Protestantischer Zipfel, steigst nauf auf'n Gipfel, fliegst aba in d'Höll, bist 'n Teifi sein G'sell!« Dagegen hat zu den jüdischen Kindern keine grundsätzliche Feindschaft bestanden. Soweit sie getauft gewesen sind, haben sie ohne großen

Vorbehalt zu uns gehört und der einzige Hirschel, der noch mosaischen Glaubens war, ist eben vom Religionsunterricht befreit gewesen. Als Tribut hat er uns von Zeit zu Zeit Judenmatzen mitbringen müssen, ungesäuertes Brot, das wir mit Begeisterung gegessen haben, so wenig schmackhaft es auch war.

Daß ein jüdisches Kind gekränkt worden wäre, ist selten vorgekommen; bei vielen haben wir es einfach nicht gewußt, wie es uns ja auch im Traum nicht eingefallen wäre, daß der Stabsarzt Dreschfeld in seiner schneidigen Uniform ein Jude sein könnte oder der Kriegsgerichtsrat Frank, beide Freunde unserer Eltern. Wenn freilich besagter Hirschel, vielleicht sogar guten Glaubens, uns weismachen wollte, sein Vater wäre General und das wäre mehr als der Oberstleutnant Gausrapp, dann war es nur in der Ordnung, daß uns dessen Sohn, mit dem unvergeßlichen Namen Hannibal, darüber aufklärte, daß Herr Hirschel bloß ein Generalvertreter, also ein ganz gewöhnlicher Handelsjud wäre, dem sein Vater, gar in Uniform, nicht einmal die Hand geben dürfte.

Liebe und Haß haben sich nach anderen Gesichtspunkten verteilt, und jener Gausrapp etwa ist ein König unter uns Buben gewesen, ein kleiner Soldat mit Kanonenstiefelchen und einer Schirmmütze, und ich bin öfter als einmal ausgezankt worden, weil ich mich von dem wilden Schwarm nicht habe trennen können, der ihn bis weit in die Nymphenburger Straße heimbegleitet hat.

Ich kann mich sonst nicht an viele Schulkameraden erinnern, nur den bösen, grünblassen Rucker weiß ich noch, der aus tiefster Armut und Verwahrlosung gekommen ist und den alle gemieden haben, wie ein wildes Tier, zumal er auf eine abgründige Art einen kalten Gestank um sich verbreitet hat; oder die Therese Frösch die geschwätzige Verklägerin, deren Vater ein königlicher Hartschier gewesen ist, mit einer himmelblauen und silbernen Rüstung. Wenn der dem Prinzregenten nur ein Wort über uns sagen würde, hat sie uns gedroht, dann könnte der uns alle köpfen lassen. Der kreuzbrave Vater wäre gewiß nicht schlecht erschrocken, wenn er von solcher ihm angedichteter Machtfülle erfahren hätte. Die besseren Kinder sind von ihren Eltern oder von irgend einem Fräulein bis vor die Schultür gebracht und wieder abgeholt worden, sie sind uns im Grunde fremd geblieben und ich habe mehr Umgang mit den Gassenbuben gehabt, die eine beneidenswerte Freiheit genossen haben; vielleicht, allerdings, sind sie nur unempfindlicher gewesen gegen die Maulschellen und Fastenkuren, die auch ihnen blühten, wenn sie nach langem Herumstrawanzen allzuspät ihrer Mutter in die Suppenschüssel gefallen sind.

In unsere Klasse ist auch die Komtesse Inge von Vessar gegangen, oder vielmehr, sie ist jeden Morgen mit einer zweispännigen Kutsche angefahren gekommen, aus der sie ein eisgrauer, unnahbarer Diener gehoben hat. Denn das stille und zarte Mädchen hatte ein lahmes Bein, an dem es ein häßliches Gerüst aus Leder und Eisen tragen mußte. Die kleine Gräfin wäre gewiß lieber zu Fuß gegangen und ihr sehnlichster Wunsch, den sie mir bei einem der seltenen, von mir nur mit Herzklopfen geführten Pausegesprächen anvertraut hat, wäre gewesen, einmal mit der Dampftrambahn nach Nymphenburg zu fahren. Aber sie durfte nicht, ach, so vieles durfte sie nicht, und warum sie eigentlich zu uns in die Volksschule ging, haben wir nie begriffen.

Sie ist für uns ein Wesen aus einer andern, schöneren Welt gewesen, schwärmerisch verehrt von den Guten, aber selbst von den Bösen ohne Auflehnung hingenommen, knirschend vielleicht, wie die Dämonen einen

Engel anerkennen, über den sie keine Macht haben. Daß sie jemals getadelt worden wäre oder gar, wie doch so manches andre Mädchen, ein paar Tatzen bekäme, das ist nicht auszudenken gewesen. Ja, sogar ihr Körperschaden tat ihrer Vollkommenheit keinen Abbruch. Es ist uns gewesen, als hätte sie ihn auf sich genommen, eine himmlische Erscheinung, freiwillig, um gemäßer unter uns zu wandeln und als könnte sie ihn von sich tun, wenn sie nur ernstlich wollte. Für mich aber ist jeder Gang zur Schule von dem heimlichen Gefühl der Freude begleitet gewesen, sie nun zu sehen und für Stunden den gleichen Raum mit ihr zu teilen und oft habe ich meine Aufgaben mit Eifer gemacht, einzig um vor ihren Augen zu bestehen.

Noch ein anderer Mitschüler ist von einem Diener an die Tür gebracht und wieder abgeholt worden, Siegfried Arnstein, eines Bankherrn Sohn. Er ist zwar nicht im Wagen gefahren wie die Komtesse; das wäre doch zu affig gewesen, denn das Haus, in dem er wohnte, war nur wenige Schritte von der Schule entfernt. Vor kurzem erst war es mit beispiellosem Aufwand erbaut worden, ein Palast war es, aus gelbem Sandstein, mit Kupfer gedeckt; es war das Gespräch der Stadt und auch bei uns daheim ist viel darüber geredet worden. Vermessen sei es, dieses Haus, bekam ich zu hören, und in einem kindlichen Mißverstehen von tieferer Bedeutung habe ich es oft angeschaut, ohne einen Fehler in seinen Maßen entdecken zu können.

Daß ich selbst je den Fuß in dieses Haus setzen würde, hätte ich mir nicht träumen lassen; denn obgleich Siegfried ein dicker, gutmütiger Bursche war, der unsre Gunst durch fast tägliche Opfergaben erschmeichelte, als da sind Federhalter, Griffel, Bleistiftspitzer und Heiligenbildchen, so waren wir doch nie so recht vertraut mit ihm; gerade durch seinen freiwilligen Zins

zerstörte er selber die Gleichberechtigung, nach der er sich glühend zu sehnen schien.
Im Februar, als der Fasching seinem Höhepunkt zustrebte, haben meine Eltern von Arnsteins die unverhoffte Einladung bekommen, meinen Bruder und mich zu einem Kinderfest zu schicken; die erste Regung, als wir erfuhren, daß wir in dieses Haus, dieses Märchenschloß gehen sollten, ist beileibe nicht Freude, sondern Unbehagen gewesen, und es hat eines Machtwortes unsres Vaters bedurft, um unser Sträuben niederzuzwingen. Ich habe dann in der Klasse herumgehorcht, wer von den Schülern noch eingeladen sein könnte. In Wahrheit habe ich nur darauf gebrannt, zu hören, daß die Komtesse unter den Gästen sei. Und die Gewißheit, daß ich sie dort finden würde, hat mir mit einem Zauberschlag die lästige Pflicht zu einer jubelnden Hoffnung werden lassen, die ich im Wachen wie im Träumen mit den kühnsten Bildern der kommenden Begegnung ausschmückte. Ich bin oft am hellen Tag in eine närrische Verzückung gefallen, bei der bloßen Vorstellung, Atem an Atem bei ihr zu stehen; und wie sie einmal einen Tag unpäßlich gewesen und nicht in die Schule gekommen ist, habe ich in schwarzer Verzweiflung schon den Himmel eingestürzt gesehen.
Außerdem waren noch Hannibal Gausrapp und Martin Sinzinger eingeladen. Gausrapp erklärte ziemlich grob, sein Vater müsse es sich erst noch überlegen, ob er eine jüdische Einladung annehmen dürfe; andern Tags aber meinte er spitzfindig, zu einem Maskenfest könne er allenfalls kommen, weil er ja da gewissermaßen in Verkleidung als wer andrer auftrete. Sinzingers Vater, ein Kunstschreiner und Holzbildhauer, hat als Künstler gelten können; sein Vater, also Martins Großvater, war ein berühmter Mann gewesen, der an den Schlössern des Königs Ludwig II. viel Geld ver-

dient hat; und von seinem Namen, der freilich nur in München gegolten hat, haben Söhne und Enkel noch lange gezehrt.

Dieser Martin Sinzinger, derselbe, den ich neulich an dem scharfen Wintertag siebenmal an mir habe vorbeifahren gesehen und der die Geschichte von dem Schweizerhäusl nach fünfzig Jahren – und was für Jahren! – auf dem verwischten, verloschenen Grunde der Kindheit wieder hat aufleuchten lassen, dieser Martin Sinzinger ist, fast schäme ich mich, es zu sagen, mein Sklave gewesen. Ich weiß nicht mehr, wie das gekommen ist; sicher hätte er mein Freund werden wollen und ist dann mein Feind geworden; vielleicht bloß aus einem Irrtum. Jedenfalls habe ich ihn besiegt und, so wenig ich sonst eigentlich zu Gewalt und Herrentum neigte, unter meine Botmäßigkeit gebracht. Er hat meine Befehle ausführen müssen, er hat keinen Laut von sich geben dürfen, wenn ich ihn, im vollen Anblick des Lehrers, unter der Bank gezwickt habe, und seit einem Vierteljahr hat er mir täglich eine Semmel mitbringen müssen, die ich dann vor seinen Augen gegessen habe, auch wenn ich, selbst reichlich mit Butterbroten versorgt, gar keine Lust hatte: die böse Begierde, ihn damit zu demütigen, genügte. An den Gutmütigen, sagt man, saugen die Engel; ein Engel bin ich nicht gewesen, aber die Schafsgeduld, die vermeintliche, mit der er all das hinnahm, hat mir zweifellos die Häßlichkeit meines Benehmens nicht voll zum Bewußtsein kommen lassen.

Hätte sich der Sinzinger nur einmal richtig aufgelehnt, so wäre es mit meiner Macht schnell zu Ende gewesen, denn, wie gesagt, eine Herrennatur war ich ja gar nicht, wie der Gausrapp etwa einer war, der dann, ein Menschenalter später, es grausam genug bewiesen hat in rohen Zeiten – aber damals, wer hätte ahnen können, daß wir dergleichen noch erleben würden?

Dabei habe ich den Sinzinger durchaus nicht gehaßt, im Gegenteil, ich hab ihn ganz gern gehabt, während ich so mein böses Spiel mit ihm getrieben habe. Erst, wie er den Stiel umgedreht hat – und das kommt jetzt in der Geschichte vom Schweizerhäusl –, ist mir meine Schuld klar geworden; daß ich sie sühnen müßte, habe ich allerdings erst viel später begriffen.

Das Kindermaskenfest im Hause Arnstein ist immer näher gerückt, und es mußte entschieden werden, in welcher Verkleidung wir dort auftreten sollten. An Kostümen für Erwachsene wäre bei uns kein Mangel gewesen, der Großvater handelte ja mit Volkstrachten und Rokokogewändern, im Fasching verlieh er Uniformen und Bauernkluften, herrliche, echte Sachen, an die Künstler und die guten Münchner Familien. Zauberschön müssen die Feste gewesen sein, wir Kinder ahnten es nur, wenn die Eltern erzählten oder wir sie fortgehen sahen in Samt und Seide, schier jeden Tag in neuer Verwandlung.

Aber für Kinder war die Auswahl gering. Ein spanischer Stierkämpfer war da, in weinrotem Samt mit silbernen Knöpfen und Borten; das bekam mein Bruder, als der Ältere; unter neidvollen Tränen mußte ichs ihm lassen, wohl wissend, daß es ein Zaubergewand war, das seinen Träger unwiderstehlich machte. Aber noch nicht zufrieden mit seinem Sieg, oder vielleicht wirklich hingerissen von dem Glauben, wir beide würden so das Glanzstück des Nachmittags werden, wollte er mich überreden, ich sollte als Stier mich verkleiden, eine Zumutung, die weniger an meinem heulenden Widerstand als an dem hohen Preis eines Stierkopfes aus Papiermasse scheiterte; die Vorstellung, als ein kläglich in Tiergestalt verzauberter Märchenprinz vor die so glühend verehrte Komtesse treten zu sollen, war grausam. Traurig genug, daß ich, als Zweitgeborener zurückgesetzt, mein »Münchner Kindl« anziehen mußte, eine schwarzgelbe Mönchskutte, in der ich schon oft die berühmten Begrüßungsreime meines Vaters bei kleinen Festen, ja selbst bei großen Empfängen der Stadt laut und furchtlos gesprochen hatte, auftauchend aus einem riesigen Bierkrug.

Und wer weiß, ob diese Verkleidung nicht ein schon längst abgekartetes Spiel war, denn ich mußte auch diesmal ein paar Verse vortragen, von denen mir die ersten heute noch im Gedächtnis sind: »Grüß Gott, Ihr Kinder, Frau'n und Herrn! Zu so an Fest, da komm i gern! A Kinderfest im Hause Arnstein, des kann ja niemals bloß a Schmarrn sein, des is a Pracht, da bin i platt, es is a G'spräch der ganzen Stadt!«

So plump diese Schmeichelei klingen mag, es ist wirklich so gewesen; als wir, an einem bitterkalten Februartag klopfenden Herzens in die warme Lichtflut des hochräumigen, vielzimmerigen Palastes traten, haben wir uns zuerst fremd und unbehaglich gefühlt und was mich betrifft, so wäre ich gern wieder gegangen; daß ich hier etwas aufsagen sollte, drückte mich schrecklich, und aus lauter Angst, meine Last so schnell wie möglich los zu werden, wartete ich gar nicht, bis mich irgend wer von den verwirrend auf uns einredenden Erwachsenen dazu aufforderte; ich habe mich mitten in den Saal gestellt, die Augen fest auf die Komtesse gerichtet, die in einem schmetterlingsbunten Rokokokleidchen allerliebst dasaß – und habe mit meinem Begrüßungsgedicht losgeschossen.

Die Überraschung war vollkommen, unter dem Beifall von Groß und Klein wurde ich zur Frau des Hauses geführt, einer üppigen blonden Dame, die des Verhätschelns und Lobens kein Ende fand und ein übers andere Mal ausrief: »Was ein intelligentes Kind!« Sie zeigte mich auch sogleich ihrem Gatten, Herrn Arnstein, einem massigen Mann mit einem Widderkopf, schwarzhaarig und von einer fast grünlich braunen Gesichtsfarbe, der aus traurigen Augen schwermütig-abwesend lächelte. Zu meiner Verwirrung war er gewissermaßen doppelt vorhanden, das zweite Mal freilich weit unangenehmer, mit einem starken Schnurrbart, schlaffen Backen und einem finsteren Blick, der sich nur mühsam auf kurze Zeit erhellte, als er mit mir sprach: es war der Bruder Arnstein, der Mitinhaber des Bankhauses; er gab jetzt mit einer etwas gewalttätigen Heiterkeit das Zeichen zur Polonaise, die vermutlich durch meine unverhofft hereingeplatzte Aufsagerei verzögert worden war. Die Musik setzte ein, die Kinder ordneten sich, von den Erwachsenen geleitet, zu Zügen und Gegenzügen durch das ganze, glitzernde und leise klirrende Haus, über die Treppe und durch die Zimmer. Die Buben wurden, im Gänsemarsch, eigne Wege geführt und die Mädchen auch und so, wie sie dann paarweise zusammentrafen, sollten sie für das ganze Fest verbunden bleiben. Die meisten Kinder und die Mädchen fast alle sind mir fremd gewesen, der schwere Prunk des Hauses, die glatten, spiegelnden Fußböden, der Zwang zur Artigkeit haben mir, der ich doch ein halber Gassenbub war, den Weg ungemütlich genug gemacht.

An der Spitze der Buben marschierte Siegfried Arnstein, in einem etwas lächerlichen Aufzug als Geißbub, in einer nagelneuen, also für uns verächtlichen kurzen Wichs, mit einem grünen Spitzhütchen, an dem – das sollte wohl besonders komisch sein – die längste Fasanenfeder steckte, die ich je gesehen habe. Im Arm aber trug er, heute würde ich sagen, wie eine Stifterfigur das Modell seiner Kirche, als Sinnbild seiner Maske ein Schweizerhäusl, so groß schier wie eine Zigarrenkiste, höher natürlich, ein stattliches Ding, das von allen Kindern mit unverhohlenem Neid betrachtet und von ihm auch mit viel Stolz zur Schau gestellt wurde. Nach ihm kam Hannibal Gausrapp als blinkender Ritter, dann, zwischen fremden Köchen, Kutschern, Hausknechten mein Bruder als Torero. Unmittelbar hinter mir zog als Letzter Martin Sinzinger daher, mit Samtjoppe, Flatterschlips und breitem Hut einen jungen Künstler darstellend, gewiß nicht ohne tiefere Absicht seiner Eltern.

Die Komtesse hat, ihres Beinschadens wegen, den Umzug nicht mitgemacht; sie ist still bei den Großen gesessen, sie hat besonders hübsch ausgeschaut, der weite Reifrock hat die häßliche Maschine überdeckt. Jetzt, wie Paar um Paar sich zueinander gesellte, ist sie aufgestanden, um sich einzureihen; wenn sie als letzte sich anschloß, mußte sie Sinzigers Tischdame werden. Ich erfaßte im Nu meinen Vorteil, ich trat aus der Reihe, Sinzinger ging vorbei, er hat es einen Augenblick zu spät erkannt, daß ich ihn betrog, es war ja auch wahrhaftig nicht die Schönste, die ich ihm zugeführt hatte; dicht hinter ihm bot ich, glühend vor Glück, der Komtesse den Arm. Wir sprachen kein Wort über die Mogelei, aber wir drei hatten sie begriffen, die Komtesse, Sinzinger und ich. Und zum erstenmal spürte ich, daß er mir das nicht würde hingehen lassen, wenn er auch, vorerst übertölpelt, gute Miene zum bösen Spiel machen mußte. Aber mit einem einzigen, unversöhnlichen Blick kündigte er mir seine Auflehnung, ja, seine Feindschaft an.

Das großartige, ja, das protzige Fest ist weitergegangen, mit schwarzen Strömen von Schokolade, mit glitzernden Bergen von Eis, mit einem bunten Regen von Konfekt, Knallbonbons und anderen Überraschungen, schließlich in einem Wirbel von Papierschlangen. Die

Kinder wurden heiß und laut, alle machten sich wichtig und die Erwachsenen hatten Mühe genug, den Übermut ringsum zu dämpfen und die maßlosen Gespräche wieder in bescheidenere Bahnen zu lenken.
Die Musik – wir hatten sie längst als drei blaß-magere vergrämte Herrn auf der Galerie entdeckt –, spielte unablässig und die kleinen Paare tanzten, sofern man das unbeholfene Gehüpfe so nennen wollte; manche freilich konnten es schon ganz allerliebst, wie die nun auch bereits glühende und blühende Frau des Hauses aufgeregt versicherte. Ich bin mein Leben lang ein schlechter Tänzer geblieben, auf manchem Ball habe ich später, die Zigarre im Mund, unglücklich-tiefsinnige Gespräche geführt, während die andern die muntern Mädchen entführten, die nicht Weltweisheit suchten, sondern Tanzvergnügen, unersättlich. Damals aber war ich der rechte Tischherr für die Komtesse, sie tanzte ja nicht und ich konnte mir den Anschein geben, als verzichte ich darauf, ihr zuliebe.
Dem Siegfried war längst sein Schweizerhäusl lästig geworden, Mädchen hatte er jetzt im Arm, was sollte er da mit dem zerbrechlichen Almhüttchen – er stellte es vor uns auf den Tisch, uns Nichttänzern vertraute er es an, das kostbare Stück, und es kamen ja auch immer wieder Kinder genug, die es anschauen wollten, anrühren natürlich auch – aber, mit den Händen schaut man nichts an! schrien wir jedesmal und wachten eifersüchtig über das Kleinod, das in unsre Hut gegeben war.
Um so eifriger jedoch habe ich das Schweizerhäusl allen erklärt, die Einzelheiten wissen wollten, ich bin ja ein Fachmann gewesen, ein Bergsteiger, der schon auf mancher Sennhütte sein Glas Milch getrunken hatte. So ein Häusl ist wie eine Schachtel, das Dach kann man aufklappen, dann sieht man drin die gemauerte Feuerstelle mit dem großen Schmelzkessel aus Kupfer, sieht Tisch

und Bank, ein Wandgestell mit dem Geschirr, sieht das Stüblein der Sennerin mit dem weißblau gewürfelten Bett, mit der Kuckucksuhr und dem buntbemalten Tölzer Schrank; und dahinter ist der Stall. Und dann klappt mans wieder zu. Und da zeigt sichs, daß außen schier noch mehr zu sehen ist als drinnen; das flache Schuppendach ist mit Felsbrocken belegt, damit der Wind die Schindeln nicht lüpfen kann. Der ausgesägte Giebel mit den gekreuzten Gemsköpfen ist mit zierlichen Zapfen befestigt, die Hauswände sind aus Balken gefügt, die in bräunlicher Verwitterung spielen, die Fensterläden sind weiß und grün gestrichen und die Fenster selbst blitzen vom feinsten Glas. Die Haustür aber, die man auf- und zumachen kann, ist mit einem Sonnenmuster beschnitzt.

An der Südseite des Häusls ist das Holz aufgeschichtet; und die naseweise Frage, wieso man denn wisse, welches die Südseite sei, kann ich natürlich leicht mit dem Hinweis abtun, daß die Hausfront immer nach Osten schaut, bei allen Bauernhäusern. Da fehlt auch das Klapptischlein nicht, neben dem Eingang; und der Röhrenbrunnen steht da mit dem lärchenen Trog, der Hackstock mit dem Beil darin, am Fenster hängen Sense und Säge; das Butterfaß ist nicht vergessen, auch die winzigen Zuber und Schöpfer nicht. Um das Brettchen aber, auf dem diese Herrlichkeit sich ausbreitet, geht ein Hechelzaun und an einem künstlichen Felsen, in dessen Wand ein Marterl eingelassen ist, ragt eine Gruppe von Tännlingen, aus Holz aufgespreisselt und in grüne Farbe getaucht.

Damals hätte ich nicht ein Kind sein müssen, wenn das Schweizerhäusl nicht meine glühende Begeisterung geweckt hätte. Aber auch die Erwachsenen fanden kein Ende, das herzige, das putzige, das liebreizende Häusl zu bewundern, und Siegfrieds Mutter erzählte in ge-

messenen Abständen, mit dem gleichen Wortlaut und dem gleichen Augenaufschlag, daß sie es bei dem berühmten Kaserer in Berchtesgaden gekauft und daß es zwanzig Mark gekostet hat.
Das Fest ist allmählich zu Ende gegangen, die ersten Kinder sind schon abgeholt worden. Auch die Komtesse wollte aufbrechen; und da ist das Schreckliche geschehen: sie steht auf, aber sei es, daß sie hängen geblieben ist oder daß eine Schwäche ihres Beines die Schuld hat, sie knickt ein, sie sinkt gegen mich und gegen den Tisch und so leicht ihre halbe Last auch sein mag, sie genügt, um das Schweizerhäusl zu zerdrücken. Ich erinnere mich des raschelnden, des knatternden Geräuschs, mit dem all die Brettchen und Klötzchen abbrachen; ich fühle die unsagbare, aus Entsetzen und Wonne, aus allen höllischen und himmlischen Gefühlen zusammenschießende Erregung, die Komtesse, Wange an Wange, in einem Seufzer hinschmelzend, an der Brust, in Armen zu halten. Es ist ein Augenblick des Glücks, schwebend, überirdisch und schon zerreißend in Tod und Vernichtung. Denn als das arme Mädchen in einer eisigen Stille sich wieder aufrichtet, blutrot vor Scham und viel zu bestürzt, um zu weinen, sehen wir alle hilflos auf das zerquetschte, schiefe Ding, das eben noch der Stolz des Hauses Arnstein gewesen ist.
Alles kommt in Verwirrung: Siegfried ist im Begriff, unbeherrscht loszuheulen, die Mutter schnappt nach Luft und selbst die Hausherren, die Brüder Arnstein, stürzen herbei, noch dunkler vor Unmut, vergebens nach einem leichten oder auch nur höflichen Wort ringend.
Ich aber, von einer Welle des Mitleids und der Liebe über mich selbst hinausgehoben, sage mit einer mir fremden, kühnen Stimme: »Das ist doch nicht so arg! Ich mache es schon wieder!« Es muß ein Zauberwort

gewesen sein; denn während mir mit einem Schwall von Verzweiflung die Erkenntnis ins Herz bricht, was für ein ungeheuerliches, nie einlösbares Versprechen ich da soeben in meinem Wahnsinn gegeben habe, löst sich die Spannung der Gesellschaft in alle Spielarten von Heiterkeit, Hohngelächter, Bewunderung und Dankbarkeit auf. Siegfried heult nicht mehr. Frau Arnstein bricht in Entzücken aus: »Was für ein intelligentes Kind!«, Herr Arnstein sagt schwermütig-abwesend zu seinem Bruder: »Er will unser Haus wieder aufrichten!«, was diesem ein düsteres, ja unheimliches Gelächter entlockt. Und alle trösten die Komtesse, die sich mit einem glücklichen und beglückenden Blick auf mich verabschiedet.
Martin Sinzinger hat inzwischen an dem zertrümmerten Schweizerhäusl herumgezupft und großspurig erklärt, es sei eigentlich nichts hin, das Ganze sei bloß umgefallen, ineinander hineingerutscht und an den Leimstellen abgebrochen. Natürlich hat er Recht gehabt und wenn mir damals einer von den Erwachsenen zu Hilfe gekommen wäre und dem Sinzinger als dem wahren Fachmann die Arbeit zugespielt hätte, vielleicht hätte ich mich dünn gemacht und den Kopf aus der Schlinge gezogen. So aber habe ich nur patzig gesagt, das sähe ich selber, und er hat recht tückisch drauf geantwortet, dann könnte ich es ja leicht wieder zusammenrichten, ich Tausendsassa.
Wir sind dann auch bald gegangen, das Ende des Schweizerhäusls hat wohl auch die Laune des Hauses gestört und es hat uns niemand mehr aufgehalten. Ich habe schon gehofft, ich könnte mich um mein Versprechen drücken, wer weiß, ob man die Prahlerei eines Kindes in einem so großen und reichen Haus überhaupt ernst genommen hat. Aber wie ich aus der Tür hab schlüpfen wollen, hat mir die Mutter selbst noch gewunken und

mir ein großes, sorgsam verschnürtes Paket in den Arm gelegt, mit einer so strahlend dankbaren Anerkennung meines Retter- und Rittertums, daß ich unmöglich ausreißen konnte; gern hätte ich unter Hinweis auf die kalte Nacht und das beschwerliche Münchner Kindlgewand darum gebeten, das Paket ein andermal – niemals! – abholen zu dürfen, aber ehe ich Hasenherz die Worte fand, bin ich schon draußen gestanden, die schwere Bronzetür ist unerbittlich zugefallen.
Das Paket habe ich getragen, als obs glühende Kohlen gewesen wären; mein Bruder hat sich in düster-spöttischen Weissagungen ergangen, was wohl meine Eltern für eine Freude an dem unverhofften Mitbringsel haben würden. Ich bin dann auch wirklich übel genug empfangen worden, als ein Gerngroß, der fremden Leuten Schweizerhäusln flicken will und zu ungeschickt ist, auch nur einen Bleistift zu spitzen. Der gräßliche Befehl, am nächsten Tag das Paket zurückzutragen und zu bekennen, es sei alles nur anmaßende Aufschneiderei gewesen, ist zwar nie widerrufen worden, aber zum Glück vergaß meine Mutter darauf, nachdem es mir gelungen war, ihr das Schweizerhäusl aus den Augen zu räumen. Es ist aber kaum ein Tag vergangen, Wochen lang, an dem ich nicht gezittert habe, ein Zufall könnte das Gespräch auf das fürchterliche Ding lenken. So müssen, denke ich heute, Attentäter beben, die Sprengstoff daheim versteckt aufbewahren.
In der Schule war es anfangs noch erträglich: niemand würde erwarten, daß ich das Schweizerhäusl über Nacht oder auch nur binnen acht Tagen gerichtet hätte. Gleichwohl fühlte ich mich wie ein Schuldner, dessen Frist zwar noch lange nicht abgelaufen ist, der aber schon weiß, daß er niemals bezahlen wird und daß die Mahnungen immer deutlicher und auswegloser werden. Das erste, was mir aufgefallen ist, nach einer Woche viel-

leicht, viel zu spät, um es anzufechten, war, daß mir Sinzinger seine Semmel nicht mehr brachte. Ich habe damals, ein Kind, nicht schlechtere Überlegungen angestellt, als es die Könige tun und die weißen Räte: ich hätte den Sinzinger zur Rede stellen müssen. Aber wo war nur die selbstverständliche Macht hingekommen? Er würde mich auslachen, ja, mir drohen. Ich wollte beim nächsten günstigen Augenblick ihn im Nacken beuteln, während er sein unbewegtes Gesicht dem Lehrer hinhalten mußte. Aber es kam, höchst merkwürdiger Weise, keine Gelegenheit mehr, um ihn bei seinem roten Schopf zu nehmen, der Lehrer ist mir plötzlich viel wachsamer und scharfäugiger erschienen, der Verlaß auf Sinzingers schweigende Geduld nicht mehr so felsenfest. Mit einem Wimperzucken konnte er mich verraten. Die Gewalt über ihn war verloren, ich hatte gezögert und, unmerklich zuerst, dann aber rasch und endgültig, war die Waage gesunken. Und gerade jetzt, wo ich einen gefügigen Gefolgsmann gebraucht hätte, stand er mir nicht zu Diensten, schlimmer noch, zeigte er sich widerspenstig, stellte er sich vor den einzigen Rettungsweg, den ich, wenn ich mirs nur eingestand, erkannte. Wer anders, als er und sein Vater konnten mir helfen, das Schweizerhäusl wieder in Ordnung zu bringen?

Die Tage sind dahingegangen, quälend langsam und doch einer um den andern, das zerbrochene Spielzeug ist verpackt auf einem Kleiderschrank im Hausgang gestanden und ich habe mir eingeredet, ich würde es schon richten können, wenn ich nur erst einmal dran dürfte. Ich habe ein paar eifrige, aber rasch entmutigte Versuche gemacht, Zündhölzer oder Späne aneinanderzuleimen, das Gummi arabicum, aus dem Büro meines Vaters gemaust, zog beängstigende Klebefäden durch die ganze Wohnung und der Mehlpapp, den mir, in einer Anwandlug von Mitleid, mein Bruder anrühren half, war bald zu dick und bald zu dünn, Holz mit Holz zu binden, vermochte er nicht; was wir am Abend vorsichtig zusammengeheftet hatten, fiel am andern Morgen, erwartungsvoll geprüft, ohne Kraft auseinander. Vergebens auch mühte ich mich, meine Mutter zum Erwerb einer Tube »Alleskitt« zu bestimmen, von dessen Anwendung ich mir Wunder erwartete. Hing doch in der Auslage eines benachbarten Geschäftes ein zerbrochener und wieder zusammengeklebter Teller schaukelnd an einem schweren Gewicht, auf das ein grinsender, unablässig mit dem Kopf wackelnder Zwerg eindringlich hinwies. Die technischen Vorarbeiten waren also durchwegs gescheitert und ich durfte gar nicht daran denken, mit derart erwiesener Stümperei das Schweizerhäusl selbst in Angriff zu nehmen, wo ein einziger Fehler unabsehbare Folgen hätte heraufbeschwören können.

Wenn mir heute, fünfzig Jahre später, jemand einen in seine Teile zerlegten grobschlächtigen Wecker übergeben würde, mit der Entscheidung, ihn in gemessener Frist zusammenzusetzen, wo nicht, würde ich hingerichtet werden – ich würde ohne Besinnen meinen noch unverrückten Kopf auf den Block legen. Damals, ein Kind, hatte ich mich freiwillig erboten, in einem Wahnsinnsanfall von Liebe, etwas zu leisten, was ich nicht konnte. Zum Beweis einer entschlossenen Raserei ins Wasser, ins Feuer springen, das kann einer, der Augenblick reißt ihn hin – aber ein Schweizerhäusl richten, das kann einer nicht, der die Kenntnisse, der die Geschicklichkeit nicht dazu besitzt; kein Ritter kann es, kein König und Kaiser.

Ich habe damals, je hoffnungsloser ich habe einsehen müssen, daß es mir nie gelingen würde, um so inbrünstiger davon geträumt, wie ich das völlig erneuerte, reizende Schweizerhäusl der Komtesse bot, wie ich es auf silbernen Stufen der Andacht zu ihr emportrug; es haben Rosen um mich geblüht in der Nacht, aber dann, aufsitzend in meinem Bett, hab ich die Dornen der Wirklichkeit in den Händen gehabt.

Eines Tages bin ich aus dem Schultor getreten, die Komtesse ist schon in ihrem Wagen gesessen, zu meinem Schrecken hat sie mich herbeigewunken. Was, Schrecken, sage ich, süßestes Grauen ist es gewesen und zugleich bitterste Verzweiflung: auserwählt und nicht bestanden! Ihre Mutter hat sie abgeholt und ihr hat sie den Buben zeigen wollen, der ihr das Schweizerhäusl macht. Ich bin blutrot am Wagenschlag gestanden und habe die unverdienten Lobsprüche über mich ergehen lassen; ich habe sogar gelogen und auf die Frage der Mutter, ob ich schon fest an der Arbeit wäre, eifrig mit dem Kopf genickt und erklärt, es sei gar nicht so schwierig.

Zu allem Unglück ist auch noch der rotschopfige Sinzinger des Wegs gekommen und hat recht häßlich gelacht, ob ich mich schon wieder hätte anzwitschern lassen als großer Architekt und Häuserlbauer und wenn Erwachsene etwas versprechen, was sie nicht halten können, dann heißt man das Betrug und sie werden eingesperrt.

Wie gern hätte ich dem Martin Sinzinger gestanden, was er so grausam schon gewußt hat: daß ich nie und nimmer in der Lage wäre, das zerbrochene Almhüttchen wieder ganz zu machen. Wie gern hätte ich mich zu der Frage vorgetastet, ob nicht er oder sein Vater mir helfen könnten und was er dafür verlangen würde. Aber er hat sich nur an meiner Qual geweidet und mir nicht den kleinsten Vorschub geboten, um mit ihm ins Gespräch zu kommen.

Am leichtesten bin ich noch mit dem Siegfried Arnstein fertig geworden; es war, als wüßte ers so gut wie ich, oder noch besser, daß ich nicht seinetwegen das kühne Versprechen gewagt hatte. Es sind Wochen vergangen, ehe er – und vielleicht auch das nur auf Drängen seiner Mutter – sich erkundigt hat, wie weit ich schon wäre. Ich habe ganz beiläufig getan, als hätte ich wichtigere Sachen im Kopf. »Ach, das Schweizerhäusl?« hab ich gesagt, »ich hoffe, daß ich in den Osterferien dazu komme!«

Ich weiß nicht, wie das heute in den Volksschulen ist, aber damals sind sie ganz auf den Lehrer ausgerichtet gewesen, mit Stillsitzen und Fingerheben und Aufsagen; die Kinder untereinander haben wenig Beziehungen gehabt, sofern sie nicht auf dem Schulweg miteinander gegangen sind oder sich nachbarlich auf der Gasse getroffen haben; so bin ich, den Sinzinger ausgenommen, ziemlich ungeschoren geblieben; aber die fragenden Blicke der Komtesse, die immer dringlicher, ja, wie mir schien, verächtlicher geworden sind, haben mir qualvolle Stunden bereitet und die Hoffnung zerstört, das Schweizerhäusl könnte in Vergessenheit geraten sein.

Während der Osterferien habe ich den Martin Sinzinger vor unserm Haus getroffen, er hat gesagt, daß er ganz zufällig vorbei gegangen ist und ich habe es ihm damals auch geglaubt, obwohl er am andern Ende des Schulsprengels gewohnt hat, nicht gar weit von der Komtesse. Wie freudig überrascht bin ich aber erst gewesen, als er von sich aus anfing, von dem Schweizerhäusl zu reden, ohne allen Hohn, ja, als er sich anbot, mit seinem Vater zu sprechen, für den wäre es natürlich ein Spaß, die paar Hölzln aneinanderzuleimen. Diese Bereitwilligkeit hätte mich stutzig machen müssen, aber ich habe keinen Verdacht geschöpft. Um so ängstlicher freilich habe ich geforscht, was das kosten könnte, denn Geld habe ich keins gehabt und die bloße Vorstellung,

Herr Sinzinger, der Vater, würde zu meinen Eltern kommen, das verbotene, aber längst vergessene Schweizerhäusl in der Hand und eine Rechnung vorweisend, für eine im Auftrag des Herrn Sohnes ausgeführte Reparatur, flößte mir Grauen ein. Hatte ich doch eine weit harmlosere Geschichte noch nicht verschmerzt, die uns Brüdern während des Faschings begegnet war: der Metzgerssohn von nebenan hatte uns recht unschuldig gefragt, ob wir nicht auch Schweinsblasen haben möchten. Mit diesen »Schweinsblasen«, an Schnur und Stock gebunden, haut man beim Karnevalstreiben zu, es macht einen Mordkrach und tut nicht weh. Damals ist eine solche Blase die Sehnsucht eines jeden Buben gewesen und wir haben natürlich »ja« gesagt, in der Meinung, der Metzger wolle den Kindern alter Kunden eine Freude machen. Dem war aber nicht so, sondern eines Sonntags ist der junge Hopf bei unserer Großmutter erschienen, er liefere die von uns bestellten Schweinsblasen ab, sechzig Pfennige kriege er dafür. Er hat sie aber nicht gekriegt, sondern einen Hagel von handfesten Grobheiten, und meine Großmutter hat seitdem keinen Fuß mehr in den Laden gesetzt. Wir aber sind nicht wenig ausgezahnt worden, als die großspurigen Herren Söhne, die das sauer verdiente Geld des Vaters zum Fenster hinausschmeißen. Es ist nicht auszudenken gewesen, was für einen Tanz es gegeben hätte, wenn nun gar eine Rechnung präsentiert worden wäre, von zwei, drei Mark vielleicht und für ein Spielzeug der reichen Arnsteins, ein G'schnas, das mich einen Dreck angegangen ist.

Der Sinzinger aber hat mich mit dem gefährlichen Trostwort beruhigt, das in München allerwege in Schwang ist, wenn es gilt, eine klare Forderung zu verdunkeln, er hat gesagt, das kriege man nachher schon, und die unverhoffte Aussicht, aus einem unerträglichen Zustand entlassen zu werden in einen andern, dessen Leid und Gefahr erst in den Umrissen heraufdämmert, macht zum Wagnis entschlossen; und so habe ich, nach vielen Eiden, die mir der Sinzinger geschworen hat: daß es den Kopf nicht kosten werde, daß er meine Eltern aus dem Spiel lassen wolle, daß er, in summa, kein Schuft sei, ihm das Paket mit den Trümmern des Schweizerhäusls ausgehändigt. Er ist aber noch nicht aus dem Haus gewesen, da hat mich schon eine heillose Angst befallen; ich habe dumpf gespürt, daß die ganze Angelegenheit jetzt in einen bedrohlicheren, mit den Kräften eines Kindes gar nicht mehr abmeßbaren Rang hinabgesunken sei: Geld war im Spiel!

Unvermutet rasch, nach zwei Tagen bereits, brachte mir der Sinzinger, ein vereinbartes Signal pfeifend, das erneuerte Schweizerhäusl. Die Stunde war günstig, die Eltern waren fort, ich konnte ihn einlassen und er wickelte das Paket aus. Die Almhütte war wirklich ohne Tadel wiederhergestellt, viel zu meisterhaft, leider, als daß ich, das fiel mir jetzt erst ein, irgend wem ohne Scheu als Verfertiger hätte unter die Augen treten dürfen. Eine gute Ausrede ist einen Batzen wert und der Sinzinger ist um die nicht verlegen gewesen, ich sollte halt sagen, hat er gemeint, daß er mir geholfen hätte. Ich weiß nicht, ob er so dumm gewesen ist oder so unverschämt, denn grad darum ist es doch gegangen, daß ich mich gerühmt hatte, vor der Komtesse, vor allen Leuten, ich würde das Schweizerhäusl richten, ich allein, und daß ich die vorgeschossenen, ach so bitteren Lorbeeren mir nicht durfte zerpflücken lassen.

Der Sinzinger ist dann ganz verlegen geworden und hat herumgedruckst, von seinem Vater brauchte ich nichts zu sagen, Ehrenwort, daß er das Geheimnis nicht verrate. Und, wie beiläufig und im Weggehen, hat er mir einen Zettel in die Hand gedrückt und ich bin bis

in Herz und Magen erschrocken, wie ich ihn überflogen habe. Es ist in höllischen Buchstaben darauf gestanden, daß Herr Sinzinger, holzbildhauerische Werkstätte dahier, dem Herrn Schriftsteller, hochwohlgeboren, für die Wiederherstellung eines Kinderspielzeugs sich fünf Mark in Rechnung zu stellen erlaube.
Ich habe den Wisch in der Hand gehalten, ich weiß es heute noch, die Blitzlichtaufnahme ist noch vorhanden, sogar die sonst vergessene künstliche Palme in unserem Flur ist mit drauf: eine tödliche Sekunde, in der ich begriffen habe, was das bedeutet. Den Sinzinger habe ich damals für den schwärzesten Schuften gehalten, den die Erde trägt: Er mußte einfach seinem Vater erzählt haben, es handle sich um einen richtigen Auftrag meiner Eltern. Er ist denn auch ganz schuldbewußt und ratlos dagestanden, die Tränen sind ihm gekommen und er hat so was gestottert wie, daß es anders nicht gegangen wäre. Eigentlich, hat er hinzugefügt, hat ihm sein Vater sogar angeschafft, die Rechnung meinem Vater oder meiner Mutter zu geben. Und damit ist er schleunig zur Tür hinaus und die Treppen hinunter.
Ich habe mir, viele Jahre später, die Geschichte wohl richtig zusammengereimt und den Buben für nicht so schuldig befunden, wie es mir damals schien. Er ist wahrscheinlich von seinem an sich auch arglosen Vater völlig überrumpelt worden und hat sich nicht anders zu helfen gewußt, als daß er zu dem verworrenen Lügengespinst noch ein paar Fäden geschlagen hat. Oder er hat bloß geschwiegen, wie vielleicht der Metzgerbub auch mit seinen Schweinsblasen, und hat den Dingen ihren Lauf gelassen.
Aber daß er doch ein Spitzbube gewesen und daß seine verdächtige Hilfsbereitschaft aus bösem Herzen gekommen ist, das habe ich am andern Tag, dem letzten der Osterferien, auf eine niederschmetternde Art erfahren

müssen. Die bedrohliche Rechnung hatte ich in meinem Lesebuch hinter dem Schutzumschlag versteckt, die Hoffnung auf ein trügerisches Irgendwann und Irgendwie milderte den stechenden Schmerz zu einem dumpfen Druck, und ich begann wieder, auf meinem Lebensschifflein ein paar bunte Wimpel zu setzen. Das wichtigste für den Augenblick war ja doch, daß das Schweizerhäusl wieder in Ordnung war. Ich würde es morgen der Komtesse bringen, für die allein ich ja alles auf mich genommen hatte. Die sollte es dann, so träumte ich, im Wagen vorfahrend, den Arnsteins übergeben, von zwei Seiten würde mein Verdienst angestrahlt; die Angst, man könnte mir nicht glauben, daß ich der Wunderkünstler sei, hatte ich in den letzten Winkel meines Herzens verdrängt.

Viel besorgter bin ich darüber gewesen, daß nicht, so dicht am Ziel, der ganze Schwindel noch aufkam. Ich habe mir hundert Verstecke überlegt, so ich den kostbaren Schatz bergen könnte, auf den ich aller Augen gerichtet sah. Endlich habe ich ihn zwischen den Zeitungsbergen meines Vaters vergraben.

Am letzten freien Nachmittage also bin ich, das wohlverpackte Schweizerhäusl im Arm, kalt und heiß vor Spannung, aus dem Haus geschlichen, bin durch die Straßen gegangen, voller Sorge, es möchte mich wer stoßen oder gar ein Kamerad mir begegnen, mit unerwünschter Neugier oder Flegelei das entscheidende Vorhaben zu gefährden. Unangefochten bin ich an das Haus der Komtesse gekommen – nie noch hatte ich es betreten, nur aus scheuer Entfernung waren wir Schulbuben herumgestrichen.

Plötzlich bin ich stehen geblieben, wie vom Gifthauch eines Unheils angeweht. Es ist mir alles so wunderlich vorgekommen, die Fensterläden heruntergelassen, so öde das Haus, so ausgestorben. Ich läute, die Glocke

schrillt leer und laut, niemand öffnet. Ich spähe in das Vorgärtchen, ich schleiche in den gepflasterten Hof, auch der Stall ist leer. Kein Mensch läßt sich blicken. Endlich schlurft eine krötenblasse Frau aus dem Schatten, ich frage unsicher, ob ich denn hier recht sei, hier wohne doch ... »Hat gewohnt«, sagt die, wäßrig blickend, »ausgezogen« – und dabei macht sie eine Handbewegung, wie in eine hoffnungslose, unwiederbringliche Ferne. Und ich stehe da, das Schweizerhäusl im Arm, und kann mir nicht einmal die springenden Tränen abwischen.
Ich bin dann wieder gegangen. Ich habe nur immer das eine gedacht, wie unnütz es jetzt war, das blöde Schweizerhäusl; und daß ich fünf Mark dafür würde zahlen müssen, ja wie denn, ja wie denn? das ist mit schweren, paukendumpfen Schritten aus der Tiefe heraufgestiegen. Ich habe eine wilde Lust empfunden, meine Seele auszulassen, loszuheulen, zu schreien, das Geraffel, das kitschige, auf die Straße zu schmeißen, daß es nur so schepperte. Und habe es doch sorgsam getragen, was bin ich ein vernünftiges Kind gewesen, wir lernen früh, unsre Ketten zu begreifen.
Aber auf den Sinzinger habe ich eine um so wildere Wut gehabt, auf den Bazi, den elenden. Es ist mir klar geworden, warum er sich mir so plötzlich aufgedrängt hat mit seiner Hilfe: als Nachbar hat ers gewußt, daß die Grafenfamilie auszieht, die Möbelwägen hat er stehen sehen und da hat er sich gedacht, wie sie fort war, die Komtesse, über alle Berge, für immer fort: Jetzt kannst Du's gemacht kriegen, Dein Schweizerhäusl; und warum sollte mein Vater nicht fünf Mark an Dir verdienen ...
Ich bin auf dem Heimweg gewesen, die Uhren haben sechs geschlagen, da ist mir der Gedanke gekommen, was sollte ich das Ding da nocheinmal nachhause

tragen, daß es der Mutter in die Hände fällt, ausgerechnet jetzt, wo alles verloren ist. Da bringst Du es besser gleich zu Arnsteins, gibst es ab, ganz schnell, dem Diener oder der Zofe, wer gerade aufmacht. Ich habe ja gar keinen Ehrgeiz mehr gehabt, nur losbringen habe ich das Unglückshäusl wollen, mir ist gewesen, als wäre dann auch die Geschichte mit den fünf Mark leichter einzurenken, die hatte ja Zeit, wenn nur dieses eine, widerwärtige Geschäft erledigt war.

Es dämmerte schon, der klare Apriltag war schneidend kalt, mit klammen Händen umkrampfte ich mein Paket – aber, so machte ich mir Mut, gleich würde ich dieser verwünschten Last ledig sein: hinlaufen, läuten, abgeben, davonpreschen, nie wieder was hören, keinen Gruß, keinen Dank. Ich durfte mich nur in kein Gespräch verwickeln lassen, damit ich niemanden in die Hände lief, nicht der Mutter, nicht dem Siegfried.

So hab ichs auch gemacht. Ich habe um mich gespäht, ob nicht wer auf dem Wege war, die Straße ist völlig leer gewesen, nur ein Wagen hat vor dem Portal gewartet. Alles ist nach Wunsch gegangen, ich habe geschellt, ein Dienstmädchen hat aufgemacht, so schnell, als obs auf mich gelauert hätte. Ich habe ihr das Paket aufgedrängt, ich soll das abgeben, hab ich gemurmelt, von wem, hat sie gefragt und ob sonst nichts auszurichten sei – die Herrschaften wissen schon, habe ich gestammelt, bereits halb aus der Tür: da ist der Herr Arnstein im Vorplatz gestanden, den Zylinder auf dem Kopf, zum Ausgehen bereit. Noch hätte ich fliehen können, aber sein Wink war zu gebieterisch, ich konnte nicht mehr zurück. Er sah mich an, zerstreut und schwermütig, ganz dunkel und leise war er, herzbeklemmend, ein feiner Mann, ein trauriger Mann, und er sagte, wie mühsam sich erinnernd, das sei ja der kleine ..., ah ja, das zerbrochene Häuschen; und er hob mir mit einem müden Lächeln die schweren Augen zu. Die Zofe hatte dienstfertig das Almhüttchen enthüllt: »Jesus, unser Schweizerhäusl!« sagte sie innig und stellte es auf ein Marmortischchen. Herr Arnstein aber trat nahe heran, schrecklich nahe streckte er die Hand aus, die ringblitzende, schwarzhaarig aus der weißen Manschette, und dicht vor meinen Augen wog er spielerisch das Häuschen. »Solides Haus!« sagte er wie zu sich selber und klopfte mit dem Knöchel auf das Brettchen. »Gute Arbeit, kleiner Mann!« Er lachte, oder hüstelte er nur? Es klang nicht erfreulich. Er wandte mir das Gesicht zu, mir war jämmerlich zu Mute, jetzt, jetzt, würde er fragen, ob ich das wirklich alles allein gebastelt hätte. Ich machte mich stark für eine dreiste Lüge, aber schon wandte er sich wieder ab, wie erloschen. »Führen Sie ihn zu meiner Frau!« sagte er zur Zofe; aber ich, in jäher Angst, wehrte mich, bettelte: »Nicht jetzt, ich muß heim, es ist spät!« »Gut denn, ein andermal«, sagte er gleichgültig, »aber ich muß auch fort!« Er wandte sich zur Tür, ich schlüpfte vor ihm her, wieselflink, nur um wegzukommen.

Und da will er sich grade den Handschuh überziehen, hält inne, wie wenn ihm aus tiefem Schlaf was einfiele, bleibt stehen und ich kann nicht an ihm vorbei. Er greift in die Tasche, mir steigt in einer wilden Beschämung das Herz in die Kehle, ich würge an einem: »Bitte nicht!« und da hält er schon ein Fünfmarkstück in der Hand, und wie ein Funken springt es knisternd in mich über und in einem Nu bin ich flammend ausgeleuchtet vom Blitz der Erkenntnis: Fünf Mark! Und ich nehme das große Geldstück und er sagt: »Jede Arbeit ist ihres Lohnes wert!«, steigt in den Wagen, wie verschluckt von der Finsternis, die Pferde ziehen an und ich stehe allein auf der Straße, im verhallenden Donner der Kutsche.

Ich bin dann mit einem Satz davongerannt, das Geldstück in der Tasche umklammert, heim, die Treppen hinauf, zur Tür hinein und habe mich, den Sturm im Herzen, so munter und unschuldig gestellt, daß es geradezu hat auffallen müssen. Ein guter Verberger meiner selbst bin ich bis auf den heutigen Tag nicht geworden. Meine Mutter fragte denn auch alsbald argwöhnisch, was ich denn hätte und ob ich gefälligst die Hand aus der Hosentasche tun möchte, ich wüßte doch, daß sie dieses Herumgraben um die Welt nicht leiden könnte.
Ich habe, also gewarnt, bei erster Gelegenheit das Fünfmarkstück tief unten in meinem Schulranzen versteckt, ich habe in der Nacht lange nicht einschlafen können und wirre Träume zu bestehen gehabt. Am andern Morgen aber habe ich das Frühstück stehen gelassen, um mit meinem Teufelsgeld so schnell wie möglich aus dem Haus zu kommen.
In der Schule hat uns der Lehrer ganz kurz und ohne weitere Begründung mitgeteilt, daß unsere Mitschülerin, die Komtesse, aus der Klasse ausgetreten sei; die Eltern seien aufs Land verzogen. In der Zehnuhrpause hat mich der Siegfried darauf angesprochen, daß ich bei ihnen gewesen wäre, schade, er hätte mir gern seine Briefmarken gezeigt. Seine Mutter ließe grüßen und vielmals danken, sie werde sich schon noch erkenntlich zeigen. Ich habe mit Herzklopfen drauf gewartet, ob er von seinem Vater etwas sagt und von dem Geld, aber offenbar hat er davon nichts gewußt. Da ist mir um vieles leichter gewesen.
Mittags habe ich den Martin Sinzinger abgefangen; er hat sich drücken wollen, das schlechte Gewissen ist ihm ins Gesicht geschrieben gewesen. Ich habe ihn gefragt, ob er weiß, was er für ein Schuft ist. Er hat so getan, als ob es wegen des Geldes wäre und er könnte be-

stimmt nichts dafür und es hätte ja auch noch Zeit. Aber ich habe ihm recht protzig das Fünfmarkstück gezeigt und auch die Rechnung aus der Hosentasche gezogen. Er hat sie mir quittieren müssen, er hat den Schulranzen auf eine Gartenmauer gelegt und auf den Zettel gekritzelt: »Mit Dank erhalten Martin Sinzinger.« Ich habe ihm das Geld gegeben und grade damit anfangen wollen, daß er es doch gewußt hat, daß die Komtesse fortgeht – aber er ist wie der Wind davongesaust; wir sind dann einander aus dem Weg gegangen, haben nie wieder von dem Schweizerhäusl gesprochen und im nächsten Jahr ist er in eine andere Klasse gekommen. Ich kann mir heute denken, wie froh auch er gewesen ist, sich aus der halsbrecherischen Geschichte zu retten, ich vermute sogar, daß die fünf Mark seinem Vater ehrlich erwünscht gewesen sind. Wie ich ihn neulich so auf dem Rad habe dahinstrampeln sehen, hätte ich wirklich gern gewußt, wie es ihm seither gegangen ist und ob er überhaupt an das Schweizerhäusl noch denkt. Denn sogar ein Jugendfeind hat noch von dem köstlichsten Brot, das die Erde bietet, von der Erinnerung.

Vier, fünf Wochen später, es war Mai geworden damals, ist der Oberleher in unsre Klasse gekommen und hat dem Lehrer Spöttl was ins Ohr getuschelt, worüber der sehr erschrocken sein muß. Er hat dann den Siegfried Arnstein mitgenommen. Der Lehrer Spöttl hat zu uns kein Wort gesagt, sondern womöglich noch grimmiger aufgepaßt, daß wir aufmerksam gerechnet haben. Aber in der Stunde darauf hat uns dann der Religionslehrer ermahnt, wir sollten für unsern armen Mitschüler beten, sein Elternhaus habe ein schreckliches Unglück heimgesucht, wir seien noch viel zu klein, als daß wir was davon verstünden.

Wie ich mittags heimgekommen bin, hat mein Vater als Zeitungsschreiber schon alles gewußt; er hat uns davon mitgeteilt, was er für gut befunden hat, nämlich, daß das Bankhaus Arnstein heillos zusammengebrochen ist, ja, daß der Grund schon gewankt hat, ehe die letzte Schraube in dem neuen Palast festgemacht worden ist. Die beiden Brüder aber, der Vater und der Onkel unsres Mitschülers, hatten sich in der Nacht erschossen, am Vormittag erst sind sie in einem der Zimmer aufgefunden worden.

Erschossen, das klingt heute, nach vier beispiellos blutigen Jahrzehnten, anders, als es damals, mitten im Frieden geklungen hat, wo noch selten genug ein Mensch über die schwarze Grenze seines Daseins getrieben worden ist. Die ganze Stadt ist in Aufruhr gewesen, auch wir Buben sind immer wieder zu dem plötzlich so düster gewordenen Haus geschlichen, aber es hat streng und vornehm geschwiegen, wir haben nichts erspäht und auch unsern Schulkameraden haben wir nie mehr gesehen. Später ist eine gleichgültige Versicherung dort eingezogen, es hat aus- und eingehen können, wer Lust gehabt hat. Im zweiten Weltkrieg ist es völlig zerschlagen worden, es stehen nur noch ein paar zerbröselnde Säulenstümpfe.

Damals haben die Erwachsenen sich erzählt, der Zusammenbruch sei so vollständig, daß nichts, aber auch rein gar nichts mehr der Familie gehöre; schon während der ganzen letzten Monate hätten die Brüder Arnstein von Schulden und fremdem Gelde gelebt. Ich habe allen Ernstes gezittert, es könne eines Tages die Polizei kommen und mir die fünf Mark abverlangen. Und wie einmal wirklich, wer weiß in welcher Angelegenheit, ein Schutzmann meinen Vater hat sprechen wollen, bin ich nahe daran gewesen, ihm aus freien Stücken die Geschichte von dem Schweizerhäusl zu bekennen. Ich habe es aber dann doch sein lassen.

ABENTEUER IN BANZ

Ich bin, vor zehn Jahren vielleicht, und ich war also nicht der Jüngste, Mitte Dreißig, ungefähr, in Geschäften nach Franken gereist, und da habe ich noch, wie alles gut abgewickelt war, eine Woche für mich zur Kurzweil herausgeschlagen. Und weil es so klarer und warmer Herbst gewesen ist, habe ich mir gedacht, ich sollte doch das berühmte Vierzehnheiligen anschauen und das Schloß Banz; ich habe es nur so vom Vorbeifahren gekannt, einmal nachts den rauschenden Hügel unterm geronnenen Mondhimmel und einmal unter den schweren Flügelschlägen der Novemberwolken. Und es ist seitdem Banz für mich eine Art Märchen gewesen und ein Zauberschloß und schier so, daß die innerste Seele sich gescheut hat, da einfach hinzugehen und das alles anzuschauen wie irgendein anderes Stück Erde.
Und jetzt war ich dennoch wirklich dort, in Staffelstein, in einem alten Wirtshaus, und es ist ein Septembertag aufgegangen, aus den dicken Bäuschen des Morgennebels, ganz aus kaltem Dampf, und golden funkelnd stand droben das Schloß Banz, mit feurigen Fenstern. Ich bin aber zuerst nach Vierzehnheiligen gewandert, über die geschliffenen Wiesen, und bin um die Kirche herum wie um ein Schiff und durch das Geschrei der Wachszieher und Händlerinnen, die ihre Buden herumgedrängt hatten um den riesigen steinernen Körper, der sich da hinaufgeschwungen hat, gelbwarm in den silberblauen Himmel. Und das erstemal bin ich nicht in die Kirche hinein, es wäre zuviel gewesen, und bin hinauf an den Waldrand, ins späte Gras hab in mich gelegt und über die nahen Türme hinübergeschaut auf den waldweiten Berg von Banz.

Und dann bin ich doch hinein in die große Stille; eine ganz dröhnende Stille war drin, in der Kirche, als wären die Pfeiler und Bögen und Kuppeln und wie man das alles heißt, als wär' das eine einzige Orgel.
Das wollte ich aber gar nicht erzählen, sondern bloß damit sagen, wie ich in einer fast heiligen Stimmung gewesen bin, wie ein rechter Wallfahrer, und so bin ich auch dann den Berg hinuntergegangen und bin froh gewesen in dem leicht gewordenen Tag, der jetzt mittaghell und heiß über dem Tal gelegen ist.
Auf einem kleinen Fußpfad, an Weiden entlang und später an Zwetschgenbäumen, aber die Früchte waren noch nicht recht reif, bin ich dann in ein Dörflein gekommen, da haben sie gedroschen, und die Mägde sind bunt und glühend auf den mächtigen Schütten Stroh gestanden und haben mir zugelacht. Aber ich bin nicht stehengeblieben und habe keine recht angeschaut, denn ich habe ja noch vor Mittag droben sein wollen in Banz.
Und dann bin ich am Main gewesen. Der Fluß ist schwarz und still an dem buschigen Berg hingeflossen, und über den grünen Stauden drüben ist steil der schattentiefe Wald aufgestiegen. Der Fährmann hat mich übergeholt, es war keine breite Flut, ein Wehr war da, und das braune Wasser ist weißquirlend hinuntergesprungen, aber dann war es wieder lautlos und dunkel wie zuvor.
Eine Wirtschaft ist dagestanden, mit einem Tisch und einer Bank im Freien, grad überm Fluß und mit dem Blick über das Wiesental, gegen Lichtenfels zu. Und obwohl ich eigentlich gleich hätte den Wald hinaufsteigen wollen und erst droben Mittag machen, habe ich mir's anders überlegt, denn Hunger hatte ich auch, und die Aussicht übers Wasser war schön, und vielleicht konnte ich, ein Stückchen stromabwärts, baden, denn es war windlos und warm.

Ich setzte mich also auf das Bänklein, die Kellnerin kommt, eine freundliche Person, die vor gar nicht langer Zeit recht hübsch gewesen sein muß, und bringt mir, was sie gerade hat, Schinken, Brot und einen Schoppen Apfelwein. Wir reden, was man so redet, wie der Sommer war und daß es ein schöner Herbst werden kann, da kommt ein Mädel des Wegs, mit einem kleinen Handkoffer, lacht die Kellnerin an, die sie wohl schon kennt, und mit dem gleichen Blick lacht sie auch mich an, nicht frech, aber deutlich und unbekümmert. Sie setzt sich ans andere Ende des Tisches, verlangt etwas zu essen und unterhält sich in einem unverfälschten Fränkisch mit der Kellnerin, so daß ich Mühe habe, das Gespräch zu verfolgen.
Sie hat ihren Dienst aufgesagt, die Frau war ihr zu streng, da ist sie einfach auf und davon, eine neue Stelle hat sie noch nicht, aber sie wird schon was finden. Es ist nicht das erstemal, daß sie durchbrennt, einmal wäre es ihr schon beinahe schlecht bekommen, sie ist drei Tage ohne einen Pfennig Geld in Nürnberg herumgestrolcht, dann hat sie, wie sie sagt, Glück gehabt, sie hat einen netten Herrn aufgegabelt, und da ist dann wieder alles gut gegangen.
Sie merkt, daß ich eigentlich aus Langerweile oder aus Zwang, denn schließlich muß ich es ja mit anhören, hinhorche und fängt sogleich meinen kühlen Blick in ihre blitzenden Augen und lacht, daß ihre weißen Zähne schimmern. Ein wunderbares Gebiß hat sie, sage ich mir, noch ganz fremd, aber ich denke schon weiter: Schön ist dieses Frauenzimmer! Wie alt kann sie sein? Noch keine zwanzig, sie ist herrlich gewachsen, eigentlich nicht bäuerisch, sie hat nur etwas Fremdes, Slawisches, Breites – was geht sie mich an, ein entlaufenes Dienstmädchen –, da spüre ich schon, daß ich mich wehre, daß es zuckt und zerrt in mir, und daß ich

plötzlich weiß: das ist ein Raubtier, da mußt du auf der Hut sein!
Ja, da war mit einemmal die ganze Gnade dieses frommen Tages fort, Vierzehnheiligen war fort mit seinem rauschend inbrünstigen Jubel und die kühle Sehnsucht nach Wasser und Wald und nach dem stillen Weg, hinauf ins Licht, nach Banz.
Nie ist ein Mann schärfer und in seiner Lust nach Abenteuern gefährdeter, als wenn er auf Reisen ist und das Leben schmecken will wie fremden Wein und fremdes Brot.
Und dieses junge Weib, unbekümmert und in einer fast tierischen Unschuld das Leben witternd, war so bedrohlich wie selbst bedroht. Sie war nicht gewöhnlich, sondern fest, sie war nicht frech, sondern kühn, sie war nicht anschmeißerisch, aber sie war da.
Ihr Blick hatte etwas Furchtloses, und ihre Zähne hatten etwas Gewalttätiges. Sie war eine Wilde, wie von anderm Blut und anderen Gesetzen.
Ich mischte mich sparsam in das Gespräch, ich gesteh's, ich spielte den Mann von Welt, der sich herabläßt und so ein Wesen nicht ernst nimmt. Sie wurde schnell vertraulich, und wieder konnte ich nicht sagen, sie wäre zudringlich gewesen. Sie hat in ihrem Täschchen gekramt und mir ein Kreuzchen, das sie von ihrer Mutter zur Firmung gekriegt hat, mit der gleichen Unschuld gezeigt wie das Bild ihres ersten Liebhabers, der starren Blicks mit aufgedrehtem Schnurrbart als Oberländler vor einer Zither saß.
Er spiele jetzt in Hamburg bei einer bayerischen Truppe, sagte sie, und ich bekam eine Wut auf den geschleckten, leeren Burschen – und diese Wut war schon so gut wie Eifersucht. Die Kellnerin ging und holte mir einen zweiten Schoppen. Ich hätte längst gehen sollen, aber ich log mich an, daß ich ja tun könnte, was ich wollte,

und daß es so prächtig zu sitzen wäre, auf der Bank in der Sonne, dicht über dem schwarzen Wasser. In Wahrheit hielt mich dieses Weib mit den Zähnen fest. Sie saß jetzt ganz nahe, es gab sich unauffällig, weil sie mir etwas zeigen wollte, ich schaute gar nicht recht hin, es war wieder ein Lichtbild, ich verschlang sie selber, ihr bloßer Arm streifte meinen Mund, ich roch sie, ich schmeckte sie. Ich zitterte heftig, ich mußte mir Gewalt antun, sie nicht anzufassen. Sie lachte mir breit, mit ihrem Raubtiergebiß ins Gesicht.
In einer festen Stellung leben, das wäre keine Kunst, aber sie wollte frei sein. Sie ließe sich nichts gefallen. Sie wollte zum Leben ja und nein sagen, wie es ihr passe, nicht wie es die andern möchten. Ich fragte mit angestrengter Ruhe, ob sie nicht Angst hätte, das Leben wäre gefährlich für so ein junges Lämmchen, wie sie noch eins wäre. Der Wolf würde sie fressen, wie im Märchen. Und ich streichelte eine blonde Locke aus ihrer Stirn. Sie aber, lustig in meine Augen hinein, gab zur Antwort, sie wäre kein Lämmchen, sie wäre schon selber ein Wolf. Und fürchten täte sie keinen. Es wäre schon einer da, noch vom vorigen Sonntag her, der möchte ihr freilich nachstellen. Und das wäre mit ein Grund, daß sie wegliefe. Sie könnte den Kerl nicht ausstehen. »Aber Sie sind ein netter Herr«, sagte sie plötzlich und so ungeschickt, daß ich wieder zur Besinnung kam und wegrückte.
Jetzt kehrte auch die Kellnerin zurück und setzte das Krüglein vor mich. »Ihr jungen Dinger«, schimpfte sie gutmütig, »ihr seid doch gar zu leichtsinnig«. Am letzten Sonntag hätten sich die Mannsleut fast geprügelt wegen dem Mädel da. Und sie ist dann doch mit dem langen, schelchäugigen Kerl fort und man weiß nicht, wohin ... »Hast du denn gar keine Angst, und schämst du dich denn gar nicht?!«

Das Mädchen lachte und warf den Kopf zurück: »Nein!« Wieder war es kein freches, schamloses Nein, sondern ein sieghaftes, unangreifbares, das noch von keiner Niederlage des Lebens wußte.

Nun ging das Mädchen weg, eine Ansichtskarte zu holen, und die Kellnerin redete mit mir, wohlwollend seufzend, wie Erwachsene über Kinder reden. Und sie erzählte noch einmal ausführlich, wie das gewesen wäre am Sonntag und mit dem wüsten Burschen. »Es gibt Mädeln«, sagte sie, »die sind dazu geschaffen, daß sie die Männer verrückt machen, und wissen es selber nicht. Die ist so eine.«

Ich gab ihr recht, ich sagte, und wußte nicht, wie ich dazu kam, diese Art Mädchen wären wie fressendes Feuer und die letzten Gefährtinnen verschollener, wilderer Götter. Und an solchen Frauen könnte sich Wahnsinn und Verbrechen entzünden, und ähnlicher Art wären die gewiß, die den Mördern zum Opfer fielen, unschuldig und doch schuldig.

Die Kellnerin schaute mich einen Augenblick erschrokken an, ich war auch verwirrt, aber dann lachte sie, wie sie gewohnt war, über die Späße der schlimmen Herrn zu lachen, die sie bedienen mußte. Es war ein hölzernes Berufsgelächter, und sicher dachte sie auf ihre Art über das Wort Mörder nach, wie ich es auf die meine tat, rasend plötzlich und wie von Gott berückt zu brausenden Träumen.

Das Mädchen kam zurück, wollte die Karte schreiben, kramte vergebens nach einem Bleistift, sah mich bittend an. Ich hatte, wie immer, Bleistifte in allen Taschen, und der, den ich ihr gab, war ein versilberter Drehstift, wie ihn große Geschäfte zu Werbezwecken verschenken. Sie bewunderte ihn aufrichtig; sie war in diesem Augenblick wieder ganz die schöne Barbarin, ein beglücktes Kind; und so habe ich sie wirklich ge-

liebt. »Bitte, behalten Sie ihn«, lächelte ich, »wenn er Ihnen Freude macht!« Und stockend fügte ich hinzu: »Zum Andenken an –«, ich war ums Haar wahnsinnig genug, meinen Namen zu nennen, sagte aber dann doch nur: »an unsere Begegnung«. Ich spürte, wie mir das Blut in den Kopf schoß, sie sah mich an, auch sie war rot bis in das Weiße der Augen hinein, aber mit einem mehr wissenden als fragenden Blick.
Jetzt ist es genug, sprach ich hart zu mir selber, schalt mich einen Narren und hatte eine Wut auf meine Schwachheit. Ich trank rasch aus und verlangte zu zahlen. Ich hatte nur einen Zwanzigmarkschein, und die Kellnerin mußte ins Haus, um Wechselgeld zu holen.
Währenddem schrieb das Mädchen und ich sah schweigend auf den Fluß und über die Wiesen, darüber jetzt der volle Mittag flimmerte, ein gläsern klarer Septembermittag. Ich tat so, wie Reisende tun, die sich eine Weile angeregt unterhalten haben, schier vertraulich oder feurig, und die nun, nah am Ziel, das Gespräch einschlafen lassen, um mit einem höflichen kalten Gruß auseinanderzugehen, fremd, wie sie sich einander begegnet waren.
Aber die Schreibende bot plötzlich und ohne jede Absicht einen so betörend süßen, ja entflammenden Anblick, daß ich im Innersten gänzlich herumgeworfen, mich jetzt nicht minder heftig wiederum einen Narren hieß, daß ich dieses Abenteuer ließe, das ich doch, wie ich mir einredete, zu einem anständigen und uns beide beglückenden Erlebnis machen konnte, wenn ich nur ernsthaft wollte. Ich konnte ihr nicht nur in ihrer schlimmen Lage helfen, ich vermochte wohl unschwer ihr das tiefe Geheimnis einer großen Begegnung einzuprägen, das ihrem ohnehin gefährdeten Leben bedeutungsvolle Kräfte verleihen würde.

Zugleich aber kam die Kellnerin und legte das Geld in großen Silberstücken hin. Indem ich es einstrich, sah das Mädchen auf und seufzte: »Viel Geld!« Und mir schoß es durch den Kopf: »Also doch ...«, und ich würgte an einem unverschämten, scherzhaft sein sollenden Angebot, ganz erbärmlich war ich in diesem Nu, vor Enttäuschung, Begierde und Hilflosigkeit. Der blühende Traum der Liebe zerfiel. Aber da klagte sie schon, wieder so entwaffnend wie je. »Wenn ich das Brot da bezahlt habe, bleiben mir keine fünf Mark mehr, und wer weiß, für wie lange.«
Nun hatte ich wieder Mitleid mit ihr. War es nicht begreiflich, daß ihr der Anblick des blitzenden Silbers einen Seufzer des Begehrens entlockt hatte? Aber wie konnte ich ihr Geld bieten, oder auch nur ihre Zeche bezahlen? Vielleicht hatte ich selbst kein gutes Gewissen mehr, jedenfalls schämte ich mich und blieb unentschlossen.
Es fiel mir schwer, zu gehen. »Geh!« sagte die Stimme in mir; »endgültig versäumt«, sagte die zweite. Noch blieb ein Ausweg: Sehr laut und umständlich fragte ich die Kellnerin nach dem nächsten Badeplatz, obgleich ich ihn unschwer gefunden hätte. »Zweihundert Schritte mainaufwärts«, gab sie Auskunft, »zweigt von der Straße ein Fußweg zum Wasser ab. Er führt zu einer Halbinsel, und da wird immer gern gebadet.«
»Dorthin werde ich gehen«, sagte ich mit einem nur allzu befangenen Lächeln zu dem Mädchen hin, und »Grüß Gott«, sagte ich, und »Ihnen viel Glück auf den Lebensweg, und vielleicht sehe ich Sie schon heute abend wieder in Lichtenfels!« Und ich ging übertrieben munter, den Stock wirbelnd, davon. Ich sah mich auch nicht mehr um – Lebe wohl, hübsches Kind, tralala, ich habe schon schönere Frauen ungeküßt lassen müssen als dich! Vorbei! Aber herrliche Zähne hat sie. Das

muß ihr der Neid lassen. Und überhaupt, wer weiß, vielleicht bist du die verzauberte Prinzessin im Aschenbrödelgewand, und ich bin der törichte Prinz, der es nicht gemerkt hat ...
Ein Man ging vorbei, ein großer Kerl, und schaute mich mit schiefem Blick grußlos an. Ich kümmerte mich nicht darum.
Eine rasende Spannung war in mir, die Leidenschaft drückte mir gegen das Herz. Und plötzlich spürte ich es: Das war doch die Aufforderung zu einem Stelldichein gewesen, nichts anderes. Und sie wird kommen, sie wird kommen. Sie wird, zufällig vorbeigehen, wird lächeln, ihre Zähne werden blitzen, sie wird sagen: Ja, da bin ich. Und ich werde sagen: Es ist so schöne Sonne hier, bleiben Sie ein bißchen. Und sie wird sich ins Gras setzen, und vielleicht bin ich ... ich dachte nicht weiter, ich dachte nur bis zu der glühenden Wand: Sie kommt!
Es war eine grüne Stille um mich von Berberitzen und Haselnußstauden, und ich war schon auf dem Fußsteig und ging ganz langsam, so schwer ging ich unter der Last meiner Angst und Begierde.
Der späte Sommer kochte die Süßigkeit der Erde gar in einer brodelnden Luft. Ich spürte die reife Verführung, und noch einmal nahm ich mir dreist das Recht, diesen Taumel, der mich überfallen hatte, Liebe zu nennen. Nichts wehrte sich in mir gegen dieses Mädchen als das Vorurteil, daß sie eine Magd sei. Aber gehen nicht herrlich durch alle Mythen und Sagen die wandelbaren Götter? Trifft nicht mit blindem Pfeil Eros, wen er will? War mir das Leben so reich gesegnet, daß ich es verschmähen durfte, nun, da es prangend kam, leicht zu lösen aus seiner Verkleidung?
Freilich, die andre Stimme war nicht minder mächtig, sie rang mit dem kupplerischen Blendwerk der verzauberten Sinne. Es blieb ein kalter, wachsamer Rest Ver-

standes in meinem schwirrenden Hirn, den keine schönen Worte überlisten konnten. Aber, war dieser Rest Vernunft nicht einfach Feigheit vor dem Leben, diesem Leben, das immer eingesetzt sein will, wenn es gewonnen werden soll? Ich wußte nicht, ob ich ein Sieger war oder ein Besiegter, wenn ich es tat, wenn ich es ließ.
Ich setzte mich an den Rand des Flusses. Schwarz, still und kalt strömte das Wasser vorbei. Ich tauchte die Hand hinein, es war ein Erwachen. Da lauerte ich wie ein Tiger im Dschungel, lachte ich. Ja, ich lachte plötzlich laut, um mich zu befreien. Aber die Beklemmung blieb. Würde ich wohl überhaupt den Mut haben, sie anzureden? Oder würde ich blöde sitzenbleiben und sie vorbeigehen lassen, endgültig vorbei? Immer wieder spielte ich mir die Szene vor. Ich war meiner Rolle sicher, nicht sicher – sicher, je nach den Wallungen meines Blutes.
Stille. Der Himmel schien nicht mehr so hoch und blau, ein Schatten fuhr kalt über den warmen Tag. Es war Zeit. Warum kam sie nicht? Das Geld fiel mir wieder ein, pfui Teufel! Ich wollte hier einem losen Mädchen auflauern, das ich nicht kannte, wolle mich sinnlos in fremdes Fleisch stürzen, ich erschrak vor mir selber. Und dann sah ich sie wieder vor mir, nicht das landstreicherische Dienstmädchen, nein, die schöne Barbarin, prall von Jugend und Gesundheit, ein lachendes, starkes Abenteuer. War dies nicht das Glück, das der Weiseste pries: Wollust ohne Reue!?
Wieder war die Stille groß am lautlosen, erdschwarzen Wasser. Warum kam sie nicht? Wenn sie hier nicht kam, mußte sie drüben gehen, jenseits des Flusses, über die Wiesen; ich konnte sie anrufen, sie würde stehenbleiben, ans Ufer kommen. Ich würde hinüberschwimmen, nackt, ein wilder Nöck, jagend auf weiße Nymphen.

Sie kommt nicht! Gut, daß sie nicht kommt. Gut! Es ist ausgeträumt, eine verrückte Geschichte, aber der Himmel hat mehr Einsehen als ich lüsterner Faun. Keine Rolle für mich! Haltung, elender Bursche! höhnte ich mich, Haltung hält die Welt!
Ich zog mich aus. Ich trat ins Wasser, der Boden war schlammig. Kalt war es, sehr kalt. Ich stieß mich hinaus, ich tauchte tief in die Flut, ich schwamm und schwamm, stromauf, stromab; ich schielte noch auf den Weg, dann fror ich; erbärmlich kalt war der Main im September, an einem schier heißen Nachsommertag. Ich stieg wieder ans Ufer, zog mich an, ich klapperte mit den Zähnen. Auf tausend Umwegen suchte die Begierde den Weg zurück: Zähne – schöne Zähne hat sie, fiel mir ein, und ich mußte sie wieder verscheuchen aus mir, die süße, gefährliche Verlockung.
Es ist jetzt genug, ich gehe nach Banz hinauf. Ich zünde mir eine Zigarre an. Heute abend bin ich in Lichtenfels, morgen in Koburg, am Mittwoch in Nürnberg, am Donnerstag bin ich zu Hause. Eine schöne Reise, sehr viel Neues habe ich gesehen. Pommersfelden war eine Verzauberung, in Bamberg der Dom, der Reiter und die Justitia. Und heute Vierzehnheiligen ... Banz ...
Der prunkende Barock begann wieder zu leuchten, die Engel kamen wieder – und das streunende Dienstmädchen, es ist zum Lachen.
Ich ging weglos in den Wald hinauf, überquerte die Straße. Am Wirtshaus wollte ich nicht mehr vorbei, weiß der Teufel, vielleicht saß sie noch dort, und am Ende hat sie gar den Kerl hinbestellt, um sich zu verabschieden. War nicht so ein Bursche mir vorhin über den Weg gelaufen?
Der Wald war hoch von schlanken Buchen. Über den Wipfeln schimmerte blau das Licht, ich ging wie auf dem Grunde eines Meeres.

Dann stand ich droben, betrat den Schloßhof, bog auf die Terrasse hinaus. In weiten Wellen wogte das fränkische Land her bis an den grünen Wall von Bäumen. Drüben stand der Staffelstein, im Schatten seiner Wälder dunkelte Vierzehnheiligen. Das Licht war jetzt von leichtester Klarheit. Nur gegen Westen stieg der bunte Staub des Abends in den Himmel, über den weiten Wiesen, den Büschen, Gehölzen und Pappelreihen, dazwischen der traurige Strom, mattglänzend, sich hin und her wand, wie blind und tastend nach einem Ziel, immer wieder zurückgebogen, müde und schwer von schwarzem Wasser.
Dreimal war ich fortgegangen, dreimal kam ich wieder, ohne Kraft zum Abschied, den unersättlichen Blick in die immer tieferen Farben des Abends getaucht.
Dann ging ich unter den blanken Schwertern der sinkenden Sonne den lichtdurchblendeten Hang hinunter, waldhinunter, steilhinunter, wiesenlang, in die brennenden Fenster von Lichtenfels hinein.
Am Abend bin ich allein in der Wirtsstube gesessen, lange bin ich geblieben und habe den hellen, erdigen Frankenwein getrunken. Ich habe verschollener Würzburger Studententage gedacht und oft und oft das Glas gehoben zum Gedenken der Freunde, von denen so mancher seitdem vor Ypern oder Verdun geblieben war. Und auch der Frauen habe ich dankbar gedacht, schöner Tage und Nächte am dunklen Strom. Und weiß Gott, das Mädchen von heute mittag hatte ich fast vergessen. Ist doch gut gewesen, daß es anders gekommen ist ... Nur ein leiser, im Weine schon schaukelnder Schmerz ist mir geblieben, wie bei allem Verlust. Und das letzte Glas habe ich auf die geleert, die nun wieder ganz rein und jeder Sehnsucht würdig vor mir stand, die zähneblitzende, furchtlose Wilde, die schöne Barbarin. Möge es dir gut gehen, nie berührte Geliebte,

träumendes Abenteuer und zugleich armes Kind, mit deinen paar Pfennigen im Täschchen und mit dem Siegerlachen, das noch nicht weiß, wie gefährlich und schwer das Leben ist.

Ich habe tief und traumlos geschlafen in dieser Nacht und bin spät erst wieder aufgewacht. Vor dem Fenster lag noch milchweiß der Nebel, aber schon da und dort triefend vom warmen Gold. Es würde ein schöner Tag werden.

Ich bin hinuntergegangen zum Frühstück, und der Kellner, der mich gestern noch, ein gefallener Engel aus himmlischen Großstadtbetrieben, gelangweilt und geschmerzt, mit gramvollem Hochmut bedient hatte, war ganz munter und aufgeregt und begann unverzüglich zu fragen, der Herr seien doch auch gestern spazierengegangen und den Main heraufgekommen, und ob dem Herrn nichts aufgefallen sei. Natürlich, nein, denn sonst hätte der Herr ja Lärm geschlagen und Meldung erstattet, aber so sei es auf der Welt und nicht nur in den großen Städten, wo er, nebenbei gesagt, lange Jahre in ersten Häusern gearbeitet habe, nein, hier in dem windigen Nest, ja, daß Menschen ermordet würden, mir nichts, dir nichts, im Wald, mitten auf dem Weg, nicht einmal Raubmord, nein, ganz gewöhnlicher Mord oder vielleicht höchst ungewöhnlicher, an einem Dienstmädchen, am hellen Tage, nein, kein Lustmord, nichts dergleichen, Eifersucht vermutlich, ja sogar ganz bestimmt Eifersucht, und der Täter sei schon gefaßt, jawohl noch am späten Abend in seiner Wohnung festgenommen, eine erstaunliche Leistung für eine so harmlose Kleinstadtpolizei –.

Ich saß, aufs tiefste bewegt und ins innerste Herz getroffen, betäubt von dem Redeschwall des Geschwätzigen, der nicht ahnen konnte, wie nahe mir seine Nachricht ging vom schrecklichen Ende der schö-

nen Barbarin, der wildbegehrten, die noch leben würde, ja, die jetzt wohl hier säße am Tische, wenn ich die Kraft gehabt hätte, das Abenteuer zu wagen, das sich so wunderbar geboten.
Und der Kellner, der meine Erstarrung für nichts als die gespannte Gier nach seinen Neuigkeiten hat halten müssen, hat mir nun eingehend berichtet, was er von dem Landjäger erfahren hat, der dem Mord auf die Spur kam.
Mainaufwärts, nicht weit von dem Wirtshaus bei der Fähre, hat die Kellnerin die Leiche gefunden, gestern am Nachmittag. Sie hat die Tote gekannt, Barbara hat sie geheißen und ist ein Dienstmädchen gewesen, nicht gerade vom besten Ruf. Die Kellnerin hat einen großen schelchäugigen Kerl vorbeistreichen sehen am Wirtshaus, und da hat sie eine Ahnung gehabt, der müßte doch der Barbara begegnet sein, die flußaufwärts hat gehen wollen, nach Lichtenfels.
Und dieser Kerl ist es auch gewesen, und es hat wenig Mühe gemacht, das herauszubringen. Das heißt: zuerst hat sich der Verdacht in anderer Richtung bewegt, weil man in dem Täschchen der Toten einen Bleistift gefunden hat. Aber der Spur hat man gar nicht nachgehen brauchen, denn die Barbara, die offenbar erst nach heftigem Widerstand erwürgt worden ist, hat in der verkrampften Hand einen Hirschhornknopf gehalten, einen ausgerissenen Knopf; und die Joppe, an der solche Knöpfe sind, ist dem Landjäger nicht ganz unbekannt gewesen.
Und an dieser Joppe hat auch der Knopf gefehlt, am Abend, als der Landjäger dem Mann den Mord auf den Kopf zugesagt hat. Der Täter hat auch gar nicht geleugnet, jawohl, hat er gesagt, ich bin's gewesen. Sonst hat er aber nichts gesagt, dem Landjäger nichts und dem Oberwachtmeister nichts. Doch, etwas hat

er gesagt, aber es ist kein Mensch draus klug geworden, wen und was er gemeint hat: »Der Hund«, hat er gesagt, »hat sie wenigstens nicht mehr gekriegt!«
Und der Kellner hat mich gefragt, ob ich mir denken könnte, was da im Spiele sei; und ich habe gelogen und gesagt, nein, das könnte ich mir nicht denken.
Ich bin dann noch lange allein gewesen und habe gefrühstückt und mir eine Zigarre angezündet. Ich habe über alles nachgedacht.
Der Mann, der Mörder, der Täter, wird hingerichtet oder er kommt, wenn's Totschlag war, nicht unter acht Jahren Zuchthaus davon. Er hat dann auch, wie ich später gelesen habe, zehn Jahre Zuchthaus bekommen. Aber ich, der Nichttäter, ich bin frei ausgegangen, wie es sich gehört von Rechts wegen. Ich hatte mich ja nur leutselig mit einem fremden Mädchen am Wirtstisch unterhalten und ihr gönnerhaft einen Bleistift geschenkt.
Ich habe ja Angst gehabt vor dem gefährlichen Leben. Ich habe geschrien nach dem Fleische und bin doch zurückgeschreckt vor dem Dämon, der es durchglühte. Und ich bin damals, als der Unschuldige, mir erbärmlich genug vorgekommen, gedemütigt vor der wilden und unbesonnenen Kraft des gewalttätigen Burschen.
An jenem Morgen aber, und es wurde ein milder, blauer Tag, wie der vor ihm, war ich schon willens abzureisen, sofort nach Hause zu fahren, weg von diesem Ort, heraus aus dem lächerlichen und zugleich grauenhaften Abenteuer, das keines war.
Aber plötzlich ließ ich, der ich schon auf dem Bahnhof stand, den Koffer zurückbringen, vom dienstbeflissenen Hausknecht, und ich bin an dem Tag noch einmal nach Vierzehnheiligen gegangen. Ernst, und wenn das Wort gelten darf, fromm und als ein Wallfahrer. Die Kirche dröhnte ihr steinernes *Gloria in excelsis* so jubelnd wie am Tage vorher. Ich schritt um den Gnadenaltar. Ich

sah die Engel fröhlich über bunten Baldachinen und sah Kerzen hoffend und bittend aufgesteckt vor lächelnden Märtyrern. Und da ging ich hinaus und tat, was ich noch nie getan hatte, ich kaufte bei einem alten Weiblein eine Kerze.

»Gel«, wisperte sie, »ein junges Mädl hat gestern einer umgebracht. Wie nur die Mannsleut gar so wild sein können. Bloß, daß sie der andere nicht kriegt, soll er sie kaltgemacht haben. Da hat er was davon, wenn sie ihn jetzt hinrichten.«

»Ja«, sagte ich freundlich, »was hat er davon ...« Und unter den blinden Augen der alten Frau habe ich plötzlich gezittert, es war mir, als käme all das Furchtbare noch einmal auf mich zu; aber dann war es verschwunden.

»Welchen von den vierzehn Nothelfern soll ich jetzt diese Kerze weihen?« fragte ich, mehr um etwas Ablenkendes zu sagen. »Ja, mein lieber Herr«, überlegte sie bekümmert, »das kommt ganz darauf an. Der heilige Blasius ist gut für den Hals, und die heilige Barbara hilft gegen jähen Tod.«

»Das ist in beiden Fällen zu spät«, sagte ich, wehrlos gegen den grausen Humor, der in mir übersprang. Für ein Mädchen, das gestern erwürgt worden ist, dachte ich schaudernd. Dann trug ich die Kerze in die Kirche. Barbara ... mit einemmal, jetzt erst kam mir die Wortverbindung – hatte ich nicht das Mädchen bei mir die schöne Barbarin genannt? Und ich entzündete das Wachslicht vor dem weißgoldenen Bildnis der Heiligen. Und sagte einfältig ein Vaterunser. Draußen sah ich jenseits des Tales, über dem weiten Wald, die Türme von Banz. Und dort unten, am Fuß des Berges, wo die sonnigen Wiesen an die dunklen Schatten des umbuschten Hügels stoßen, muß der Main fließen, still, traurig und schwarz, wie gestern, wie vor Jahren,

wie immer. Da muß auch das Wirtshaus stehen, am Wasser, mit der Fähre dabei und dem Stück Weg ...
Noch einmal, einen Herzschlag lang, wartete ich in quellend süßer Angst und purpurner Begierde auf das Abenteuer; wartete auf die blitzenden Zähne und den gefährlichen Rausch jener gleichen Stunde – gestern.
Und liebte, in diesem Augenblick, dieses fremde junge Weib so tief und so wahr, daß mir die Tränen in die Augen stiegen, daß ich schwankte unter einer jähen Last von Glück und Sehnsucht.
Dann war alles vorbei. Von der Kirche her schlugen die Glocken, ich ging eilig zu Tal.
Gegen Abend hin bin ich mit dem Schnellzug geradewegs nach Hause gefahren. Ich bin, ein fremder Fahrgast, unter anderen fremden und abweisenden Leuten in meinem Abteil gesessen, bin in den Speisewagen gegangen, habe geraucht, mich gelangweilt, schließlich habe ich in einem fränkischen Provinzblatt, das ein Herr neben mir liegengelassen hatte, die erste, kurze und falsche Mitteilung von einem Mord bei Banz gelesen, so kalt, als hätte nicht beinahe, auf Spitz und Knopf, ich selber eine Hauptrolle dabei gespielt ...

DER FISCHKASTEN

Zur Einweihung der neuen Innbrücke war auch der Regierungsrat Gregor Hauenstein von seiner Dienststelle beordert worden. Er war ein gebürtiger Münchner, aber seit vielen Jahren in Berlin beamtet; so freute er sich doppelt des Auftrages, der ihn, mitten im Juli, für zwei Tage in die alte kleine Stadt führte, an die ihn so manche Erinnerung seiner Knabenzeit knüpfte.
Lange nicht mehr hatte er sich so jung und vergnügt gefühlt wie an diesem Sommermorgen, als er in Rosenheim den Schnellzug verließ. Im Angesicht der Berge spazierte er auf dem Bahnsteig hin und her, wie ein Rabe im schwarzen Rock, die Schachtel mit dem hohen Hut schlenkernd an einem Finger, belustigt über seine eigene Würde, die es freilich erst morgen voll zu entfalten galt, beim festlichen Marsch über die neue Brücke, unter Fahnen und Ehrenjungfrauen.
Warum er den Hut so herumtrug, wußte er selber nicht. Er hätte ihn bequemer zu dem kleinen Koffer gestellt, den er schon in dem altväterischen Abteil zweiter Klasse untergebracht hatte, in dem er, nach einer halben Stunde Aufenthalt, die Fahrt fortsetzen würde.
Der Regierungsrat, seit dem Verlassen des D-Zuges wie um ein Menschenalter zurückverzaubert, war in wunderlichster Stimmung. Es gelang ihm heute nicht, sich und seine Sendung ernst zu nehmen, er spöttelte wider sich selbst, er stellte, endlich, die Schachtel mit dem Zylinderhut in das Gepäcknetz, turnte wie ein Schulbub am Wagen herum, bekam schwarze Finger und wusch sie sich am Brunnen.
Er ging wieder auf und ab, schaute über die Gleise auf den Wendelstein, der leichter und leichter ward im blaugolden steigenden Tag, sah auch in die sommer-

grüne, warm werdende Straße hinaus, die zum Bahnhof führte, und erinnerte sich, daß er vor fünfundzwanzig Jahren wohl – oder war es noch länger her? – als Bub mit dem Radl da angesaust war, abgehetzt von drei Stunden verzweifelten Tretens, und doch um einen Augenblick zu spät, denn der Frühzug fuhr gerade an, ihm vor der Nase weg.

Ja, vor der Nase weg, und viele Anschlüsse hatte er versäumt seitdem, und wohl wichtigere, aber vielleicht war ein versäumtes Leben, aus den Sternen gesehen, nicht schlimmer als ein Zug; und sein Leben hatte er ja nicht versäumt, durchaus nicht, er hatte auch Anschlüsse erreicht, mühelos und pünktlich. Und nächstes Jahr wurde er wohl Oberregierungsrat.

Der Reisende kam unversehens dazu, darüber nachzudenken, wie es ihm denn gegangen sei in diesen fünfundzwanzig Jahren, die zusammen mit den fünfzehn, die er damals alt war, gerade vierzig machten, ein schönes Alter, in dem das Leben erst anfange, wie es jetzt so gerne gepredigt wurde.

Nein, dieser Ansicht war der Reisende durchaus nicht. Er hielt es mit der bedächtigeren Weisheit, daß ein Mann mit vierzig Jahren wissen müsse, wo er sterben wolle. Sterben, das war nicht so gemeint, daß er sich nun gleich hinlegen müßte, nein, gewiß nicht; aber den Platz aussuchen, das sollte einer, wenn er nicht ein heimatloser Glücksjäger war, den Rastplatz, von dem aus ein Blick erlaubt war auf das wirkliche Leben und auf den wirklichen Tod.

Jeder Dorfschreiner hier unten hat ihn und jeder Bahnwärter, dachte er, und er träumte sich fort von dem ruhelosen Schattenleben der großen Stadt; ein Jäger und Fischer hatte er werden wollen, wie er ein Bub war, und ein Aktenstaubschlucker in Berlin war er geworden.

Noch einmal über seine Jahre hinschweifend, kam der Mann zu dem Ergebnis, daß es ihm, was das äußere Dasein anbelangte, schlecht und recht ergangen sei. Doch vermochte er sich selbst über sein eigenes, tieferes Leben wenig zu sagen; er mußte bekennen, daß er den gültigen Standpunkt verloren oder noch nicht gefunden hatte, und daß er nicht wußte, was wohl überhaupt zu fordern und zu erwarten war.

Wenn es nichts mehr gab, wenn wirklich alles ausgeschöpft war, dann jedenfalls hatte er genug. Dann hatte er die Schicht durchmessen, innerhalb derer zu atmen erlaubt war; und weiter vorzudringen, hinauf oder hinab, hinaus oder hinein, war ein tödliches Wagnis. Denn an ein Ziel oder nach Hause würde er doch niemals kommen.

Der Regierungsrat, immer noch hin und her gehend, wurde es müde, Fragen zu stellen, auf die noch niemand je eine Antwort erhalten. Ihm fiel das alte Wort ein, daß die Gescheitheit lebensgefährlich sei, weil man verdorre an ihr, und daß einer, der sich feucht und frisch erhalten wolle, von Zeit zu Zeit in die tiefsten Brunnen seiner Dummheiten fallen müsse. Brunnen wohl, dachte er weiter, aber in den reißenden Strom? Und er entsann sich der vielen Altersgenossen, die in den Wirbeln wild strudelnder Jahre versunken waren. Und wer weiß, wohin noch alles treibt. Vielleicht würde auch er noch einmal, sowenig ihn danach verlangte, beweisen müssen, ob er schwimmen könne.

Endlich polterte die Maschine an. Ein paar Leute waren noch zugestiegen, lauter Bauern und Händler; niemand mehr kam in das Abteil zweiter Klasse. Der Zug fuhr auf dem gleißenden Schienenstrang in die Landschaft hinaus, die nun schon weiß war vor Hitze. Die Berge wurden dunstig, nahe grelle Bauerngärten, wehende reifende Felder, gelb und schwer, dazwischen die graugrünen, moosbraunen Streifen Gebüsches, die den Fluß säumten, der mit schnellen, hellen Blitzen unter der zitternden Sommerluft hinschoß. Nadelspitze Kirchtürme, wie Minaretts, standen auf der jenseitigen Höhe, die warm im Walde wogte. Das war vertrautes Land; das mußte Griesing sein da oben. Und jetzt rollte der Zug schon in die letzte Biegung, seidiger Flatterwind umbrauste den spähend hinausgebogenen Kopf, dann war der Bahnhof von Oberstadt zu sehen und das Städtchen selbst, flußabwärts auf der Höhe. Der Zug hielt, niemand stieg aus als der Regierungsrat Gregor Hauenstein; niemand empfing ihn: der rotbemützte Vorstand gab gleichmütig das Zeichen zur Weiterfahrt.

Es war noch nicht Mittag. Der Regierungsrat überlegte, im prallen Licht des öden Platzes stehend, daß nicht nur der Weg in das Städtchen hinauf heiß und staubig sein müßte, sondern daß es auch unklug wäre, sich jetzt schon den ehrenfesten Männern auszuliefern, die ihm mit allerlei Bitten und Beschwerden auf den Leib rücken würden, da ja ein Vertreter der höchsten Amtsstelle nicht alle Tage zu ihnen kam. Er blieb also unten, fand den Wirtsgarten des Gasthofs »Zur Eisenbahn« erträglich, aß, und nicht ohne wehmütigen Humor, das klassische bayerische Gericht, ein Kalbsnierenstück mit Kartoffelsalat, und trank, im Schatten der Kastanien, ein Glas hellen Bieres.

Er gedachte eine Wanderung zu machen und ließ sich von der Kellnerin erzählen, daß ein Stück flußaufwärts eine Fähre sei. Dort könne man übersetzen, finde drüben ein Wirtshaus und hundert Schritte weiter oben, ein Kloster mit einer schönen Barockkirche. Von da aus führe ein Sträßchen über die jenseitigen Höhen wieder stromab, dergestalt, daß man bei der neuen Brücke drunten wieder an den Fluß komme. Sie selber sei da

drüben noch nicht gewesen, aber die Leute sagten, es wäre ein lohnender Weg.
Der Regierungsrat machte sich auf und ging zuerst über die flirrenden, grillenschrillen Felder und Wiesen. Sein Gepäck hatte er einem Jungen gegeben, der es in den »Goldenen Krebs« hinaufbringen sollte, wo ein Zimmer bereitgestellt war. Er konnte also ausbleiben bis in den späten Abend, und das wollte er auch. Ärgerlich war nur, daß er so gar nicht aufs Wandern und Herumstreunen eingerichtet war, im schwarzen, bis an die Kniekehlen reichenden Rock, wie der Herr Pfarrer selber mußte er aussehen; und heiß war es ihm, der Schweiß brach ihm aus, und das Glas Bier hatte ihn schläfrig gemacht. So schritt er unterm Feuerblick der Sonne hin.
Er überquerte das Bahngleis, das schnurgerade von Süden heraufkam, den Damm, von Schabenkraut und Natternkopf dicht bewuchert. In einem Abzugsgraben sprangen viele Frösche, einer nach dem andern, sowie er das Wiesenweglein entlang ging. Das war ein schöner, wahrer Bauernsommer, echter als da drüben im Gebirge, wo es kein Querfeldein mehr gab, sondern nur noch Straßen, Zäune, Gaststätten und Verbotstafeln.
Er kam wieder auf ein zerfahrenes Sträßlein, blau von Wegewarten. Eichen standen mächtig im Feld, im kräftigen, tausendblumigen, gräserstarren, lichtgekämmten, glühenden Feld. Und dann hörten die süßen Wiesen auf und es begannen die sauern, mit Bärenklau und Disteln und Weiderich; und schilfige Gräben zogen herein.
Sand war jetzt überall auf den Wegen, ganz feiner Sand; es roch nach Verfall und fischigem Moder. Die Auenwälder, die von weither im lichten Triller der Pappeln und Weiden weißgrün und bläulich geblitzt

hatten, taten sich mit dumpfer schwärzlicher Schwüle auf, Erlen standen an finsteren Sumpflöchern, Brombeersträucher überwucherten den Sand, Minze wuchs in wilden Büscheln, Nesseln und Schierling waren da und viel Gestrüpp und Gewächs, das er nicht kannte.
Das Dickicht, von Waldreben geschnürt und übersponnen, ließ nur den schmalen Pfad im Sand, geil drängte von überallher das schießende, tastende, greifende Strauchwerk, von Lichtern durchschossen, von fremden Vögeln durchschwirrt. War diese Wildnis noch Heimat? Ja, sie war es und war es doch wieder nicht, tropisch schien sie dem erhitzten Mann, der im schwarzen Gewand, gebückt, von Dornen gepeitscht, durch diese kochende, brodelnde, klirrende Dschungel dahintrabte. Gestürzte Bäume verwesen in schwarzen Strünken, Morast, trügerisch und übergrünt, vergor altes Laub, nirgends war eine Stelle, um zu rasten. Ameisen krochen eilig über den Sand, Käfer kletterten im Gras, das Wasser bewegte sich von Egeln und Larven, Läufer ritzten die dunkle Fläche. Und die Schnaken, heransingend, stachen gefräßig dreist, in Wolken stoben die Mücken auf, schillernde Fliegen brausten flüchtend vom Aas.
Es war ein unsinniger Plan, in der vollen Hitze eines Julimittags hier einzudringen in das verruchte Gehölz, ein höllisches Vergnügen, mit steifem Kragen und im Bratenrock eine afrikanische Forschungsreise zu unternehmen. Aber nun mußte doch bald der Fluß kommen!
Der Weg stieß jedoch wieder tiefer in den Busch. Dann erst kam ein Altwasser, still, schwarz, schweigend, mit steilen Böschungen. Der Stand war niedrig, lange hatte es nicht geregnet, auf dem Sand war die Höhe der letzten Flut in einem Ring von Schlamm und Schwemmgut abgezeichnet. Der Regierungsrat war, sobald er des dunklen Spiegels ansichtig geworden, wie verwandelt.

Die unterste Gewalt des Menschen hob sich empor. So wie er da hinstrich, das morsche Ufer entlang, im lächerlichsten Aufzug, war er ein Wilder, spähend, beutegierig, aufgeregt von der Leidenschaft: hier mußten Fische stehen! Gleich würde er einen Hecht erblicken, steif lauernd, unbewegt, das Raubtiergebiß vorgeschoben, mit leichten Flossen tückisch spielend – und dann würde der davonjagen, ein grüngoldner Blitz, ins schwankend fette Kraut.

Der wunderlich verzauberte Mann lief, sich eine Gerte zu schneiden; was, Gerte, einen Speer, eine Waffe wollte er haben, blinkend sollte die ins Wasser fahren, den Hecht zu treffen, und wär's nur, daß eine Schuppe sich silbern löste zum Zeichen des Sieges. Und er schnitt, nach langem Suchen, einen schlanken jungen Eschenstamm aus dem Unterholz, einen kühlgrauen, kerzengeraden.

Es stand aber kein Hecht da, und dort stand auch keiner, nirgends war die Spur eines Fisches zu entdecken. Und als der Lüsterne sich über das von Erlen bestandene Ufer beugte, ob unterm Wurzelwerk nicht stachlige, dunkelrückige Barsche auf- und niedersteigen wollten in den Gumpen, da wäre ihm ums Haar die Brieftasche entglitten. Waldläufer und Fischer, dachte er, noch den Schrecken im klopfenden Herzen, hatten keine Ausweispapiere und Geldscheine in der Tasche, sonst wäre auch ihnen die Tunke teurer zu stehen gekommen als der Fisch.

Indes kam aber ein leise zischendes Rauschen immer näher, und unversehens stand der Pfadfinder am Strom, der weiß herschoß, milchtrübe, denn in fernen Bergen hatte es wohl geregnet, und das Wasser ging hoch.

Der Inn war an diesem Ufer eingebaut in mächtige Blöcke, daran der Fluß seine Flanken rieb. Vom Grunde her scholl ein geheimnisvolles Klirren und Klim-

pern, der Kies zog mit im Geschiebe, und oft schien von unsichtbaren Stößen und Schlägen das Wasser zu bersten, und es blühten dann seltsame, mit Kraft geladene Wolken von Schlamm auf in der klaren Flut.
Zwei Fischreiher duckten sich, mit schweren Schwingen aufzufliegen. Der Anblick der schönen, mächtigen Vögel machte das Herz des Mannes jubeln. Engel, dachte er, mit ihren Fittichen zur Sonne steigend, könnten keines glückhafteren Paradieses Boten sein. Denn dies, in diesem Augenblick, war ihm Begegnung mit der Freiheit.
Gregor Hauenstein zog sich rasch aus, es war ihm, als bedürfe es nur dieses Kleiderablegens, um einzutreten in den Zauberkreis. Und wirklich stand er eine Weile nun nackt, von Lüften leicht berührt, von der Sonne kräftig getroffen, in der gläubigen Seligkeit, drinnen zu sein, einverstanden mit der Natur.
Aber es wurde rasch deutlich, daß er kein nackter Mann war, sondern doch nur ein ausgezogener Beamter, der auf dem rauhen Steingrund kaum zu gehen vermochte und der bei dem Versuch, ins Altwasser zu kommen, auf den erbitterten Widerstand dieser herrlichen Natur stieß. Was Sand geschienen hatte, war knietiefer Morast, von dornigem Strauchwerk und krummfingrigem Geäst tückisch durchsetzt, so daß er, nach wenigen schmatzenden und gurgelnden Schritten, sich zur Umkehr gezwungen sah. Auch fielen, sobald er die frische Brise am freien Strom verlassen, die Mücken und Bremsen mit schamloser Begierde über ihn her. In den reißenden Inn aber wollte er sich nicht hinauswagen, und schließlich begnügte er sich, an einen Pfosten geklammert, sich von den kalten, weißgrünen Wellen bespülen zu lassen.
Dann setzte er sich auf eine Steinplatte und gedachte, noch lange zu ruhen und zu rauchen; alte Knabensehn-

sucht gaukelte ihm Wigwam und Friedenspfeife vor, Lagerfeuer und Indianerspiele im Busch; und die Squaw? erinnerte er sich mit leisem Lächeln, und es kam ihm in den Sinn, wie wenig Glück er bei Frauen gehabt hatte. Er war Junggeselle geblieben, ohne viel Bitterkeit, aber auch ohne viel Kraft zum Abenteuer; nicht so sehr frei, als vielmehr preisgegeben, hatte er gewartet, ohne etwas zu erwarten. Wartete er eigentlich noch? Die Unrast, die den Einzelgänger immer befiel, sobald er zu lang untätig mit sich allein war, trieb ihn auch jetzt wieder fort. Er schlüpfte in sein Gewand; nur den Kragen und den Schlips trug er nun in der Tasche. Seine Lanze aber wollte er nicht missen.
Näher, als er hatte vermuten können, durch eine leichte Krümmung des Stromes verstellt, lag die Fähre vor ihm. Welch ein abenteuerliches Gebilde, urtümlich, eine vorweltliche, glückhafte Erfindung des Menschen – und doch aller Sünde Anfang, wie er zugeben mußte. Denn der Weg von ihr zu den kühnen und doch so verderblichen Bauten unserer Tage war nur ein kurzer und folgerichtiger, dem gleichen Willen entsprungen, die Freiheit der Natur zu knechten.
Hoch im Geäst einer einsam ragenden, zornigen Silberpappel war das Seil verschlungen, das hinüberlief zum andern Ufer, wo es in der Steilböschung verankert war. Bis an die heftige Strömung des Rinnsals aber führte ein hochgestelzter, nur aus schwanken Stangen geknüppelter Steg, der mit einem Leiterchen endete, das zu einem Ländefloß hinabstieg, an dem die Fähre selbst anlegte. Drüben trat ein gebückter Mann aus einem Hüttchen, grauhaarig, bärtig, schaute herüber und nickte. Er nahm eine lange Stange von der Wand und ging zum Fluß hinunter. Der Wartende sah ihn in den Kahn steigen, doch erschien im gleichen Augenblick drüben ein buntes Mädchen und rief und winkte, daß

der Fährmann warten solle. Der machte dann auch mit seinen langen, krummen Armen ungemein lebhafte Bewegungen, die alles andeuteten, was zu fragen und zu denken war: Entschuldigung heischend, zur Eile antreibend zugleich.

Dann war das Mädchen untergebracht, die Fähre glitt herüber und landete. Über das Leiterchen zu gelangen, war offenbar nicht leicht; der Regierungsrat, der behilflich sein wollte, stand gefährlich im Wege, beinahe hätte das Mädchen ihn vom Stege gestoßen: er mußte sich mit den Händen an sie klammern, denn er schwankte schon. Sie erröteten beide unter der unfreiwilligen und doch derben Umarmung, Wange an Wange.

Dann aber, unter Lachen, endete die Begegnung; der Fahrgast stieg ein, und still löste sich die Zille vom Floß. Die Wellen kamen her, in Wirbeln ums schaukelnde Schiff, und der Ferge hob bedächtig die Stange. Das Fahrzeug trieb nun rasch, in der Mitte der Strömung, die Rollen am Seil blieben zurück, liefen wieder voraus, rasselten, sangen einen hellen Ton. Jetzt, gegen die Sonne, kam das Wasser leicht klirrend wie Scheiben Goldes.

Der Gast wie der Fährmann schwiegen; es war das uralte Geheimnis der Überfahrt zwischen ihnen. Dann stieß der Kahn knirschend an den Kies des seichten Ufers.

Nun, während er ihn reicher, als es seine Pflicht gewesen wäre, entlohnte, fragte der Fremde doch einiges, was man so fragt, aber mit besonderer Begierde, ob denn auch noch Fische im Inn wären und was für welche. Der Fährmann, mit der Hand wie verächtlich auswischend, meinte, Fische, ja, grad genug, Fische gäbe es im Inn, sehr viele, viele – aber, wie plötzlich sich besinnend, als hätte er von alten Zeiten geredet, schüttelte er bedenklich den Kopf: viele eigentlich nicht mehr, gegen früher. Da sei es noch ein gutes Handwerk gewesen, die Fischerei. Jetzt aber, nun, es wären noch Huchen da, Aschen, Weißfische und im Altwasser Hechte, armlange Trümmer, und der Loisl drunten – und er wies stromabwärts – habe erst gestern zwei gefangen, und einen mit dreizehn Pfund.

Der Regierungsrat ging den Waldhang hinauf, der von einem Bach aufgespalten war, der hier in den Inn mündete. Das Wasser, schwärzlich und golden, von fetten Strähnen grellgrünen Schlinggewächses durchzopft, schimmerte herauf und war bis zum Grunde klar. Der Wanderer spähte unverwandt, aber er stellte bekümmert fest, daß auch hier keine Fische zu sehen waren.

Auf halber Höhe stand ein Gasthaus; drinnen war Musik, erhitzte Tänzer traten mit ihren Mädchen heraus, wo an laubüberhangenen Tischen ältere Männer tarockten. Er ließ sich ein Glas Bier bringen und sah dem nächsten schielend in die Karten. Der aber verlor und verlor, warf sogar bald verdrießlich das Spiel hin und ging davon. Und wunderlicher Weise empfand auch der Zuschauer die widrige Laune des Glücks und Mißbehagen, als hätte sie ihm selber gegolten. Er stand auf und streunte herum.

Das Rumpeln der Kegel zog ihn an, aber als er wie beiläufig in die Bahn trat, verstummte augenblicklich der muntere Lärm, um in schallendem Gelächter wieder hervorzubrechen, kaum daß er das lustige Häuschen verlassen hatte. So galt er denn hier für einen komischen Kauz, den sie nicht mitspielen ließen.

Mehr Erfolg hatte er, als er kurz darauf, gegen den Bach und eine nahe Mühle gewendet, zwei Männer gewahrte, die mit Feuerstutzen nach einer Scheibe schossen, die weit drüben, über der Schlucht, matt schimmerte. Der Zieler wies gerade mit seinem Löffel einen Zehner auf, doch der Schütze schien nicht zufrieden,

er schüttelte verdrossen den Kopf. Er fragte den gespannt zuschauenden Fremden, ob er auch vom Schießen was verstünde. Und reichte ihm ermunternd die Büchse, die er wieder geladen hatte, zum Ehrenschuß.
Seit dem Kriege hatte der jetzt Vierzigjährige kein Gewehr mehr in der Hand gehabt; nun ergriff er es mit Begierde, hob es an die Wange und suchte das Ziel. Schon aber hatte er den feinen Stecher berührt, der Schuß fuhr hinaus, verdutzt starrte der Schütze nach. Er wollte gerade einiges zu seiner Entschuldigung vorbringen, da scholl von drüben ein lauter Jubelschrei, und auf der steigenden Scheibe hielt der Zieler mitten ins Blatt. Mit schweigendem Lächeln gab der Regierungsrat den Stutzen zurück.
So belanglos dieser Treffer sein mochte, plötzlich erschien er ihm als kraftvoller, geisterstarker Widerhall des Glücks, als Antwort gerufener Mächte, die uns unvermutet ihre gefährliche und zugleich tröstende Gegenwart künden wollen. Und es war, als hätte der hallende Schuß letzte Nebel zerstreut vor einem bewußten und frohen Auf-der-Welt-Sein. Ein freier und freudiger Mensch, ging der Gast nun weiter, nicht ohne seinen Gertenspeer wieder aufgenommen zu haben, den er an die Wirtshaustür gelehnt hatte.
Er sah im Vorbeigehen Ställe, roch Pferde. Vom grellen Hof birschte er sich, wie beiläufig, durch das nur angelehnte Gitter in die braune Dämmerung der Boxen. Ein mächtiger starkknochiger Wallach stand in der ersten und wandte schwerfällig den alten Kopf. In den nächsten Ständen aber, kleiner als der ungeschlachte Riese, stampften junge Stuten, von gutem Schlag, glänzenden braunen Felles. Erregt witterten sie den ungewohnten Besucher. Der hatte kaum im Zwielicht sich zurechtgefunden, als auch schon ein mißtrauischer Knecht hinzutrat und unwirsch fragte, was der Fremde

hier wolle. Der aber, statt einer geraden Antwort, wies auf das große, rotgewürfelte Tuch, das der Knecht um den Kopf geknüpft trug, und fragte dagegen, ob er Zahnweh habe. Aufgehellt von solcher Teilnahme, gab der Mann gern Auskunft über seine Schmerzen und ließ sich leicht in ein Gespräch über die Landwirtschaft und die Pferde ziehen. Ob sie fromm seien, oder ob sie ausschlügen, wollte der Regierungsrat, wie nebenbei, wissen, indem er näher an die Stände trat. Der Liesl sei nicht zu trauen, meinte der Knecht, aber die Eva sei sanft wie im Paradiese.
Damit wandte er sich vorerst von dem Fremden ab, um seinem Stalldienst nachzugehen. Der Fremde aber, in einer unbeherrschten Lust, das schöne Tier zu liebkosen, ging auf das Pferd zu, das ihm als gutmütig bezeichnet worden war. Rosse! dachte er voller Sehnsucht und träumte sich in eine heldische Landschaft, drunten, am Fluß, unter einem sonnenzerstoßenen, rauchenden Regenhimmel, im grünen Sprühen der nassen Bäume und Büsche dahintrabend, schäumend vor Lust, zu leben und schweifend hinzustürmen, fremden, edleren Göttern untertan.
Im gleichen Augenblick aber drängte die schlimme Liesl ungebärdig nach hinten und schlug mit beiden Hufen nach dem Vorübergehenden. Er konnte mit genauer Not noch zur Seite springen und stand nun, zitternder Knie, an den hölzernen Verschlag gedrückt. Der Knecht lief herzu und machte ein finsteres Gesicht. Kleinlaut, mit einem scheuen, wie verzichtenden Blick auf die Tiere, schlich der Eindringling hinaus.
Es war nichts mit dem Traum, höhnte er sich selber; die edlen Götter wollten ihn nicht in ihren Diensten sehen. Und während der Schrecken jetzt erst, in hämmernden Schlägen des Herzens, von ihm wich, überlegte er die Gefahr, die ihm gedroht hatte. Aber: »Bei-

nahe gilt nicht«, rief er kühn sich selber zu und schloß, ruhigeren Atems, den Kreis des Lebens über einem Abgrund von Gedanken.

Inzwischen war er an der Kimme des Hügels angekommen und sah flußabwärts, in Wiesen gebettet, das Kloster mit der Kirche liegen. Ich will nicht länger fremden Göttern dienen, lächelte er, dem sanften Gotte meiner Kindheit will ich mich beugen. Und schritt den Hang hinunter. Den Gertenspeer aber trug er immer noch in der Hand.

Jetzt lehnte er ihn an die Pforte und trat in die Kirche. Kühl, schweigend, in buntem Zwielicht lag der Raum. Etwas war darin, wie das Schwirren der vielen Instrumente eines großen freudigen Orchesters. Bist du bereit, o Seele?, schien es zu fragen, gleich können wir mit der himmlischen Musik beginnen. Und er saß im Gestühl, und es begann das Spiel. Ohr ward in Auge verwandelt, und das Auge vermochte zu lauschen: wohin er sah, sprangen die Töne auf, jubelnd, in goldnen Kanten steigend, in eigenwilligen Schnörkeln entflatternd, zu starken Bögen gebunden. Sie sprangen über das hundertfarbene Gewölbe der Heiligen; da sangen blasse Büßerinnen und durchscheinend Verklärte; und bärtige Bässe mischten sich in die Lobpreisung. Aus der höchsten Laterne aber, darin der Geist als Taube schwebte, fuhr der Klang wieder herab, in den fleischernen Jubel der Engel und Putten, in den schweren Prunk der gebauschten Baldachine, in die goldnen Strahlenblitze der Verzückung. Zimbeln, Flöten und Trompeten, in Bündeln in die Chorbrüstung geschnitzt, wie Kinderspielzeug an den Altären aufgehängt, fielen silbernen Klangs mit ein, und von den Lippen jubelnder Märtyrer brauste des Dankes klare Verkündung.

Nun aber ward solcher Wohllaut geheimnisvoll durchstoßen ohne wirklichen Orgelton. Und es erscholl ein

leiser Gesang, aber so hauchend er schien, er erwies sich mächtiger als der jauchzende Braus. Es waren die Nonnen des Klosters, die sangen, hinter den weißen und goldenen Gittern, aus einer anderen Welt.
Die süßen Pfeifen der Orgel, die zarte, eintönige Trauer des Gesanges weckte auch in dem Lauscher das trunkene Lied, das in des Menschen Brust schläft, tief drunten bei den letzten Ängsten und bei der letzten Seligkeit.
Dies war freilich nur im Augenblick, daß seine zerspaltene Seele zusammenglühte zu einer brennenden Flamme der Liebe. Wir sind ja längst alle Waisen, dachte er, in schmerzlicher Ernüchterung; eine ganze Welt hat keinen Vater mehr. Dies ist ja Grabgesang und wehende Luft aus Grüften. Gesang und Orgelspiel endeten. Die Wände und Säulen waren stumm geworden, die Verzückung der Heiligen schien erstarrt. Blaugoldene Dämmerung füllte den Raum. Rasch brach der Einsame auf.
Auch draußen war nun schon später Nachmittag. Warmes Gold floß durch die Wälder her, die Bäume warfen lange Schatten auf die Wiesen. An der Kirchenpforte lehnte noch der Gertenspeer. Der Regierungsrat, veränderter Stimmung voll, war unschlüssig, ob er ihn mitnehmen sollte, denn er gedachte, seinen Ausflug nun gesitteter zu vollenden, auf den Sträßlein geradeswegs gegen die neue Brücke hin zu wandern und zum Abend im Städtlein zu sein; er sah sich schon beim »Goldenen Krebs« sitzen, im Wirtsgarten oder auch in der Stube, beim frischen Bier, und die Speisenkarte vor sich ausgebreitet, aus der er, gar wenn er rechtzeitig kam, nach Herzenslust wählen konnte. Nun griff er doch nach der Lanze, er war fröhlich, ohne recht zu wissen, warum, er sang ein wenig vor sich hin, dummes Zeug, die Speisenkarte setzte er in Töne, kräftig ausschreitend, leicht

in der mild wehenden Kühle, einig mit sich selbst, gesund, in jener herrlichen Spannung des Hungrigen und Durstigen, der weiß, der ganz sicher weiß, daß sein Verlangen gestillt wird, ja, der seine Sinne schon reizen darf, um sie desto feuriger in den Genuß zu entlassen. So marschierte er hin und hatte rasch die Höhe erreicht, die ihm einen letzten Rundblick bot, ehe das Sträßlein, waldhinunter, gegen Brücke und Stadt sich wandte.
Die Brücke war auch von hier aus nicht zu sehen, eine schwarzgrüne Wand von Tannen verbarg sie. Aber die Stadt drüben hob sich schön und schier feierlich ins schräg einfallende Licht. Auch vom Flusse war nun die ferne Herkunft zu erblicken, gleißend, wie von verstreuten Wassern, lag es im Sand und Gebüsch. Das nahe Ufer aber, von schütterem Wald verstellt, blinkte nur ungewiß aus grünen Schluchten her.
Hügel um Hügel schwang sich im Süden den Bergen zu, die ihren mächtigen Bogen auftaten, zauberklar, nahe, wie sie den ganzen Tag nicht gewesen. So wie das Licht die Hügelkämme, die Wälderhöhen und die Gipfel traf, hatten sie ihren besonderen Widerschein, ihre eigene Verschattung. Im Sinken der Sonne blitzten, lösten sich Halden in sanften Dunst, glühenden Felsenzacken in scharfen Kanten. Gegen Westen aber, in das Lodern des Gestirns hinein, hob sich, Welle um Welle, das Land in unbegreiflicher Überwerfung, in immer dünnere, zartere Gebilde aufgeblättert, in den Taumel der Verzükkung, bis der letzte Scheitel, nach hundert wilden, ausgebrannten und wie von Rauch allein noch bewahrten Farben, veilchenblauen, eisenbraunen, weinroten, in den zartweißen Duft verhauchte, mit dem sich das Land an die flammende Schwermut des unaufhaltsam stürzenden Tages hingab.
Der Wanderer, auf seinen Speer gebogen, genoß dies Schauspiel lange. Er stand, bis ihn, vom westlichen

Hügel her, die Schatten trafen, bis die Ränder des Himmels, in giftigere Farben getaucht, einschmolzen, bleiern erkalteten, und bis, hoch in Lüften, auf blassem Federgewölk, die weiße Stille dahinfuhr.
Er riß sich los. Und morgen muß ich nach Berlin zurück, dachte er, und es war ihm wie damals vor vielen Jahren, als die Front ihn unerbittlich zurückforderte aus den seligen Händen der Heimat. Der Tag hier war ein Traum gewesen, Berlin hieß die Wirklichkeit. Aber noch einmal, wie ein Schläfer vor dem Erwachen, barg er sich in den holden Trug schweifender Gedanken: wie er hier hausen wollte im wilden Wald, ein Jäger, ein Schrat, ein Kentaur. Und zerwarf die gläsernen Gespinste mit wildem Gelächter.
Die Straße war inzwischen bis nahe an den Fluß herabgestiegen; doch blieb noch ein breiter Streifen buschigen Waldes zwischen ihr und dem Ufer. Es liefen aber kleine Steige hinaus, und einem von ihnen, an einem Wasserlauf entlang, folgte der Wanderer, in keiner anderen Absicht als der, noch einmal freie Sicht auf die Strömung zu gewinnen, ehe er an die Brücke kam und in den gebundenen Bereich der Menschen. Ja, in seinem Herzen schien die wilderregende Wanderung dieses Nachmittags bereits zu Ende; er war schon in Gedanken bei dem neuen Bauwerk, bei dem gemütlichen Abendessen, bei dem morgigen Fest.
Er ging den Graben entlang, der sich rasch zu einem Altwasser ausbuchtete. Es war wohl noch hell hier, außerhalb des Waldes, am weißzischenden Fluß; aber, um noch Fische sehen zu können, schien es doch bereits zu dämmerig. Trotzdem hielt er die Augen unverwandt auf die klardunkle Flut gerichtet. Er würde sich ja nun doch von seinem geliebten Wurfspeer trennen müssen, denn es ging nicht an, also gerüstet unter die Leute zu treten. Und welch würdigeren Abschied konnte

er seiner Waffe geben, als daß er sie zu guter Letzt doch noch gegen ein geschupptes Untier schleuderte, einen Hechten, einen armlangen, dreizehnpfündigen, wie ihn der Fährmann geschildert hatte heute nachmittag. Er hatte sich doch wieder heiß gelaufen auf dem Marsch vom Kloster herab, und es tat wohl gut, das schwarze Staatsröckchen noch einmal abzutun und die Weste dazu und sich hier auszulüften in der Kühle des Abends. Aber der Regierungsrat mußte bemerken, daß die Schnaken auch abends stachen und nicht schlechter als am heißen Mittag, und daß das Hemd sie durchaus nicht daran hinderte; er mußte auch einsehen, daß ein Mensch völlig wehrlos preisgegeben ist, der in der einen Hand seine Kleider hält, in der anderen aber eine zwecklose, kindische Gerte. Er überlegte eben, ob er besser diese fahren ließe oder aber seinen Frack wieder anzöge, als er einen Nachen sah, der am Ufer angekettet war.

Unversehens war er wieder völlig im Bannkreis des Wassers, und obgleich er sich selber einen alten Kindskopf schalt, war er doch schon entschlossen, sich an dem Kahn zu versuchen. Er legte Rock und Weste nieder und prüfte, wie das Boot befestigt sei. Die Kette war um einen Pfahl geschlungen, der im Morast des Ufers steckte, das in einer steilen Böschung abfiel. Es war nicht leicht, das Boot zu betreten. Es schwankte unter seinem Sprunge, und die schwarzklare Fläche schaukelte in weiten Ringen. Der Boden des Kahns stand voll Wasser, das unter dem Gewicht des Mannes rasch stieg, aus vielen Ritzen quellend. Doch mit dem Sinken mochte es noch eine gute Weile haben, und der Mann turnte bis zur flachen Spitze der Zille vor.

Das Unternehmen hatte sich gelohnt. Denn dort vorn war eine Kiste an den Kahn gekettet, ein plumpes, viereckiges Ding, das unbewegt unterm Wasserspiegel schwamm: ein Fischkasten!

Der Regierungsrat warnte sich selber. Es war eine heikle Sache, wenn jemand kam und ihn zur Rede stellte, gerade ihn, einen Beamten, der in besonderer Sendung hier weilte. Aber wer sollte kommen! Es zog ihm alle Finger hin. Anschauen war ja noch kein Verbrechen. Der Kasten hing an einer rostigen Kette, deren Schlußhaken im Boot verankert war. Er zerrte an der Kette, der Kasten kam langsam in Fahrt, bis er dicht an der Planke der Zille lag. Ein altes Vorhängeschloß hielt den Deckel. Im Kasten rumpelte es geheimnisvoll. Der Frevler sah um sich, horchte. Niemand kam, es war alles still.
Er lachte, die Hände schon am Schloß. Es brach mitsamt der Öse, die es schließen sollte, aus dem morschen Holz. Der Kasten war offen.
Er hob ihn über den Spiegel. Das Wasser schoß weiß aus den runden Löchern. Das Schlegeln drinnen wurde lauter. Jetzt mußte er den Fisch sehen. Angestrengt hielt er mit der einen Hand die Kette, mit der andern lüpfte er den Deckel. Und da sah er wirklich den Fisch, ungenau im Dämmern, wild schnalzend, bald schwarz, bald weißlichgrün. Es mußte der Hecht sein, der dreizenpfündige, der gewaltige Bursche, der da hämmernden Schwanzes sich gegen die Wände seines Kerkers schnellte, als wittre er Tod oder Freiheit. Und jetzt tauchte gar der Kopf des Ungeheuers über den Rand des Kastens, ein spitzzahniger Rachen, ein grünschillernder Augenblitz – erschrocken ließ der Regierungsrat den Deckel fallen; der Kasten glitt in die Flut zurück.
In diesem Nu schwankte der Kahn, mit Wasser gefüllt, unter dem Erregten weg. Er erschrak, suchte nach einem Halt, griff mit beiden Händen den Fischkasten, der, von dem Stoß getrieben, sich nach vorwärts schob. Der Regierungsrat, nach dem ersten Schock über das

unfreiwillige Bad, faßte sich schnell. Er schalt sich selber einen Fischnarren, einen heillosen Tölpel, der seine Strafe verdient habe. Es fiel ihm sogleich ein, daß er Rock und Weste nicht anhabe, daß somit das Wichtigste dem Nassen entronnen sei. Die Hosen und die Stiefel aber würde er schon noch leidlich trocken laufen. Ja, bis an die Brust im Wasser stehend, lachte er schon des Abenteuers, des Schwankes aus seinem Leben, beim Wein erzählt, im Gelächter der Freunde. »Aber halt!« rief er plötzlich, dem leise abtreibenden Fischkasten nachblickend, »wenn ich schon deinetwegen ins Wasser muß, du Teufelsvieh, dann sollst du mir nicht entwischen!«

Er watete vorwärts; es wurde tiefer, er schwamm. Kaum zwei Armlängen vor ihm schaukelte der Kasten auf leichten Wellen. Er holte ihn ein; das schlüpfrige Holz war schwer zu greifen, der Zug nicht ohne weiteres zu bremsen. Es würde besser sein, das plumpe Ding mit der Strömung ans Ufer zu schieben. Dort, ehe das Altwasser in den Fluß mündete, mußte es gelingen. Mit kräftigen Stößen drängte er nach rechts. Aber da schoß schon von links her, kalt siedend, weißblinkend der Inn heran. In einem mächtigen Schwall, ruhig und gelassen, ergriff der Strom den Schwimmer. Der hatte den Fischkasten halten wollen, jetzt hielt er sich an ihm. Das Wasser war so kalt nicht, es war auch noch bläulich hell über den Wellen. Und so dahingetragen zu werden, war, nach der ersten Angst, fast schön und feierlich.

Dem Regierungsrat fiel das Wort ein, das er schon einmal zu sich selber heute gesagt hatte, daß der Mensch, wenn er lebendig bleiben wolle, von Zeit zu Zeit in die tiefsten Brunnen seiner Dummheit fallen müsse. Und hatte er nicht auch an den reißenden Strom gedacht? So wahr, bei Gott, war noch selten ein Wort geworden.

Und dieser ganze Tag, hatte er nicht Jahre des Lebens wettgemacht? Die Fähre, das Mädchen im Arm, der glückliche Schuß, das schlagende Pferd, die blühende Kirche, der Sonnenuntergang – und nun dies Abenteuer, ein würdiger Abschluß. Rock und Weste, sozusagen der eigentliche Regierungsrat, lagen wohlgeborgen am Ufer, hier aber trieb ein Mann dahin, vom Strom gewiegt, ein Mann, der schwimmen konnte.
Der Inn holte jetzt zu einer weiten Biegung aus. Der Mann mit dem Fischkasten kam nahe ans Ufer, aber die Rinne war hier tief und schnell. Da stand jetzt die neue Brücke, festlich geschmückt. Der Schwimmer sah hinauf; sie war menschenleer. Niemand würde ihn bemerken, das war gut so. »Hochansehnliche Festversammlung!« ... Da würde er morgen stehen, die Hosen frisch gebügelt, kein Mensch würde etwas merken von dieser lächerlichen Geschichte.
Der Fluß lief wieder gerade. Unterhalb der Brücke sah der Schwimmer Sandbänke schimmern. »Dort werde ich an Land gehen«, sagte er. »Wenn mir nur der Bursche hier drinnen nicht auskommt, der an allem schuld ist. Ich werde den Kasten dort verankern; ich werde mit dem Fischer reden, heute noch, und ihm beichten. Und dann werde ich kurzerhand den Kerl da mitsamt dem Kasten kaufen, käuflich erwerben – ward je in solcher Laun' ein Hecht erworben?«
Die Brücke stieg jetzt ungeheuer hoch über das Wasser. Nun erst sah der Regierungsrat, wie reißend schnell der Strom ihn dahinführte. Links müßt Ihr steuern! dachte er, kräftig rudernd, noch den alten Spruch belächelnd. Aber der ungefüge Trog gehorchte mehr der Gewalt des Flusses als den stemmenden und haltenden Kräften des schwimmenden Mannes. Der spürte den saugenden Drang des Wassers und erwog die Gefahr. Eine Stimme rief ihm zu, er solle doch den Ka-

sten fahren lassen, ja, sich selber mit einem Ruck abstoßen, in die Mitte der Rinne hinein. Das rät mir der Hecht, lachte er und rührte kräftig die Beine. Das könnte dem Burschen so passen. Aber nein, mein Freund, wir bleiben beisammen! Da war schon der Pfeiler. Das Wasser, am Bug gestaut und gespalten, wich in einem Wirbel aus und gurgelte dann schräg nach rechts hinunter. Der Kasten, schwankend und halb kippend, streifte mit knirschenden Schrammen die Betonwand. Das morsche Holz wurde aus dem Gefüge gequetscht. Der Schwimmer sah noch einen schlagenden, leuchtenden Schein dicht vor den Augen. Der Hecht! Der Hecht! Er tappte, griff schleimige Glätte, drückte zu. »Hab' ich dich, Bursche«, jubelte er, da hob ihn die Woge und schlug ihn hart an die Mauer.

Aus den sich lösenden Händen des bewußtlosen Mannes schoß der befreite Hecht mit kräftigen Schlägen in den Strom hinaus.

DIE SCHÖNE ANNI

An viele Dienstmädchen kann ich mich erinnern seit den ersten Lebensjahren, und öfter als einmal bin ich versucht gewesen, die Geschichte meiner Jugend dem Wechsel ihrer Regierung entsprechend aufzuschreiben, dergestalt, daß jedes Hauptstück der Erzählung einer dieser unvergeßlichen Gestalten gewidmet ist. Denn mehr als die Eltern haben sie oft unser Kinderdasein bestimmt, wie ja manch eine, nur dem Buchstaben nach eine Dienende, in Wahrheit die ganze Familie beherrscht hat.
Ich müßte dann berichten von Anna I., der Groben, von 1896 bis 1901, von Anna II., der Beständigen, von 1901 bis 1909, von Babette der Faulen, 1909 bis 1910, von Cäcilie der Frommen, Erna der Rothaarigen, Marie der Schmutzigen und vielen andern, die dazwischen, manchmal nur für Wochen und Monate die Schlüsselgewalt in unserm Hause hatten. Auch Margarete die Häßliche war darunter. Rosa die Mannstolle, die mit beharrlicher Zufälligkeit ihre Kammer sperrangelweit offen hatte, wenn sie sich wusch und kämmte, oder Johanna die Wahnsinnige, die halbnackt auf die Straße lief und gellend schrie, bis sie, aufregend genug für uns und die ganze Nachbarschaft, in Decken gewickelt wurde und fortgefahren ins Irrenhaus. Die schöne Anni zählt nicht in diese Reihe; sie war die Stütze unserer Großmutter, die im gleichen Hause, dessen vierten Stock wir bezogen hatten, im Erdgeschoß wohnte und zwar in der Küche und einem engen Hinterzimmer, da die vorderen Räume zu dem Altertümergeschäft des Großvaters gehörten. Die Mädchenkammer war ein winziges Verlies, dessen blindes Fensterchen auf den Hausflur hinausging. Die Dienstboten waren damals noch nicht verwöhnt, und die schöne Anni wirds erst recht

nicht gewesen sein, denn sie war armer Leute Kind und kam aus einer Gegend, die wir in München Glasscherbenviertel nennen. Sie war siebzehn Jahre, hatte schwarzrote Haare und war ungewöhnlich hübsch. In ihre großen Hände und Füße mußte sie freilich erst noch hineinwachsen, wie die Großmutter scherzend sagte.

Als die schöne Anni zu uns kam, waren wir Buben gerade in den Flegeljahren: Mein Bruder etwa fünfzehn, ich vierzehn Jahre. Wir waren vor allem noch rechte Kinder, kaum von einer Ahnung des Ewig-Weiblichen berührt, und überdies kamen wir ja nur in den Ferien nach Hause, da wir eine Klosterschule in einem nicht allzuweit entfernten Gebirgstal besuchten. Wahrscheinlich hatte uns die Mutter schon flüchtig geschrieben, daß bei den Großeltern eine neue, junge Magd eingetreten sei, und uns vielleicht auch ermahnt, uns anständig aufzuführen und keine Geschichten zu machen. Aber wir hatten andere Gedanken im Kopf, und als wir dann gegen Ostern zu Hause anrückten, kam uns das Mädchen als eine mächtige und holde Überraschung entgegen. Scheu und täppisch nahmen wir die kurze und bündige Vorstellung der Großmutter hin, und mein Bruder und ich sahen uns gewiß wie zwei junge Bären einander an, die unvermutet auf Honig gestoßen sind, von dem sie bisher nur vom Hörensagen vernommen haben.

Andere Buben unseres Alters mochten auch damals schon, in einer strengen Zeit, im Umgang mit Mädchen mehr Erfahrung gehabt haben als wir, die wir wie Waldschrate aufgewachsen waren, von Zufall und Absicht gleichermaßen allem Weiblichen ferngehalten. Die Kindergesellschaften der Heranwüchslinge waren uns fremd, wir besaßen keine Vettern und Basen, in deren munterem Kreis sich bei Ausflügen und Pfänderspielen so leicht jene süße Ahnung der Liebe, ja sogar das Feuer

und die Qual früher Leidenschaft in die kindlichen Herzen schleicht. In unserer Klosterschule gab es gewisse Aufgeklärte, und hinterher, zehn, zwanzig Jahre später, ist mir manche dunkle Andeutung und mehr als ein Versuch, uns ins Vertrauen zu ziehen, klar geworden. Aber ein seltsames Geheimnis trennte die Wissenden von den Unwissenden, die gar bald, da sie die verfänglichsten Anspielungen nicht verstehen wollten, nicht mehr behelligt wurden, ohne daß das der übrigen Kameradschaft einen Abbruch getan hätte. Eine Schwester hatten wir wohl, aber sie war noch zu jung und kam, ihres kratzbürstigen Wesens halber, gar nicht in Betracht; und unter den Kindern des Hauses und der Nachbarschaft entsinne ich mich nur der häßlichen Ida aus dem ersten Stock, die bald den wilden Spielen der ersten Zeit entwachsen war und die damals mit ihren sechzehn Jahren bereits altjüngferlich zu vertrocknen anfing.
Die schöne Anni war uns nun, da wir die erste Blödigkeit rasch überwunden hatten, ein willkommener Spielkamerad, wir scherzten mit ihr nicht anders als mit einer jungen Katze. Aus kleinen Plänkeleien wurden bald heftige Kämpfe; so setzten wir etwa unseren Ehrgeiz darein, die hocherhobenen Hände ineinander verschränkt, das flinke und kräftige Mädchen in die Knie zu zwingen, und es gab dann eine wunderliche Mischung von Zorn und Liebe, wenn Wange an Wange, Brust an Brust im keuchenden Getümmel sich streiften oder gar, wenn die Besiegte unter dem Sieger lag und wie eine Schlange sich wand und mit den Beinen stieß und strampelte. Wenn ich selber der Ringende war, so hatte ich wohl nichts im Sinn als eben den ritterlichen und ehrlichen Kampf; aber als Zuschauer, wenn ich das Gerixe und Gerankel meines Bruder verfolgte, bemächtigte sich meiner eine wilde und unbegreifliche Empfin-

dung, von der ich erst heute weiß, daß es die bare Eifersucht gewesen sein muß. Und doch kam, so verfänglich die Lage oft war, in die wir gerieten, niemals ein tieferes Gefühl bis an die kindliche Oberfläche, der Abgrund, an dem wir hinscherzten, blieb mir verborgen und meinem Bruder gewiß auch; und das Mädchen, so willig und leidenschaftlich es sich unsern verwegenen Griffen hingab, mochte wohl dem Weibe in sich gehorchen und allen gefährlichen Lockungen, aber es war ein Kind wie wir, falterleicht gaukelte es in der warmen Sonne dieser Feiertage.

Es liegt mir fern, mich solcher Unschuld zu brüsten, denn, da wir alle der Sünde vorbehalten sind, wer will da wissen, wann er die Wunde empfangen soll, ohne daß er verdürbe an ihrem Gift. Aber es ist für mich, den Schreibenden, den Fünfzigjährigen, schwer, und es ist auch für den Lesenden nicht leicht, eine solche Unschuld sich vor Augen zu stellen; denn wir sind seitdem durch Feuer und Wasser gegangen und haben die Lust und den Schrecken des Geschlechterkampfes durchlebt, und keiner, der nun herüben steht, am fahlen Ufer des Alters, vermag es, vom Wissen ausgelöscht, noch glühend zu sagen, wie es drüben war, lang vor dem ersten Schritt in das Unabwendbare.

Damals jedenfalls, wenn wir es gar zu wild trieben, fuhr wohl die Großmutter scheltend dazwischen, wir sollten die Anni in Ruhe lassen, wir alten Weiberkittler; aber der Großvater hatte seine Freude daran und stachelte uns zu neuen Kämpfen.

Die Osterferien gingen zu Ende, wir ließen die Anni, wie man ein Kätzchen, das man gequält hat und gestreichelt hat, achtlos wieder vom Schoß springen läßt, die Kameraden lockten und die Schule drohte, mit keiner Faser unseres Herzens dachten wir mehr an unsere Freundschaft oder an Mädchen überhaupt.

In den großen Ferien waren wir nur ein paar Tage in der Stadt, dann ging es aufs Land hinaus, ein unendlicher, glühender Sommer wollte durchlebt sein, Jäger und Fischer waren wir, sonst nichts, und wir zwei Buben begehrten nicht einmal eines dritten Kameraden, geschweige denn anderer Gesellschaft. Weißgekleidete Backfische waren uns ein Greuel, wir ließen sie Tennisspielen und Kahnfahren, das war nichts für uns Waldläufer und Floßbauer. Und dann kam der Herbst, und die Schule ging wieder an, und die schöne Anni hatten wir kaum gesehen in all der Zeit, und wir hätten es auch gewiß nicht bemerkt, wenn es vielleicht Absicht gewesen sein sollte, das hübsche Mädchen uns aus den Augen zu räumen.

Daß übrigens die Anni eine Magd war, gegen Lohn und Essen meinen Großeltern zu dienen verpflichtet, das spielte in unserm Verhältnis keine Rolle; von frühester Kindheit an waren wir dazu angehalten worden, die Dienstboten jedem andern Menschen, der zum Hause gehörte, gleichzuachten, und daß wir aus eigner Machtvollkommenheit ihnen etwas hätten anschaffen dürfen, daran war nicht im Traum zu denken. So waren denn auch unsere Freund- und Feindschaften zu ihnen ehrlich und ohne unrechten Vorteil, und jene doppelte Moral, die so häßlich wie bequem ist, haben wir nie kennen oder gar gebrauchen gelernt. Wenn wir wirklich einmal hätten die jungen Herren herauskehren und eine unbillige Handreichung verlangen wollen, dann konnten wir des bittern Hohnes der Eltern oder der Großmutter gewiß sein, die erlauchten Prinzen möchten doch sich selbst bedienen, unsere Mägde seien das nicht, später einmal könnten wir anschaffen, aber hier im Hause nicht.

Als Gehilfin war die schöne Anni vor allem in der ersten Zeit brav und anstellig, wenn sie auch von den gewaltigen Kochkünsten der Großmutter nicht allzuviel begriff. Ein bißchen schlampig war sie wohl, und ihre Reinlichkeit konnte uns nicht als Muster gewiesen werden. Aber mit großer Freundlichkeit pflegte sie den Großvater, der damals bereits krank und ein ungeduldiger Mann war, und für die alten Leute war es schon etwas wert, ein so heiteres und gefälliges Wesen um sich zu haben.

Im Spätherbst starb dann der Großvater; wir wurden zum hochwürdigsten Herrn Abt gerufen, der uns die traurige Botschaft vermitteln sollte. Er war ein fast blinder, milder Greis und hatte die Gewohnheit, in jedem Satz, es mochte passen oder nicht, ein »ja gut, ja schön« einzuflechten, und so sagte er auch uns Buben, wie gut und schön der Tod des Großvaters sei. Zur Beerdigung, und das war wirklich gut und schön, durften wir nach Hause fahren. Und die schöne Anni weinte mit uns um den alten Mann, und was wir bei unsern wilden Spielen nie getan, das taten wir jetzt, wir küßten uns unter Tränen, und ich weiß, daß ich damals jenes wonnige Grauen spürte, ein Mädchen im Arm zu halten und das fremde Wogen der jungen Brust zu fühlen. Unsere Neckereien aber, begreiflicherweise, ließen wir in jenen Tagen, da Wehmut und Trauer das ganze Haus erfüllten. Um so wilder gings dann zu Weihnachten her; der Anflug von Zärtlichkeit war zwar nicht ganz wieder gewichen, und es schlich sich manche Ungehörigkeit ein, wenn wir etwa die am Boden hockende Feueranzünderin überfielen oder die auf einen Stuhl Gestiegene, kaum daß die Großmutter nicht hersah, bei den Beinen packten und durchs Zimmer trugen, wobei es Ehrensache war, daß sie sich nicht durch Schreien verriet, so daß die wilden, keuchenden Balgereien durch ihre Lautlosigkeit etwas Dämonisches bekamen. Dann schlug mir wohl das Herz bis in den Hals herauf, eine süße Lockung begann zu quellen, indes wir, das Mädchen oder ich, der aus dem Hintergrunde fragenden Großmutter eine unverfängliche, muntere Antwort gaben. Aber noch überwog das kindliche Spiel, und wenn mich etwa die Anni zur Abwehr in den Finger biß, dann tat das ehrlich weh, und es war keine Lust dabei, daß ich hätte sagen mögen, nur zu, je weher, desto besser.

Mit meinem Bruder habe ich nie über mein oder sein Verhältnis zur schönen Anni ein Wort gesprochen. Aber wir wußten beide, daß einer auf den andern aufpaßte wie ein Schießhund; wenn wirklich einmal jene gefährliche Spannung knisterte, die zu einem Kusse, zu einem frecheren Griff hätte führen können, dann tauchte gewiß der Nebenbuhler wie zufällig auf dem Kampfplatz auf, und verwirrt und errötend ließ der Zudringliche von dem Mädchen ab und trällerte davon, als ob es sich nur um einen flüchtigen Scherz gedreht hätte.

Wir waren wieder in unserem Kloster, wir lernten schlecht genug, wir fuhren auf unsern Brettern durch den leuchtenden Winter, wir rangen, in vertrautestem Freundeskreise, mit Gott und allen Teufeln, denn es war die schreckliche Zeit, da der fromme Kinderglaube unter den ersten, wuchtigen Stößen des Zweifels wankt und bricht. Von der Anni, der wieder völlig vergessenen, hörten wir beiläufig aus einem Briefe unserer Mutter, sie tue nicht mehr recht gut, sei hoffärtig geworden und gebe schnippische Antworten. Aber als wir dann zu Ostern, jetzt schon Sechzehn- und Fünfzehnjährige, heimkamen, schien alles wieder beigelegt.

Wir aber bemerkten, ohne uns freilich darüber Rechenschaft zu geben, warum, die Veränderung sofort: Sie wollte von uns nichts mehr wissen, sie stieß unsere Hände weg, höhnte unsere ekelhafte Herumtatscherei, schnitt uns heimlich Gesichter, und wenn wir, noch nicht

begreifend, fester zupacken wollten, drohte sie, der Großmutter zu rufen, daß wir sie in Ruhe ließen. Dieser Verrat eines so langen und oft unter süßen Qualen erduldeten Geheimnisses erbitterte uns am meisten. Wir ließen dann von ihr ab, ratlos, was das zu bedeuten habe; denn wie hätten wir damals, wir, die wir Kinder geblieben waren, das Rechte treffen sollen, daß nämlich das Mädchen, das ins achtzehnte Jahr ging, inzwischen manch wilden Kuß geschmeckt hatte, mehr noch, daß es nicht mehr unschuldig war.
Manchmal aber auch, und für uns völlig unvermutet, ja schaudernd und beängstigend, drängte sie sich katzenhaft an uns heran und wollte geschunden sein. Sie ergriff plötzlich Partei für einen von uns, dem sie ihre Gunst anbot, um den andern dadurch zu reizen und zu demütigen, oder sie nannte uns verächtliche Traumichnichtse und zog uns an den Haaren dicht an ihren Mund. Wer weiß, was aus solcher Verwirrung noch, und wohl bald genug, geworden wäre, wenn nicht ein anderes, bedeutsameres Ereignis sich dazwischen gestellt hätte. Schon seit geraumer Zeit mochte meine Mutter dies und jenes vermißt haben, ein Paar Strümpfe, eine Bluse, ein Schmuckstück. Aber leichtsinnig, wie sie selber war, nahm sie's nicht so genau, dachte, das wohl nur Verlegte werde sich wieder finden, bis eine, noch so vorsichtige Bemerkung unsere Köchin, ich weiß nicht mehr, welche es war, in Harnisch brachte. Das wäre noch schöner, schimpfte sie, wenn eine ehrliche Haut wegen dem verzogenen Lausaffen, der schönen Anni, in den Verdacht käme, zu stehlen; und schnurstracks drang sie, an einem Samstagnachmittag war es und die Anni trieb sich in der Stadt herum, in die Kammer des Mädchens ein. Da war es nun freilich betrüblich, was ihre wütend grabenden Hände alles zum Vorschein brachten, Wäsche und Kleidungsstücke – und wer weiß, schrie sie, die

Köchin, was das Mensch alles schon vertragen und anderswo versteckt habe.

Die Bestürzung war groß, denn die schöne Anni war wirklich wie ein Kind vom Haus gehalten worden. Die Köchin wollte sofort den Schutzmann holen, die Großmutter aber sagte, es wäre gelacht, wenn man mit so einem Bankerten nicht selber zurecht komme; die Mutter schwankte, aber ihre heillose Angst vor der Polizei war der beste Bundesgenosse der kleinen Verbrecherin, und schließlich gab mein Vater den Ausschlag, der meinte, man sei selber nicht ganz ohne Schuld, weil man auf das Kind, als das sie zweifellos zu der Großmutter gekommen sei, nicht besser aufgepaßt habe.

So wurde denn beschlossen, das ganze Diebesgut wieder in und unters Bett zu räumen, die Mutter des Mädchens für den andern Tag, einen Sonntagvormittag, herzubestellen und in ihrer Gegenwart die traurige Überführung der Diebin vorzunehmen. Man versprach sich gewiß große Dinge von dieser moralischen Handlung.

Natürlich merkte die Anni, als sie heimkam, an den verschlossenen Gesichtern und der schlecht gespielten Gleichgültigkeit, daß da irgendwas nicht stimmte, und den ersten unbeobachteten Augenblick nützte sie, um mich, der ich mich verlegen herumdrückte, zu fragen, was denn da los wäre. Ich war in einer schrecklichen Zwiespältigkeit, denn wie sollte ich als der erste ihr sagen, daß sie gestohlen habe. Zu meinem Glück trennte uns die dazwischenfahrende Mutter, die sich bei dieser Gelegenheit in düsteren Andeutungen erging, mit allen Heimlichkeiten zwischen uns werde ja jetzt auch Schluß gemacht und glücklich könne sich schätzen, wer ein reines Gewissen habe. Ich wurde rot bis in die Augen hinein unter ihrem forschenden Blick und wußte nicht, ob ich meine nicht ganz ehrliche Unschuld preisen oder ob ich nicht, gerade in diesem Augenblick, es glühend bereuen sollte, die dunkel geahnte Sünde, auf die sie anspielte, nicht begangen zu haben. Auch die Anni wandte sich beschämt ab. Im weiteren Verlauf der verspäteten Einsicht, man könnte uns wohl zu fahrlässig mit dem jungen, hübschen und, wie sich ja jetzt leider herausstellte, grundverdorbenen Mädchen vertraut sein lassen, wurde ich übrigens, wenige Tage hernach, von meiner Mutter über die Gefahren weiblichen Umgangs aufgeklärt und erfuhr mit Schaudern, daß die Frucht solch schrecklichen, wenn auch vielleicht im ersten Augenblick verlockenden Tuns (was, wurde mir natürlich verschwiegen) ein unerwünschtes Kind oder eine häßliche Krankheit seien, häufig sogar beides zugleich; eine Offenbarung, die mich die Frau als das nächst der Klapperschlange giftigste Wesen fürchten lehrte und die mich für viele Jahre in die schrecklichsten Verzweiflungen warf.

Die feierliche Gerichtssitzung am andern Morgen, an der wir natürlich nicht teilnehmen durften, verfehlte ihre Wirkung völlig, denn die Mutter der Anni, eine dicke und gewöhnliche Person, soll, wie uns später erzählt worden ist, bei der Eröffnung, ihre Tochter habe gestohlen, erleichtert aufgeschnauft haben: sie hätte schon gefürchtet, die Anni bekäme ein Kind von einem Herrn, der sich vom Zahlen drücken wolle, wegen dem bisserl Stehlen bringe sie weder sich um noch die Anni. Wahrscheinlich wußte sie es überhaupt längst und war die Hehlerin manches Stückes, das nicht mehr aufzufinden war.

Sie nahm der verweinte Mädchen, das noch frech gewesen wäre, wenn man nicht doch wenigstens mit der Polizei gedroht hätte, gleich mit; als wir von einem Spaziergang, auf den man uns geschickt hatte, zurückkamen, war sie schon fort, und die ausgeräumte Kammer starrte uns dunkel und leer entgegen. Eine Weile ging das Gespräch noch um die schöne Anni, nicht ohne daß auch auf uns manche anzügliche Bemerkung abgefallen wäre. Dann kam der Alltag wieder zu seinem Recht, und schließlich zogen wir, zum letzten Mal, in unsere Klosterschule, und wie wir vordem die glückliche Anni vergessen hatten, so vergaßen wir jetzt, über anderen Freuden und Sorgen, die unglückliche Spielgefährtin – das ist genau um so viel zu wenig, als Jugendgeliebte zu viel wäre.

Nach den großen Ferien blieben wir in der Stadt; mein Bruder kam zu einem Buchhändler in die Lehre, und ich besuchte die letzten Klassen des Gymnasiums; ein schlechter Schüler, wie ich es war, hatte ich alle Mühe, mich über Wasser zu halten, auch fand ich den Anschluß an die neuen, großstädtischen Kameraden nur schwer und blieb so ein etwas hinterwäldlerischer Einsiedler, zumal mir auch das Taschengeld fehlte, um es meinen beweglichen Genossen gleich zu tun. Von Zeit zu Zeit berichtete jemand, daß er von der schönen Anni was gehört habe oder ihr in der Stadt begegnet sei. Die Köchin wußte zu melden, daß sie in einer Konditorei Verkäuferin sei und großen Zulauf habe. Nach ein paar Wochen aber kam sie mit der auftrumpfenden Nachricht, daß man sie dort hinausgeschmissen habe und daß sie jetzt wohl bald dort lande, wo sie hingehöre, und nur der strenge Einspruch meines Vaters, er wünsche nicht, daß der weitere Lebenslauf dieses Fräuleins in unserer Gegenwart erörtert werde, mochte sie gehindert haben, zu sagen, was sie noch alles wußte. Natürlich fragten wir sie hinterher in der Küche, konnten aber mit ihrer Erklärung, daß sie halt auf den Strich gehe, damals nicht viel anfangen.

Eines Tages erzählte dann die Mutter, daß sie die Anni getroffen habe. Sie sei durch die Maximilianstraße gegangen, und auf einmal habe ihr von der anderen Seite

eine ziemlich aufgedonnerte Dame fröhlich zugewinkt und sei über die breite Straße auf sie zugesteuert, und da sei es die Anni gewesen und habe sich nach allem erkundigt, wo wir jetzt wohnten, wie es den Buben und der Schwester gehe, mir nichts, dir nichts, als ob sie im besten Einvernehmen geschieden sei. Und sie, die Mutter, sei schon gerührt gewesen von so viel Anhänglichkeit, da habe sie auf der Bluse der Anni ihre goldene Uhr baumeln sehen – man trug sie damals so, an die Brust gesteckt –. Und da habe sie ganz zornig gesagt, Sie freche Person, geben Sie gleich meine Uhr her, die Sie gestohlen haben! Und die Anni habe sehr liebenswürdig gelächelt, nein, gelacht habe sie überhaupt: Jaso, die Uhr, aber gern, und habe sie vom Kleid genestelt und sei ganz vergnügt und mit vielen Grüßen davongeschwänzelt. Übrigens müßte der Neid ihr lassen, sagte meine Mutter, daß sie vorzüglich ausgesehen habe und wirklich verdammt hübsch sei. Das gleiche bestätigte nicht viel später meine kleine, jetzt etwa zwölfjährige Schwester, die sich an staunendem Lob über die schöne Dame, die einmal bei uns war, aber damals war sie nicht so schön, kaum genug tun konnte, ein so wunderbares Kleid habe sie angehabt und gerochen habe sie, genau so, wie es im Märchen von der Prinzessin stehe und wie sie einmal an dem Fläschen hätte riechen dürfen. Und meine Schwester zeigte sich fest entschlossen, auch einmal so eine feine Dame zu werden.
Ich begriff nun freilich, um was es da ging, und begriff es auch wieder nicht, meinen siebzehn Jahren zum Trotz. Ich hatte in meinem Schiller schon früh genug jenes aufregende: H... mit den Pünktchen dahinter, entdeckt und von einem Mitschüler die verwegene Erklärung bekommen, das seien Frauen, die das freiwillig tun, was unsere Eltern tun müßten; recht viel weiter war ich noch nicht gekommen, es blieb ein düsteres

Geheimnis, das in meiner Fantasie die kühnsten Gestalten annahm, freilich nur Schemen der schweifendsten Art, die hinter jeder Wirklichkeit ebenso weit zurückblieben, wie sie ihr vorauseilten.

Der alternde Mann, der jetzt versucht, die Tür der Erinnerung aufzumachen, kann gar nicht leise und vorsichtig genug eintreten wollen in das Zimmer seiner Jugend. Denn unversehens drängen die groben Begierden und Enttäuschungen später Jahre mit hinein und verstellen die Wahrheit. Der nachträgliche, wilde Wunsch, ja selbst die plumpe Reue, diese erste Gelegenheit, wie ach so viele noch, versäumt zu haben, fälschen das Bild, die zerblätternde Rose vermag den Traum der Knospe nicht mehr zu träumen.

Gewiß gab es damals in unserer Klasse schon genug junge Männer mit Schnurrbärten und prahlerischen Ansichten über die Weiber, aber wie sehr auch sie noch unschuldige Aufschneider gewesen sein mochten, ich zählte nicht zu ihnen; keines Abenteuers, keiner Verliebtheit hätte ich mich zu rühmen gewußt, und Jahre sollten noch vergehen, ehe der erste Kuß meine mehr schaudernden als beseligten Lippen traf. Und doch war es ein schwerer, auswegloser Aufruhr, der mein Herz in Qualen hin- und herwarf.

Ich möchte jene Jahre, die leichthin die goldene Jugendzeit genannt werden, nicht ein zweitesmal durchleben müssen. Noch rang in mir einfältiger Glaube mit den Teufeln bestürzender Erkenntnisse, es wankte mein Himmel und meine Erde; denn als der schlechteste Schüler der Klasse, aber im Bewußtsein meines überlegenen Verstandes und im Besitz weiterer, freilich in der Schule kaum verwertbarer Kenntnisse, kämpfte ich einen schlimmen, demütigenden Kampf voller schrecklicher, mein empfindliches und ehrgeiziges Herz tödlich treffender Niederlagen, und mehr als einmal

war ich entschlossen, mich aus diesem Leben davonzumachen.
In solch finsterer Verfassung war ich, als ich an einem klaren Vorfrühlingstag unvermutet die schöne Anni traf. Sie ging lachend und unbekümmert auf mich zu, während ich, wie vom Blitz gespalten, nicht wußte, wie ich mich zu ihr stellen sollte. Die Kameradin der Kindheit, die fortgejagte Diebin, das verworfene Wesen: was sollte ich in ihr sehen? Von einer Dirne, einem Straßenmädchen, hatte ich die aberwitzigste Vorstellung. Um Gotteswillen, dachte ich, was wird sie zu dir sagen, ja, was wird sie an Ort und Stelle mit dir anfangen wollen? Ich war daher auf das angenehmste überrascht, als sie mich fragte, wie es mir ginge, bekümmert feststellte, daß ich blaß aussehe und daß das Studieren sicher recht schwer sei. Auch nach den Eltern und Geschwistern sowie der inzwischen verstorbenen Großmutter erkundigte sie sich mit wirklich herzlicher Neugier, und mit unbefangener Heiterkeit begann sie zu plaudern. Ich beruhigte mich, als ich sah, daß sie ein so verruchtes Wesen, wie ich mir's vorgestellt hatte, nicht gut sein konnte, und da ich mehr und mehr die schöne Anni von früher in ihr spürte, nahm ich mir wenigstens ein Herz, ihr Rede und Antwort zu stehen und sie auch verstohlen anzuschauen, während wir ein Stückchen die Straße entlang gingen.
Sie war jetzt wirklich schön, das volle, schwarzrote Haar stand um ihr feines, blasses Gesicht, darin, soviel ich verstand, nur der Mund zu grell leuchtete; ein hübsches Seidenkleid zeigte ihre blühende Gestalt, um die Schultern trug sie einen Fuchspelz, einen verwegenen Hut hatte sie auf dem Kopf. Aber im Ganzen schien sie mir nicht aufdringlich angezogen, die einst zu großen Hände waren wohl seither kleiner geworden, sie staken in feinen Handschuhen. Sie war voll lachenden

Lebens, und die graue Angst, die ich zuerst empfunden hatte, bekam immer glühendere und üppigere Farben: Angst war es noch immer, was mir die Brust mit heißen und kalten Strömen durchzog, aber nun war es eine zärtliche Furcht und ein holdes Grausen, von dem ich wünschte, es möchte nie mehr aufhören, während ich zugleich mit Entsetzen spürte, daß es mich brausend einen Abgrund entgegentrieb. Ich sah, ich erlebte zum erstenmal das Weib.

Und wer weiß, warum auch sie jetzt anfing, mich gerade an die wildesten und verfänglichsten Spiele zu erinnern, ob ich's noch wüßte, wie ich sie gekitzelt hätte damals im dunklen Alkoven, und sie habe doch nicht lachen und schreien dürfen, weil es sonst die Großmutter gehört hätte; oder wie wir über die Hinterhofmauer in den düsteren, verwunschenen Garten des Grafen Ruffini steigen wollten und wie sie mit dem Rock hängen geblieben sei und der alte, grauhaarige Kerl so unverschämt gelacht habe. Da war es, als ob nachträglich noch jene Faxen und Schäkereien ihre Unschuld verlören, und jetzt war ich es, so steif und feige ich auch neben ihr herschritt, der in einer ungewissen Begierde sie ansah, diese weichen Formen und das fremde Wogen ihres Leibes. Und doch hätte ich nicht zu sagen gewußt, was ich eigentlich von ihr wollte und was mir so wunderlich im Herzen grub.

Es kann wohl sein, daß die schöne Anni abgefeimt genug war, mit schlau berechneten Worten mir das Blut sieden zu machen; vielleicht war es auch ein natürliches, ja kindliches Sich-Erinnern, für sie am Ende schon schmerzlich, da sie ja schon drüben stand in der wilden und gefährlichen Welt der Wissenden. Jedenfalls brach sie im entscheidenden Augenblick das Gespräch ab und verabschiedete sich rasch, indem sie mir, über und über rot werdend, ein Kärtchen, das sie aus ihrem Muff

nahm, in die Hand drückte, ich möchte doch einmal, wenn ich Zeit hätte, bei ihr vorbeischauen. Und schon ging sie davon, ohne sich umzusehen.
Ich besah die winzige Karte mit der zierlichen, mit der höllisch gefährlichen Schrift, ein Name, eine Straße, eine Hausnummer, bei Frau Wolfsgruber stand darauf und bitte, zweimal läuten ... Ich war stolz und kühn; schau einmal an, dachte ich, so leicht ist es, eine Damenbekanntschaft zu machen – ich war glühend rot, die Sünde erhob ihr zischendes Schlangenhaupt, die schrecklichen Ausgeburten einer unklaren Verstiegenheit suchten mich heim, ich schwitzte vor Angst, Feenträume und Teufelsgesichter tanzten einen tollen Reigen in mir, ganz verwirrt ging ich heim, einen sausenden, saugenden Zwang in der Brust; ich sagte niemandem etwas, auch dem sonst so vertrauten Bruder nicht, von der aufregenden Begegnung, und das Kärtchen versteckte ich hintereinander an hundert Orten, bis es mir, an den Ecken beschnitten, zwischen den Deckeln meiner Firmungsuhr am sichersten erschien.
Gebraucht hätte ich es längst nicht mehr, in Flammenzügen war die Anschrift in mich eingegraben. Bald war ich fest entschlossen, hinzugehen, natürlich nur so, aus Neugier und warum nicht, wie ich mir einredete, bald war ich mit Schaudern davon überzeugt, daß ich nie den Mut aufbringen würde, auch nur die Straße zu betreten, in der die, ach so holde, Unholdin hauste.
Gerade damals galt es, wenige Tage darauf, eine lateinische Schulaufgabe zu bestehen; sicherem Vermuten nach sollten wir eine Ode des Horaz ins Deutsche übertragen; und für die Osternote, ja für das Jahreszeugnis war das Ergebnis dieser Arbeit schlechthin entscheidend. Ich besaß selbstverständlich, wie alle Schüler, eine Ausgabe der Übersetzungen und, da es diesmal ums Ganze ging, war ich bereit, den Sieg auch durch Unterschleif

zu erringen. Das Spicken war aber in den Oberklassen eine gefährliche Sache; wurde einer darauf betreten, dann war, besonders in einer heiklen Lage wie in der meinigen, sein schimpflicher Untergang so gut wie besiegelt.

Des ungeachtet, faßte ich den verzweifelten Entschluß, alles auf eine Karte zu setzen – und weiß Gott, diese Karte hatte ihr Sinnbild in dem schrecklichen Stückchen Papier, das ich unterm Uhrdeckel verbarg! Wurde ich beim Abschreiben ertappt, nun, dann sollte das Unheil seinen Lauf nehmen, dann war alles verspielt, ich würde die schöne Anni besuchen, ich würde ihr, um welchen Preis auch immer, das düster glühende Geheimnis entreißen, und Tod und Verderben mochten dann das Ende sein.

Wenn mich aber der liebe Gott – und ich war vermessen genug, ihm diesen Handel anzubieten, unbeschadet der Beleidigungen, die ich ihm gerade damals aus dem Aufruhr meiner zerrissenen Brust zuschleuderte – ja, wenn mich der liebe Gott retten wollte, dann bot ich ihm den Preis: nie zu dem Mädchen zu gehen, nie auch nur zu versuchen, ihr zu begegnen.

Der verhängnisvolle Tag kam; der Lehrer ließ die Blätter austeilen, nannte Überschrift und Seitenzahl der Ode, die wir übersetzen sollten. Mit funkelnden Gläsern, die auf jeden einzelnen gerichtet schienen, überwachte er das Aufschlagen des lateinischen Textes. Ich aber nahm, so heftig mir die Hände auch zittern wollten, meine Schwarte herauf, riß das entsprechende Blatt heraus und legte es in die Horazausgabe. Der Spieß ging, nein, er sprang behende und tückisch an den Bänken entlang, schüttelte hier ein Buch, ob nicht ein Spickzettel herausfalle, prüfte dort den Text, ob er nicht Zeichen trüge, und forderte alsbald meinen Nachbarn Koppenwallner mit kalt verachtender Stimme auf, seine

Bemühungen einzustellen, wobei er drohend die gefundene Eselsbrücke schwang, daß seine Röllchen klirrten.

Mir schlug das Herz bis zum Halse; aber zum Äußersten entschlossen, saß ich bleich und stöhnend über meinem Text, und so hoffnungslos war mein Blick auf den Professor gerichtet, daß der sonst so mißtrauische Mann mich, beinahe gütig, mahnte, ich möge die Nerven nicht verlieren, da sonst alles verloren sei.

Ich bekam denn auch eine so gute Note, wie ich seit Jahren auf meinen rot durchackerten Blättern keine mehr hatte besichtigen können, und war damit, da Latein meine Hauptgefahr gewesen war, für diesmal sicher, das Klassenziel zu erreichen. Und da unsere Lehrer im Grunde gutmütige Burschen waren, die es selber nicht gerne sahen, wenn in den oberen Klassen noch einer durchfiel, so fehlte es mir plötzlich nicht an allerlei Ermunterungen und kleinen Hilfsstellungen.

Mein Versprechen aber hatte ich gleich nach der gewonnenen Schlacht wahr gemacht. Und als ob es keine bessere Gewähr für die Vernichtung des Dämons gäbe, der mich versucht hatte, zerbiß ich, in einer wunderlichen Aufwallung, die winzige Karte und verschluckte sie, in der Nacht, tief und schaudernd in mein Bett vergraben.

Von der schönen Anni hörte ich und hörten wir alle nichts mehr. Ich bestand, ein Jahr später, kläglich genug, die Reifeprüfung, ich zog als Freiwilliger ins Feld, und ich war als Schwerverwundeter schon wieder zu Hause, da besuchte eines Tages ein alter, weißbärtiger Geheimrat meinen Vater. Wir kannten den vornehmen Mann vom Sehen und wunderten uns, was ihn bewegen mochte, die vier Treppen heraufzukeuchen und uns eine so förmliche Aufwartung zu machen. Er komme, sagte er ohne Umschweife, wegen seiner Schwiegertochter;

sein Sohn habe sich dieser Tage, vor dem Ausmarsch, kriegstrauen lassen und zwar mit einer Nichte von uns, der Anni. Sie hänge so sehr an uns, erzähle auch immer von allen, aber es müsse wohl eine dumme Geschichte im Spiele sein, daß wir ihr böse seien, und sie selber traue sich nicht mehr her, und auch er bitte, seinen Besuch, der eigentlich mehr ein Versuch sei, nicht übel aufzufassen. Er habe doch meine Eltern immer als umgängliche Leute kennen gelernt, und da habe er sich ein Herz gefaßt und frage nun frisch von der Leber weg, ob sich die Mißhelligkeit denn nicht, im Krieg jetzt gar, aus der Welt schaffen ließe.

Meine Eltern fielen von einem Erstaunen ins andre, sie wußten nicht, ob sie empört sein sollten oder hellauf lachen, aber beides verbot ja die Rücksicht auf den würdigen und gutgläubigen alten Mann; und so brachten sie es ihm schonend bei, daß die schöne Anni nur das Mädchen gewesen sei bei der Großmutter und freilich gehalten wie das Kind vom Haus. Von dem Diebstahl aber und dem, was sie vom weiteren Lebenslauf der schönen Anni erfahren hatten, sagten sie nichts. Der Geheimrat, so heftig er an dem ungeheuren Brocken würgen mochte, der ihm da unvermutet vorgesetzt wurde, bewältigte ihn doch mit Fassung, bat meine Eltern, nichts für ungut zu nehmen und ging; vielleicht hatte er jetzt zu der halben Wahrheit, die er schon wußte, die andere Hälfte erfahren und die ganze war schwer genug für ihn zu tragen. Er ist aber wohl klug gewesen und hat zu Hause nichts erzählt von seinem Versöhnungsversuch; und da sein Sohn die schöne Anni, mag er sie kennen gelernt haben, wo und wie er will, aufrichtig liebte, wurde noch alles zum Besten gewendet. Ich sah sie übrigens, gegen Ende des Krieges, noch einmal unter den Ehrendamen eines großen Wohltätigkeitsfestes; und jetzt war ich, ein kleiner, verwundeter

Gefreiter, zu schüchtern, sie anzusprechen. Sie war geschmackvoll gekleidet, von einer selbstverständlichen Sicherheit und unterschied sich von den übrigen Frauen nicht; es sei denn durch ihre alle andern überstrahlende Schönheit. Sie soll ihren Mann bald darauf verloren haben und, reich und gesellschaftsfähig, wie sie nun war, in Berlin eine noch glänzendere Ehe eingegangen sein. Warum auch nicht? Wenn nicht die Mägde von gestern die Herrinnen von morgen würden, wie sollte dann der Wechsel Bestand haben auf dieser wunderlichen Welt!
Ich selber aber habe erst, nachdem mich der Krieg auf seine gewalttätige Art zum Manne gemacht hatte, mein erstes wirkliches Erlebnis mit einer Frau gehabt, und ich habe mich noch ungeschickt genug dabei angestellt. Damals, in den süßen und wilden Schauern der Liebe, fühlte ich es erst, wie nah und wie unendlich fern zugleich ich dem Geheimnis gewesen war, das mich unschuldig und zauberisch umspielt hatte in der Gestalt der schönen Anni.

DIE HAUSIERERIN

Vor dreißig Jahren, so lange muß es her sein, denn ich war sechzehn damals, vor dem großen Krieg, im Urfrieden, wie wir ihn heißen wollen zum Unterschied von jenem trügerischen, nachher; vor dreißig Jahren also habe ich mit meinem Bruder eine Fußreise durch den Bayrischen Wald gemacht. Es ist Juli gewesen, glühender Sommer, so, wie es, meinen wir heute, gar keinen Sommer mehr gibt, kochender, weißhitziger, wälderkühler Juli, und die großen Ferien sind vor uns gelegen, endlos, kaum herumzubringen, schien es uns, ein tiefer Raum der Freude und der Bubenabenteuer, und die kleine Wanderfahrt stand am Rande des zaubrischen Kessels, viele Wochen noch waren hernach auszuschöpfen, der ganze August und der halbe September.
Wir sind von Passau mit dem Schiff bis Oberzell gefahren und dann über die Berge hinauf ins Böhmische, wieder heraus nach Eisenstein und an den Arber; zuletzt noch, weil wir nicht genug kriegen konnten, und weil wir Füße hatten wie die Hirsche, sind wir noch in den Oberpfälzer Wald hinübergewechselt, bis Flossenbürg hinauf und Waldsassen, die gewaltige Burg zu sehen, gegen deren Wucht die Schlösser am Rhein, die ich später sah, nur Spielzeuge sind, und das herrliche Kloster, von dem mir freilich nur noch ein ungewisser, rosafarbener Schimmer von schwerem Prunk geblieben ist – aber dieses Verschmelzen macht ja oft die Erinnerung erst köstlich und gibt ihr den geheimnisvollen Goldglanz alter Bilder.
Nur in der Jugend nimmt der Mensch alles so lebendig auf, wie wir's damals taten, wie hungrige Wölfe sind wir durch das Land gelaufen, schwere Wälder und dü-

stere Seen, duftblaue Fernen und grüngrüne Wiesen, Felstrümmer und Ruinen voller romantischer Geschichten, bunte Kirchen und alte Städte, wie haben wir sie bestaunt! In den Bächen haben wir Forellen und Krebse mit der Hand gefangen, in Wirtshäusern sind wir nur sparsam eingekehrt, wenn es grad hat sein müssen, die Totenbretter haben uns einen unvergeßlichen Eindruck gemacht, wie sie still dagestanden sind an den Straßen der Lebendigen. Den Bauern aber und mehr noch den Köhlern und Pechbrennern im Wald, den Steinklopfern und besonders den Glasbläsern zuzuschauen, sind wir nicht müde geworden. Wenn die so im Feueratem ihren Öfen standen und den zähen, rotglühenden Klumpen an ihren Rohren bliesen und schwangen, das war uns immer wieder ein Wunder, wie mir ja heute noch die kluge Dienstbarkeit dieses formwilligsten aller Stoffe ein unbeschreiblich holdes Geheimnis bleibt.
Im Grunde ist aber doch die ganze Fahrt zu einer schönen Wildnis der Erinnerung zusammengewuchert, aus blauem Feuerlicht und grüngoldner Dämmerung, mit all ihren Fichten und Granitblöcken und altem Gemäuer, mit Pilzen und Erdbeeren, mit Nattern und Faltern, mit Menschen und Märkten. Und nur, wenn ich Stifter lese, den ich damals kaum kannte und den ich seither, im zunehmenden Alter erst liebgewonnen habe, dann wird der bunte Teppich, den ich mir damals wob mit Aug und Ohr und allen jungen Sinnen, wieder zu lebendigem Gewirk, ungeachtet der dreißig Jahre, die inzwischen vergangen sind, voller Waffenlärm, Not und zerreißender Schrecken, dieser dreißig Jahre, die mein und unser aller Leben geworden sind, seitdem.
Wunderlich, wie der Mensch nun einmal ist, zwei Erlebnisse sind mir besonders haftengeblieben, ungleich und drollig, wie nur je ein Paar gewesen sein mag: das eine nämlich, fast schäme ich mich, es zu sagen, daß wir

in Eslarn das größte und beste Stück Rindfleisch bekommen haben, das ich je gegessen zu haben meinte – und das andere jene Begegnung mit der Hausiererin und ihre Geschichte, die uns gleich darauf von der Lammwirtin in Schöllau erzählt worden ist und in die wir auf eine seltsame Weise einbezogen worden sind.
Wir waren schon lange unterwegs gewesen und sahen gewiß nicht mehr zum besten aus, als wir am Abend in Schöllau einrückten, verschmutzt und verstaubt nach einem langen, heißen Marschtag. Und da ein gewaltig drohendes Gewitter blauschwarz am Himmel stand, überredeten wir einander leicht, für diesmal auf sparende Abenteuer zu verzichten und wieder so etwas wie einen bürgerlichen Abend einzuschalten.
Auf dem Dorfplatz, vor dem Wirtshause, das mit Lichtern und einem feuervergoldeten Lamm über der Tür freundlicher als sonst oft im Bayrischen einlud, stand eine mächtige, wie von uralter Gicht knotige und gebuckelte Linde, um die eine Bank lief. Auf die stellten wir unsere umfangreichen, von Kochgeschirr und allerlei Gerät klappernden Rucksäcke und machten uns daran, unsere Schuhe abzustauben, die Haare zu kämmen und überhaupt ein wenig zu verschnaufen, damit wir nicht wie Stromer, sondern doch einigermaßen als fahrende Schüler in die Gaststube träten. In der tiefen Dämmerung, die von der einen Seite her durch die Lampen des Gasthofes erhellt wurde, während die andere in um so dunklerem Schatten lag, zählten wir auch unsere bescheidene, auf traurige Reste zusammengeschmolzene Barschaft, um uns vor der Überraschung zu sichern, einer vielleicht ungewohnt hohen Forderung nicht gewachsen zu sein. Mit anderthalb Mark auf den Kopf war, unserer Erfahrung nach, zu rechnen, und vier Mark waren es, die wir, wenn wir auch die kleine Münze zusammenkratzten, noch unser Eigen nannten.

Der kommende Tag und der Ausgang der Reise machte uns wenig Sorge, da wir bis zum Abend leicht Tirschenreuth zu erwandern gedachten, wo ein entfernter Vetter als Amtsrichter wohnte, der uns wohl aushelfen würde. Für heute allerdings konnten wir keine großen Sprünge machen, und schier war es ein Wagnis, das Wirtshaus zu betreten.

Unterdes war die Wolkenwand hoch hinaufgestiegen, ein lauer Wind hatte sich erhoben, und ein Seufzen und Ächzen ging durch den großen Baum. Meinem Bruder hatte sich, da wir schon das Gepäck aufnahmen, das Schuhband gelöst, und als er es nun knüpfen wollte, zerriß es, und, wie aus seiner wüsten Beschimpfung des unschuldigen Dings zu vernehmen war, heillos und endgültig. Vergeblich mühte er sich, es noch einmal zu knoten, doppelt ungeschickt in der Finsternis und im Zorn über mein mitleidloses Gelächter. Da hörten wir dicht neben uns eine tiefe und harte Frauenstimme sagen: »Schuhlitzen hätt' ich gute, junger Herr!« Und wir gewahrten jetzt erst, daß auf der abgekehrten Seite der Bank eine alte Frau saß, wohl schon lange gesessen war, die nun durch ihre Worte und zugleich durch einen Wetterschein wie hergezaubert, ebenso rasch aber wieder ausgelöscht, einen gespenstischen, hexenhaften Eindruck auf uns machte. Vielleicht war auch sie es gewesen und nicht der Baum, was so geseufzt und gelispelt hatte, denn sie ächzte auch jetzt wieder im Dunkeln, als wäre ihr eine schwerere Last aufgebürdet als der mächtige, mit Wachstuch überschnürte Weidenkorb, den wir im jähen Licht neben ihr auf der Bank hatten stehen sehen.

Wir waren zuerst erschrocken, so nah, ohne es zu wissen, in eines Menschen Bereich gewesen zu sein, aber rasch faßte sich mein Bruder ein Herz und sagte, halb noch grollend über sein Mißgeschick, die Frau möge, wenn sie schon so wunderbarerweise als Engel in der Not geschickt sei, ihre Schnürbänder hergeben, zu einer solchen Ausgabe reiche zuletzt noch unser schmaler Beutel; und er fragte, was die Litzen kosten sollten. Wiederholte und stärkere Entflammungen des Himmels erleichterten den kurzen Handel, ließen uns auch die Greisin deutlicher erkennen. Sie war groß und hager, scharfen Gesichts und nicht unedler Züge, wie aus Luft und Feuer schien sie gemacht, die im Finstern Sitzende, von Blitzen Erhellte, schön mußte sie einmal gewesen sein, das war noch abzulesen von dürrer Stirn und welker Wange, und als sie sich jetzt erhob, war sie eine Riesin, ein Drude, gebieterisch stand sie da, aber ungewiß schien es, welchen Geistern sie gebötet, guten oder schlimmen.

Mein Bruder fingerte zwei Zehner aus dem Geldbeutel, die Frau holte inzwischen ihre Senkel aus dem Korb, fünfzehn Pfennige, sagte sie und reichte die Ware herüber, fast gleichzeitig mit der anderen kralligen Hand das Geld fassend, Zug um Zug. Dann griff sie in ihre Tasche, offenbar, um den Fünfer herauszugeben, aber mein Bruder winkte ab und ging, die Bänder einzufädeln, gegen das hellere Haus zu, wo gerade ein vierschrötiger Mann mit lautem Schollern ein Bierfaß herauswälzte.

Ich schwang meinen Rucksack auf eine Schulter, nahm den meines Bruders in die Hand und war im Begriffe, ihm zu folgen, aber die Greisin, die magere Lederhand schier herrisch gegen mich ausgestreckt, tuschelte mir nach: Wenn der Große zu stolz sei, dann sei vielleicht der Kleine klug genug, und ich sollte das Geld nur nehmen, es laufe einem ohnehin selten genug nach in der Welt.

Ich habe damals vielleicht wirklich daran gedacht, es könnte, wenn es der Teufel wolle, auf jeden Pfennig

ankommen, aber es war doch mehr Zwang und Verwirrung, als der Wille, das Geld zu nehmen: unter ihrem herben, einschüchternden Drängen ergriff ich die Münze. Da merkte ich, daß es kein Fünfpfennigstück war, sondern eine blanke Mark, und erschrocken ging ich auf die Alte zu, ihr wiederzugeben, was mir nicht zukam. Aber sie wehrte ab, ängstlich zog sie die Hände an sich, nein, es sei kein Irrtum, aber ein junger Mensch dürfe doch wohl von einer alten Frau etwas annehmen, und Gott wolle es mir segnen, sagte sie und sagte es eindringlich, ein zweites und drittes Mal, Gottes Segen auf diese Mark, sagte sie, daß es mir gar wunderlich vorkam.
Sie hob mit einem kräftigen Ruck ihren Korb auf den Rücken, seufzte tief auf und ging in die Nacht hinaus, ungeachtet der ersten, schweren Tropfen, die in diesem Augenblick, von einem stärkeren Blitzschein erfunkelnd, zu stürzen begannen. Mit der jäh wieder einfallenden Finsternis war auch sie verschwunden, wie in einer Verzauberung mich zurücklassend.
Sprachlos stand ich da, nicht einmal bedankt hatte ich mich für die Spende, die ich nicht zu deuten wußte.
Für einen armen Teufel bin ich späterhin noch mehr als einmal gehalten worden, und dann hatte es immer etwas Belustigendes gehabt in aller Beschämung. Aber damals, als Bub fast noch, war ich der Sache doch nicht recht gewachsen, sie war ja wohl auch geheimnisvoll genug. Jedenfalls, ich hatte die Mark in der Hand, zurückgeben konnte ich sie nicht mehr, so schob ich sie denn in die Tasche, und meinem Bruder sagte ich nichts davon.
Als wir jetzt in die Wirtsstube traten, in der an blankgescheuerten Ahorntischen nur noch ein paar Bauern saßen, wurde mir die Mark in der Tasche unversehens zu Fortunati Glückssäckel, und leicht bewog ich

meinen knausernden Bruder zu kühneren Bestellungen, die freilich immer noch bescheiden genug waren und in einem Glas hellen Bieres für jeden gipfelten, das wir aus zinngedeckelten Gläsern tranken. Nach dem Essen, wie es so Sitte ist auf dem Lande, schlurfte die Wirtin herbei, einen guten Abend zu bieten und nach dem Woher und Wohin zu fragen, mit jener unverhohlenen Neugier, die dem Volke selbstverständlich ist. Mit Verlaub, sagte sie, das Strickzeug in der Hand, und nahm uns gegenüber Platz.

Wenn die Hausiererin vorhin aus Luft und Feuer gemacht schien, so waren Erde und Wasser die Elemente, denen die Wirtin untertan sein mußte. Breit und aufgequollen, saß sie da, viel jünger als jene Greisin, eine gute Vierzigerin vielleicht, von einer etwas stumpfen Gutmütigkeit mochte sie sein, wie sie jetzt Bericht verlangte und selber gab, so, Studentlein wären wir, aus München, und dort wäre sie auch gewesen, vorzeiten, als Köchin beim Radlwirt in der Au, den müßten wir ja wohl kennen.

Indes sie so sprach, hub draußen das Gewitter, das lang verzogen hatte, in prallen Güssen, die ans Fenster schlugen, im wilden Rauschzorn der Bäume und im feurigen Huschen der Blitze sich zu entladen an. Unser beider Gedanke galt sofort der Greisin, und mein Bruder sprach es auch sogleich jammernd aus, wie die Frau zu bedauern sei, die jetzt bei solchem Sturmregen, so spät über Land gehe, wer wisse, wohin und wie weit noch.

Mit der Frau, sagte die Wirtin, und ihr Gesicht wurde auf einmal abweisend und hart, mit der Frau brauchten wir kein Mitleid haben. Und wir hätten gewiß auch keins mehr, wenn wir sie so gut kennen würden, wie sie, die Wirtin, die alte Höltlin nun einmal kenne. Die müßte gar nicht über Land gehen, mit ihren siebzig Jahren, denn die wäre reicher als alle miteinander, die da in der Stube herinsitzen. Und wie wir nun zu erfahren begehrten, was es mit jener wunderlichen Frau auch sich habe, fing sie an zu erzählen von der Höltlin, die draußen vorm Wald ein Haus hat und früher einmal weitum im Bayerischen und Böhmischen bekannt gewesen ist. Sie hat die alten Sachen aufgekauft, Truhen und Holzfiguren und Schüsseln, Seidentücher und Meßgewänder, nur das Beste und Schönste. Da ist sie dahinterher gewesen, wie der Teufel hinter der armen Seele, und alles hat sie aufgeschnüffelt, wie wenn sie es riechen hätte können. Wo keiner von den anderen Händlern mehr was gefunden hat oder wo es ihm die Bauern oder der Pfarrer rundweg abgeschlagen haben, die alte Hexe hat es geholt. Das heißt, so verbesserte sich die Wirtin, die Erzählerin, alt ist sie damals noch nicht gewesen, es sind ihr sogar die Mannsleut nachgelaufen seinerzeit, aber sie hat für nichts anderes Sinn gehabt als für ihren Handel. Die ist nur in die Kirchen gegangen, wenn sonst niemand drin war, und hat die Gebetbücher nach schönen Heiligenbildern durchgefilzt oder hat geschaut, ob nicht wo ein Barockengerl ein bißl locker hängt, auf das keiner aufgepaßt hat. Und wenn wo ein altes Leut gestorben ist, dann war die Leiche noch nicht kalt, bis sie gekommen ist, um den Nachlaß zu erschachern.

Jedes Jahr, im Mai, im Juli und im Oktober, so berichtete die Frau, ist sie mit ihrem Mann und ihrem Buben nach München hinauf, zur Auer Dult, und ihr Stand ist der reichste und schönste gewesen, und es sind wegen ihr allein Leute bis von Berlin auf die Dult gekommen.

Die Höltlin ist aber selber ganz vernarrt gewesen in ihre schöne Ware, und ein boshaftes Luder war sie obendrein. Sie hat die besten Stücke ausgelegt, aber wenn wer nach dem Preis gefragt hat, dann ist sie bloß grob geworden; das wär' schon für wen aufgehoben, oder, ein Prinz wär' grad dagewesen, der Prinz Alfons, der hätte es gekauft. Und wenn sie die Leute genug damit geärgert gehabt hat, dann hat sie die schöne Ware wieder in die Kisten verpackt und hat herumerzählt, das gehe weit fort, ins Amerika.

Manche Schnurre wußte die Wirtin noch beizusteuern, so, daß einmal ein reicher Herr sich einen Spaß mit ihr gemacht habe; der habe einen schönen Walzenkrug stehen sehen, ein Lieblingsstück von ihr, das sie nur als Lockvogel hingestellt habe und das ihr nicht feil gewesen sei. Was der Krug kosten solle, habe er sie gefragt, und sie habe höhnisch gesagt, hundert Mark, und sie hätte grad so gut sagen können, er solle sich zum Teufel scheren. Aber der Herr habe kaltblütig einen blauen Lappen auf die Budel gelegt, und weil grad ein paar andere Händler dabeigestanden seien, habe sie nicht mehr zurückkönnen, und der Herr habe noch recht spöttisch gesagt, sie solle ihm den Krug ja recht vorsichtig einwickeln. Am liebsten hätte sie ohnehin alle zwei in Scherben geschlagen, den Krug und den Käufer dazu.

Die Wirtin, als sie das erzählt hatte, lachte mit einer bösen Heiterkeit, bei der uns nicht wohl war. Aber ehe wir wußten, was wir sagen sollten, fuhr sie schon in ihrem Bericht fort, von dem Mann redete sie jetzt, verächtlich, von dem lausigen Krisperl, das von dem bösen Weibsteufel nur so gepufft und herumkommandiert worden sei, wer weiß, warum sie grad den geheiratet habe. Der habe, auf der Dult draußen, nur so dabeistehen dürfen, und wehe, wenn er gewagt hätte, selber was zu verkaufen oder auch nur einen Preis zu nennen. Wie ein Hund habe der Höltl folgen müssen, und wenn ihn die Frau wohingestellt und drauf vergessen habe, dann sei er am Abend noch dortgestanden, bei Schnee und Regen. Wenn es dann Nacht geworden sei, habe sie ihn laufen lassen, zwei Mark habe sie ihm gegeben, zum Vertrinken. Und einmal wären es statt zwei Mark fünfe gewesen, weiß der Teufel aus was für einer Laune heraus, und die habe der Mann genau so gehorsam vertrunken. In der Nacht habe er dann, in seinem Rausch, ein offenes Fenster für ein Abtrittbrett gehalten, und hinterrücks sei er aus dem dritten Stock gefallen. Und wie sie ihn am anderen Tag in der Früh gefunden hätten, wäre gleich die Frau geholt worden, aber die, so wurde berichtet, hätte nur gesagt, der habe sich ja sauber in den Tod gesoffen um die fünf Mark. Und daran, daß sie jetzt eine Witwe war, hätte sie nicht schwer getragen.

Mein Bruder und ich, wir sind damals noch fast Kinder gewesen, aus einem wohlbehüteten Elternhaus, und die rohen Schrecken schwerer Zeiten, die nachdem gekommen sind, hatten uns noch mit keinem Anhauch getroffen. Wir lauschten beklommen, es war uns, als blickten wir in einen Abgrund, aber um so begieriger waren wir, seine fremden, schaudernden Tiefen auszumessen. Die Wirtin, unsere Spannung gerne gewahrend, ließ den Strickstrumpf sinken, horchte einen Augenblick in das schon vertosende Wetter und rückte dann, in der völlig leer und still gewordenen Stube, näher zu uns her, das sei alles nichts, sagte sie, was sie bisan erzählt habe, jetzt aber komme die eigentliche Geschichte. Der Höltlin ihr Sohn, fuhr sie fort, ist ein Taugenichts gewesen aus den Windeln heraus. Mit dem ist sie nicht so leicht fertig geworden wie mit ihrem Mann. Das Geld hat er ihr aus dem Kasten gestohlen, und später hat er ihr die schönste Ware davongetragen und heimlich verkauft. Sie hat aber an dem Buben einen Narren gefressen gehabt und hat es vor den Leuten nie zugeben wollen, daß ihr Sohn stiehlt. Da hätten die

anderen Lumpen sich lustig machen können, meinte die Wirtin, und damit prahlen, daß man von der alten Höltlin nichts kaufen kann, aber vom jungen Höltl kriegt man's halb geschenkt. Und ganz Unverschämte hätten ihr solche Erwerbungen gar unter die Nase gehalten, einen Enghalskrug oder ein Stück gotischen Samt, und scheinheilig gefragt, ob sie denn das nicht für gut und echt halte, weil sie es so billig habe losschlagen lassen durch ihren Sohn. Das sei die rechte Hölle gewesen für die Frau; sie habe immer zugetragen, und der Bub habe davongeschleppt, und es sei wie ein Faß ohne Boden gewesen. Oft habe einer hören können, wie sie ihren Sohn laut verflucht hat, die Hände sollen ihm abfaulen, wenn er noch einmal was anrührt. Aber das Früchterl, das sie mit der bloßen Faust hätte niederschlagen können, habe eine wunderliche Gewalt gehabt über die Mutter, die sonst den Teufel nicht gefürchten hat.
Dem jungen Höltl, erzählte die Wirtsfrau, und sie sagte es so kalt und leise, daß uns schauderte, dem sind dann wirklich die Hände abgefault, wie seine Mutter es ihm angeflucht hat. Wie er es gar zu arg getrieben hat, ist sie doch auf die Polizei, und die hat dann zuerst einmal den Hehlern das Handwerk gelegt. Der Bub aber ist gleich ganz schlecht geworden, er ist unter die Schwärzer gegangen und hat aus dem Böhmischen ins Bayrische und von da wieder hinübergetragen und getrieben, was ihm unter die Hände gekommen ist. Aber nicht lang. Schon im Herbst drauf ist er verschollen gewesen, und ein Grenzer hat gemeldet, daß er in der Finsternis auf einen geschossen hat, der nicht hat stehenbleiben wollen; man hat gleich alles abgesucht, aber es ist nichts gefunden worden.
Im nächsten Sommer erst sind Kinder vom Erdbeerzupfen heimgelaufen, ganz käsig und verschreckt, im Holz draußen läge einer so still und hätte auch auf ihr

Rufen keine Antwort gegeben. Wie sie ihn dann geholt haben, ist es der junge Höltl gewesen, die Leiche war noch gut zu erkennen, ein wenig eingeschnurrt von der Hitze; bloß die Hände waren im Feuchten gelegen und waren abgefault bis auf die Knochen.

Die Höltlin habe zwar laut gesagt, daß es um den Bazi nicht schad wäre, aber es sei halt doch ihr einziger Sohn gewesen. Sie hat in ihrem Haus herumrumort wie ein Geist, und man hat oft die halbe Nacht ein Licht wandern sehen von Zimmer zu Zimmer, da ist sie ohne Ruhe hin und her gelaufen, hat ihre schöne Ware angeschaut und geweint und geflucht dazu. Der Sohn, der sie ihr gestohlen hat, ist tot gewesen, aber sein Wort ist lebendig geblieben übers Grab hinaus. Denn wenn sie ihm angewunschen hat, es möchten ihm die Hände abfaulen, dann hat er dagegengeschrien, und die Nachbarn haben es mehr als einmal gehört, ihr solle dafür das ganze Haus überm Kopf verbrennen mit all dem Gelump und sie selber dazu.

Seit sie den Sohn so gefunden hätten, sagte die Wirtin, sei die Höltlin nimmer auf die Dult. Sie kaufe nichts mehr, nicht das schönste Stück, aber verkaufen tue sie auch nichts, in ihr Haus lasse sie keinen Menschen hinein. Oft hätten ihr früher hämische Leute einen ahnungslosen Fremden geschickt, er könnte dort, bei der Witwe, preiswert was erhandeln. Solchen ungebetenen Gästen werfe sie zornig die Tür vor der Nase zu, und einem ganz Hartnäckigen sei sie einmal mit einem brennenden Holzscheit bis auf die Straße nach. Der Mann habe später erzählt, sie hätte das glimmende Scheit in die nasse Erde gestoßen und ein Sprüchel dazu gemurmelt, ein ganz grausiges und wildfremdes. Aber wer weiß, ob das wahr sei.

Seit der Zeit handle die Höltlin, um sich durchzubringen, mit Hausierkram. Wenn sie nur einen einzigen

Rauchmantel oder eine Figur hergeben wollte, möchte sie mehr Geld kriegen als für einen Monat, ja, für ein halbes Jahr Herumlaufen. Aber es sei, als ob sie nichts hergeben dürfte, als ob sie alles, Stück für Stück, aufheben müßte für den Tag, an dem der Fluch von ihrem Sohn auf das Haus komme, mit allem, was darin ist. Und daß der Tag komme, und wenn sie hundert Jahre alt würde, das wisse sie selber, und das wissen die Leute alle. Aber Mitleid, so schloß die Erzählerin, die böse, kaltherzige, Mitleid brauche keiner zu haben mit der alten Hexe, sie sei ihr Leben lang geizig und hart genug gewesen. Der Herrgott tue keinem mehr, als was er verdient – und was sie mit dem Teufel habe, das sei ihre Sache!
Ich war ergriffen von dem Schicksal der alten Frau, und meinem Bruder mochte es nicht anders zumute gewesen sein. Wir schwiegen und schauten ratlos auf die Tischplatte. Die wirkende Gewalt des Fluches war uns bisher nur in Sagen und Gedichten begegnet, hier aber war sie eine schier selbstverständliche Wahrheit, mächtig unter leibhaftigen Menschen, die daran glaubten. Mochte die andere eine Natter sein, die Wirtin war dann eine Kröte, wie sie nun schwerfällig aufstand, nach ihrer unheimlichen Geschichte, die sie vielleicht oft schon erzählt hatte, wer weiß, ob nicht einzig darum, daß sie das Mitleid abgrübe in jedem Herzen. Ich mißtraute jedenfalls ihrer selbstgerechten Biederkeit.
»Sie haben uns, Frau Wirtin«, ergriff ich stockend das Wort, »mehr von Unheil berichtet als von Schlechtigkeit; wenn die Frau wirklich so bös ist, dann ist sie gestraft genug, daß sie so leben muß in Zorn und Ängsten; sie hat das Fegefeuer schon auf Erden, und die arme Seele wäre jetzt schon eher ein Vaterunser wert als ein so strenges Urteil.«

Ich war schon daran, ihr von unserer Begegnung zu erzählen, aber sie kam mir zuvor. Ich wäre noch ein junger Mensch, sagte sie, und würde es schon noch verlernen, jedem barmherzig zu sein, der es nicht verdiene. Gestern vielleicht hätte sie noch mit sich reden lassen über die Höltlin, aber heute nicht mehr. Und sie fing, erboster als zuvor, eine neue Geschichte an.
Die Hexe, sagte sie, sei ja grad da herin gewesen, hier bei ihr in der Stube, und wenn sie, die Wirtin, noch daran gezweifelt hätte, daß die Höltlin ein schlechter Mensch ist, jetzt wisse sie es gewiß. Um eine Mark habe sie sie geprellt, das habgierige Luder, das habgierige, zum Dank, daß sie ihr was abgekauft habe von ihrem schundigen Kram. Um sechzig Pfennige seien sie handelseinig geworden, und sie, die Wirtin, habe ihr die Mark da auf den Tisch gelegt. Die andere habe ihr die vierzig Pfennig herausgegeben und dreist die leere Hand aufgehalten und behauptet, daß sie die Mark noch nicht gekriegt hätte. Sie, die Wirtin, habe gesagt, da habe sie ja die Mark hergelegt, und daliegen tue sie nimmer, also habe die Höltlin sie wohl eingeschoben. Da sei sie ganz fuchsteufelswild geworden und habe alle Heiligen zu Zeugen angerufen, daß sie von keiner Mark etwas wisse. Mit ihr streiten, habe sie, die Wirtin, gesagt, wolle sie nicht, da könnte eines genau so gut mit dem Leibhaftigen selbst streiten; und sie habe eine zweite Mark vor die Höltlin hingelegt, die habe sie gewiß nicht übersehen können. Da sei die Mark, habe sie zu ihr gesagt, aber einen Fluch tue sie drauf, daß sie dem hundertfaches Unglück bringen soll und einen unseligen Tod, der sie zu Unrecht einsteckt; und der Herrgott dürfe zuschauen bei dem Handel. Und da habe das Weib gewinselt und gebettelt, sie, die Wirtin, sollte den Fluch wieder wegtun von dem Geld, sonst kann sie es nicht nehmen. »Höltlin«, habe sie gesagt,

»ich verfluche ja nur meine Mark. Wenn sie rechtens dir gehört, kannst du sie ja ruhig einstecken, dann hat ja der Fluch keine Kraft über dich.« Und da habe sie das Luder richtig in ihrer eigenen Schlinge gefangen: sie habe die Mark nehmen müssen, wenn sie es nicht selber habe zugeben wollen, daß sie sie um ihr Geld geprellt habe. Viel Freude würde sie an der Mark nicht haben – so schloß die Wirtin mit einem hämischen Lachen.

Zugleich stand sie auf, sie habe, sagte sie, uns lang genug aufgehalten, und ihre Frage, ob wir noch ein Glas Bier wollten, war eher eine Mahnung zum Aufbruch. Wir dankten denn auch und fragten nach unserer Schuldigkeit, alles in allem, da wir vielleicht morgen recht zeitig aufbrächen. Die Wirtin schaute uns abschätzend an: ob uns, für alles zwei Mark zuviel wären? Wir wußten nicht recht, und das war uns peinlich genug, ob sie das für einen alleine berechne oder für beide zusammen. Für alle zwei wäre es eine Bettelmannszeche gewesen, für einen allein war es, vor dem Weltkrieg, im hintersten Bayrischen Wald, nicht gerade billig. Mein Bruder, der das Geld einstecken hatte, war wohl der Meinung, es heiße zwei Mark für den Kopf zahlen, und legte drei Mark auf den Tisch, die vierte fischte er aus dem Kleingeld zusammen. Er bekam einen roten Kopf, es schien nicht mehr ganz zu reichen. Die Wirtin sagte, aber sie sagte es um einen Ton zu patzig, wenn wir so schlecht gestellt wären, gäbe sie sich mit dem Taler auch zufrieden, sie sähe schon, daß sie heute nicht zu ihrem Gelde kommen sollte. Aber da hatte ich schon die Mark aus der Tasche geholt und legte sie schweigend zu den übrigen. Je nun, meinte die Wirtin, indem sie das Geld einstrich, wenn es die jungen Herren so nobel gäben, solle es einer Wirtin nicht ungelegen sein. Und so komme sie wohl auch, setzte sie lächelnd dazu, doch wieder zu der Mark, die sie bei dem Hexenhandel eingebüßt habe. Mein Bruder, der doch wußte, wie abgebrannt wir waren, machte große Augen, als er das Geldstück sah, aber fürs erste erleichtert, steckte er seinen Beutel wieder ein. Ich aber fragte, von den wunderlichen Fügungen dieses Abends zutiefst betroffen, zweideutig die Wirtin, ob sie denn, da es vielleicht wirklich die Mark sei, die sie verflucht habe, keine Angst spüre, sie wieder einzunehmen. Sie lachte verlegen zu dem schlechten Scherz. Ob ich, meinte sie unsicher, damit sagen wollte, daß sie uns übernommen hätte. Das müßte sie selber wissen, gab ich ausweichend zur Antwort, jedenfalls sei sie, die Wirtin, jetzt in der nämlichen Verlegenheit, in die sie die arme Hausiererin gebracht hätte. Ich könnte ja, sagte ich lauernd, insgeheim von ihr, der Wirtin das Geldverfluchen gelernt und eine kräftige Verwünschung auf die Mark gelegt haben. Ich ließ bei diesen Worten alles in der Schwebe, so daß die Frau, so unbehaglich es ihr war, die Anspielung doch für einen Spaß nehmen mußte, auf den nicht ernsthaft zu erwidern war. Ich hatte aber das Gefühl, daß sie ursprünglich nicht mehr als zwei Mark für uns beide hatte rechnen wollen, daß sie aber, als mein Bruder Miene machte, vier zu bezahlen, von Habgier erfaßt, rasch ihre Meinung änderte, und daß ihr jetzt meine Anzüglichkeit doch recht das Gemüt beklemmte. Ziemlich unwirsch bot sie uns eine gute Nacht und rief die Magd, uns auf unsere Stube zu führen.

Die Kammer droben stand im vollen Mondlicht, das Wetter hatte sich verzogen, ein leichter Nachtwind schüttelte Tropfen aus der Linde, die vor unserem Fenster stand. Rasch zogen wir uns aus und schlüpften in die ächzenden Betten. Woher ich die Mark gezaubert hätte, wollte mein Bruder wissen. Ich ließ ihn raten. Es sei, meinte er, wirklich die Mark gewesen, die die

Wirtin zuerst der Hausiererin gegeben, die sich koboldig verschlüpft habe – und ich hätte sie, vielleicht unterm Tisch gefunden. »Fehlgeraten«, sagte ich, und schon im Einschlafen erzählte ich ihm, in wenigen Sätzen, wie es sich zugetragen hatte. Neugierig sei er, sagte mein Bruder, wie das hinausginge mit dem Fluche; und ob ich nicht auch fände, daß vier Mark unverschämt viel verlangt sei, bei so schlechten Betten obendrein. Und warf sich, ohne eine Antwort abzuwarten, auf die andere Seite. Ich blies das Licht aus und schwieg; noch vieles bedenkend, trieb ich ins Ungewisse hinaus, in die schwere Tiefe des Schlafes. Da erklang noch einmal, unerwartet die Stimme meines Bruders: »Da steckt irgend etwas dahinter«, sagte er; »die zwei Weiber, und ich drehe die Hand nicht um, welche mir die liebere ist, streiten um mehr miteinander als um ein Markstück.« Und dann waren wir beide wieder still. Der Mond schien herein, kaum konnte ich mich bergen vor seinem fließenden Licht. Aber ich schlief schon, da rief mich noch einmal mein Bruder wach: Ob ich, fragte er, an den Fluch überhaupt glaube? Ich murmelte nur irgend etwas, ich wüßte es nicht, und ich wußte es wirklich nicht, ich weiß es auch heute noch nicht, nach dreißig Jahren.

Jedenfalls, von der Hausiererin haben wir nie mehr etwas gehört, der nächste Tag galt neuen Zielen, auch die Wirtin sahen wir nicht mehr, als wir, mit dem frühesten aufbrachen. Aber sechs, sieben Jahre später, wir hatten schon den ganzen Krieg hinter uns, und die silberne Mark von damals war längst, wenn sie nicht die Wirtin im Strumpf versteckt hatte, dahingeschwommen im papiernen Strom, sechs, sieben Jahre später las ich ganz zufällig in der Zeitung, daß das Gasthaus zum goldenen Lamm in Schöllau abgebrannt sei bis auf die Grundmauern. Ich weiß nicht, ob das ein Zufall gewesen ist, denn es brennen ja schließlich im Laufe der Jahre genug Bauernhöfe und Wirtshäuser nieder, warum sollte nicht auch das Goldene Lamm einmal in Feuer aufgehen irgendwo da droben im Wald an der böhmischen Grenze ...

DAS KIND IM WALDE
Die Geschichte des Holzknechtes

Das ist heut mein letzter Tag im Wald. Ich hätte vor drei Jahren schon aufhören sollen mit der Holzarbeit, weil ich die Altersgrenze erreicht gehabt habe. Ich hab es kommen sehen, aber wie mir's der Forstverwalter so ins Gesicht gesagt hat, daß es ihm leid tut, aber daß er mich nicht mehr beschäftigen kann, da ist mir doch das Wasser in die Augen geschossen. Was, hab ich geschrien, ich tät nicht mehr taugen zur Arbeit? Und hab den Forstverwalter, der ein schwerer Mann gewesen ist, mit beiden Fäusten gepackt und frei in die Höhe gestemmt. Und da hat er unbändig gelacht und hat gesagt, wenn ich es ihm so handgreiflich zeige, wolle er mich noch ein paar Jahre mittun lassen.
Aber jetzt ist meine Zeit um; fünfzig Jahre bin ich in den Wald gegangen und auf dem ganzen Höllkopf gibt es keinen Schlag, in dem nicht meine Axt mitgeklungen hat. Heut ist Samstag und für mich der letzte Zahltag. Ich hab den toten Waldkauz da mitgenommen, es ist nicht viel dran, aber ich lasse ihn mir ausstopfen. Wer weiß, woran er zugrunde gegangen ist; die Leute, die bloß so lustwandeln im Wald, die sehen nur die schönen Bäume und die Blumen, Beeren und Pilslinge und haben ihre Freude dran. Aber er ist auch ein strenger Herr, gar wenn man ihm an den Bart will. Es ist so manche Fichte tückisch gefallen, dem Rechnen und der Erfahrung zum Trotz, und mehr als einen frischen Burschen haben wir unterm Stamm hervorgeholt und es ist ihm nicht mehr zu helfen gewesen. Beim Baumfahren im Winter muß schier alle Jahre einer dran glauben; freilich das ist die Arbeit und ich will nicht davon reden. Was aber die unschuldige Kreatur betrifft,

die im Wald ums Leben kommt, da lernt man wunderliche Gedanken fassen übers schwere und bittere Sterben, wie man so ein Tierlein findet und sieht noch, wie hart es hat kämpfen müssen, bis zum letzten Schnaufer.
Und nicht anders ist mir mein Dirndl zu End gegangen, und ich kann sagen, daß ich für alles Glück, das mir der Wald in allen den Jahren gegeben hat und für meine und der Meinigen Notdurft, die ich herausgeschlagen habe mit meiner Hände Fleiß, einen großen Preis habe zahlen müssen, und daß ich dem Wald nichts schuldig bin, wenn ich jetzt meine Axt heimtrage für immer. Und so gewiß ein jeder erfrorene Hirsch und jedes gerissene Reh mich an das Lisei erinnert haben und seinen argen Tod, so gewiß hab ich auch einen herben Trost darin gefunden, daß der Wald so ist und nicht anders, daß er gibt und nimmt wie der Herrgott selber. Wenn ich die hohen Bäume anschaue und ihre Kraft und ihren Frieden, dann kann ich ja gar nicht hadern damit, sie sind's nicht gewesen, und doch ist es der Wald gewesen, und das ist mehr, als daß viele Bäume beieinander stehen.
Die Leute haben mich später trösten wollen, weil ich ja die Älteste noch gehabt habe und drei Kinder noch gekommen sind, lauter Mädeln. Sie sind alle fort vom Wald in die Stadt, sie sind brav und es geht ihnen gut. Ich weiß wohl, daß einem in der großen Stadt ein Kind noch viel elender verderben kann, als wenn der Wald es verschlingt, denn der Berg und die Bäume, die sind auch nicht barmherzig, aber sauber sind sie und ohne Falsch und sie geben die Seele wieder heraus, makellos und lassen einem eine klare Erinnerung. Und so hat mich der Wald auch wieder mehr getröstet als die Menschen.
Am vierundzwanzigsten April ist es gewesen vor dreißig Jahren, lang vor dem Krieg also, da ist die Zenzl,

die ältere, mit dem Lisei auf den Berg gegangen. Das Lisei war ein Dirndl von vierthalb Jahren, aber es war fest und groß wie eins von fünf. Ein herziges Ding ist es gewesen, flachsblond und die Augen so blau wie Enzian. Wir haben es auch für ein besonderes Kind gehalten und haben es mehr verzogen, als vielleicht recht war.

Damals hat von meiner Frau eine Schwester am Berg gewohnt, beim Ramsen heißt es; ein kleiner, mühseliger Hof ist es, aber wunderbar gelegen auf den höchsten Wiesen, die dann gegen den Ramsengraben hinunterfallen, das ist die Schlucht, die von den Rehmösern bis an die Schwarzachen hinaus zieht.

Meine Frau ist damals nicht gut beisammen gewesen, und da hat ihr die Schwester angetragen, sie nimmt die Kinder für eine Woche. Es ist, als ob meine Frau eine Ahnung gehabt hätte, denn sie hat eine Ausflucht um die andere gebraucht und das Lisei hat sie schon gar nicht hergeben wollen. Aber wir haben die Schwester und den Schwager auch nicht beleidigen können und da haben wir ihm halt die Kinder geschickt, ein Samstag ist es gewesen, ein so schöner und warmer Tag, wie sie selten sind um diese frühe Zeit.

Grade, weil es ein Samstag war, haben wir um elf Uhr Feierabend gemacht, wir haben damals eine schöne Holzstube gehabt unterhalb vom »kalten Schlag«, in dem wir die größten Tannen umgelegt haben, die jemals auf dem Berge gestanden sind. Wir haben unser Werkzeug aufgeräumt und sind talaus gegangen. Für eine Stunde oder zwei ist der ganze Wald lebendig gewesen von Leuten, die alle heimgestrebt haben, vom Hochrücken herunter und aus dem Tanzgraben und über die Sulzberg-Schneid herüber. Die einen sind da hinaus und die andern dort und es ist ein großes Rufen gewesen und Grüßen und wieder Abschiednehmen.

Aber nach der Zeit ist der Berg stiller und verlassener gewesen als jemals sonst.

Ich bin ein frischer Mensch damals gewesen, ein guter Dreißiger, und wenn die Arbeit auch hart war, es waren schöne Zeiten und der Wald hat mich ernährt, daß ich das Gütl hab erhalten und ausbauen können, und ich war gar nicht gram, daß es zu einem richtigen Bauernhof nicht gelangt hat. An dem Samstagmittag bin ich so kreuzfidel gewesen, der Wald hat gerauscht, keine Wolke ist am Himmel gestanden, und bei den zwei Tännlingen am Engelstein haben wir übers Land schauen können bis an den Chiemsee und weiter. Und da hat mich der Übermut gepackt wie einen ganz Jungen und ich hab den Hut in die Höh geworfen und grad hinausgejuchzt vor Freud über mich selber und die schöne Welt.

Das ist in der nämlichen Stunde gewesen, in der sie das Lisei zu suchen angefangen haben.

Zuerst hätte ich selber noch die Schwäger beim Ramsen aufsuchen wollen, aber ich bin dann lieber gleich heim und habe den Ramsengraben links liegen gelassen; denn zur Holzarbeit taugt das schlechteste Gewand und im Wald fragt einer nichts danach, wie wild ihm der Bart steht. Aber die Verwandten aufsuchen braucht eine feinere Kluft, hab ich gedacht und wollte am Sonntag mit der Frau herauf. Wär ich so eitel nicht gewesen, es hätte sich noch alles zum Guten wenden können, denn das Lisei hätte mir in die Hände laufen müssen. Aber ein jeder geht den Weg, den er vom Herrgott geschickt wird.

Die Zenzl ist mit dem Lisei bei der Tante grad in die Suppenschüssel hineingefallen, wie man hierorts sagt; sie sind schon erhofft gewesen und sie haben gleich zum Essen anfangen wollen. Aber das Lisei hat Heimweh gehabt und hat nichts angerührt. Die Tante ist eine seelengute Frau, aber das Auszahnen hat sie halt nicht

lassen können. Das Lisei hat, so groß es schon war, noch gern aus der Flasche getrunken; und wenn sich ein Erwachsener drüber lustig gemacht hat, ist das Dirndl ganz närrisch geworden oder, wenn es gar zu arg war, ganz still. Und wie jetzt die Tante recht spöttisch gefragt hat, ob man für das Wickelkind die Ludel herrichten soll, ist das Lisei von der Bank heruntergerutscht und aus dem Zimmer gelaufen. Die Frau hat es gleich holen wollen, aber der Mann hat gesagt, man dürfte den Kindern nicht jeden Trotz hinausgehen lassen, und wenn das Lisei ausgebockt hätte, dann käme es schon von selber wieder. Sie haben halt das Lisei nicht gekannt. Die Zenzl hat sich überhaupt nichts sagen trauen, und so haben sie zuerst einmal ihre Suppe gegessen und sind guter Dinge gewesen.
Dann hat die Frau das Geschirr weggeräumt und hat dabei nach dem Lisei geschaut. Aber es ist nirgends gewesen, im Haus nicht und nicht im Stall und im Schupfen. Anfangs hat die Frau allein gesucht, dann sind alle herumgelaufen, im Heuboden, im Backhäusl, überall um das Haus haben sie gestöbert, aber das Kind war nicht zu sehen und hat auf kein Rufen und Bitten Antwort gegeben.
Jetzt haben sie es mit der Angst zu tun gekriegt und die Zenzl hat sich erboten, den Weg zurückzulaufen, den die Kinder gekommen waren. Es ist ja auch am nächsten gelegen, daß das Lisei hat heim wollen. Aber die Strümpfe und Schuhe sind noch dagelegen, weil die Kinder das letzte Stück über die Wiesen barfuß gegangen sind; das hat die Leute wieder getröstet, weil sie gemeint haben, bloßfüßig kommt ein so kleines Kind im Wald nicht weit; denn dort ist der Boden noch rauh und kalt vom Winter gewesen.
Die Tante und die Zenzl sind also bergab den Weg gelaufen und haben laut nach dem Lisei gerufen. Aber es

hat sich nichts gerührt. Der Mann und die Magd haben derweilen noch um das Haus herum gepürscht und gegen den Wiesengrund zu, der an den Wald grenzt, der dann in die Schlucht hinunter abfällt. Es ist aber dort ein Streifen Schnee am Waldrand gelegen, einen Hirschensprung breit, und der Schwager ist ihn genau abgegangen. Jedes Trittlein hätte er sehen müssen. Aber der ganze Ranft ist unverletzt gewesen. Der Schwager hat damals gemeint, jetzt könne es so weit nicht mehr gefehlt sein, weil ja der untere Ramsgraben das einzige gefährliche Stück auf der Abendseite des Höllkopfes ist. Er hat deshalb die Magd auf das Sträßlein geschickt, das durch die Schlucht über die Brücke nach Zwickling hinausführt; dort, in dem Weiler hätten die Leute ja ein Kind nicht übersehen können, wenn es wirklich den Weg gegangen wäre. Aber die Magd ist unverrichteter Dinge wieder heimgekommen.

Ich hab mir grad die Stoppeln aus dem Gesicht geschabt und bin, mit dem Messer in der Hand, vor dem Spiegel gestanden, da höre ich einen Schrei, der anders geklungen hat als das, was das Weibervolk bei jeder Kleinigkeit von sich gibt. Ich renne, wie ich bin, in die Stube hinüber, da steht die Schwägerin da wie eine Wachskerze und meine Frau liegt halb über dem Tisch und wimmert in sich hinein. Wie ich dann erfahren habe, daß das Lisei verlorengegangen ist, bin ich schon auch erschrocken, aber nach dem Schrei war ich auf was Ärgeres gefaßt gewesen. Ich hab die zwei Frauen grob angelassen, das Flennen wäre das dümmste, und die Schwägerin habe ich gefragt, seit wann das Lisei abgeht. Seit halb zwölf Uhr, sagt sie, und ich schaue auf die Uhr, da ist es chon gleich fünf Uhr.

Ich habe mir den Seifenschaum aus dem Gesicht gewischt und die nächstbeste Joppe angezogen. Dann bin ich mit dem Rad davongefahren, wie ein Narr habe ich hineingetreten, die steilsten Berge hinauf, ich habe an nichts gedacht, als daß ich gut hinkomme und daß ich den Wachtmeister treffe in Weidach mit seinem Spürhund. Ich habe ihn auch getroffen, aber zuerst hat er nicht mit wollen, er kennt das schon, wie man hinausgesprengt wird auf den Berg und derweil sitzt das Kind bei irgendeiner Bäuerin, die es mit Nudeln füttert. Wollte Gott, es wäre so, habe ich gesagt, aber ich spüre, daß ein Unglück im Weg ist. Und da hat er sich dann auf das Rad gesetzt und der Hund ist neben uns hergelaufen.

Wir sind bis Zwickling gefahren und durch die Schlucht zum Hof hinaufgestiegen. Der Wachtmeister hat mir unterwegs gut zugeredet, der Hund hätte schon ganz andere Leut gefunden, die wunders wie schlau gewesen wären mit Pfefferstreuen und Wasserwaten. Da wäre es gelacht, wenn er ein kleines Kind nicht auftreiben könnte, das seit ein paar Stunden verloren wäre. Ich habe den Hund gestreichelt und eine große Liebe zu ihm gefaßt, weil bei dem Tier die Hoffnung gestanden ist, daß wir das Lisei wiederfinden.

Wie wir den Hof droben gesehen haben, durch die kahlen Buchen hindurch, ruft der Wachtmeister, fast ärgerlich: »Da steht's ja, Ihr Lisei!« und deutet auf ein Kind, das bunt aus der Dämmerung herscheint und dann ins Haus verschwindet. Weil der Mensch gern glaubt, was er sich wünscht, habe ich voreilig die Last abgeworfen von meinem Herzen. Aber ich habe sie um so mühseliger wieder aufnehmen müssen, denn wie wir droben waren, habe ich gesehen, daß es die Zenzl war, die heraufgestiegen war mit der Mutter und der Schwägerin und mit ein paar Nachbarsleuten, die suchen helfen wollten.

Wir haben dem Wachtmeister ein paar Sachen geben müssen, die das Lisei auf dem Leib getragen hat, und er hat den Hund daran schnuppern lassen. Dann hat er ihn hinausgeführt, damit er die Spur sucht.

Es ist schon arg zwielichtig gewesen, es hat schon geschwirrt vor dem Wald, wenn nicht ein so schöner Tag auf den Abendhang geleuchtet hätte, wäre es um die Zeit schon völlig finster geworden.

Die Leute und auch der Wachtmeister sind wie selbstverständlich talab gegangen; aber gleich unter dem Hof, wo die Wege zusammengehen, hat der Hund nach rechts gezerrt, gegen den Berg zu. Die Leute haben sich gesträubt, dem Tier zu folgen, sie sind weiter und später heimgegangen.

Der Wachtmeister, der Schwager und ich, wir haben uns von dem Hund den Berg hinaufführen lassen. Solang noch ein Steig war, ist unser Verstand noch mitgegangen, wenn auch wider Willen, bloß weil wir dem Hund vertraut haben. Wie der aber in den Wald hinein ist, mitten ins Gestrüpp, in eine Fichtenjugend und wieder heraus, da hat sogar der Wachtmeister den Kopf geschüttelt und ich habe angstvoll gesehen, daß er seiner Sache nicht mehr gewiß gewesen ist. Derweilen ist es völlig Nacht geworden, der Mond stand nicht zu erwarten und der Hund hat an einem Wasser, das da geflossen ist, die Witterung verloren. Ich habe gemeint, ich müßte es erzwingen, und bin den Wald hinaufgerennt und habe geschrien. Aber der Wachtmeister hat mich zurückgeholt, weil es keinen Sinn gehabt hat, und weil es nur für den andern Tag das Suchen schwerer gemacht hätte. Er hat mir aber in die Hand versprochen, daß er vor der Sonne wieder heroben ist mit dem Hund. Wir haben dann noch alle mit hinuntergehen lassen, die wir über Nacht nicht haben brauchen können, zwei Nachbarn sind noch heroben geblieben. Ich hätte am liebsten die Schwägerin von ihrem eignen Hof weggeschickt, weil es nicht zum Aushalten gewesen ist mit

ihrem Jammern, sie hätte das Lisei auf dem Gewissen, weil sie so gespöttelt hat und das Dirndl dann hat fortlaufen lassen. Sie ist auch später hintersinnig geworden und die Leute haben den Hof aufgegeben und sind ins flache Land hinausgezogen.
Ich bin also in der Stuben bei der greinenden Frau und dem kargen Mann gewesen und die Magd hat mir eine Suppe hingestellt; ich habe es ja eingesehen, daß ich was essen muß, damit ich bei Kräften bin, wenn es wieder ans Suchen geht. Aber bei jedem Löffel habe ich denken müssen, wie gut der dem Lisei täte und wie ein einziger vielleicht dem Kind das Leben retten möchte.
Schlafen habe ich nicht können. Ich habe mich vors Haus auf die Bank gesetzt und habe gespürt, daß die Nacht warm gewesen ist, gemessen an der frühen Jahreszeit. Und das hat mir wieder Mut gemacht, obwohl es kein gutes Wetterzeichen ist; bis es umschlägt, hab ich gehofft, ist das Kind gefunden.
Die Sterne sind wunderbar am Himmel gestanden, es ist so still und friedlich gewesen und ich habe mich nur immer wundern müssen, daß dieses große Unglück wahr ist und daß in dem Wald, der bis ans Haus her gerauscht hat mit seinen alten Tannen und Fichten, mein Lisei elend verzaubert ist. Und ich hab gemeint, ich sehe es mit Augen in der Finsternis, ich habe gehorcht, weil ich ewas habe jammern hören; aber es ist nur der Totenvogel gewesen, der in den Wipfeln streicht, ein Kauz, wie der, den ich hier heimtrage von meinem letzten Gang aus dem Wald.
Später ist ein schmaler Mond heraufgekommen, und wenn es auch kaum ein mattes Licht war, ich habe gemeint, ich müßte jetzt aufspringen und ins Holz hinausrennen, nur weil ich es nicht so untätig habe erwarten können, bis die lange Nacht um ist.

Aber es ist ja hoffnungslos gewesen, seit wir gesehen haben, daß das Kind aufs Geratewohl hinein ist in den Wald. Wenn die zwei oder drei Wege, die einem geläufig sind, vergebens ausgegangen werden, dann können es hundert und tausend werden, die man gehen muß. Das weiß jeder, der irgendein Ding sucht, das aus der Ordnung gewichen ist; zuerst hat er guten Mut, aber dann sieht er, daß er mit Blindheit geschlagen ist, und er fängt zu spinnen an, und es ist nichts so dumm, daß er sich keinen Gdanken darüber macht. Ich bin in der Nacht wieder und wieder in den Stall gegangen und habe den Schuppen ausgeleuchtet und den Backofen, wo wir doch schon am hellen Tag nichts haben entdecken können.

Endlich ist es gegen Morgen gegangen und die Vögel haben so auber gesungen, daß mir das Herz weh getan hat, daß ein so schöner Sonntag dazu gemacht sein soll, so bitter zu leiden. Es ist aber zum Glück der Wachtmeister gekommen mit dem Hund und wir sind gleich an die Stelle hinauf, wo wir den Abend zuvor das Suchen abgebrochen haben. Wenn man nur wieder etwas tun kann, ist es schon leichter und der Morgen hat sich recht gut angelassen. Der Hund ist diesmal ohne Verzug über das Wasser weg und hat mit Eifer die Spur verfolgt. Zum erstenmal haben wir ein klares Zeichen bekommen, in der schwarzen Erde war ganz deutlich der Tritt von einem nackten Kinderfuß abgedrückt. Der Hund ist in die Schönwiese hineingelaufen, das ist ein kleiner Grasboden mitten im Wald, das herrlichste Flecklein vom ganzen Berg, mit drei Wildkirschbäumen am Rand, bei den großen Tannen. Da haben wir ein paar abgebrochene Schlüsselblumen liegen sehen, und es ist uns ein Trost gewesen, daß das Kind noch so starkherzig war, daß es sich an den Blumen gefreut hat.

Wir haben jetzt jeden Augenblick gemeint, wir müßten das Dirndl wo aufspüren, denn wie sollte ein so kleines Geschöpf viel weiter kommen. Und haben zu rufen angefangen und zu treiben. Der Wachtmeister ist ganz aufgeräumt gewesen und hat schon Späße gemacht, jetzt würden wir das Osterhasennest gleich haben.

Aber der Hund ist quer über den Grasplatz hinüber und wieder in den Wald hinauf. Es ist uns hart angekommen, ihm nachzugehen, von unserer schönen Hoffnung weg wieder ins Ungewisse. Wir haben dann freilich immer, wenn wir verzagt werden wollten, einen Fingerzeig erhalten, ein abgerissenes Fetzlein oder eine Fußspur oder ein Blümlein. Es ist mir wirklich gewesen, als ob das ein Himmelsschlüssel gewesen wäre, aber es ist's in einem andern Sinn gewesen, als wir geglaubt haben.

Inzwischen hat nämlich das Wetter bös zu schauern angefangen und der Wachtmeister ist besorgt geworden, es möchte am Ende schneien und der Hund könnte dann die Spur verlieren. Er hat gesagt und ich habe ihm recht geben müssen, daß jetzt viele Leute hergehören, denn in der Nähe herum müßte das Kind ja sein. Wenn es zum Schneien kommt, muß das Dirndl schnell gefunden werden, sonst ist es erfroren. Ich habe mich also mit schwerem Herzen entschließen müssen, in das Dorf hinunterzulaufen und ein Aufgebot zusammenzubitten. Es ist eine starke Stunde, wenn einer scharf geht, aber damals bin ich's in einer leichten halben gereist. Die Kirche ist grad ausgewesen und es hat sich schon überall herumgesprochen gehabt und die Bauern sind im Wirtshaus gesessen; wie ich in die Stube bin, hab ich bloß sagen können: »Helft!« Was die jüngeren waren, die sind gleich auf, im Sonntagsgewand, wie sie waren, und ich hab ihnen bedeutet, wo sie hin müssen. Da spürt man, was eine Gemeinde ist, denn wenn ich auch ein geringer Häusler war, es ist kein Bauer so groß gewesen, daß er nicht mitgegangen wäre oder irgendeinen Dienst getan hätte. Sogar der Schneiderbauer, mit dem wir vom Großvater her noch im Streit gewesen sind, hat mir die Hand gegeben und mich getröstet, daß sie das Dirndl vom Berg holen, und wenn es noch so grob Wetter würde.

Ich hab mich noch ein wenig verschnauft, dann sind wir wieder auf den Berg gegangen. Es sind noch viele Leute nachgekommen, die Feuerwehr ist alarmiert worden und der Lehrer hat die großen Kinder heraufgeführt. Essen und Trinken und warme Decken haben sie heraufgetragen. Der Pfarrer hat es schon von der Kanzel herunter verkündet gehabt, daß unser Kind verloren ist und daß alle um die Errettung aus Bergnot beten sollten.

So schnell die andern auch gegangen sind, ich bin bald wieder an der Spitze gewesen. Jetzt ist der Himmel rabenschwarz geworden und der Wind ist aufgegangen, daß der ganze Wald ein Rauschen gewesen ist. Es hat geblitzt und gedonnert und dann ist der Schnee hergefahren und ich habe gebetet und geflucht in einem. Ganz wirr bin ich gewesen von lauter Herzensnot.

Der Schnee ist bloß ein Wischer gewesen, das Unwetter hat nicht länger gedauert, als wie ich hundert Schritt bergauf gestiegen bin. Aber so viel hat es doch hergeschüttet, daß der ganze Berg weiß gewesen ist und es alle Spuren zugedeckt hat. Die Sonne ist zwar gleich wieder dagewesen, die freien Flächen sind schnell abgeschmolzen, aber im Wald hat sich der Schnee gehalten.

Ich bin den Berg hinauf, daß mir das Herz hat zerspringen wollen. Wie ich bei dem Wachtmeister war und seinen Leuten, sind sie grad wieder unschlüssig gewesen, wie sie weiter sollen. Der Hund hat steil auf in den alten Schnee wollen, der dagelegen ist, aber er ist auch nicht so kräftig vor wie sonst, es hat hergeschienen, als ob er selber irre geworden wäre. Die Leute aber haben gesagt, daß ein Kind nicht mit bloßen Füßen in den Schnee steigt, sondern höchstens am Rand entlang geht.

Derweil ist der Wald laut geworden von Leuten und Rufen und wir haben die Mannschaften gesammelt und wieder geteilt, daß eine Ordnung war. Die einen sind mit dem Hund in den Schnee hinauf, die andern am Ranft entlang. Ich habe mir später oft Vorwürfe gemacht, ob nicht die vielen Füße den Einstieg des Kindes in den Firn zertrampelt haben; aber der bitterste Feind ist halt der Neuschnee gewesen, der überall gleichmäßig gelegen ist.

Wir haben gesucht, da und dort, die Gruppen sind zueinander gestoßen und wieder auseinandergegangen. Manche haben es nicht glauben wollen, daß man sich auf den Hund verlassen hat, und sind wieder hinunter bis zur letzten erwiesenen Spur und haben von da an in die Breite geforscht. Ich aber bin dreimal bis auf den Gipfel hinauf, wo eine steile Schneise in den Hochwald geschlagen ist, wie ein Sensenhieb. Ganz droben aber ist ein freier Platz, wo im Sommer schönes, hohes Gras herwächst, und auf der Kuppe steht ein Kreuz mit ein paar Betbänken. Unterhalb zieht ein Weg vorbei, der auf die Morgenseite des Berges hinüberwechselt und nach Hammer hinausläuft.

Da droben ist der Platz von Schirmfichten umstanden, die weit ausladen und unter denen sogar im Winter kaum Schnee liegt. Dafür wächst das Gras bis unter die Bäume, und drum sucht das Wild gern den Unterschlupf auf, wo auch die Äsung nie ganz ausgeht. Ich habe immer wieder denken müssen, wenn doch das Lisei ein solches Nest hätte finden können, dann käm es

vielleicht mit dem Leben davon. Ich bin unter allen Ästen durchgeschloffen und habe mehr als ein Reh aufgeschreckt, aber das Dirndl ist nirgends zumVorschein gekommen. Ich habe ein Gefühl gehabt, es müßte da herum wohl sein. Zweimal hat mich der Verstand wieder hinuntergetrieben, weil es doch schier verblendet war, da heroben zu suchen, und zum drittenmal hat mich die Ahnung aufs neue heraufgelockt.
Es ist längst wieder schönes Wetter gewesen; die Stunden sind vergangen und es ist schon wieder gegen Abend geworden. Niemand hat eine neue Spur vom Lisei gehabt, wir heroben nicht und die drunten nicht. Ich bin jetzt satt gewesen von Kummer und Aufregung, die letzte Hoffnung hab ich aufgezehrt gehabt. Ich bin auf einen Augenblick auf dem Gipfel gestanden, unter dem Kreuz, und habe ins Land hinausgestarrt und dann auf den großen, stillen Wald und habe voller Trotz vor mich hingesagt: Dann nimm es, das Kindl, wenn Du es mir nicht lassen willst! Und ich weiß nicht, ob ich den Herrgott gemeint habe oder den Wald; es ist aber wohl das gleiche. Und ich bin über mein eigenes Lästerwort erschrocken und hab mich hingekniet und gebetet, daß ich es doch noch kriege, das Lisei.
Derweilen sind zwei Leute des Wegs gekommen, es ist ein Vetter und eine Base gewesen von Hammer, überm Berg drüben. Sie haben von unserm Unglück gehört gehabt und sind herüber zum Suchenhelfen. Jetzt sind sie auf dem Heimweg gewesen und haben den oberen Pfad eingeschlagen, damit sie mir vielleicht noch begegnen und ein gutes Wort sagen können. Ich bin an die hundert Schritt neben der Base den Weg mitgegangen und sie hat gemeint, da heroben suchen wär doch ganz ohne Sinn, denn das Lisei hätte doch heimwollen zur Mutter. Ich habe gesagt, es kann sein, daß es grad deswegen bergauf ist, weil ein so kleines Kind nicht

weiß, daß es die entgegengesetzte Richtung einschlagen muß, wenn es zurück will. Ich habe dem Vetter und der Base die Hand gegeben und bin wieder auf die Abendseite herüber. Ich bin noch keine zehn Schritte gegangen, da schreit die Base: »Lisei!« und ich stürze hin. Da kniet die Frau, über das Kind hingeworfen, und hebt es auf. Und das Lisei hat noch gelebt und hat die Augen aufgemacht und hat noch »Mutter« gesagt und ein bißchen gelacht. Es hat die fremde Base für seine Mutter gehalten.
Bis ich aber das Kind ganz mit aufgehoben habe, hat es noch ein paar Schnapper getan und ist tot gewesen.
Daß ich mit eigenen Augen noch dieses winzige Lachen gesehen habe, das ist mir ein großer Trost gewesen alle die Jahre her.
Ich bin die Schneise hinunter, gekugelt, gerutscht und gestolpert; aber das Kind habe ich warm und fest in Armen gehalten. Es ist mir nicht aus dem Sinn gegangen, daß es so unter einer Fichte gelegen ist, wie ich es gedacht habe, vielleicht drei Bäume weiter, als ich vor vier Stunden zum erstenmal geschaut habe. Die Base und der Vetter sind langsam nachgestiegen und haben in den Wald hinunter schrien, daß das Lisei gefunden ist. Da ist ein großes Rufen über den ganzen Berg hin gegangen. Die Leute sind alle zum Ramsenhof hinunter, und da hat man erst gesehen, daß es zweihundert und mehr waren, die gesucht haben. Aber was der Wald verbergen will, das finden tausend Augen nicht.
Beim Ramsen habe wir das tote Kind gewaschen und aufgebahrt. Es ist ganz leicht gewesen und ausgezehrt, aber der Tod hat es gestreckt und es war größer als vorher im Leben.
Ich habe mit die Wache halten wollen in der Nacht, aber es ist gewesen, wie wenn ich plötzlich inwendig zusammengefallen wäre. Ich habe mich nicht mehr wehren können gegen den Schlaf.

Am Montag früh haben wir die kleine Leiche ins Dorf geschafft. Es ist wieder ein blanker Tag gewesen, die Wiesen haben geblüht und die Kinder und Frauen sind von überall her mit ihren Sträußen gekommen. Der Wald aber ist so friedlich dagestanden und so unschuldig wie jetzt und immer.

Wenn einem ein Mensch ein Kind umgebracht hat oder verdorben, dann kann man ihn hassen und kann auf Rache sinnen; wenn eine Natter es gebissen hat, kann man jeden Wurm zertreten, nur weil er einer Schlange gleich sieht. Aber was soll einer gegen den Wald tun, der dasteht wie die Allmacht Gottes und der unser aller Leben ist? – –

Ich habe die Geschichte von meinem Lisei noch nie so erzählt und werde sie auch kein zweitesmal mehr erzählen. Es ist vielleicht nur, weil ich heute zum letztenmal im Wald bin. Der Wald hat mir wohl und weh getan und ich dem Wald; wir sind quitt miteinander. Auf den Berg gehe ich nicht mehr, und wenn ich hundert Jahre alt werden sollte.

DER MITSCHULDIGE
Der Bericht des Nachbarn

Weil ihr's ja doch schon wißt, daß sich der Nachbar, der Korbinian, was angetan hat, will ich's euch erzählen, wie alles hergegangen ist; für die andern soll es ruhig dabei bleiben, daß er aus Gram über das Schicksal seines Buben, des Benedikt, gestorben ist. Der ist verschollen in Rußland, in Stalingrad, und das ist ärger als der sichere Tod. Der Penzenstadler Lukas ist als Verwundeter noch herausgekommen, und was der erzählt hat, das hätte einen starken Mann umwerfen können. Aber der Korbinian hat sich überdies eingebildet, daß er mit dran schuldig ist. Und er hat sich seine wunderlichen Gewissensbisse nicht ausreden lassen und ist an ihnen zugrundegegangen.

So schnell muß der Mensch heute leben, daß die neuen Sorgen und Kümmernisse die alten in den Sarg legen; wer gewohnt ist, von früher her, über alles nachzudenken, der kommt gar nicht mehr mit. Der kann sich bloß noch wundern darüber, was für ein kaltherziges Geschlecht wir geworden sind und was wir mit unserem kargen Brot mit hineinfressen an Elend und Schande, ohne daß es uns die Seele aus dem Leibe würgt. Aber wenn man die Leute so anschaut, möchte man meinen, sie sind grad lustig, und es könnten gar nicht Theater und Kinos genug sein zum Hineinlaufen; und daß die Mannsleute keinen Wein kriegen und die Weiber nicht tanzen dürfen, das ist, scheint's mir, ihr einziger Verdruß.

Wir schreiben jetzt den Sommer dreiundvierzig, und so gewiß wir diesmal wissen, wer den Krieg angefangen hat: wer ihn enden soll, das weiß niemand. Und ich wundere mich selber oft, wie ich noch essen und schlafen kann und meiner Arbeit nachgehen. Uns heraußen auf dem Land hilft ja viel, das sichere Haus und der Wald und die Wiesen und das ganze Leben überhaupt, ich sage es oft, wir wissen noch gar nicht, was der Krieg ist, aber vielleicht erfahren wir es noch einmal, bis zur letzten Hütte.

Bevor es mit Rußland angegangen ist, da haben die Soldaten es auch nicht gewußt mit lauter Marschieren und Siegen und mit dem übermütigen guten Leben im Feindesland. Daß sie schneidig gewesen sind und daß man ihnen ihre Erfolge gönnt, versteht sich; aber da kommen wir von selber auf die Geschichte vom Korbinian und vom Benedikt, seinem Sohn.

Der Benedikt hat bei den Gebirgsjägern gedient und ist im neununddreißiger Jahr gleich am ersten Tag eingerückt und nach Polen gefahren worden. Bei Lemberg haben sie große Verluste gehabt, aber in achtzehn Tagen sind sie mit dem ganzen Krieg fertig gewesen und der Benedikt ist in Urlaub heimgekommen, mit einer leichten Verwundung am Arm, kaum vier Wochen, nachdem er fortgegangen war. Ich will nicht sagen, daß er ein Aufschneider gewesen ist oder ein Großmaul, aber die Siege sind den jungen Leuten halt doch in den Kopf gestiegen; und damals haben viele gemeint, der Krieg ist aus und so gut wie gewonnen.

Der Vater, der Korbinian, hat den ganzen Weltkrieg mitgemacht im Westen, Verdun und die Somme und Flandern; und wie der Sohn nun daheim und im Wirtshause immer wieder erzählt hat, wie sie die Polen im Handumdrehen hingelegt haben, daß sie nimmer aufstehen, und deutlich hat durchblicken lassen, wie man das jetzt macht mit den Panzern und den Sturzkampffliegern, da hat er nur mitleidig gelächelt und hat gesagt, mit den Polen, drei gegen einen, fertig werden, wäre keine große Kunst, aber wenn es jetzt an die

Franzosen ginge und die Engländer, dann würde ja der Herr Sohn sehen, was ein richtiger Krieg ist. Der Benedikt hat aber nur gesagt, gut, sie würden es sehen, und mit den Franzosen würden sie genau so schnell fertig wie mit den Polen; denn schlechte Soldaten seien die auch nicht gewesen. Er ist dann wieder zu seiner Truppe eingerückt und den Winter über am Westwall gelegen.
Im März ist er auf ein paar Tage heimgekommen und diesmal ist es schon hitziger hergegangen zwischen den Alten und den Jungen, und der Korbinian und der Benedikt, so gut sie sich sonst vertragen haben, sind aufeinander los wie die Gockel, sie haben gewiß oft selber nicht mehr gewußt, wo der Spaß aufhört und der Ernst angeht; der Vater hat gestichelt, daß sie anno vierzehn gleich losmarschiert wären und Lüttich genommen hätten − und die Marneschlacht verloren, trumpfte der Sohn dagegen, und damit den ganzen Krieg. Eine solche Fretterei fingen sie diesmal gar nicht an. Und der Vater wieder: am Westwall herumlungern und das Weintrinken und Zigarettenrauchen lernen, das könnten sie; und in allen Dörfern den Weibern nachlaufen, man höre genug davon, ja, saubere Geschichten kriege man erzählt, und die Herrn Soldaten täten sich ja noch selber was drauf einbilden. Die alten Leut daheim könnten inzwischen die Arbeit machen, jawohl; die Rösser hätten sie dann wenigstens dalassen sollen, damit man sich nicht mit den Kühen abrackern müßte beim Pflügen, wenn schon die Herrn Söhne sich auf die faule Haut legen wollten.
Das ist natürlich ungerecht gewesen, ich glaube auch, daß es der Korbinian gewußt hat; denn so dumm ist er nicht gewesen. Die Eifersucht hat ihn aufgehetzt; daß es die Jungen so leicht haben sollten, wo sie seinerzeit ohne Sieg und Dank es so bitter schwer gehabt haben, das hat er nicht vertragen. Der Benedikt hat na-

türlich auch weit übers Ziel hinausgeschossen, wenn er immer von den neuen Waffen geredet hat und von der neuen Haltung der Truppe, was sie ihnen halt so von oben herunter eingetrichtert haben. Und aus dem allen, was er gesagt hat, ist herauszuhören gewesen, daß die Jungen den Krieg machen müßten, weil ihn die Alten verspielt hätten.

Der Korbinian ist dann immer fuchsteufelswild geworden und hat geschrien, ob sich das einer muß hinreiben lassen, der Verdun mitgemacht hat, und sie wollen nun sehen, wie das wird mit Verdun. Er ist ja in Polen nicht dabei gewesen, aber der Oberst von Spreti hat es ihm geschrieben, sein Leutnant von damals, der immer in die Sommerfrische herausgekommen ist; alter Kamerad, hat er geschrieben, wenn du es nicht weitersagst, dann verrat ich dir's: ein einziger Tag an der Somme anno siebzehn ist ärger gewesen als wie der ganze polnische Feldzug. Und auf den Tag, hat er geschrieben, warte ich, wo die jungen Leute ihren Herrgott werden kennen lernen, wenn es einmal aufgeht in Verdun oder in Flandern.

Es ist dann bald wirklich aufgegangen, in Norwegen, in Holland und in Belgien und Frankreich. Das ist jener wunderbare Sommer gewesen, als ob eine Tür aufgegangen wäre in die Welt, die uns Alten verschlossen gewesen ist, vier Jahre lang mit Blut und Eisen. Und der Sommer leuchtet noch heut nach in jedem Gemüt; wenn auch die Tür wieder zugefallen ist seitdem und es scheinen will, als ob es noch tiefer Nacht werden könnte als wie damals. Seinerzeit, wie haben sich alle gefreut! Wenn einer oder der andre noch gesagt hat, daß es lange nicht ausgemacht ist, ob wir gewinnen, weil ja der Engländer noch da ist und der Russe und der Amerikaner, der ist niedergeschrien worden und ausgelacht.

Der Korbinian ist so einer gewesen; ich selber habe der Geschichte auch nicht ganz getraut, aber wie dann eine Siegesmeldung nach der andern gekommen ist, habe ich doch gemeint, wir packen es noch. Der Korbinian hat sich vielleicht auch gefreut, aber es hat doch zugleich ein Wurm an ihm genagt, wie Verdun gefallen ist fast ohne einen Streich und die Somme bloß ein Bächl gewesen ist, über das die Jungen hinübergehüpft sind, mir nichts dir nichts. Er hat es einfach nicht glauben wollen; das muß eine Hexerei sein, hat er gesagt, oder es sind nicht mehr die gleichen Franzosen, die uns damals jeden Meter Boden in Blut und Feuer getaucht haben. Und das mit Verdun hat er schon gar nicht begriffen und er hat vom Douaumont erzählt und vom Toten Mann und er hat sich ehrlich gegrämt, ob sie sich im sechzehner Jahr wirklich so viel dümmer gestellt haben oder nicht so tüchtig gewesen sind, wie die Jungen heute. Denn die neuen Waffen, hat er immer wieder gesagt, die können es allein auch nicht ausmachen; Panzer und Flieger haben die andern auch und geschlafen werden sie nicht haben in den zwanzig Jahren nach ihrem Sieg. Und lachen müßte er, hat er gesagt, wenn jetzt wirklich der Krieg aus wäre und die Jungen kämen heim wie von einem Spaziergang und könnten zu den Vätern sagen, schaut, ihr alten Datteln, so hättet ihrs auch machen müssen.

Der Krieg ist aber nicht aus gewesen, obwohl es keine Fähnerln mehr zum Stecken gegeben hat bis zur spanischen Grenze und obwohl sie in Berlin ein halbes Schock Marschälle ernannt haben. Wir haben unsern Rundfunk gehört, aber der Loderer Georg, den sie hernach auch richtig erwischt und eingesperrt haben, hat damals schon die ausländischen Sender abgehorcht und hat erzählt, daß der Schämberlein gesagt hat, der Hitler hat den Omnibus verpaßt und jetzt geht der Krieg erst an. Damals hat den Loderer ein jeder ausgelacht, aber ich habe mich noch erinnert, daß wir den Grey damals, anno fünfzehn, auch bespöttelt haben, wie er das gleiche gesagt hat, und daß es dann so fürchterlich wahr geworden ist.

Im Herbst vierzig hat es viel Urlaub gegeben und auch der Benedikt ist heimgekommen. Ich muß sagen, es ist für einen alten Weltkriegsteilnehmer nicht leicht gewesen, sich neidlos zu freuen, und ich habe oft an die Veteranen vom Siebziger Krieg denken müssen, die wir ja auch nicht ganz ernst genommen haben. Dabei ist der Benedikt, das muß man ihm lassen, stiller gewesen und friedfertiger, als wir gedacht haben. Den Jungen ist vielleicht selber unheimlich geworden bei ihren Siegen. Aber freilich, erzählt haben sie genug, wie sie mit den Panzern durchgebrochen sind und wie von oben die Flieger nachgeholfen haben. Trotzdem, wenn sie auch gesagt haben, mit solchen Waffen hätten wir es im Jahr vierzehn auch geschafft, es ist ein Stachel zurückgeblieben; denn daran ist nicht zum Drehen und Deuteln gewesen: wir haben gesiegt und ihr nicht.

Wie der Krieg weitergehen soll, hat niemand gewußt, aber daß wir mit den Russen noch anfangen, haben manche vorausgesagt. Es ist ein großes Gewörtel gewesen am Biertisch, ob die Russen wirklich nichts taugen oder sich bloß verstellen und mauern wie beim Kartenspiel, damit sie uns zur rechten Zeit hereinlegen können. Wir haben nichts anderes zu hören gekriegt, als daß sie Untermenschen sind und nur von ihren Kommissaren vergewaltigt werden und daß wir in fünf Wochen in Moskau stehen und in Petersburg und dann jeder Bauernsohn sich einen Hof heraussuchen kann, so groß er ihn nur mag, in Polen oder in der Ukraine. Der Korbinian, der Vater, ist ein scharfer Politiker gewesen, aber die Russen hat er nicht gekannt. Er hat nicht ge-

glaubt, daß die Jungen durch sie den Herrgott noch würden kennen lernen, wie er immer gewollt hat. Er hat zu mir gesagt, wenn wir allein gewesen sind, ob ichs denn nicht verstünde, daß das ein schlechtes Ende nehmen müßte, wenn die Buben aus dem Krieg heimkommen und haben bloß immer gesiegt, mit solchen lasse sich nicht hausen auf der Welt, ein Mensch, dem alles hinausgeht, der wird unleidlich vor lauter Stolz und Besserwisserei. Sein eigner Großvater, hat er gesagt, hat ihm oft erzählt, wie froh er gewesen ist, daß anno siebzig doch auf Sedan noch die Loire gekommen ist, sonst hätten sie überhaupt nicht gewußt, was ein Krieg ist. Ich habe ihn aber doch in mancher Schlinge gefangen, den Korbinian, und er hat mir gestehen müssen, daß es auch wegen dem ist, daß der Benedikt ganz klein werden muß und zu Kreuz kriechen aus seiner Hoffart.
Es hat aber wirklich so hergeschaut, als ob es in Rußland nicht anders gehen sollte als in Frankreich. Die Panzer sind schon vor Moskau gestanden, und in der Illustrierten ist zu sehen gewesen, wie die unsern mit den Scherenfernrohren hineinschauen nach Petersburg. Da haben wir noch lang geglaubt, daß es in der Schnelligkeit vorwärts geht und unsere Zeitungen haben nichts anderes geschrieben, als daß Rußland schon ganz morsch ist und daß wir schon die Fünfzehnjährigen fangen und die alten Männer, die nicht einmal mehr ein Gewehr haben.
Das ist vor Weihnachten gewesen, einundvierzig; und der Benedikt hat im November einen Streifschuß in den linken Arm gekriegt und ist, vor er wieder hat hinausmüssen, etliche acht Tage in Urlaub gekommen. Da hat es dann zwischen Vater und Sohn den großen Streit gegeben, den ich meiner Lebtage nicht vergessen werde. Ich bin mit dem Penzenstadler auf einen Plausch

in der Stube gesessen, eigentlich nur im Vorbeigehen.
Aber der Benedikt ist grad gut aufgelegt gewesen und
hat uns zu Ehren einen Schnaps herausgerückt, den er
noch von Frankreich her daheim gehabt hat. Und mit
dem Schnaps ist das Sticheln angegangen, im Spaß
noch, versteht sich; denn der Vater hat seinen Vogel-
beerschnaps, den er schon hat einschenken wollen, mit
einem pfiffigen Lächeln wieder zugestöpselt und hat
gesagt, gegen einen so feinen Sohn käme der stärkste
Vater nicht auf, und seinerzeit hätten die Soldaten im
Weltkrieg keinen Schnaps aus Frankreich mit heimgebracht, sondern zerrissene Stiefel; vermutlich, weil sie
sich dümmer gestellt haben als die von neunzehnhun-
dertvierzig.
Ich habe gleich gespannt, wo er hinaus will, und habe
gebremst, damit sie nicht hintereinander kommen. Wir
sind gerecht, habe ich gesagt, und tun deinem Schnaps
die gleiche Ehre an wie dem Franzosen. Und auf diese
Weise haben wir an dem Abend mehr getrunken, als
sonst unter gestandenen Männern der Brauch ist, bald
da ein Glas und bald dort. Es war soweit recht gemütlich, wir sind nur immer tiefer in die Politik geraten:
der Benedikt hat uns auseinandergesetzt, wie sie jetzt
bis zum Ural vorstoßen wollen und daß wir dann in
der Ukraine so viel Brot haben, daß wirs nicht alles
essen können, und im Kaukasus so viel Benzin, daß
jeder in einem Automobil fahren darf. Und daß wir
ein Großdeutsches Reich kriegen müssen und lauter solches Zeug, wie sie es ihm eingelernt haben bei den Soldaten.
Der Korbinian hat gesagt, daß wir das Großdeutsche
Reich noch nicht haben und daß er es auch gar nicht
mag; was ihn angeht, er hat das Kraut noch nicht ver-
daut, daß sich die Preußen anno vierzehn zu viel her-
ausgenommen haben; und jetzt wollt ihr uns schon

den zweiten Teller voll aufladen, hat er gesagt, und einen Brocken ukrainisches Brot dazu, an dem der deutsche Bauer ersticken muß.
Der Benedikt hat recht mitleidig gelächelt über so viel Hinterwäldlerei und hat mit lauter Sprüchen aufgetrumpft, daß die Führung jetzt eine ganz andre ist und das Volk auch. Und der Korbinian, schon rot vor Zorn, ist aufgesprungen und hat geschrien, er sollte es nur frei heraussagen, was er sich sowieso denkt: und die Soldaten auch! Er hat gar keine Antwort abgewartet, sondern gleich weitergeredet: dann wünscht er ihm, dem Benedikt, daß er endlich einmal einen richtigen Krieg erlebt, damit ihm sein dummes Geschwätz vergeht und sein hochmütiges Lachen; ja, das wollte er noch erleben, daß sie heimkommen, die Jungen, und erzählen, wie es gewesen ist, und daß er, der Vater, dann zugeben müßte: das haben wir nicht mitgemacht, jetzt könnt *ihr* reden, jetzt sind wir still mit Verdun und mit der Somme und unserm ganzen windigen Weltkrieg, den wir verloren haben. Und wenn ihr dann noch Lust habt auf eure großen Höfe in der Ukraine, dann könnt ihr ja hinunterfahren mit dem vielen Benzin und uns kleine Gütler daheim lassen und auslachen – wir sind's zufrieden.
Der Benedikt ist ganz blaß geworden, hat still sein Glas hingestellt und bloß gesagt: So, das wünschst du mir ... und ist aus der Stube gegangen. Wir sind alle recht dasig dagesessen und dem Korbinian ist gar nicht wohl gewesen in dem eisigen Schweigen. Bevor aber der Penzenstadler oder ich was hätten sagen können, hat es geklopft und der Loderer ist hereingekommen mit einem ganzen Hut voller Neuigkeiten, ob wir es schon wüßten, daß es in Rußland stinkt; die unsern müßten zurück, das heißt, sie möchten gern, aber sie können nicht, weil sie zu Hunderten erfrieren im Schnee

und von den Kosaken zusammengehauen werden wie die Napoleonischen anno achtzehnhundertzwölf. Ich habe ihm gleich das Maul verboten, wir wüßten schon, wo er seine trüben Weisheiten her hat, aber der heillose Kerl hat nur immer wieder mit neuen Hiobsbotschaften aufgetrumpft, er hat ja auch nicht wissen können, wie das den Korbinian getroffen hat, grad in dem Augenblick.
Der Sohn hat sich an dem Abend nicht mehr blicken lassen, und der Vater ist ihm nicht nachgelaufen. Wir hätten noch alles leidlich eingerenkt; denn ein böses Wort läßt sich wieder gut machen, wenn es nicht das letzte ist. Ein unglücklicher Zufall hats so gefügt, daß es das letzte hat sein sollen. Der Korbinian ist den andern Tag in aller Früh nach auswärts gefahren, und er ist noch keine Stunde aus dem Haus gewesen, da hat der Bürgermeister einen Boten geschickt, der Benedikt müßte sofort, noch vor den Feiertagen, zu seiner Truppe einrücken. Da ist er aus dem Haus, in aller Stille, ohne Abschied, und seitdem ist er nicht wiedergekommen.
Es hat sich bald herausgestellt, daß der Loderer recht behalten hat, so ungern wir es gehört haben. Es ist plötzlich der Aufruf gekommen, daß wir die Wintersachen sammeln müßten für die frierenden Soldaten, und wer da nicht taub war, hat es heraushören müssen, wie schlecht es steht und wie sie bei uns alle den Kopf verloren haben. Sie haben ihn ja dann wieder aufgesetzt, trotziger als zuvor, aber der Glaube, daß alles so tanzen muß, wie wir pfeifen, hat damals zu wanken angefangen. Im Frühjahr sind dann die ersten Männer aus den Lazaretten gekrochen, ohne Hand und Fuß, es waren solche dabei, denen alle zwei Arme weggefroren waren, es ist zum Erbarmen gewesen. Sie haben erzählt von der großen Kälte, die plötzlich hereingebrochen ist wie seit Menschengedenken nicht mehr, und ich

habe mich an meinen Urgroßvater erinnert, den ich als dreijähriger Bub als einen Neunziger noch im Lehnstuhl habe sitzen gesehen. Er ist als blutjunger Trommler mit dem Napoleon nach Rußland gezogen, und wenn ihn einer gefragt hat, wie es gewesen ist, dann hat er bloß gesagt: kalt.

Der Benedikt hat ja das große Unglück nicht miterlebt; denn bis er wieder hinausgekommen ist, war das Ärgste vorbei, und die Unsern sind mit Macht durch die Ukraine gestoßen, bis in den Kaukasus und nach Stalingrad. Und die erste Warnung haben wir vergessen, auch wir daheim, und wie in der Erntezeit der Loderer gesagt hat, es kommen keine fünf von hundert mehr heim von denen, die jetzt so tief drin stehen in Rußland, da sind alle über ihn hergefallen und der Kneidl hat ihn bei der Partei hingehängt – hätte es auch nicht gebraucht – und er ist nachher verhandelt worden und sitzt heute noch; ums Haar hätten sie ihn geköpft für etwas, das sechs, acht Wochen später die Spatzen von den Dächern gepfiffen haben; daß es schlecht herschaut in Stalingrad.

Das Stalingrad kenne ich recht gut; denn ich bin im Jahre sechzehn am Seret gefangen und nach Sibirien verschleppt worden. Da sind wir bei Zarizin, so hat es damals noch geheißen, über die Wolga gefahren worden, die so breit ist wie der obere See.

Der Benedikt ist nie ein großer Freund vom Schreiben gewesen, aber jetzt hat er schon gar nichts mehr hören lassen, als daß er noch lebt und daß es ihm gut geht. So gut kann es ihm aber nicht gegangen sein; denn der Penzenstadler Lukas, der gewiß keiner von den Frömmsten gewesen ist, hat seiner Mutter geschrieben, daß sie alle beten sollen für ihn, denn oft verzweifeln sie selber, ob sie die Heimat noch einmal sehen dürfen. Der alte Penzenstadler hat den Brief dem Korbinian gezeigt, aber das hätte er besser bleiben lassen. Denn der Vater ist nur noch hintersinniger geworden. An Weihnachten zweiundvierzig hat er seinen Trotz aufgegeben und hat von sich aus dem Benedikt geschrieben. Er hat seinen unseligen Wunsch zurückgenommen und hat den Sohn wissen lassen, daß er, der Vater, jetzt selber hat seinen Herrgott erkennen müssen. Aber er hat keine Antwort mehr gekriegt auf den Brief, und wer weiß, ob ihn der Benedikt überhaupt noch erhalten hat. Denn im Januar drauf ist das große Sterben angegangen in Stalingrad, und wir haben gelesen, daß sie nichts mehr zum essen haben und sich bloß noch mit dem Spaten wehren. Da haben wir uns geschämt, daß wir noch unsere warme Suppe gelöffelt haben und in den weichen Betten gelegen sind.

Der Penzenstadler Lukas ist, wie gesagt, mit einem Knieschuß als einer der Letzten noch herausgekommen und hat trübe Nachrichten mitgebracht, aber ein gutes Wort vom Benedikt an seinen Vater hat er nicht mitbringen können. Ich habe ihm ins Gewissen geredet, er soll halt in Gottes Namen was erfinden, was für den alten Mann ein Trost ist, aber er hat gesagt, daß er nicht lügen kann und daß ihm der Benedikt nie was dergleichen mitgeteilt hat, obwohl sie oft beisammen gewesen sind.

Der Korbinian hat sich auch gar nicht trösten lassen, er hat auf alles, was wir vorgebracht haben, bloß die Antwort gewußt, daß er's ja selber so wollen hat. Wenn man ihm gesagt hat, er solle sich nicht einbilden, daß ein vermessenes Wort für alle die Hunderttausend Kraft hat haben können, die da zu Grund gehen, dann hat er gemeint, die andern gingen ihn nichts an, aber mit dem Herrgott hätte jeder Mensch seine eigene Rechnung, und die seinige müßte er zahlen, er ganz allein. Und wenn wir ihm zugeredet haben, daß doch die meisten gefangen worden sind und schon noch heimkommen werden, dann hat er bloß den Kopf geschüttelt: je fester er an den Benedikt denkt, desto gewisser weiß er, daß er tot ist.

An Lichtmeß ist Stalingrad gefallen, an Josephi haben wir den Korbinian vom Türbalken geschnitten; sie haben daheim immer ein Auge auf ihn gehabt, aber daß er sich etwas antut, hätten sie nicht vermutet. Es hätte ihm ja auch niemand helfen können, denn wenn einer inwendig so krank ist, kann ihm keiner ein Wort sagen, das er nicht selber schon weiß.

Es ist eine traurige Sache, aber was ist nicht traurig jetzt? Und was das Schicksal mit uns allen noch vorhat, wissen wir nicht; daß es ein Frevel ist, wenn man ihm vorgreifen will, das hat grade die Geschichte bewiesen, vom Vater und vom Sohn, die alle zwei brave Leute gewesen sind und doch ein schlimmes Ende gefunden haben – das heißt, wenn das überhaupt ein Ende war ...

DAS GERÜCHT
Die Erzählung des Reisenden

Daß wer das Ende einer Geschichte früher zu hören bekommt, als ihren Anfang, ist so selten nicht; wir lernen das meiste nur in Bruchstücken kennen und gar den Frauen sagen wir nach, daß sie die Romane von hinten zu lesen beginnen, weil sie zuerst, in ihrer Neugier, wissen wollen, wie alles hinausgeht. Mir aber haben sich einmal die Trümmer eines fremden Schicksals auf eine so merkwürdige, ja, schaudervolle Weise an einem einzigen Tag zusammengefügt, daß ich es doch, so gut ich kann, erzählen will.

An einem finstergrauen, zwischen der Süßigkeit des Föhns und der Bitternis des Schnees schwankenden Nachwintertag des Jahres dreiundvierzig bin ich, auf der Reise zu einem Freund im Allgäu, in den Lindauer Schnellzug gestiegen, nur für das kurze Stück zwischen Kempten und Oberstaufen. In dem Abteil der zweiten Klasse, das mir am leersten erschien, sind am Fenster zwei Offiziere gestanden, sie haben ihr Gespräch vor dem fremden Fahrgast gedämpft und erst, als ihrem prüfenden Blick Genüge getan war, haben sie wieder weitergeredet. Ich habe sie nicht stören wollen, ich habe, trotz der schon sinkenden Dämmerung, versucht, in meinem Buche zu lesen; aber ich bin von dem, was die beiden Männer miteinander gesprochen haben, wider Willen mehr und mehr angezogen worden; und nach kurzer Zeit habe ich gehorcht, auf jedes Wort begierig, mühsam genug beim langsam sausenden Singen des Zuges und bei den halblauten, abgewandten Stimmen der Sprechenden. Der ältere ist ein dicker, grauer Major gewesen, Reserve vermutlich, mit Auszeichnungen aus dem Weltkrieg; der andere ein blutjunger Oberleut-

nant, mit beträchtlichen Orden aus dem gegenwärtigen Krieg, der damals gerade seine fürchterlichen Schatten zu werfen begonnen hat, nach Jahren des verblendeten Lichts rascher Siege.
Der Major ist auf den ersten Blick nicht angenehm zu betrachten gewesen. Er hat jenes feiste Gesicht gehabt, das ich nun einmal nicht leiden kann und hat aus kleinen Elefantenaugen vor sich hingeschaut; sein buckliger Schädel war kahl geschoren. Der Oberleutnant aber ist ein hübscher, kühngesichtiger Mann gewesen.
Ich habe erst nach einiger Zeit begriffen, worum das Gespräch sich drehte; um einen Soldaten nämlich, aus der Kompanie des Oberleutnants, der, offenbar vor ganz kurzer Zeit, standrechtlich erschossen worden war.
Hier in der Gegend, sagte der Oberleutnant, und weist nach Südwesten, wo sich über den tintenblauen Bergen der schwere Wolkenvorhang gehoben hat und schwefelgelb ein Streifen brennenden Lichts quillt, hier herum müsse der Mann zu Hause sein. Und zu dem vielen, was er, der Oberleutnant, sich nicht verzeihen könne, komme noch, daß er sich die genaue Anschrift nicht gemerkt habe; freilich, daß er so bald des Weges käme, knapp vor dem neuen Einsatz im Osten auf Dienstreise geschickt, das sei ein Zufall, mit dem wahrhaftig niemand habe rechnen können.
Dummerweise, fährt er nach einigem Schweigen fort, sei er ausgerechnet damals stellvertretender Bataillonsführer gewesen; nur für die paar Tage vor der Verladung. Sonst wäre ihn die ganze Geschichte nichts angegangen, denn die Kompanie wäre ja unter den gegebenen Verhältnissen nicht zuständig gewesen. Und gleich fünf Tage Urlaub! Das sei ihm denn doch ein allzu unverschämtes Ansinnen gewesen. Und wohin? Der Wildenauer habe so herumgedruckst. Da habe er, der

Oberleutnant, gesagt, drei Tage Heimaturlaub oder gar keinen, basta! Und der Wildenauer habe sich nichts mehr zu antworten getraut.
Vielleicht, sagt der junge Offizier, wäre alles in Ordnung gegangen, wenn er ihm die fünf Tage gegeben hätte, dorthin, wo er's haben wollte. Der Wildenauer, das sehe er heute ein, hätte fünf Tage gebraucht; ohne Zweifel sei er sofort entschlossen gewesen, so lang auszubleiben und notfalls den Urlaubschein zu fälschen.
Zu allem Unglück sei auch der verdammte Bericht, den er, ohnehin erst am sechsten Tag, ans Regiment gemacht habe, wie mit Satans Schnellpost zur Division gegangen; so sei es nun einmal beim Barras, hundert eilige Sachen blieben liegen, aber was gern einmal Aufschub vertrüge, das renne wie der Teufel ...
Er verstehe, gibt der Major zur Antwort, und seine Stimme klingt warm und gut, er verstehe den Kummer des Kameraden genau; aber Vorwürfe sollte er sich nicht machen, denn er habe doch mehr als genug zugewartet und alles versucht, um den Mann wieder zur Truppe zurückzubringen. Letzten Endes sei der Mann, obgleich er in Straßburg vor die Gewehre habe müssen, auch auf die ungeheuerliche Rechnung von Stalingrad zu setzen; denn überall habe man, von oben her, die Reizbarkeit der Herren gespürt und den blinden Eifer, warnende Beispiele aufzustellen. Acht Wochen früher oder später wäre der Mann mit Gefängnis oder mit einer Versetzung davongekommen. Vermutlich, setzte er, halb fragend, halb nachdenklich, hinzu, vermutlich die alte Geschichte: Urlaubsüberschreitung zuerst, dann, zum Trotz, eine lustige Nacht, mit Wein und Weibern gar, dann das grausame Erwachen ... Ein fehlgeschlagener Versuch, vielleicht, sich heimlich noch einzuschleichen; dann, bei immer verlornerer Frist, die wachsende Verzweiflung und endlich die Teufelseinflüsterung, den

367

grauen Rock auszuziehen, sich zu verbergen, die Leute anzulügen, der Urlaub sei verlängert worden oder ihnen sonst weiß Gott was vorzumachen. Und dann komme dieses Höllenleben, in dumpfer Gleichgültigkeit und in rasender Angst, mit schlecht gefälschten Papieren und ohne Lebensmittelmarken. Wie eine Fliege im Spinnennetz, sagte der Major, scheußlich! Und er trommelte einen Trauerwirbel auf die Fensterscheibe, mit raschen Fingern, wie ein zappelndes Insekt.
Schau an, denk ich, der alte Herr, der kennt sich aus, der schaut tiefer mit seinen kleinen Augen, als ich vermutet hätte. Der Oberleutnant aber, der aus Höflichkeit den Rangälteren mochte ausreden haben lassen, schüttelt jetzt betrübt den Kopf. Nein, sagt er, er wäre froh, wenn der Fall so eindeutig klar stünde. Mit einem gewöhnlichen Ausreißer habe er kein Mitleid, da müsse scharf durchgegriffen werden, obwohl es da auch so sei, wie überall, die armen Gimpel würden leicht gefangen, während sich die gerissenen Burschen zu Tausenden in Berlin und Warschau herumtrieben. Aber beim Wildenauer liege die Sache anders, der habe gar keine Fahnenflucht beabsichtigt, sondern sie nur, bei der äußerst kurzen und oberflächlichen Verhandlung mit einem dumpftrotzigen »Jawohl« auf alle Fragen zugegeben, um etwas andres, viel tiefer liegendes, zu verschweigen. Er habe ein Geheimnis mit ins Grab genommen, er habe auch ihm in der letzten Stunde nichts gesagt.
Er selber, sagt der Oberleutnant, glaube, es gehe auf etwas Ähnliches hinaus wie die Bürgschaft von Schiller, nur mit dem häßlichen Unterschied, daß der Wildenauer die Frist heillos versäumt hat; wahrscheinlich hat auch er für die Schwester den Gatten gefreit, allerdings auf eine bösere Art, als in dem Gedicht. Und was nun den Freund anbelange, so beginne der Vergleich mit

Schiller stark zu hinken, denn er selber, der Oberleutnant, habe ja die Rolle gespielt und den Urlaub des Mannes auf seine Kappe genommen; schlecht gespielt, seine Rolle, und das sei es ja, was ihm das Herz so schwer mache; obgleich er nicht wisse, wie er sie hätte besser spielen sollen. Er habe, setzt er mit mattem Lächeln dazu, sich wohl zu streng an den Text gehalten und dem Wildenauer nur drei Tage Zeit gegönnt; die wären eben zu wenig gewesen ...
Hinterher, unterbricht ihn der Major, sei jeder leicht klüger; in diesem Fall wüßte er aber auch nachträglich keinen Rat. Der Herr Kamerad habe sich nichts vorzuwerfen und, wenn in Jahren erst vielleicht, dieser verdammte Krieg zu Ende gehe, werde man schrecklichere Fügungen zu beweinen haben als den Tod dieses einen Mannes, dem keine Gnade, aber doch ein Recht zuteil geworden sei, auch wenn man die mutmaßlichen Geschichten aus dem Spiele lasse. Noch geistere ein trügerisches Licht der Siege über das Ereignis, noch sei man allzu bereit, Gefühlen nachzugeben; aber in Stalingrad, so scheine ihm doch, habe soeben die Schicksalshand das Zeichen an den Himmel geschrieben, das kein Menschenherz ganz zu entziffern wagen dürfe, es stürbe denn daran ...
Der Oberleutnant hebt die erschrockenen Augen zu mir herüber, aber ich blicke in mein Buch, als hätte ich kein Wort gehört, und so fängt er wieder zu erzählen an. Das Regiment, sagt er, sei dicht bei Straßburg gelegen, jeden Tag bereit, an die Ostfront abzurücken; da komme der Wildenauer zu ihm, er bitte gehorsamst um fünf Tage Urlaub. Er habe den Mann groß angeschaut: Urlaub? Jetzt!? Aber der Wildenauer habe erklärt, er müsse dringend etwas regeln. Was? So halt, was Persönliches. Wenn er nicht mit der Sprache herausrücke, sei überhaupt nichts zu wollen. Der Wildenauer habe

aber bloß hintergründig gelächelt. Er werde doch keine Dummheiten machen? Wo der Herr Oberleutnant hindenke! Kurz und gut, er habe dann, auf eigene Verantwortung und im Vertrauen auf die bisherige gute Führung, dem Mann drei Tage Urlaub bewilligt, in die Heimat, hier, den Namen des Orts habe er eben, zum Teufel, vergessen. Der Wildenauer habe ihm in die Hand versprochen, ihm keine Scherereien zu machen. Ganz wohl sei ihm, als Bataillonsführer, dabei nicht gewesen und auch der Feldwebel habe seine Bedenken geäußert, ob man's nicht besser wenigstens übers Regiment machen sollte, aber da hätte er gradsogut den Urlaub gleich streichen können. Und er habe also zum Feldwebel gesagt, auf den Wildenauer, so ein Teufelskerl der sonst auch sei, verlasse er sich wie auf sich selber.

Die drei Tage seien verstrichen, am vierten in der Früh habe der Feldwebel, nicht ohne schadenfrohe Besorgnis, gemeldet, daß der Wildenauer nicht einpassiert wäre. Das Bataillon habe gleich an die Heimatgemeinde, wohin ja der Urlaubsschein ausgestellt war, gedrahtet; am fünften Tag sei die Antwort eingelaufen, von einer Anwesenheit des Gesuchten sei nichts bekannt geworden. Daraufhin habe er sich die nächsten Kameraden kommen lassen, er habe sie ausgefragt, wohin der Wildenauer denn sonst noch Beziehungen gehabt hätte. Und nach längerem Herumdrücken habe einer gesagt, daß er immer von einer Schwester geredet hätte, die in Wien oder so wo in einer Fabrik arbeite. Und vielleicht wäre von der auch der Brief gewesen, den er vor etlichen vierzehn Tagen gekriegt hätte und über den er in eine weiße Wut ausgebrochen wäre.

Wenn überhaupt, sagt der Major, ein Vorwurf berechtigt wäre, könnte es nur der sein, daß der Herr Kamerad dem Mann nicht genauer auf den Zahn gefühlt

habe, was er vorhabe und warum er fünf Tage brauche. Vielleicht hätte man ihm seine finsteren Pläne ausreden können.
Dazu aber lächelt der Oberleutnant, der Herr Major wisse doch, daß es auf eins hinauslaufe, ob man aus so einem Bauernburschen eine Lüge herauspresse oder gar nichts; von finsteren Plänen, möglicherweise, sei ja erst die Rede gewesen, wie der Wildenauer schon drei Tage überfällig war. Er selbst sei überzeugt gewesen, daß es sich um einen Liebeshandel drehe, den die Leute durchaus geheim halten möchten. Der Mann habe ihn auch so treuherzig-verschmitzt angeschaut, daß man auf gar keinen anderen Gedanken hätte kommen können.
Jedenfalls, fährt der Oberleutnant fort, wie am Nachmittag des sechsten Tages immer noch kein Wildenauer aufgetaucht sei, da habe er schweren Herzens dem Schicksal seinen Lauf gelassen und Meldung ans Regiment gemacht. Zwei Nächte darauf sei das Regiment abgerückt zum Verladen, bei Sturm und Regen. Er habe immer noch Hoffnung gehabt, der Wildenauer komme doch daher, man könnte ihn vielleicht in der allgemeinen Unordnung des Aufbruchs vorerst mit nach Rußland nehmen, Zeit gewonnen, wäre schon viel gewonnen gewesen und im ersten Einsatz im Osten würden die Herren wohl andre Sorgen haben, als die Verhandlung gegen einen Ausreißer.
Und wirklich sei der Wildenauer in dieser Nacht gekommen, aber nicht allein und von selbst; zwei Feldjäger hätten ihn gebracht. Ganz abgezehrt sei er gewesen und habe ihn mit brennenden Augen angeschaut. Menschenskind, habe er ganz bestürzt gerufen, wo haben denn Sie sich herumgetrieben, was ist denn mit Ihnen los? Und da habe der Wildenauer ganz kleinlaut gestammelt, Pech habe er halt gehabt.

Die Meldung der Feldpolizei habe bös ausgeschaut. Sie habe den Mann aus dem Schnellzug geholt, in Rosenheim, er habe der Verhaftung tätlichen Widerstand entgegengesetzt, habe den herbeigerufenen Offizier über den Haufen geworfen und sei noch einmal entsprungen; erst vierundzwanzig Stunden später sei er zum zweitenmal im Stuttgarter Zug festgenommen worden, wobei er abermals versucht habe, den Streifenführer zur Seite zu stoßen und zu flüchten. In Rosenheim habe man ihm einen offensichtlich gefälschten Urlaubsschein abgenommen, bei der zweiten Festnahme habe er überhaupt keine Papiere gehabt.
Es sei eine scheußliche Geschichte gewesen, berichtet der Oberleutnant weiter und er paßt jetzt, in der Erregung, gar nicht mehr auf, ob ich zuhöre oder nicht. Man habe die Unterkünfte schon verlassen gehabt und fürs erste gar nicht gewußt, wo man den Mann, gefesselt, wie er war, unterbringen sollte. Er selber sagte, es sei jetzt verspielt, er laufe nicht mehr davon. Er, der Oberleutnant, habe dann wenigstens dafür gesorgt, daß der Mann was zu essen bekäme. Zuerst habe er nichts angerührt, aber wie man ihn dann allein gelassen habe, da habe er, trotz der Handschellen, alles wild hineingeschlungen wie ein Tier; weiß Gottt, wie lang er keinen Bissen zwischen den Zähnen gehabt habe.
Es sei nichts übrig geblieben, als sofort im Nachgang zur ersten Meldung den neuen Tatbestand dem Regiment mitzuteilen. Zu allem Unglück habe sich die Verladung infolge eines Wirrwarrs von Befehlen und Gegenbefehlen verzögert, die Leute seien aufsässig gewesen und der Regimentskommandeur, weitum unter dem Spitznamen »der stramme Max« bekannt, sei wütend gewesen, weil ihm der Transportoffizier den Pkw, den er unter der Hand hatte mitnehmen wollen, kaltblütig, unter Hinweis auf die Bestimmungen, von der Rampe hatte abschleppen lassen.

Der kommandierende General, sagt er, sei auch plötzlich aufgetaucht, unerkannt zuerst in seinem grauen Umhang, mitten unter den murrenden Leuten, und der verärgerte Oberst, eilig herbeigerufen und von der ganzen Mannschaft mit kaum verhehltem Hohn begrüßt, habe nicht besseres gewußt, als dem General gleich den Fall Wildenauers als übelstes Beispiel der gelockerten Zucht vorzustellen; worauf der General in seinem ersten Zorn gebrüllt habe, er lasse den Kerl standrechtlich erschießen.

Er wolle damit, meint der Oberleutnant, beileibe nicht sagen, daß das alles unmittelbar auf den Entscheid des Kriegsgerichts, das anderntags zusammengerufen worden sei, eingewirkt habe. Er glaube aber, das Urteil würde milder ausgefallen sein, wenn die Herren bei Sonnenschein gut gefrühstückt gehabt hätten.

Die eigentlichen Hintergründe seien gar nicht aufgerollt worden. In diesem Punkt habe man sich mit der Aussage des Angeklagten begnügt, er habe seine Schwester in Wien vor dem Einsatz im Osten noch einmal besuchen wollen, habe sie aber nicht getroffen. Er selber, der Oberleutnant, habe versucht, diese Reise nach Wien in den Vordergrund zu schieben, um vielleicht ein milderes Licht auf den Unglücklichen zu werfen, aber der habe ihn so flehentlich angeschaut und den Kopf geschüttelt, daß er geschwiegen habe. Übrigens habe er selbst in der Verhandlung einen Verweis wegen leichtfertiger Urlaubserteilung bekommen, der wohl den Glanz der Hauptmannssterne für mindestens ein halbes Jahr verdunkeln werde.

Das Todesurteil, sagt der Oberleutnant weiter zu dem Major, der sich nur noch aufs Zuhören beschränkt, sei im Morgengrauen des nächsten Tages vollstreckt worden, hinter einem Schuppen des Verladebahnhofs; es habe immer noch geregnet und erbärmlich kalt sei es gewesen. Ein Teil des Regiments sei bereits abgerollt, sein Bataillon habe noch auf die Wagen für die Mannschaften gewartet.

Der Wildenauer sei an sich ganz gefaßt gewesen und habe, rührenderweise, zu ihm, als er noch einmal hinzutrat, gesagt, das ärgste sei ihm, daß er dem Herrn Oberleutnant nun doch so viele Unannehmlichkeiten gemacht habe. Die Rotte sei bereits angetreten gewesen, da habe ausgerechnet noch der Feldwebel kommen müssen mit der Dienstvorschrift, in der stehe drin, daß ein Mann nicht in der Uniform erschossen werden dürfe, sondern in die Drillichmontur einzukleiden sei.

Kein Mensch, sagt der Erzähler mit Abscheu und Erbitterung, kein Mensch hätte was davon gemerkt, wenn nicht der Gschaftelhuber sich mit seiner Paragraphenfuchserei wichtig gemacht hätte.

Hier wirft, wunderlicher Weise, der Major ein Wort dazwischen; ob den Herrn Kameraden, fragt er, das wundere, bei einem im Grund so humorlosen Volk wie den Deutschen, die so lang auf ihr Gemüt pochen, bis sie es gründlich verloren haben.

Nein, es wundere ihn nicht, sagt der Oberleutnant, aber man sieht, er hat jetzt keine Zeit für Betrachtungen, er hat wohl das schrecklich beschämende Bild vor Augen, das er sein Leben lang nicht vergessen wird. Der Mann, berichtet er, der arme Teufel, habe sich wirklich in einem Schuppen noch umziehen müssen. Schlecht geschossen sei auch noch worden, kurz, es sei eine Schweinerei gewesen, alles habe zusammengepaßt, das widerwärtige Schauspiel, die üble Stimmung der Truppe und das scheußliche Wetter.

Die beiden Herren schweigen eine Weile, dann sagt der Jüngere, er sei, wider alles Erwarten, noch einmal nach Straßburg geschickt worden. Eine Maschine sei grade nach München geflogen und da habe er, ohne Zeitverlust, den Umweg über den Bodensee nehmen können, wo er noch etwas zu besorgen habe. Deshalb sitze er jetzt in diesem Zuge und fahre an der Heimat des Wildenauer vorüber.

Ob die Angehörigen, fragte der Major, von der traurigen Sache schon unterrichtet seien. Kaum, sagt der Oberleutnant, vielleicht, daß sie in dieser Stunde davon erführen; darum ärgere ihn ja so, daß er den Namen des Ortes vergessen habe. Er würde gern, das heiße, gern natürlich nicht – aber er würde es auf sich nehmen, dem alten Vater alles zu sagen, so menschlich es gehe, statt daß jetzt die Mitteilung komme, in dürren Worten, an den Bürgermeister, zusammen mit der kargen Hinterlassenschaft. Er könne sich denken, wie schwer ein solcher Schlag hinzunehmen wäre, der Tod in Schande, das Geschwätz der Leute, die Unmöglichkeit, einen Heldengottesdienst abhalten zu lassen oder auch nur das Bild des Sohnes auf das Familiengrab zu stellen. Abgesehen davon hätte er auch gehofft, über die Zusammenhänge Näheres zu erfahren. In der Reise nach Wien scheine ihm das Geheimnis zu stecken; und je genauer er den Vergleich mit der Bürgschaft bedenke, um so unheimlicher treffe er zu – vom Wildenauer aus gesehen, sei ja die Zugstreife nichts anderes gewesen, als die raubende Rotte, die ihm den Pfad gesperrt habe – denn zurück habe der Wildenauer ursprünglich wollen, darüber habe er keinen Zweifel.

Der Major sagt, er fürchte, daß der Mann mit Grund geschwiegen und die Anklage auf Fahnenflucht bewußt auf sich genommen habe; man tue gut daran, der Geschichte nicht weiter nachzugehen, vielleicht verliere sich ihre Spur in dem ungeheuern Schreckensstrom des Krieges, vielleicht auch komme sie eines Tags ans Licht.

Inmitten dieses Gesprächs war der Zug in Oberstaufen eingelaufen und ich habe aussteigen müssen, ohne das

Ende des Berichtes gehört zu haben, zu dem der Oberleutnant gerade wieder angesetzt hat.
Ich bin, bei rasch sinkender Dämmerung, im nassen Schnee auf dem kleinen Bahnhof gestanden und habe mich nach einer Fahrgelegenheit umgeschaut; denn es sind noch gut sieben Kilometer bis Waldegg gewesen, wo mein Freund zu Hause ist. Ich habe dann einen Bauern angesprochen, einen finstern alten Mann, der eine hochschwangere junge Frau in den Rücksitz eines Pferdeschlittens verpackte. Wenn ich mich zu ihm auf den Bock setzen wollte, sagt er, hätte er nichts dagegen, mich mitzunehmen, er fahre ohnehin nach Waldegg.
Ich habe dem Mann von meinem Tabak angeboten und er hat sich seine Pfeife gestopft, dann sind wir in die mürbe Schneenacht hinausgefahren, schweigend. Wer das Sitzen auf dem Bock nicht gewohnt ist, der meint, jeden Augenblick herunterzufallen, aber schlecht gefahren ist immer noch besser, als gut gegangen. Ein blasser Schein ist über dem grauen Land gelegen, da und dort hat ein rötliches Licht verstohlen geblinzelt, ich habe an die großen Städte gedacht, die sich jetzt in der Angst vor dem Angriff ducken und habe gemeint, hier in den Bergen spüre man den Krieg doch weit weniger als draußen in der Ebene. Das schon, brummt der Bauer, aber ihm lange es, trotzdem. Das sei seine Tochter, sagt er und deutet mit der Peitsche nach hinten, mit einem Kind und keinem Mann dazu; wer wisse, ob der Kerl sie geheiratet hätte, aber darüber brauche man sich den Kopf nicht mehr zu zerbrechen; denn er sei erschlagen worden, niemand wüßte, wie und von wem ...
Ich habe nicht viel drauf gesagt, ich bin müde gewesen und habe aufpassen müssen, nicht vom Bock geschleudert zu werden. So sind wir wieder stumm weitergefahren, unterm schweren, sternlosen Himmel, in den

ausgeleierten Gleisen der morschen Bahn und ich habe stumpfsinnig dem Pferd vor mir auf die zottigen Füße und die einschläfernd schaukelnden Hinterbacken geschaut.

Sein Bub, sagte nach einer langen Weile der Alte, an seiner erloschenen Pfeife saugend, sei auch draußen; er höre nichts von ihm, aber man erzähle, das Regiment sei nach Rußland gekommen. Es sei eine spassige Geschichte, er habe den Verdacht, dem Buben sei etwas zugestoßen, am Ende sei er gar gefallen. Es wispere so um ihn herum, vielleicht habe ein Nachbarsohn was heimgeschrieben – aber wenn er geradezu frage, wisse niemand was.

In dem Augenblick ist die Straße bergab gegangen, ins Dorf hinein und das Pferd hat einen Satz gemacht, daß wir beinahe umgeworfen hätten. Ich habe mich mühsam genug angekrallt und bis ich wieder so recht zu mir gekommen bin, haben wir vor der Tür meines Freundes gehalten. Ich habe dem Mann noch einmal eine Hand voll Rauchtabak gegeben, der Schlitten ist ins Dorf weitergefahren und ich bin, überraschend genug, vor meinem Freund in der warmen, behaglichen Wohnstube gestanden.

Als erstes, nach der Begrüßung, hat er natürlich wissen wollen, wie ich hergekommen wäre. Ich erzähle ihm, daß mich ein alter, schnauzbärtiger Bauer auf dem Bock seines Schlittens habe mitfahren lassen und da sagt er – und schaut seine Frau bedeutungsvoll an, da sei ich ja mit dem alten Wildenauer gefahren.

Es ist jetzt an mir gewesen, überrascht, was sage ich, im Innersten betroffen zu sein. Es gingen, berichtet die Frau, tolle Gerüchte um, eine böse Sache sei es wohl; sie habe gehört, der Bürgermeister habe vorgestern ein Päckchen mit den Habseligkeiten des jungen Wildenauer bekommen, aber gefallen sei der wohl nicht ...

377

Nein, sage ich und erzähle in die erstaunten Augen meiner Gastgeber hinein, daß der Sohn in Straßburg standrechtlich erschossen worden sei. Wir haben dann die Stücke zusammengesetzt wie ein zerbrochenes Gefäß und die Scherben haben genau aufeinandergepaßt. Es ist eine runde Geschichte geworden. Der Wildenauer hat den Brief von seiner Schwester bekommen und hat den Plan gefaßt, die Sache, so oder so, in Ordnung zu bringen. Er ist nach Wien gefahren, hat sich aber bei seiner Schwester gar nicht sehen lassen, sondern zuerst mit dem Liebhaber abgerechnet. Der mag ihm, weiß Gott, eine Heirat rundweg abgelehnt haben, vielleicht hat er ihn auch verhöhnt und beleidigt, jedenfalls hat der Wildenauer den Mann im jähen Zorn niedergeschlagen.
Er hat dann den beispiellosen Glücksfall erkannt, hat die Lücke wahrgenommen, durch die ihn das Schicksal entschlüpfen zu lassen schien: Wenn er ohne Aufhebens wieder zur Truppe kam, erfährt niemand, wo er gewesen ist. Der Tote redet nicht mehr.
Aber er fängt sich in den Netzen der Feldpolizei. Ein rabiater Bursche ist er von Natur aus, jetzt weiß er, daß für ihn alles auf dem Spiel steht, er versucht, die Maschen zu zerreißen, koste es, was es wolle. Er zerreißt sie nicht, er hat – und das ist seine ganze moralische Einsicht – Pech gehabt. Das ist auch das einzige, was er dem Oberleutnant zu sagen hat, wie er eingeliefert wird.
Wir drei haben noch überlegt, was wir tun sollen, aber wir sind uns rasch darüber einig geworden, daß wir schweigen würden; denn wem wäre mit dieser ungeheuerlichen Geschichte gedient gewesen?

DER GANG ZUR CHRISTMETTE

Seit wir einigermaßen erwachsen waren, haben wir Weihnachten schon immer am Abend des dreiundzwanzigsten Dezember gefeiert, also um einen Tag zu früh. Wir haben wohl gewußt, daß das eigentlich nicht recht war; und wir waren für unsere Sonderlichkeit auch gestraft genug, denn die wahre Stimmung hat sich nie richtig einstellen wollen. Es ist eben das Geheimnis solcher Feste, daß sie an den Tag und an die Stunde gebunden sind, auf die sie fallen – und Weihnachten gar. Da muß man das große Gefühl haben, daß jetzt in der ganzen Christenheit die Geburt des Herrn begangen wird, daß dies die Heilige Nacht ist, in der überall die Lichter strahlen und die Glocken läuten und in der Millionen Herzen, die sonst wohl kalt und verstockt sein mögen, um den Frieden bitten, den Gott den Menschen verheißen hat, die eines guten Willens sind.
Aber wir sind halt allzu leidenschaftliche Skifahrer gewesen, meine Brüder und ich, und die zwei Feiertage allein haben nicht ausgereicht, auch von München aus nicht, um tief in den Tiroler Bergen, wo es nicht so überlaufen war und wo man sich auf den Schnee hat verlassen können, eine große Gipfelfahrt zu unternehmen. Und eine solche ist unser Weihnachtswunsch gewesen, Jahr um Jahr; sogar mitten im Krieg haben wir daran festgehalten, wenn es uns mit dem Urlaub hinausgegangen ist und schon im Oktober haben wir unsere Pläne geschmiedet und, mit dem Finger auf der Landkarte, die Freuden einer solchen schönen Abfahrt vorgekostet.
Oft freilich ist der Dezember föhnig gewesen und ohne Schnee; dann haben wir daheim bleiben müssen. Aber am dreiundzwanzigsten Dezember haben wir trotz-

dem gefeiert. Wenn es dann gegen Mitternacht gegangen ist, dann haben wir mehr als einmal ein frevles Spiel getrieben; der eine oder andre ist zum Schein aufgebrochen, um in die Christmette zu gehen. Und einmal ist es meinen Brüdern wirklich gelungen, mich zu übertölpeln und ich habe erst vor den fest verschlossenen Domtüren gemerkt, daß wir allein in der ganzen Stadt das Weihnachtsfest um einen Tag zu früh begangen haben.

In dem Jahr aber, in dem das geschehen ist, was ich jetzt erzählen will, hat es Schnee genug gegeben. In den Bergen ist er schon im November liegen geblieben und in der Woche vor den Feiertagen ist er gefallen, lautlos, in dicken Flocken, schier ohne Aufhören. Fast zuviel Schnee ist es gewesen, zu viel neuer Schnee; und wie wir im Zuge gesessen sind, meine Brüder und ich, am Samstagmittag, hat es noch immer geschneit; wir sind dann gegen Abend in die Kleinbahn umgestiegen, und der Schnee ist weiter gefallen, weiß und still. Eine Abteilung Kaiserjäger ist aus Innsbruck gekommen und hat den Bahnhof ausgeschaufelt; und im frühen Licht der Bogenlampen haben sich wunderliche Berge überall aufgetürmt, rieselnd und glitzernd wie Plättchen von Metall, mächtige Haufen dieses wunderlichsten aller Stoffe, der Luft wie dem Wasser gleich verwandt, so naß wie trocken, so schwer wie leicht und lange noch dem Himmel zugehöriger als der Erde, bis dann doch das Irdische ihn zwingt, seinen Gesetzen zu gehorchen.

Das Züglein ist so recht wie aus einer Spielzeugschachtel gewesen; und ob es mit dem vielen Schnee fertig werden würde, hat ungewiß genug hergesehen. Mühsam ist es in das Zillertal hineingekeucht, die Lokomotive hat gefaucht und gepfiffen, sie hat Rauch und Feuerfunken in die schwere Luft gewirbelt, aber sie hats dann doch geschafft mit Ächzen und Stöhnen.

Draußen ist es schon finster gewesen, aber blaß vom Schnee. In weißen Bauschen ist er auf den Dächern gelegen, jeder Zaun und jeder Pfahl hat eine verwegene Mütze getragen, die Bäume haben geseufzt unter der lockeren Last. Nach Schnee hats gerochen, still ist es gewesen vor lauter Schnee, die Luft hat geschwirrt von Schnee, von unersättlich fallendem Schnee.
Manchmal haben die Lichter eines Dorfes, eines Bahnhofs aus dem Zauberkreis dieses mattglänzenden Nichts geleuchtet, dann sind Bauern in den Zug gestiegen, vermummte Weiber und klirrende Knechte. Sie haben sich geplustert wie die Hennen, sie haben sich das Eis aus den Bärten gewischt und haben alle vom Schnee geredet, vom vielen, vom zu vielen Schnee, wie er seit den neunziger Jahren so nicht mehr gefallen wäre.
Endlich, am späten Abend, sind wir um den Tisch im Wirtshaus gesessen und haben, bei einem Schöpplein Roten, die Karte vor uns ausgebreitet, noch einmal unsere Bergfahrt überprüft.
Dieses Jahr hat es lange Feiertage gegeben, der Samstag, an dem wir abgefahren sind, ist der zweiundzwanzigste gewesen, morgen, am Sonntag, wollten wir in Hintertaxbach sein, am Dienstag, also am ersten Weihnachtsfeiertage, auf dem Gipfel und von da ins andere Tal hinunter. Am zweiten Feiertage talaus, weit zur Bahn, wo wir noch den letzten Zug erreichen mußten. Und weil die Nacht klar geworden ist und wir ein Anziehen der Kälte zu spüren gemeint haben, sind wir mit der Hoffnung auf Pulverschnee und schönes Wetter eingeschlafen.
Aber am Sonntag früh hat es schon wieder stumm und hartnäckig vom Himmel geschüttet, es ist lauer geworden, der Schnee ist in Klumpen an unsern Brettern gehangen, kein Wachsen hat geholfen. Nach drei Stunden haben wir es einsehen müssen, daß der Schnee zu

mächtig gewesen ist, wir sind auf dem ungespurten Weg bis über die Knie eingesunken, auf einem Weg, der im Sommer ein bequemes Sträßchen ist, und auch im Winter sonst eine ausgefahrene glatte Schlittenbahn.
Kein Mensch ist uns begegnet, still ist es gewesen, geisterhaft still. Wir selber haben auch nicht mehr viel geredet, stumm sind wir hintereinander hergestapft, die Landschaft hing weich und weiß unter den warmen Bäuchen des unendlichen Gestöbers, Schnee hat sich uns auf die Wimpern gesetzt, Schnee ist uns in die Augen geflogen, Schnee hat uns jeden Blick verhängt, Schnee ist uns in dem Hals geschmolzen, Schnee hat jede Falte unserer Kleider verklebt, Schnee ist blendend und schmerzhaft aus dem Nichts auf uns zugetrieben, in dem oben und unten, vorn und hinten zaubrisch vertauscht schienen.
Einmal haben wir uns in dem nebeldichten Gestiebe verleiten lassen, eine vermeintliche Schneise hinunterzufahren; wir sind aber in verschneite Felsen und Jungfichten gekommen und ich bin gar in eine Grube gefallen, zwischen die aufwippenden Äste des Dickichts und nun ist der Schnee rings um mich und hoch über mich geflossen, wie Wasser oder wie Sand, und wenn ich auch heute lache in der Erinnerung an mein wildes Dreinschlagen und nach Luft-Schnappen, damals habe ich ein paar atemlose Augenblicke lang das würgende Gefühl gehabt, im Schnee zu ertrinken, und der Schweiß ist mir aus allen Poren geschossen, bis ich wieder, tief schnaufend, fest auf den Beinen gestanden bin. Und lang haben wir gebraucht, um die fünfzig, sechzig Meter verlorener Steigung zurückzugewinnen.
Jedenfalls haben wir eingesehen, daß wir so unser heutiges Ziel nicht erreichen würden und wie, noch vor dem Abenddämmern, ein einsames, armseliges Wirtshaus am Wege gestanden ist, haben wir klein beigegeben und um Nachtlager gefragt.

Eigentlich hätten wir, nach altem Brauch, an diesem dreiundzwanzigsten Dezember unser Weihnachten feiern müssen; aber wir sind verdrossen gewesen wie nach einer verlorenen Schlacht und in der kalten, unfreundlichen Stube hat keine rechte Frömmigkeit aufkommen wollen. So haben wir uns nach einem lahmen Kartenspiel frierend in die winterfeuchten Betten gelegt und auf den nächsten Tag gehofft. Der ist dann wirklich flaumenweich und rosig aufgegangen, die Kälte hat uns früh herausgetrieben, die Welt hat anders ausgeschaut. Tiefblau ist der Himmel geworden, glitzernd weiß ist der Schnee gelegen, wie mit blauen Flämmchen überspielt, als ob er brenne von innen her. Und von den knirschenden Bäumen sind stäubend die kristallenen Massen gerutscht und die befreiten, grünen Äste haben schwarzgrün im goldenen Licht geschaukelt.

Wir sind zeitig aufgebrochen, zügiger als am Tage vorher sind wir gewandert. Und jetzt haben auch Pflug und Schlitten von Ort zu Ort gegriffen und am späten Mittag sind wir, schier unverhofft, in Hintertaxbach gewesen.

Das kleine Dorf, holzbraun, schier schwarz unter den riesigen Hauben von Schnee, hat sich am Berg hingeduckt, der in steilen, fast waldlosen Randstufen gegen Südwesten das Tal abschließt. Nur das Gasthaus ist stattlicher gewesen und aus Stein gebaut.

Heute stehen steinerne Häuser genug dorten und die wuchtigen roten Postkraftwagen laden zwischen Weihnachten und Ostern ganze Scharen von noblen Sportlern aus, die mit großen Koffern von weither angereist kommen. Aber damals ist Hintertaxbach noch kein Fremdenort gewesen, höchstens ein bescheidenes Bad im Sommer. Im Winter ist es völlig verlassen gewesen,

jedenfalls waren wir die einzigen Gäste. Die eigentliche Front des Hauses ist während der toten Zeit dicht geschlossen gewesen, aber der Wirt hat es sich nicht nehmen lassen, uns dreien ein Staatszimmer im ersten Stock einzuräumen. Wenn ich sage Staatszimmer, so meine ich das schon richtig. Es ist nämlich ein heilkräftiges Wasser dort geflossen und in den siebziger Jahren hat es so hergeschaut, als ob man es mit dem weltberühmten Gastein aufnehmen könnte. Und eine Zeitlang ist eine echte Erzherzogin zu Besuch gekommen und hat eine verschollene kaiserlich-königliche Pracht zurückgelassen, die jetzt, im wachsenden Verfall, einen fast gespenstischen Eindruck gemacht hat.
Der Wirt selber hat auf der Rückseite des Hauses gewohnt, behaglich warm in zwei Stuben, aus deren einer uns der bunte Schimmer eines altmodisch und überreich geputzten Christbaumes begrüßt hat. Für die ebenso spärlichen wie sparsamen einheimischen Gäste, die Bauern, Holzknechte und Fuhrleute, hat er eine gemütliche Schenke eingerichtet, in die auch wir uns zu einem späten Mittagessen gesetzt haben, während unser wintermodriges Zimmer gelüftet und geheizt worden ist.
Wir haben dann droben unsre noch immer feuchten Überkleider aufgehängt, die Rucksäcke ausgepackt und es uns so bequem wie möglich gemacht. Denn unsere kühnen Pläne haben wir aufgeben müssen, weil ja doch ein ganzer Tag verloren gewesen ist und weil es auch bei dem vielen Schnee nicht ratsam geschienen hat, über die lawinengefährliche Platte zu gehen. Wir sind bescheiden geworden, höchstens zu der Scharte wollten wir noch aufsteigen, sonst aber für diesmal faul und gemütlich sein und am zweiten Feiertag auf dem Wege zurückkehren, den wir gekommen waren.
Wir sind dann durch den Ort geschlendert, der im frühen Dämmern schon still geworden ist. Vor den Haus-

türen haben die Bewohner den Schnee weggeschöpft, zwischen den riesigen weißen Hügeln sind von Haus zu Haus Wege gelaufen wie Mausgänge und die Straße ist an mannshohen Mauern bis zum Gasthaus gegangen, dann ist die Welt zu Ende gewesen. Ein richtiges Kirchdorf ist Hintertaxbach nicht, nur eine Kapelle ist zwischen den schwarzbraunen Holzhäusern gestanden, ganz und gar eingeschneit, ein Kirchenkind sozusagen.

Unvermutet sind wir um eine Ecke gegangen und mitten in einen Schwarm spielender Buben und Mädel gestoßen; wie sie uns gesehen haben, sind sie kichernd auseinandergelaufen. Aber ein Bürschlein, von acht Jahren vielleicht, haben wir doch erwischt und das hat sich jetzt zappelnd unter unsern Händen gewunden. Die Kinder haben nicht recht gewußt, ob es Ernst oder Spaß ist, was wir da treiben, sie haben aus der sicheren Entfernung neugierig hergeäugt, was wir wohl mit unserm Gefangenen anstellen würden.

Der Knirps ist schnell zutraulich geworden, wie wir ihn mit Schokolade gefüttert haben. Auch die andern haben wieder Schneid gekriegt, und bald sind wir von Kindern umringt gewesen. Sie haben miteinander gewispert und getuschelt und immer wieder eines nach vorn gestoßen, daß es den Wortführer machen soll. Und das eine hat gefragt, woher wir kämen und das andre, ob das wahr ist, daß man mit solchen Brettern, wie wir sie mitgebracht haben, auf den Berg steigen und wieder herunterrutschen kann? Und ein drittes hat ganz keck wissen wollen, ob das stimmt, daß in der Stadt die Häuser so groß sind wie die Berge und die Berge so klein wie die Häuser?

Wir haben ihnen Rede und Antwort gestanden, so gut es gegangen ist, und dann haben auch wir die Kinder ausgefragt, ob das Christkind heut abend kommt und was es wohl Schönes bringt. Aber da haben sie nur verlegen gelacht und das eine hat gesagt, sie hätten ihr Sach schon vom Nikolo gekriegt und ein andres hat eifrig berichtet, daß er ihnen Äpfel und Kletzen in die Schuhe gesteckt hat und wieder eins hat uns eine goldne Nuß gezeigt, die es im Bett gefunden hat. Und ein ganz geschnappiges Dirndl hat uns erzählt, die Mutter hätte gesagt, daß das Christkindl nur dort hinflöge, wo ein Baum stünde und einen Baum hätte nur der Wirt. Wir haben also die Wahrheit aus erster Quelle erfahren, daß tief in den Bergen, wo alles erst später hinkommt, das Gute wie das Schlechte, der Christbaum bis in die jüngste Zeit noch nicht Brauch gewesen ist.

Wir fragen die Kinder, ob sie ein Weihnachtslied singen können, aber sie kichern bloß; wir helfen ihnen drauf; ob sie in der Schule oder daheim nicht was gelernt haben, vom Stall in Bethlehem und vom Stern, von den Hirten oder den Heiligen Drei Königen. Sie winden sich geschämig und eins versteckt sich hinterm andern. Und schließlich sagt die Geschnappige: Ja, singen könnten sie schon.

Also, sagen wir, dann singen wir am Abend, und wer mittun mag, darf nach dem Gebetläuten in die Wirtsstube kommen und vielleicht bringt doch das Christkindl noch was, wenn sie alle schön brav sind. Die Kinder geben keine Antwort, sie drucksen an einem verlegenen Lachen herum und verschwinden in den Häusern. Es ist inzwischen völlig Nacht geworden, die Sterne sind aufgegangen, kalt, hoch und klar ist der Himmel gestanden nach all den wolkigen Tagen. Im ganzen Dorf ist kein Laut zu hören gewesen, und wenn nicht da und dort ein winziges Viereck geleuchtet hätte, wären wir ganz aus der Menschenwelt gewesen, mitten in dem ungeheuren Schweigen der starrenden Berge. Wir haben uns dann in die Wirtsstube gesetzt, haben gegessen und getrunken, wie man so nur im alten Öster-

reich essen und trinken kann, heiß von der Pfanne und kühl aus dem Keller, wir haben gescherzt darüber, daß wir jetzt doch einmal Weihnachten am vierundzwanzigsten feiern, wie es sich gehört. Und der Wirt ist bei uns gesessen, ein verständiger alter Mann, wir sind ins Reden gekommen und haben eigentlich nicht mehr daran gedacht, daß die Kinder wirklich noch erscheinen würden. Aber auf einmal ist die Tür aufgegangen und die Kinder sind hereinspaziert, sechse, sieben oder acht, im Gänsemarsch, voran der Knirps, den wir am Nachmittag gefangen haben. »Jetzt samma da!« sagt er und pflanzt sich erwartungsvoll vor uns auf ...
Der Glaube von Kindern ist unbestechlich und es ist eine üble Sache, ihnen nicht zu halten, was man versprochen hat. Die Verlegenheit ist an uns gewesen, wir haben uns da selber, wie mein ältester Bruder lachend gemeint hat, eine rechte Bescherung eingebrockt, denn es ist gar nicht so leicht, mit einem halben Dutzend Bauernkinder was anzufangen, für Zwanzigjährige gar. Sie sind, Mädel und Buben, stumm auf der Bank gesessen und haben uns angeschaut wie die Schwalben. Es ist aber dann doch alles besser gegangen, als wir gedacht haben. Wir haben alle Süßigkeiten geholt die wir dabei gehabt haben, ein Päckchen Kakao ist auch dabei gewesen. Milch hats genug gegeben; und vor den dampfenden Tassen sind die Kinder immer munterer geworden. Wir haben ihnen Geschichten vom Christkind erzählt, so gut wir es gewußt haben – und haben, beschämt genug, gemerkt, wie arm der Verstand der Verständigen vor einem Kindergemüt doch ist. Aber dann haben wir ein paar bewährte, unfehlbare Zauberstücklein zum Besten gegeben, die auf den Handrücken gelegte und heimlich in die Haut geklemmte Zündholzschachtel, die geisterhaft auf und niedersteigt, das Geheimnis mit dem ausgerissenen und wieder an-

wachsenden Daumen, das jeder erfahrene Onkel kennt, und die mit zahnlosen Kiefern Brot mulfernde alte Frau, dargestellt durch die bloße Hand, der ein umgebundenes Taschentuch und ein mit einem verkohlten Hölzchen aufgemaltes Auge in der Tat ein beängstigendes Aussehen verleiht.

Immer mutiger sind die Kinder geworden, immer gesprächiger, immer seliger. Sie haben fest geglaubt, daß wir echte Zauberer sind, und wir haben uns durch ihre Begeisterung zu immer verwegeneren Künsten verleiten lassen, bis wir selber gespürt haben, daß es hohe Zeit ist, wieder in die Frömmigkeit des Weihnachtsabends umzustimmen. Von unsern Spielen verlockt, sind auch ein paar Knechte und Mägde aus dem Haus in die Stube gekommen, der Wirt selber ist ja ein einsichtiger Mann gewesen, ohne Frau und Kinder. Er hat drüben den Baum angezündet, wir sind hinübergegangen, ich habe meine Querpfeife mitgebracht und mein Bruder hat die verstaubte Guitarre gestimmt. Mit dem Singen freilich ist es zuerst nicht viel gewesen, weil die Kinder herkömmliche Lieder nicht gekonnt haben; aber in dem Lichterschein ist es dann doch ein inniges Musizieren geworden und zum Schluß haben sich gar der Wirt und die Köchin als Sänger alter Tiroler Weisen gezeigt, so daß jetzt wir Städter die Beschenkten gewesen sind. Sie haben vom König David gesungen und seiner Weissagung, vom bösen Herodes und von den Hirten auf dem Feld, vom Kasper, Melchior und Balthasar, ich hab mir nur ein paar Bruchstücke merken können, vom frohen Getümmel, Schalmeien vom Himmel und daß die Hirten schon gemeint haben, ganz Bethlehem brennt, so stark ist der Schein gewesen und der Braus in der heiligen Nacht. Die Lieder sind hundert Jahre alt gewesen und älter, von Mund zu Mund sind sie gegangen und wie sie jetzt erklungen

sind, von den zwei alten, brüchigen Stimmen, aber herzhaft und ohne Fehl, vor den Kindern und Kerzen, in der großen Bergstille, das ist schön gewesen und ich schäme mich nicht zu sagen, rührselig, denn das ist ein gutes Wort und erst wir haben es zu einem schlechten gemacht.
So pünktlich, wie er sie gebracht hat, hat unser Knirps seine Schar wieder fortgeführt. Jeder hat jedem Kind die Hand gegeben, sie sind, wieder im Gänsemarsch, hinausgetrippelt, ohne Dank und fast ohne Gruß, aber mit einem unvergeßlichen Leuchten in den Augen.
Der Seppei, sagt der Wirt, wie sie gegangen sind, wär ein armes Bürscherl, die Lahn hätte ihm vor drei Jahren den Vater verschüttet. Das ganze Häusl, sagt er, hätte der Schnee begraben, drei, vier Meter hoch wär die Grundlawine gewesen. Die Mutter wäre mit dem Buben grade im Geißenstall gewesen, und den hätte der Schnee aufgehoben und auf den Rücken genommen und ganz sanft an die zwanzig Meter ins Tal hinausgetragen.
Wir sind in die Gaststube zurück und haben uns noch eine Weile über den Schnee unterhalten, der Wirt, nur noch flüchtig am Tisch stehend, hat uns erzählt, wie schier Jahr um Jahr die Lawinen sich ihre Opfer holen, die kleinen Holzhäuser und Ställe überrennend, Fuhrleute mit Roß und Wagen in die Tobel reißend, im Auswärts gar, wenn die Berge in Aufruhr kommen und die schweren Schlaglawinen niederbrechen und sich rauschend und polternd bis in die Gassen des Dorfes wälzen.
Ein Wort hat das andre gegeben, wir haben auch noch allerhand Erlebnisse berichtet, von Schneebrettern und Eisbrüchen, lauter Dingen, die scheußlich zu erleben sind, aber gut zu erzählen, wenn man noch einmal davongekommen ist. Und zum Schluß haben wir den

Wirt, der nur mit halbem Ohr zugehört hat, gefragt, ob er, seiner Erfahrung nach, auch jetzt, im Frühwinter, eine Lawine für möglich halte. Der Wirt schüttelt den Kopf und sagt: Ausgeschlossen! Und: ausgeschlossen nicht, sagt er gleich darauf, gar nicht ausgeschlossen, im Gegenteil, wahrscheinlich sogar bei dem vielen lockeren Schnee und der Kälte obendrein. Bis ins Dorf hinein wird wohl keine kommen. Aber, sagt er, und rundet das Gespräch mit einem Scherz ab, bei Weibern und anderen Naturgewalten weiß man nie, was sie vorhaben. Und, eine gute Nacht wünschend, fragt er, mehr beiläufig, ob die Herren vielleicht mit in die Christmette gehen möchten, nach Kaltenbrunn. Um halb elf Uhr würde aufgebrochen, denn eine Stunde Wegs müßte man bei dem Schnee rechnen. Ein Winterabend ist lang, wenn man sich um fünf Uhr schon an den Tisch setzt; und so ist es jetzt auf neun gegangen. Ich bin, wie das oft so geht, auf einmal bleiern müde gewesen. Meine Brüder haben nach kurzem Zögern zugesagt, sie haben die anderthalb Stunden noch aufbleiben wollen und wie ich mich nun angeschickt habe, hinaufzugehen, um mich schlafen zu legen, haben sie mich einen Schwächling gescholten und einen faden Kerl, der keinen Sinn für Poesie hat. Beinahe hätten sie mich noch umgestimmt. Ich habe, einen seligen Augenblick lang, das liebliche Bild wie im Traum vor mir aufsteigen sehen, die Mitternacht im Schnee, das honigsüße Kerzenlicht, den Orgelbraus des Gloria und die vielen Wanderer auf dem Wege, Bauern aus allen Weilern und Einöden, heute so fromm wie die Hirten vor zweitausend Jahren. Aber der Teufel muß mich geritten haben in der gleichen Sekunde, ich habe nein gesagt, und um meiner Ablehnung einen scherzhaften Ton zu geben, sage ich, daß ich heute daheim bleiben will, für damals, wo sie mich vor die versperrte Kirchentür ge-

sprengt haben. Und meinen Schutzengel, sag ich, will ich ihnen mitgeben, zum Schlafen brauch ich ihn nicht und es ist dann einer mehr zum Hallelujasingen.
Vielleicht hätten meine Brüder gelacht und das lästerliche Wort wäre so ohne Wirkung geblieben, wie es im Grunde gemeint war. Aber der Wirt hat einen roten Kopf gekriegt, er hat ein feindseliges Gesicht gemacht und hat nachdrücklich gesagt, daß der Herr seinen Schutzengel so leichtsinnig in Urlaub schicke, möchte ihn am Ende gereuen. Halten zu Gnaden, sagt er, aber so was höre er ungern. Und ist ohne Gruß hinausgegangen. Nun ist die Stimmung verdorben gewesen und wie ich jetzt, als Säckelmeister, unwirsch die Kellnerin rufe, um zu zahlen, erhebt keiner Einspruch. Sie lassen mich gehen, ohne Vorwurf, aber auch ohne Trost; und daß ich dem alten Mann innerlich recht geben muß, daß ich selber nicht weiß, warum ich so dumm dahergeredet habe, ist bitter genug, um mir das Herz bis zum Rande zu füllen.
Ich bin droben noch eine Weile in der Finsternis am offenen Fenster gestanden und habe mit mir gehadert. Die stille heilige Nacht hat über dem lautlosen Tal gefunkelt, ein Licht, das von den Sternen gekommen ist, hat die weißen Tafeln des beglänzten Schnees und die bläulichen Schatten der Dunkelheit mit einem wunderlichen Feuer umspielt und ich habe, wie es in seltenen Augenblicken geschieht, durch die Landschaft hindurch weit in mein Leben und ins Wandern der Planeten gespäht, viele Gestalten, verhüllt und schwer zu deuten, haben mich mit Traumesgewalt sprachlos angeschaut und der Himmel hat mir erlaubt, das törichte und vermessene Wort zu vergessen. Ich bin dann versucht gewesen, doch noch hinunterzugehen und zu sagen, daß ich mitkommen wollte in die Christmette. Aber ich habe den Mut zu dem ersten, schweren Schritt

nicht gefunden und das Gute ist ungetan geblieben, wie es oft ungetan bleibt im Leben.
Es ist gewesen, als wäre ein Sausen in den Sternen, aber es hat wohl nur der Schnee leise gebraust und gesotten, der die Luft ausgestoßen und sich gesetzt hat. Morgen würde ein strahlender Tag werden.
Ich habe das Fenster geschlossen und das Licht angedreht, ich habe mich ausgezogen und in eins der großen, wiegenden Betten gelegt. Und noch einmal hat es mich getrieben, wieder aufzustehen und mitzupilgern zur Mitternachtsmesse. Aber ich habe trotzig das Licht gelöscht. Zuletzt habe ich noch die Berge gesehen, steil und schwarzdrohend im Viereck des Fensters. Ich habe weinen wollen, nachträglich, wie ein gescholtenes Kind, aber da bin ich schon eingeschlafen.

*

Eiskalt rührt es mich an; traumtrunken haue ich um mich: Blödsinn! will ich lallen, aus tiefem Schlaf tauche ich rasend schnell empor. Die Brüder, denke ich, Schnee, rohe Bande! Und ehe ich wach bin, höre ich rumpelnden Lärm, das sind die Brüder nicht! Das Fenster klirrt, ein Stoß geht durchs Haus, ein Schwanken und Fallen, ein Knistern und Fauchen. Ein geisterhaft weißer Hauch schießt herein, kein Hauch mehr, ein knatterndes Vorhangtuch, Sturm. Die Fenster platzen auf. Sturm, denke ich, noch immer nicht wach, Schneesturm? Aber da peitscht es schon herein, wilde, weiße, wogende Flut: Schnee – Schnee! Ins Zimmer, ins Bett, ins Hemd, ins Gesicht, in die Augen, in den Mund – ich schreie, ich fahre auf, ich wehre mich. Und jetzt erst, wo es wie mit nassen Handtüchern auf mich einschlägt, begreife ich: Die Lawine! Im gleichen Augenblick ist es auch schon vorbei. Nur noch ein Seufzen geht durch das

Zimmer, es ist, als schwände eine weiße, wehende Gestalt. Von drunten höre ich es dumpf poltern, und noch einmal bebt und ächzt das Haus. Dann ist es dunkel und still.

Ich bin jetzt ganz wach. Eine heiße Quelle von Angst schießt aus mir heraus. Ich habe das Gefühl, als ob bärenstarke Männer auf meiner Brust knieten und mich an Armen und Beinen hielten. Ich versuche, mich loszureißen, ich bekomme eine Hand frei, ich wische mir übers Gesicht, ich spucke den Schnee aus dem Mund. Ich bin völlig durchnäßt, ich schlottre vor Kälte und glühe zugleich vor Anstrengung, mich aus der Umklammerung dieser unbarmherzigen Fäuste zu befreien. Es gelingt, Glied um Glied, der linke Fuß ist wie in Gips eingeschlossen, ich zerre ihn mit beiden Händen heraus, des Schmerzes nicht achtend. Ich krieche aus dem Bett, ich tappe im Finstern, mit bloßen Füßen. Ich taste die Gegenstände ab, mit unbeholfenen, erstarrenden Händen, aber die Unordnung verwirrt mich noch mehr, ich kenne mich überhaupt nicht mehr aus; es ist für einen Schlaftrunkenen in einem vertrauten Raum schon schwer, Richtung zu halten, aber hier erst, zwischen umgestürzten Stühlen und queren Tischen, eingemauert im Eis, mit nackten Füßen im zerworfenen, glasharten Schnee! Natürlich habe ich den Lichtschalter gesucht, aber es ist eine sinnlose Sucherei, ich werde immer kopfloser.

Ich nehme mich plötzlich zusammen, ich sage laut vor mich hin: Nur Ruhe! und jetzt finde ich den Lichtschalter wirklich. Ich drehe ihn mit klammen Fingern, aber es ist vergebens. Es bleibt stockdunkel. Ich kämpfe meine Erregung nieder. Ich werde doch zum Teufel eine Zündholzschachtel auftreiben. In der Rocktasche ist eine, im Rucksack. Ich wandre also wieder im Zimmer herum, meine Füße schmerzen mich, es ist nirgends ein trockenes Plätzchen zu ertasten. Aber auch nirgends die Spur von einem Kleidungsstück oder von einem der drei Rucksäcke.

Aber den Türgriff habe ich unvermutet in der Hand. Ich drücke ihn nieder, ich rucke und reiße. Oben geht wippend ein Spalt auf, aber unten weicht die Tür nicht einen Zoll. Ich fange an, scheußlich zu frieren, ich kann kaum noch stehen. Aber es ist wenigstens nicht mehr so undurchdringlich finster, die Augen gewöhnen sich an die Nacht, ich sehe gegen das matte Viereck des Fensters den graugeballten Schnee und die schwärzlichen Umrisse der durcheinandergeworfenen Möbel. Ich stolpere also gegen den blassen Schein, und schon fahre ich mit der ausgestreckten Hand in die Glasscherben. Ich blute. Ich heule aus Verzweiflung, so herumzulaufen, wie ein blinder Maulwurf. Und mit einem Mal wird mir klar, daß meine Lage weit ernster sein kann, als ich bedacht habe. Ich weiß ja nicht, wieviel Uhr es ist. Es kann elf Uhr sein und die andern sind ahnungslos auf dem Wege in die Mette. Oder ist es schon gegen Morgen – und die Lawine hat die Heimkehrenden in der Gaststube drunten überrascht, und sie sind schon tot, während ich hier oben auf ihre Hilfe warte?

Ich überlege, ob ich schreien soll. Es hat wohl keinen Sinn. Wenn die Lawine niemand wahrgenommen hat, dann hört auch keiner mein Rufen. Aber ich will doch nichts unversucht lassen. So wunderlich es klingen mag, ich muß erst eine drosselnde Beschämung überwinden, ehe ich mich richtig zu schreien getraue. Dann tut es freilich gut, die eigene Stimme zu hören. Ich rufe sechsmal, wie es die Vorschrift ist; dann schweige ich und horche ... Lautlose, schwarze Stille. Der Vers fällt mir ein und geht mir nicht aus dem Kopf: »Wie weit er auch die Stimme schickt, nichts Lebendes wird hier erblickt!« Das ganze Gedicht rast in wirbelnden Fetzen

durch mein Hirn, ich ärgere mich über den Blödsinn, es nützt nichts: »So muß ich hier verlassen sterben.« Ich bin nahe am Weinen und lache zugleich, ich setze zu neuem Rufen an – da höre ich irgendwo aus dem Hause eine Uhr schlagen.
Nie habe ich so bang auf einen Uhrenschlag gelauscht: Eins, zwei, drei – vier! Und dann voller und tiefer: Eins – zwei ...«
Und jetzt vernehme ich rufende Stimmen und sehe den huschenden Schein von Laternen draußen über den Schnee gehen. Meine Brüder haben mir später erzählt, daß ich immer wieder gebrüllt hätte: »Eine Lawine, eine Lawine!« – als ob sie es nicht selber gesehen hätten, was geschehen war.
Sie sind dann von rückwärts ins Haus gedrungen und haben die Tür eingeschlagen. Ich habe meinen älteren Bruder noch mit erschrockenem Gesicht auf mich zukommen sehen, dann hat mich das Bewußtsein verlassen.
Wie ich wieder aufgewacht bin, da bin ich auf den Kissen und Decken in der Stube des Wirts gelegen und am Christbaum haben die Kerzen gebrannt. Das ist freilich nur so gewesen, weil das Licht nicht gegangen ist, aber für mich hat es doch eine tiefe und feierliche Bedeutung gehabt. Meine Brüder sind besorgt und doch lächelnd dagestanden und jetzt ist auch der Wirt mit einem Krug heißen Weins gekommen, ich habe wortlos getrunken und bin gleich wieder eingeschlafen.
Am Vormittag bin ich dann überraschend munter gewesen, nur meine Füße haben mir wehgetan und die Hand, die ich mir mit den Glasscherben zerschnitten habe. Ich bin in allerhand drollige Kleidungsstücke gesteckt worden und wir haben lachen müssen über meinen wunderlichen Aufzug. Meine eigenen Sachen sind noch im Schnee vergraben gewesen. Beim Frühstück,

das zugleich unser Mittagessen war, denn es ist schon spät gewesen, ist es dann ans Erzählen gegangen. Ich habe zu meiner Überraschung gehört, daß zwischen dem Losbruch der Lawine und der Heimkehr meiner Brüder kaum mehr als eine Viertelstunde gelegen ist. Die Pilger haben, fast schon bei den ersten Häusern des Dorfes, einen wehenden Schein gesehen und später noch ein dumpfes Poltern gehört. Sie haben daraufhin wohl ihre Schritte beschleunigt, aber keiner, auch der Wirt nicht, hat sich denken können, daß die Lawine so stark gewesen ist, wie sich nachher gezeigt hat.
Nach dem Essen haben wir die Verwüstungen angeschaut, die die Staublawine angerichtet hat. Im Erdgeschoß sind die Räume gemauert voll Schnee gestanden. Vom Gesinde, das hier schläft, wäre nicht einer lebend davongekommen. Sie sind aber alle in der Christmette gewesen. Im ersten Stock waren die Fenster eingedrückt, oft mitsamt den Fensterstöcken. In manche Zimmer hat man bloß von außen mit einer Leiter einsteigen können. Der Schnee, der leichte Schnee, der wie ein Geisterhauch hingeweht ist, jetzt ist er zu Eis gepreßt gewesen, der Luftdruck hat ihn mit Gewalt in alle Winkel geworfen.
Wir haben von dem geschwiegen, was uns zu innerst bewegt hat. Wir haben sogar gescherzt, wie wir unsre Kleider und unsre Habseligkeiten aus dem Schnee gescharrt haben, soweit sie noch zu finden waren, oft genug an entlegenen Orten. Am Nachmittag sind wir talaus gewandert, der Wirt war in seinen Räumen beschränkt, ihm ist nur die leidlich erhaltne Rückfront seines Hauses geblieben.
Wie wir zu ihm getreten sind, um nach unserer Schuldigkeit zu fragen, und um Abschied von ihm zu nehmen, hat er grad eine Scheibe in den Rahmen gekittet. Er hat angestrengt auf seine Arbeit geblickt, wohl nur,

damit er mich nicht noch einmal hat anschauen müssen.
Fürs Übernachten, sagte er mit brummigem Humor,
könnte er billigerweise nicht was verlangen, denn übernachtet
hätten wir ja wohl nicht. Aber wenn einer der
Herren einen Stutzen Geld übrig hätte, könnte er gern
was in den Opferstock von Kaltenbrunn legen, zum
Dank, daß der Herrgott in der Christnacht so viele Engel
unterwegs gehabt hätte: ein gewöhnlicher Schutzengel
hätte vielleicht nicht genügt diesmal.
Er ist weggegangen, ehe wir ihm die Hand geben konnten.
Am Abend sind wir in Kaltenbrunn gewesen und
haben uns für die Nacht einquartiert. Die Kirche ist
hoch über dem Dorf gestanden, kaum hat sich die weiße
Wand vom weißen Schnee abgehoben in der Finsternis.
Aber die Glocken haben gerade den Feierabend eingeläutet.
Ich bin die hundert Stufen hinaufgestiegen
und habe den Mesner gesucht; aber er ist nirgends zu
finden gewesen, die Glocken waren still.
Da bin ich wieder wie damals vor Jahren an der verschlossenen
Kirchentür gestanden; freilich nicht einen
Tag zu früh, sondern einen Tag zu spät. Und doch inbrünstig
diesmal vor der Gnade, daß ich so habe stehen
dürfen und daß es nicht zu spät gewesen ist für immer.

DIE PERLE

Der junge Mann, genauer gesagt, der dreißigjährige, sogar ganz genau, denn heute hatte er seinen Geburtstag, ging an einem reinen Frühsommerabend des Jahres neunzehnhundertdreiundzwanzig durch die große Stadt. Er trug einen grauen Anzug mit einem leicht hineingewobenen grünen Muster, einen dieser feschen Anzüge, an die man sich wohl noch als Greis gern erinnert, wahrschneinlich nur, weil die schönen Jugendjahre mit in die Fäden geschlungen sind; er hatte ein rundes Hütlein auf, nach Art der Maler und Dichter – und so was wird er schon gewesen sein – und wippte ein Stöckchen, wie es damals, bald nach dem ersten Krieg, Mode war, schon ein bißchen lächerlich und stutzerhaft, aber nicht so völlig unmöglich, wie es heute wäre, kurz nach dem zweiten Weltkrieg und vielleicht nicht zu lang vor dem dritten, mit einem Spazierstöckchen herumzulaufen aus Pfefferrohr mit einem Griff aus Elfenbein.
Der also wohlgekleidete Herr war fröhlich, nicht immer, gewiß nicht, er konnte unvermutet voll schwärzester Schwermut werden, aber jetzt, bei seiner Abendwanderung, die Maximilianstraße hinauf, gegen den Fluß zu, war er vergnügt, denn zu Freunden ging er ja, und nichts geringeres hatte er vor, als mit ihnen, in der kleinen Wohnung hoch über der Isar, seinen Geburtstag zu feiern, lustig und wohl auch üppig, an der tollen Zeit gemessen, in der die Mark davonschwamm in einem Hochwasser, in dem alles dahintrieb, in dem jeder unterging, der sich nicht zu rühren verstand und sich tragen ließ.
Morgen konnte auch er untergehen, aber heute hatte ihn die Flut getragen, wunderlich hatte sie ihn hinauf-

gehoben. Zwanzig Schweizerfranken war er am Morgen wechseln gegangen, ein Freund aus Bern hatte sie ihm geschickt. Die Taschen voller Papiergeld, hatte er zuerst den böhmischen Schneider bezahlt, den buckligen Verfertiger des flotten grauen Anzugs, den er trug. Dann hatte er noch ein Paar Schuhe gekauft, die jetzt neu an seinen Füßen glänzten; Zigarren hatte er besorgt, Schokolade, zwei Flaschen Schnaps. Und mittags, als er nach Hause kam, waren ein paar Leute beisammengestanden um einen blassen, ausländischen Burschen, der vier Dollars anbot und keinen Käufer fand. Wahrhaftig, mit dem Rest seines Geldes hatte er die vier Dollar erworben, der Jüngling aus Serbien oder Rumänien war mindestens drei Tage hinter der Weltgeschichte zurückgeblieben gewesen. Seine Schuld – *er* hatte ihm ja gegeben, was er verlangt hatte.
Alles geschenkt, Anzug, Schuhe – *heute*. Morgen vielleicht alles genommen, alles verspielt, bis eines Tages doch der ganze Wirbel ein Ende nehmen mußte, wie alles ein Ende nimmt, wenn man nur Zeit und Geduld hat, es abzuwarten.
Wie hätte der junge Mann wissen sollen, damals, daß der erste Zusammenbruch so viel schöner war als der zweite, den er erleben würde, nicht mehr jung und unbekümmert, nein, als Fünfziger, mit ergrauendem Haar und ohne Hoffnung; daß es nur die Hauptprobe war zu einer schrecklichen Uraufführung – oder sollte auch das erst das Vorspiel sein zu dem Schauer- und Rührstück: »Weltungergang«, das zu spielen, bis zum schrecklichen Posaunen- oder Schweigensende zu spielen, der Menschheit von Anbeginn an vorbehalten ist, aber niemand weiß, wann es über die Bühne geht.
Jedenfalls, der junge Mann bummelte dahin, die Maximilianstraße bauchte sich aus zu einer grünen und rötlichen Anlage; grün waren die Beete und die Bäume,

rötlich die steifen, spitzbogigen Paläste, und grün und rötlich waren auch die Kastanienbäume, lachsrot all die tausend Kerzen; und weiß und rötlich war das Pflaster, der Asphalt, an sich war er grau und rauh wie Elefantenhaut, aber die Blüten, die abgefallenen, winzigen Löwenhäuptchen, bedeckten ihn, daß der Fuß im Schuh das Weiche spürte, es war ein glückliches Gehen in dem Schaum und Flaum, die Weichheit des Fleisches war darin und fleischfarben war ja auch dieser Schimmer, die ganze Straße entlang.

Die Sonne war im Rücken des Schreitenden, von hinten her schäumte das Licht, vor ihm, hoch überm Fluß, funkelten die Strahlen in den Fenstern des Maximilianeums — den Zungenschlag könnte einer kriegen bei dem Wort, dachte der Mann, es flog ihm nur kurz durch den Kopf, wie eines der Blütenblätter, die vorbeiwehten, an sich dachte er an etwas anderes und an was hätte er denken sollen, an was sonst an diesem Frühsommerabend, als an Frauen?

Denn Frauen auch wehten an ihm vorbei, Mädchen, in leichten und bunten Gewändern, sie kamen ihm entgegen, von der Sonne angeleuchtet, lichtübergossen; und wenn er sich umwandte, sah er ihre Beine durch das dünne Gewebe der Kleider schimmern, schattenhaft leise; das Erregende, die sinnliche Glut gab erst sein Blick dazu, die Begierde seiner Augen, der er sich ein wenig schämte und die er doch genoß, während er sich selbst ausschalt: eitel, lüstern, gewöhnlich. Zwanzig Jahre später, wir wissens, er wußte es nicht, wird er wieder, oder: noch immer durch die Maximilianstraße gehen, viele gehen dann nicht mehr, die jetzt noch dahin eilen durch den glücklichen Abend und nach den Füßen der Weiber schielt keiner mehr, selbst die Jungen kaum, andre Dinge haben sie im Kopf, auf die Trümmer der geborstenen Häuser schauen sie, die zum erstenmal im unbarmherzigen Licht stehen, auf die ratternden Panzerwagen der Sieger, die von weit drüben gekommen sind, übers Meer, aus fremden Städten und die bald in München satter und fröhlicher daheim sein werden als die Münchner selber, die nur noch am Rande leben, hohläugige Schatten. Und sie erinnern sich, dann, im Jahre fünfundvierzig, daß, ein halbes Jahr früher, als noch der Schnee lag, zerlumpte Gestalten hier an offenen Feuern saßen, um die Weihnachtszeit, wie die Hirten auf dem Felde, in der Schuttwüstenei, Russen, Mongolen, Tataren – wunderlich, höchst wunderlich, in dem gemütlichen München ... Aber getrost, an die Amerikaner wird man sich gewöhnen, man wird kaum aufblicken, wenn sie nun vorüberfahren, nicht mehr in rollenden Panzern, sondern in schweren, blechblitzenden Wagen; und die Russen sind nicht mehr da, die gefangenen Russen, schon lange nicht mehr, aber sie stehen als eine drohende Wolke im Osten und darüber, ob sie kommen, oder ob sie nicht kommen, werden die Menschen reden, fahl vor Angst und hungrig und matt, wie sie sind; sie werden nicht viel Lust haben, nach Frauen auszuspähen, die Jungen nicht und die Älteren erst recht nicht. Und die Zeit wird weiterwuchern, die Menschen werden morgen vergessen, woran sie sich eben erst schaudernd gewöhnten, durch den Urwald der Jahre werden sie gehen und was der Dreißigjährige mit siebzig Jahren denken wird, das kann noch niemand sagen; und nur ein später Leser dieser Geschichte mag es noch hinzufügen, mit Lächeln vielleicht, wenn er noch lächeln kann.

An Frauen also dachte der Mann, und mit Lust obendrein, denn was mag schöner sein, als zu Freunden zu gehen, in Erwartung eines heiteren Abends, und im Herzen süße Gedanken zu schaukeln an eine Geliebte, oder, sagen wir es genauer, an diese und jene, die es

vielleicht werden könnte für die nächste Zeit oder für immer.
Der Mann war jetzt am Fluß angekommen, an der Isar, die sich unter dem Joch der schönen Brücke zwängte und dann weiß schäumend, kristallklar über eine Stufe hinunterstürzte, halb im Schatten schon und vom Licht verlassen und die dann weiterzog, grün im Grünen, edlen und harten Wassers, noch einmal ins Helle hinaus, unter dem lavendelblauen, ja, fast weißen, rahmfetten Himmel hin.
Er stellte sich an die Brüstung, er schaute hinab auf den tosenden Fall, wie die Flut zuerst Zöpfe flocht und Schrauben drehte, alles aus Glas, das dann zerbrach, am Stein zerhackt, übereinander in Scherben stürzend, zu Dampf zermahlen, in Fäden triefend, von Lust schäumend aufgeworfen, bis es wieder hinausstieß, wie Tafeln Eises zuerst aneinandergeschlagen, zuletzt aber glatt, wie in kalten Feuern geschmolzen, in einer großen Begier des Fließens.
Das Wasser macht die Traurigen froh und die Fröhlichen traurig, mit der gleichen ziehenden Gewalt, mit dem Murmeln derselben Gebete und Beschwörungen; und der Mann, der ja leichten Herzens gewesen war, spürte das, wie er immer schwerer wurde; und da er unterm Betrachten des Wasserfalls nicht aufgehört hatte, an Frauen zu denken, so wurden seine Gedanken an Frauen dunkler, es schwand ihm die kühne Zuversicht, der Wille löste sich auf, zu werben und zu besitzen, laß fahren dahin, dachte er und gab so die Liebe selber dem Wasser preis und schickte sie hinab in das Vergängliche.
Sobald er den Blick wieder abwandte vom Rinnenden, erholte sich sein Gemüt, in den Sinn kams ihm, wie gut er hier stand, an der nobelsten Stelle von ganz München, und in bester Laune bog er nun in die Uferstraße

ein, unterm schon dämmernden Dach der Ahornbäume schritt er dahin, mehr nun der Männer gedenkend als der Frauen, die Freunde vorschmeckend und ihre Heiterkeit, den Wein auf der Zunge spürend, übermütig spielend mit der Voraussicht, daß sie den Doktor, den Wirt, ein zweites, ein drittesmal gar in den Keller hinuntersprengen wollten, damit er, von ihren Spottreden gestachelt, mit saurer werdender Miene immer süßeren Tropfen heraufhole, mühsam genug, bis hoch unters Dach, wo sie sitzen wollten und zechen, bis die Sterne bleicher würden ...

Der Dreißigjährige wippte jetzt wieder sein Stöckchen, er ging tänzerleicht und an und ab schaute er auf den Boden, kindisch vor sich hin pfeifend. Da sah er ein glänzendes Ding liegen, bestaubt, aber doch von opalnem Schimmer. Sieh da, sagte er halblaut zu sich selber, welch ein Glück, eine Perle zu finden. Die Reichtümer Indiens legen sich mir zu Füßen!

Die Perle war groß wie ein Kirschkern, eher noch größer, wie eine Haselnuß, rund ohne Fehl. Kunststück, dachte er, mit dem Wort spielend, Kunst-Stück, Gablonzer Ware, Wachsperle, Glasfluß, was weiß ich ... Und er setzt sein Stöckchen dran, es bog sich leicht durch und eh er sichs versah, flog die Perle, von der Schnellkraft des Rohres getroffen, in einem einzigen Bogen davon, an den Ranken des wilden Weins vorbei, die dort in den Fluß hinunterhingen, hinaus ins Wasser.

Der Mann lachte, über solch unfreiwillige Golfmeisterschaft belustigt, er wünschte den Isarnixen Glück zu dem zweifelhaften Geschenk, sie solltens hinuntertragen bis zur Frau Donau, wenn sie sich nicht derweilen schon selbst im Wasser auflöste, die falsche Perle, die nun dahintreiben mochte zwischen Wellensmaragd und Katzengold, unecht, trügerisch alles miteinander, in bester Gesellschaft.

Er war nun auf der Höhe des Hauses angekommen, aber viel zu früh noch, wie ihm ein Blick auf die Uhr bewies, und so hatte er noch Zeit genug, in die Isar zu schauen, bis die andern kamen, er mußte sie ja sehen auf der noch hellen fast leeren Straße.

An Frauen zu denken, lag heute wohl in der Luft und so wob auch er schon wieder an der alten Traumschnur, aber die Perle knüpfte er mit hinein, ein geübter, bunter Träumer, wie ers war, viele Perlen und je länger er ins Fließende sah, kamen auch Tränen dazu, süße und bittere.

Wenn das Ding nicht so unglaubwürdig groß und ohne Makel gewesen wäre ... Der erste Zweifel probte seinen Zahn an ihm: Ist da nicht neulich erst etwas in der Zeitung gestanden, von einem Platinarmband, das ein Arbeiter gefunden hat? Lachend hat ers für ein paar Zigaretten hergegeben. Wenn so was echt wäre, hat er gemeint, müßts ja hunderttausend Goldmark wert sein – also ists falsch: eine großartige Logik. Hat nicht Mazarin, der spätere Kardinal, kalten Herzens einem armen Amtsbruder einen kostbaren Schmuck für einen Pappenstiel abgehandelt? »Glas natürlich, mein Lieber, was denn sonst als Glas?« Und hat er, der Perlenfinder, nicht selbst ein riesiges Goldstück in der Tasche herumgetragen, wochenlang, und es aus Jux als Hundertmarkstück hergezeigt, bis es ihm ein Kenner als echte Schaumünze erklärt – und dann für einen Haufen Papiergeld abgedrückt hat?

Der Zweifel hatte sich durchgebissen. Das Blut schoß dem Mann in heißer Welle hoch: Die Perle war echt, sie konnte echt gewesen sein.

Natürlich waren das lächerliche Hirngespinste. Tatata! Er mußte ja wohl nicht gleich mit allen Neunen umfallen, wenn der Teufel sich den Spaß machte, auf ihn mit einem Glasschusser zu kegeln.

Gleichviel, der Traum ging weiter: Angenommen, die Perle war echt ... Hätte er sie zurückgegeben? Selbstverständlich – nun, selbstverständlich war das nicht ... Nach Berlin wäre er gefahren, noch besser, nach Paris ... Im Schatten der Vendôme-Säule, die kleinen Läden ... er lächelte: ausgerechnet er, der Tölpel, würde sich da hineintrauen, um eine Perle von verrücktem Wert anzubieten; über die erste Frage würde er ins Gefängnis stolpern. Also doch besser: zurückgeben – aber wem? Wer konnte sie verloren haben? Herrliche Frauen stellte er sich vor; eine Engländerin, wie von Botticelli gemalt, würde des Weges kommen, jetzt gleich, die Augen suchend auf den Boden geheftet. Wie ein Gott würde er vor sie hintreten. »*Please!*« würde er sagen, mehr nicht, denn er konnte kein Englisch. Trotzdem, es würde eine hinreißende Szene werden; die süße Musik aus dem Rosenkavalier fiel ihm ein – ja, so würde er dieser Frau die Perle überreichen. Wars nicht besser eine Dame des französischen Hochadels – wenn er sie sich schon heraussuchen durfte – eine Orchidee von einer Frau: und auf französisch würde er wohl einiges sagen können. »*Voilà*«, würde er sagen; und jeden Finderlohn edel von sich weisen. »Madame, Ihre Tränen getrocknet zu haben, ist meinem Herzen genug. ›Avoir‹ – was heißt trocken? *Avoir séché vos larmes* ...« Er lachte sich selber aus: solchen Mist würde er reden, da war es schon besser, die Perle war noch falscher als sein Französisch und seine Gefühle. Und wenn sie echt war, die Perle, die kirschengroße, untadelige: wem gehörte sie dann anders als so einem halbverwelkten amerikanischen Papagei – immerhin, ein paar Dollars auf die Hand wären auch nicht übel ...
Und schon erlaubten sich seine Gedanken, in den alten Trott zu verfallen und ein paar Runden das schöne

Kinderspiel vorzuexerzieren: »Ich schenk Dir einen Taler, was kaufst Dir drum?«, bis er sie unwillig aus dem Gleis warf.

Hanna war ihm eingefallen, auf dem Umweg über diese lächerliche Perle: und zwar das, daß er auch *sie* nicht geprüft hatte, mit liebender Geduld, sondern weggestoßen in der ersten Wallung gekränkter Begierde. Und hier und heute, hinunterblickend in den nun rasch sich verdunkelnden Fluß, gestand er sichs ein, daß er mehr als einmal erwogen hatte, ob sie nicht doch echt gewesen war, Hanna, die Perle – und ein kostbarer Schmuck fürs Leben. Und vielleicht – fing er wieder zu grübeln an – wenn sie geringer gewesen wäre und nicht so unwahrscheinlich makellos; aber das wars ja wohl, was ihn scheu gemacht hatte: eine Blenderin, eine kalte Kunstfigur mußte sie sein, denn der ungeheure Gedanke, daß sie ein Engel sei, war nicht erlaubt. Grad so gut konnte die Perle echt gewesen sein. Ach was – Spiegelfechterei der Hölle, genug – dort kamen die Freunde.

Ja, die Freunde, sie kamen und in einem Springquell von Gelächter stiegen sie alle zusammen zur Wohnung des Doktors empor. Der empfing sie mit brennender Lunte und vollen Flaschen und im Trinken, Rauchen und Reden wurde es ein Abend, wie er so frei und schön selbst der Jugend nicht immer gelingt, wenn sie Wein hat und Hoffnung auf ein noch einmal gerettetes Leben.

Und bis die Mitternacht da war, hatten sie mancher Woge berauschter Luft sich überlassen und dann wieder manches tiefsinnige Wort still hinter den Gläsern gesprochen und angehört und nun weissagten sie und redeten in Zungen und sie sahen Vieles, was verborgen ist und Viele, die nicht mehr sichtbar sind nüchternen Augen. Sie witterten, ans Fenster tretend und hinunter spähend auf den schwarz und weiß rauschenden Fluß und hinauf in die wandernden Sterne, das Feuer über den Dächern, sie schwuren sich, daß der Tod sein Meisterstück noch nicht gemacht habe und sagten einander mit der erschreckenden Klarheit des Trunkenseins auf den Kopf zu, daß er sie noch zu einem besonderen Tanze holen wolle.

Gegen zwei Uhr aber mußte der Doktor wirklich noch zum drittenmal in den Keller, und die wütenden Zecher bedrängten ihn, daß er vom Besten bringen sollte, er wüßte schon, welchen. Der Hauswirt wehrte sich lachend, er denke nicht daran, seine Perlen vor die Säue zu werfen.

Da fiel unserm Mann die Perle wieder ein, vom Spiel des Wortes heraufgeholt rollte sie in sein Gedächtnis, er hielt die flache Hand in die lärmende Schar, als könnte er das Kleinod zeigen und: »denkt Euch«, rief er, »eine Perle habe ich diesen Abend gefunden, groß wie eine Walnuß, rund wie der Mond, schimmernd und schön wie –« »Wo ist sie, wo ist sie?« schrien alle auf ihn ein, nur, um ihrer Hitzigkeit Luft zu machen. »In der Isar!« lachte er, »bei den feuchten Weibern – den grüngeschwänzten Nixen hab ich sie geschenkt!«

»Großherziger Narr!« rief da der Doktor, der schon in der Tür stand und nun eilig zurücklief, einen fassungslosen Blick auf den Erschrockenen werfend. »Ja, Unseliger, hast Du denn die Zeitung nicht gelesen?« Und er wühlte mit zitternder Hand ein Blatt aus einem Stoß Papiers, schlug es auf und las mit erregter Stimme: »Hohe Belohnung! Auf dem Weg vom Prinzregententheater zum Hotel Vier Jahreszeiten verlor indischer Maharadschah aus dem linken Nasenflügel...«

Sie ließen ihn nicht weiter flunkern, sie rissen ihm die Zeitung aus den Händen, suchten zum Scherz nach der Anzeige – nichts natürlich, keine Zeile, erstunken und erlogen das Ganze wohl, die dumme Perlengeschichte. »Aber blaß ist er doch geworden!« trumpfte der Spaßvogel auf und zeigte mit spottendem Finger auf den Perlenfinder; und der saß wirklich da, »als hätten ihm die Hennen das Brot genommen«, krähte einer, aber der war schon leicht betrunken. Und der Wein war wichtiger jetzt als die Perle und der Gastgeber wurde in den Keller geschickt, mit drohenden Worten und er ging auch und brachte vom Besten herauf und der hielt sie noch beisammen, in ernsten, überwachen Gesprächen, bis die Morgenröte herrlich ins Zimmer brach und die erste Möwe weiß über den grün aufblitzenden Fluß hinstrich.

Von der Perle war nicht mehr die Rede und auch von den Frauen nicht und so blieb es im Dunkel, ob die Perle echt gewesen war oder nur ein Glasfluß. Auch ob Hanna die Rechte gewesen wäre und ein einmaliger Fund fürs Leben, wurde nicht erörtert, wie es doch sonst oft besprochen wird, wenn Männer reden, in aufgeschlossener Stunde.

Nein, sie stritten über andere Dinge an diesem grauenden Morgen, um wichtigere, wie man zugeben muß, sie spähten nach dem Wege, den Deutschland, den die Welt gehen würde in den nächsten zehn, zwanzig Jahren und bei Gott, sie kamen der Wahrheit so nahe, wie es ein denkender Mensch damals nur konnte und es war eine schreckliche Wahrheit.

Daß aber ein Vierteljahrhundert später die satten Sieger durch das zertrümmerte, sterbende Reich fahren würden, in mächtigen, blanken Blechwagen, das war nicht auszudenken, auch für den schärfsten Verstand nicht, damals, nach dem ersten Kriege.

Ein solcher Wagen fuhr aber wirklich mit lautloser Wucht durch den klaren Sommerabend des Jahres sechsundvierzig den Fluß entlang und bog auf die Prinz-

regentenbrücke ab. Und es saß ein junges Ehepaar aus Chicago darin, der Mann, ein Offizier der Besatzungsmacht, steuerte selbst. An der Biegung aber, als der Wagen stoppen mußte, um andere vorbeizulassen, zeigte die Frau aus dem Fenster und sagte, hier irgendwo habe, vor Jahren, sie selber sei noch ein Kind gewesen damals, ihre Mutter auf dem Heimweg von einer Rheingoldaufführung – und sie habe durchaus zu Fuß gehen wollen in jener prächtigen Sommernacht – aus dem rechten Ohr eine Perle verloren, die Schwester von der, die sie jetzt als Anhänger trage. Und natürlich habe sich nie ein Finder gemeldet, denn um eine solche Perle habe man damals halb Deutschland kaufen können.
Heute, sagte der Mann und ließ den Wagen anziehen, denn die Straße war grade für einen Augenblick frei, heute würde man, soweit noch vorhanden, das ganze dafür bekommen; und lächelte ihr zu.
Am Brückengeländer aber lehnte ein Mann, er sah wie sechzig aus, er war wohl jünger, er trug ein rundes Hütchen und einen schäbigen grauen Anzug, der ihm viel zu weit war. Er schaute in den Fluß hinunter, er blickte in die leeren Fensterhöhlen des verbrannten Hauses gegenüber und zuletzt ließ er seine traurigen, bitteren Augen dem glänzenden Wagen nachlaufen, bis der in dem Grün der Anlagen verschwand, über denen hoch und einsam der Friedensengel schwebt.

DIE BEIDEN SAMMLER

Bald nach dem Großen Kriege konnten die Münchner einen jungen Mann beobachten, wie er, mitten im Winter etwa, dahinging, einen breiten Hut auf dem langbeschopften Geierkopf, in einem gestutzten Soldatenmantel und an den Füßen Schaftstiefel, dieselben, die er vordem in Flandern getragen hatte und die er nun weiter trug, obwohl er längst verwundet aus dem Feld heimgekommen war und aus dem Dienst entlassen. Er trug eine gewaltige, vor Alter brüchige Mappe unterm Arm; sie war notdürftig verschnürt, die Stricke schnitten ihm in die ungeschützte Hand, aber keuchend schleppte er sie weiter, der Wind drohte sie aufzustoßen, es war ein mühseliger Gang, wie ihn nur ein Sammler auf sich nehmen konnte, einer wie dieser, der Blätter heimtrug, die ihm Herr Korbinian Zitzelsberger, der kleine Antiquar aus der Türkenstraße, zur Ansicht mitgegeben, ungesiebt, wie er sie selber soeben erst vom Speicher einer Witwe geholt hatte. Der Eifrige trug seine Beute durch die langen, eisdurchklirrten Straßen nach Hause, bei den Eltern wohnte er, und vor ihnen galt es nun, die Mappe zu verbergen, vor der Mutter besonders, die in solch unseliger Neigung des Sohnes, in so drangvollen Zeiten gar, schon Untergang und Verderben der ganzen Familie sah. Der Großvater bereits, ihr eigener Vater, war der Leidenschaft des Sammelns verfallen gewesen, übereilt, zu ungünstiger Stunde, war der ganze Plunder von Münzen, Waffen und Stoffen abgestoßen worden und nichts war geblieben als ein wenig Geld, das jetzt rettungslos dahinschmolz, und ein Klebeband mit Zeichnungen und Wassermalereien, der dem Sohn in die Hände gefallen war und der nun den gefährlichen Funken neu entzündet hatte.

Als der junge Mann, ungesehen diesmal, in sein Zimmer entwischt war, stellte er seine Last auf den Boden; und nicht sehnsüchtiger kann ein Liebhaber seine Geliebte entkleiden, als er nun, mit noch klammen Fingern, die Verschnürung von seiner Mappe zu nesteln begann, um nach dem flüchtigen und abschätzenden Blick, den er, Aug in Auge mit dem Händler, auf die Blätter geworfen hatte, jetzt in vollen Zügen ihren Reiz auszukosten, bis er zuletzt, hüpfend und wunderliche Worte murmelnd, sich dem Glücksrausch seines Fundes hingab.

Eine Welt erschloß sich ihm, eines Zaubers schien er mächtig, aus dem Dunkeln die strahlendsten Dinge zu ziehen, mit beharrlicher Liebe einzudringen in den strömenden Kreis höchster deutscher Kunst. Denn die Romantiker hatte er sich, nach einigem Schwanken, zum Ziel seines Sammelns erkoren, Namen, heute von jedermann genannt, damals erst scheu und edel erblühend, Werke, für wenig Geld noch zu erwerben in jenen Jahren, wenn man nur unverdrossen suchte, mit geschärftem Blick, und sein Wissen mehrte, das hier Macht war wie selten sonst.

Was freilich diese Kennerschaft anbelangt, so dachte Herr Zitzelsberger in der Türkenstraße wesentlich geringer von ihr und auch Herr Füchsl in der Theresienstraße fand, daß der Anfänger ein Segen sei für das Geschäft, ein williger Abnehmer von Ladenhütern, die, schon von vielen Kunden beäugt, achtlos liegen gelassen worden waren. Bald erfuhren sie auch, vertrauter mit ihm werdend, daß er Eigenbrot heiße, und der Name schien ihnen wie gespitzt zu passen für einen, der sich anschickte, in die Reihe der Käuze und Abseitigen

zu treten, von denen sie die närrischsten Abarten zu betreuen hatten.
So vergingen einige Jahre, der junge Rechtsstudent hatte seinen Doktor gemacht und war ein gutbezahlter Anwalt geworden, er hatte eine wohlabgestimmte Wohnung am Fluß, keine wirre und wüste Sammlerhöhle, wie man hätte glauben können, und längst trug er nicht mehr den feldgrauen Flausrock und die schweren Stiefel. Niemand hätte ihn für einen leidenschaftlichen, ja schrulligen Sammler gehalten, wie ja auch die Zauberkünstler, Zahnbrecher und Kunstmaler heutzutage wohlgekleidet einhergehen, ohne Aufhebens von sich zu machen. Nur wer ihn in dem weitläufigen, von Mappen und Büchern verstellten Bau des düsterfröhlichen Herrn Füchsl zu sehen bekam oder in dem lichtlosen, engen Verlies des Herrn Kinderlein, des leichenfahlen, feuchtbärtigen Flüsterers, stehend, als einen völlig Verwandelten, grabend mit staubschwarzen Händen im Wust des Papiers und den Händen noch voraus den pfeilschnellen Blick des heißen, gierigen Auges, der spürte jenes zweiten Lebens Gewalt, die in ihm war und ihn als seinen eigenen Doppelgänger erscheinen ließ. Längst hatten die Händler verlernt, ihn zu belächeln, sie liebten vielmehr seine rasche Entscheidung und seine Art, zu zahlen, ohne zu schachern.

Dieses Sammeln war bei Doktor Eigenbrot wie der jähe Anfall einer Krankheit, er stand dann von der Arbeit auf und durchstreifte die Altstadt oder die Straßen Schwabings, obwohl er sich eben erst geschworen hatte, sie eine Woche und länger nicht mehr zu betreten. Dann wieder fluchte er diesem Dämon, der ihn in solche Bereiche des Moders und der abgelebten Zeiten zwang, um gleich darauf, von einer Postkarte gerufen, mit einem Durste ohnegleichen, den lockenden

Abenteuern und erregenden Geistesfreuden neuer Entdeckungen entgegenzueilen.
Woran es ihm aber fehlte, das waren die Sammlerfreunde, mit denen er sich hätte besprechen, von denen er hätte lernen können. Was half aller Erwerb und Besitz, wenn keines verständigen Menschen Auge darauf ruhte, wenn er nicht das eigene Gut am fremden messen konnte. Die Freunde des Sammlers aber, das muß hier gesagt werden, können niemals die Sammlerfreunde ersetzen. Doktor Eigenbrot bewirtete manch guten Kameraden, manch kluger Kopf zählte zu den Seinen. Nie aber wollten sie seiner Sammlung die gebührende Ehre antun, mit flüchtigen, unverstehenden Blicken oder gar mit schlimmen Scherzen wurden die besten Mappen abgetan, und fast immer endeten solche Versuche, seine Schätze zu zeigen, mit dem spottenden Rat, dergleichen kostspielige Späße sein zu lassen, Zeichnungen in den öffentlichen Sammlungen nach Herzenslust zu betrachten und das Geld für Dinge auszugeben, von denen auch sie, die guten Freunde, etwas hätten, als da sind Wein, Weib und Gesang, und mehr als einmal trieben sie ihn, der leicht zu hänseln war, in hundert Höllen des Schreckens und Ärgers, wenn sie in gut gespielter Unachtsamkeit ein kostbares Blatt zu zerreißen drohten, oder ihm weismachten, erst neulich irgendwo – und der genauen Umstände konnten sie sich natürlich nicht mehr erinnern – Zeichnungen von einem gewissen Flor oder Fohr, bei Verwandten vielleicht, ziemlich gering geschätzt, liegen gesehen zu haben.
Wohl hatte unser Sammler da und dort auf seinen Streifzügen ein paar alte Herren kennengelernt, mit denen sich über dies und das plaudern ließ, leichte Gespräche waren es geblieben, denen er längst entwachsen war. Noch nie aber war er dem berühmten Herrn Stöber begegnet, aus dessen Sammlung bereits der wun-

derbare Glanz der Legende floß. Und Doktor Eigenbrot wußte, traurig genug, daß mehr als ein Blatt, das er hatte fahren lassen müssen, in dieser sagenhaften Sammlung prangte; denn Herr Wilhelm Stöber war reich.
Er war im Kriege Offizier gewesen, und, spät aus russischer Gefangenschaft zurückgekehrt, mußte er sich, statt die Kunstwissenschaft zu ergreifen, dem väterlichen Bankhause widmen, dem er nun seit mehreren Jahren vorstand. Der innerste Drang aber war so mächtig in ihm, daß er alsbald begann, wenige, aber erlesene Blätter der Romantiker, Nazarener und Deutschrömer zu sammeln. An Geldmitteln und Kenntnissen war er seinen Mitstrebenden weit überlegen, und Doktor Eigenbrot hatte nur den einen Vorteil, mehr Zeit aufwenden zu können, die ja Geld ist, wie die Weltkinder sagen, und, die wirklich mehr sein kann als Geld, gar wenn es gilt, unermüdlich umherzuschweifen und auf der Lauer zu liegen in solch weiten und immer noch glückhaften Jagdgründen; oft genug gelang es dem Doktor, den kleinen Treibern und Jägern ihre Beute abzulisten, noch ehe die großen Wind bekommen hatten, ja, noch ehe die kleinen selbst recht wußten, was in ihren Netzen und Schlingen sich gefangen hatte.
Schaudervoll freilich war oft an solchen Dingen noch der Hauch des Todes zu spüren, denn vielleicht war die Leiche noch nicht aus dem Hause, als schon die Fledderer anrückten, in Kisten und Kasten zu graben, im Einverständnis häufig mit den Erben, die schon lange gewartet hatten, den unnützen Trödel in klingende Münze zu wandeln.
Herr Stöber kam nur selten in die Bereiche der kleinen Trödler, er liebte sie nicht, diese Todesverwandtschaft, er nahm diese schicksalhaften Stücke Papiers, wenn sie wieder sachlicher geworden waren, freilich auch teurer;

und da andrerseits der Doktor nur sehr gelegentlich in die vornehmen Kreise des großen Handels sich wagte, währte es Jahre, bis die beiden einander begegneten, zumal ja die Verkäufer ihre Kunden, wie auch die rätselvollen Wege der Ware so geheim als möglich zu halten suchten und jedem Sammler die Blätter anboten, als wären sie jungfräulich und er, der Bevorzugte, sähe sie als der erste, gewiß und wahrhaftig. – –
Ein bedeutendes Versteigerungshaus legte seine Schätze zur Besichtigung aus, und da Anschauen nichts kostet, ging auch der Doktor hin; und was jahrelang nicht hatte gelingen wollen, ergab sich hier wie spielend, daß er nämlich Herrn Stöber kennenlernte, gar nicht flüchtig, sondern gleich gründlich, im Streitgespräch um eine bezweifelte Federzeichnung. Rascher und herzlicher, als es sonst die herrische Schüchternheit Stöbers erlaubte, war das Einvernehmen hergestellt, und wider Erwarten sagte er sogar zu, als der Doktor, bescheiden genug, die Bitte aussprach, der geschätzte Kenner möchte doch einmal auch seine Sammlung, sowenig sie im Ganzen bedeuten wolle, um einiger beachtlicher Stücke willen, gelegentlich eines Blickes für wert halten.
Glühend wie eine Braut erharrte er den hochwillkommenen Gast; der erschien pünktlich und forderte unverzüglich die Mappen zu sehen, als wollte er damit deutlich machen, wie ausschließlich der Besuch der Sache und nicht der Person gelte. Stoß um Stoß wurde herbeigeschleppt, und als der Doktor des mächtigen Gegners Erstaunen spürte über die Fülle und den Wert dessen, was er ihm zu bieten vermochte, da wuchs ihm in Freuden das Herz. Endlich floß nun, ach, zum erstenmal und als ein holder Lohn der Mühen, der langgehemmte Strom der Rede, und jetzt erst, so schien es ihm, im gemeinsamen Anschauen, gewannen die Werke

der verschollenen Künstler ihren Wert, diese Bleistift- und Pinselstriche, die ohne den Blick der Liebe heimatlos sind auf dieser Welt.
Eine der Zeichnungen, farbig getönt, hätte Herr Stöber gerne gehabt, wenn er sie auch nur sparsam lobte und vorgab, ihn reize bloß die Darstellung, Winzer nämlich waren es, bei der Lese am Rebenhügel, recht hübsch, wie er sich vorsichtig ausdrückte. Die Meinung des Eigentümers, das Blatt könnte von Schwind sein, wies er mit wiegendem Kopf als wenig zusagend von sich. Und doch wußte er es so gut wie sicher, daß es ein Schwind war, und zwar das Blatt Oktober aus einer Folge der zwölf Monate, und in den neunziger Jahren, das hatte er in einer alten Versteigerungsliste erschnüffelt, war eine solche Folge in Wien versteigert und seitdem vielleicht in alle Welt verstreut worden. Es konnte aber auch sein, daß die übrigen elf Monate eines Tages geschlossen im Kunsthandel auftauchten, und dann war es von unschätzbarem Wert, diesen einen Ausreißer sichergestellt zu haben.
Herr Stöber, so schlau er es anfing, hatte seinen Mann doch kopfscheu gemacht, der erklärte, sich von so einem guten Blatte nicht trennen zu wollen, ehe er nicht wisse, wessen Handschrift es sei. Ziemlich schroff und durch die Weigerung, auf einen Tausch einzugehen, sichtlich verstimmt, zog der Beschauer die Uhr, schien aufs höchste überrascht, daß Mitternacht schon vorüber sei, und erhob sich, um aufzubrechen.
Doktor Eigenbrot, der gern noch volle Stunden gesäumt hätte, geleitete den Gast über die Treppe, als er plötzlich, am Haustor, mit Schrecken bemerkte, daß er den Schlüsselbund am Mappenschrank hatte stecken lassen. Wohl ließ sich das Haustor durch einen geschickten Griff in die Feder des Schlosses öffnen; aber ihm selbst, der die Wohnungstür hinter sich zugeschlagen hatte, blieb

der Rückweg versperrt, und er wußte nicht, wo er die Nacht verbringen sollte.

Dieser Sorge enthob ihn Herr Stöber, der ihm vorschlug, mit ihm nach Hause zu fahren und dort zu übernachten, ein Angebot, das in solch peinlicher Lage nur schwer auszuschlagen war. So fuhr er denn, in einem weit zwingenderen Maße Gast seines Gastes, durch die stille Stadt gegen Süden, wo der Bankherr, am Rande des Waldes, in einem vornehmen Landhaus wohnte, in das er gewiß noch keinen geladen hatte, den er zum erstenmal gesehen.

Einen Haken freilich, so mußte Herr Stöber unterwegs zaudernd gestehen, hatte diese wunderliche Beherbergung noch, den nämlich, daß seine Frau, so lieb und verständig sie sonst auch sein mochte, wenig übrighatte für die künstlerischen Neigungen ihres Gatten. Nie und nimmer durfte sie erfahren, wieviel Zeit und Geld Herr Stöber an diese Spielerei verwende.

Dort erwies sich diese lächerlich-ernste Sorge als unbegründet, Frau Stöber war früh zu Bett gegangen, und während in dem weitläufigen und prächtigen Haus die Dienerschaft dem Fremden das Zimmer rüstete, konnte der Hausherr, bei einem Glase Schnaps, den Gast noch einen flüchtigen Blick auf seine Mappen tun lassen; noch einmal und dringlicher kam er auf den Tausch zu sprechen, bot auch gleich einige Blätter an, und der Doktor, unter solch wunderlichen Umständen dem andern mehr verpflichtet, als ihm lieb war, zögerte nun nicht länger, einzuschlagen, wie sehr ihn auch eine innere Stimme warnen mochte, gerade solcher, an Nötigung grenzenden Hartnäckigkeit nachzugeben.

So schlief er denn auch schlecht genug in dem herrlichen Bette und empfahl sich, unrasiert und ungefrühstückt, beim ersten Sonnenstrahl. Eine leichte Verstimmung blieb, die noch wuchs, als ihm Zwischenträger berich-

teten, Herr Stöber tue sich viel zugute auf seinen jüngsten Fang, wo er einen hervorragenden Schwind einem Gimpel abgejagt hätte.
Gleichwohl begegneten sich die beiden Sammler im Lauf der nächsten Jahre öfter, die Wunde vernarbte, Herr Stöber war von gleichmäßiger Freundlichkeit und lud ihn sogar, als seine Frau in der Sommerfrische war, zu einer ausgiebigen Betrachtung seiner Sammlung ein, wobei Doktor Eigenbrot allerdings mit Ingrimm feststellen mußte, daß sein Blatt als Schwind in der besten Mappe lag. – Das Schicksal wollte der Freundschaft der beiden Sammler nicht wohl und es hatte sich in den Sinn gesetzt, diese Monatsbilder des Meisters Schwind schlimmlaunisch zwischen sie zu werfen. Doktor Eigenbrot war wieder einmal zu Herrn Füchsl gegangen, und weiß Gott, er hatte eine glückliche Hand, als er einen Schwung vergessener Blätter aus einer staubigen Schublade zog. Er traute, wie man so sagt, seinen Augen nicht, als er darunter vier Bilder fand, wie er eins an seinen großen Gegner verloren hatte. Unverzüglich wollte er sie erwerben, nicht nur sie allein, es war noch manch edle Hand unter den Zeichnungen zu entdecken. Allein, Herr Füchsl selbst, der die Preise noch nicht gemacht hatte, war nicht zugegen, die Tochter war nur im Geschäft und der Sohn, ein Lateinschüler noch, sie getrauten sich nicht, einen gültigen Kauf abzuschließen. Aber neue Sachen wären gestern hereingekommen, sagte die Tochter, hinten lägen sie noch, in der Kammer, und bis der Vater zurück sei, und er müsse jeden Augenblick kommen, könnte ja der Herr Doktor schauen, ob auch für ihn etwas Geeignetes darunter wäre.
Doktor Eigenbrot übergab, mit der ausdrücklichen Bemerkung, daß er sie als gekauft betrachte, dem Fräulein die herausgesuchten Blätter und drang darauf, daß sie

entsprechend verwahrt wurden; dann erst ging er, seinem Stern vertrauend, mit der Tochter ins rückwärtige Lager, während der Sohn den Laden hüten, und falls ein Kunde erschiene, die Bedienung rufen sollte.
Als die beiden nach längerer Zeit, staubstarrend vom ergebnislosen Wühlen, wieder im Laden erschienen, trafen sie dort Herrn Füchsl an, und stracks forderte der Doktor seine Blätter, um sie, die er in Bausch und Bogen, um jeden Preis gewissermaßen, schon erworben hatte, jetzt einzeln auszuhandeln. Aber als die Tochter, ganz selbstverständlich, nach ihnen griff, waren sie nicht mehr da. Der verwirrte Herr Füchsl mußte zugeben, daß er sie soeben dem Herrn Stöber, der mit ihm zugleich den Laden betreten hatte, verkauft habe – in traumwandlerischer Sicherheit habe dieser das Versteck aufgefunden, einen Blick darauf geworfen, ohne Feilschen den gar nicht geringen, ja, wie Herr Füchsl beteuerte, abschreckend hohen Preis bezahlt und fort sei er gewesen, mit einer verdächtigen Schnelligkeit.
Doktor Eigenbrot tobte, das Mädchen weinte, Herr Füchsl beteuerte seine Unschuld und erklärte sich immer wieder bereit, den Schaden durch hundert Bemühungen zu ersetzen. Er sah die Gefahr, von seinen beiden besten Kunden unweigerlich den einen zu verlieren. Doktor Eigenbrot blieb unerbittlich, er verlangte vom Herrn Füchsl, daß er sogleich Herrn Stöber davon verständigen müsse, die Ware sei bereits rechtsverbindlich verkauft gewesen, der Käufer, dessen Namen er unter keinen Umständen nennen sollte, erwarte die Rückgabe der Blätter. Der verängstigte Herr Füchsl griff, widerwillig genug, zum Fernsprecher und rief, gegen alle Vereinbarung, den Bankherrn in der Wohnung an; er war jedoch nicht zu Haus. Frau Stöber nahm die beweglichen Klagen des Händlers entgegen, erfuhr auf solche Weise mit zornigem Staunen, was ihr jahre-

lang verschwiegen worden war. Herr Stöber, der kurz darauf in bester Laune, den glücklichen Fang unter Geschäftspapieren verborgen, hereintrat, ward mit Tränen und Vorwürfen übel genug empfangen; er ließ, kaum daß er seine Frau notdürftig und unter beschämenden Ausflüchten beschwichtigt hatte, in der ersten Wut Herrn Füchsl einen eingeschriebenen Brief zugehen des Inhalts, daß er dessen Laden nie wieder betreten werde, im übrigen aber eine gerichtliche Entscheidung in Ruhe erwarte.

Doktor Eigenbrot, der Anwalt, hatte nicht übel Lust, sich in eigner Sache gegen seinen großen Nebenbuhler die Sporen zu verdienen, aber bei ruhiger Überlegung fand er, daß das, was einzig zu erfechten sich lohnte, der Besitz der vier Zeichnungen von Schwind, nicht zu erzwingen war. Alles andere aber, Genugtuung und Ersatz, kam einer Niederlage gleich. So bezwang er seinen Groll und nahm wenigstens insofern seinen Vorteil wahr, als Herr Füchsl in der Tat sich erbötig zeigte, ihm mit verdoppeltem Eifer bei seinen Erwerbungen zu dienen.

Gewiß hatte der Bankherr längst erfahren, wem er die köstlichen Blätter weggekauft hatte. Aber er sprach kein Wort davon und auch der Doktor schwieg sich aus; es blieb eine schwelende Feindlichkeit, ihre Begegnungen blieben selten und frostig, sie gingen einander aus dem Wege und keiner lud den andern mehr ein, seine Neuerwerbungen zu besichtigen. Und wenn auch beide inzwischen andere Sammelfreunde hatten, es waren doch Stümper oder dürre Schwätzer, und im tiefsten Herzen ließ weder der eine noch der andere sich darüber täuschen, daß nichts den ebenbürtigen Gegner ersetzt und daß sie mit schmachtender Entbehrung büßen mußten für ihren Trotz. Wie im Märchen war es, wo zwei Zauberer sich verfeinden, wo eine vergiftete

Liebe das Böse tut mit wehem Herzen. Der Doktor entbehrte die tiefen Gespräche mit Herrn Stöber schmerzlich, und auch dieser mußte sich gestehen, daß er öfter als einmal schon den Hörer von der Gabel genommen hatte, den Widersacher anzurufen, und ihn dann doch wieder zurücklegte, als wäre das Hindernis zu groß für seinen Stolz.

So verging die Zeit wieder so einsam, wie sie vordem gewesen war, ehe sie sich kennengelernt hatten. Die Männer, die damals noch nicht Dreißigjährige gewesen waren, mehr als Vierzigjährige waren sie jetzt, vieles war lebendig herübergeglitten mit ihnen, anderes war abgestorben im ständigen Wechsel und Wandel, die Süßigkeit des Auf-der-Welt-Seins war gewiß nicht größer geworden, und nur das Glück der Stille, die mächtige Sehnsucht nach der Dauer war gewachsen mit ihren Jahren. Die Schicksale der Welt hatten sich inzwischen verändert in einem Umsturz ohnegleichen, und auch rings um die beiden Sammler hatte Großes sich erhoben, sicher Scheinendes war gestürzt. Aber jene Gewohnheit, die den Menschen nährt und wiegt von Tag zu Tag, bis zum Grabe ihn begleitet, in das sie ihn dann stößt, diese trägtückische Gewohnheit war stärker geblieben, und gar der Besitzende, in unfreier Angst vor der Veränderung, redete sich leicht ein, nichts wäre geschehen, das ihn erschüttern müßte.

Immerhin, es galt wacher zu leben, und wie die beiden Sammler sonst lebten, müßten wir ausführlich schildern, denn sie waren ja nicht Sammler nur, abwegige, wunderliche Käuze, aus allen Wurzeln des Seins nährten sie sich, und dieses Begehren nach Schönheit, dieses Drängen nach kostbarem Besitz war nur einer ihrer Triebe, ein wuchernder zwar, aber er hatte ihr Leben nicht erstickt, dieses lustige und traurige Leben, das tausendfältige, in schwere Jahre gestellte Leben; und doch, dieses stille und tröstliche, oft auch wilde und leidenschaftliche Wirken im Reich der Kunst, es baute einen hohen Raum um sie, und wie von Engelshänden waren sie geführt durch verworrene Jahre.

Manches also war anders geworden als früher, vieles, ja alles war von Grund auf verwandelt, aber das gehört nicht in unsere Geschichte. Daß man aber eines Tages nicht mehr wie sonst nach Österreich reisen konnte, ins Nachbarland, das gehört hierher.

Doktor Eigenbrot fuhr nämlich doch nach Österreich, nach Wien, eine Genehmigung der Behörden war dazu erforderlich, nur für wichtige Geschäfte wurde sie erteilt, und der Anwalt, der dort mit der Gegenpartei verhandeln mußte, hatte ein wichtiges Geschäft.

Das hatten auch andere, Bankleute etwa, und so kam es, daß der erste, dem er an der Bahn begegnete, Herr Stöber war, der ebenfalls beruflich in Wien zu tun hatte. Einen Herzschlag lang hatten sie beide wegzuschauen versucht, aber zu überraschend waren sie aufeinandergeprallt und mußten sich nun wohl begrüßen, verlegen begannen sie eine stockende Unterhaltung von ausgesuchter Artigkeit.

Der Monatsbilder von Schwind ward keine Erwähnung getan, und doch blätterten sie unaufhörlich zwischen ihnen, die unvergeßlichen, dem Gewinner, der sie zwar recht und billig, aber nicht ganz einwandfrei erworben, und dem Verlierer, der sie eingebüßt, nicht ganz ohne eigenes Versagen, aber mehr durch Fügung des Schicksals, das ihm noch eine Genugtuung schuldig schien. Dann wurde das Gespräch ohnehin einsilbig, wie das so zu gehen pflegt auf Reisen, dies und das fragten sie sich noch aus Höflichkeit, wie lange man zu bleiben gedenke, und Herr Stöber bedauerte, morgen schon zurück zu müssen, mit dem Mittagszuge, und zum Herumschnurren bleibe ihm keine Zeit, diesmal, aber er hoffe, das nächste Mal, und bald, Muße zu finden, die Geschäfte nach Bildern abzuklopfen. Allzu lange erwiderte der Doktor, werde auch er nicht bleiben, schon wegen der knapp bemessenen Schillinge nicht. Der Bankherr, gern zu Diensten, bot, nach der Brieftasche greifend, seine Hilfe an, aber der Doktor winkte ab, er wollte sich nicht gern verpflichtet sehen. In Wien aber, wo sie am Nachmittag ankamen, trennten sie sich mit kurzem Gruß und tauchten unter in der großen, wintergrauen Stadt.

Doktor Eigenbrot holte sich auf seinen Auszahlbrief zweihundert Schillinge, mehr hatte er nicht zu erwarten. An Einkäufe war bei so magerem Beutel nicht zu denken, gleichwohl schlenderte er durch die Gassen und ward wie von Geisterhänden in die entlegensten Winkel geführt, wo in halbblinden Auslagen und rumpeligen Gewölben der Trödelkram der alten Kaiserstadt feilgeboten ward. Dies und jenes hätte ihn gereizt, aber die wunderliche Armut, die ihm hier aufgezwungen war, verbot ihm, auch nur nach dem Preise zu fragen. Es dämmerte schon, da und dort wurden Läden geschlossen, da trat er noch bei einem Glaser und Rahmenmacher ein, der unter scheußlichen neuen Kitschbildern auch ein paar ältere Stiche und Handzeichnungen ins Fenster gehängt hatte. Er ließ sich einiges vorlegen, es war schwer genug, dem unverständig-freundlichen Mann begreiflich zu machen, was er eigentlich suche. Endlich, zögernd, als wüßte er noch immer nicht, ob er das Rechte getroffen, sagte der Meister, vorgestern hätte er von einem alten Hofrat, der verarmt gestorben sei, und ob er ihn nicht gekannt hätte, den Hofrat Patschlizek, einen großen Sammler – aber nein, der Herr sei ja nicht von hier, so, aus München sei der Herr, eine schöne Stadt, und im Reich draußen sei es ja doch viel besser zu leben, also von dem Hofrat habe er ein

paar Bilder gekauft, keine Ölbilder, Zeichnungen eigentlich, aber doch farbig, und leider seien die Bilder, wenigstens glaube er das, nicht vollständig, es sähe so her, als ob es die zwölf Monate sein sollten, aber es seien bloß sieben Bilder, und ob er sie holen gehen solle oder ob der Herr nicht besser morgen vormittag vorbeischauen wollte, da seien sie bestimmt da, denn vergessen, nein, da könnte er sich darauf verlassen, vergessen würde er das nicht.
Himmel und Hölle stürzten bei dieser weitläufigen Rede auf den Sammler ein. Hoffnungen stiegen in ihm auf mit feurigen und süßen Qualen, Abgründe des Mißtrauens verschlangen sie, eiskalt. Wer weiß, welchen Bafel ihm der Schwätzer hier vorlegen würde, ein Teufel, ohne es zu wissen – ein Engel, ohne es zu wissen, ja, auch ein Engel konnte er sein, ein himmlischer Bote unaussprechlicher Seligkeit. Aber unmöglich durfte die Entscheidung auch nur eine Stunde hinausgeschoben werden. Die oft geübte Klugheit, nur eine gedämpfte, beiläufige Anteilnahme zu zeigen, der Fiebernde ließ sie fahren, er beschwor den Glaser, unverzüglich die Bilder herbeizuschaffen, oder, noch besser, er selbst wollte, nach Ladenschluß, mit in die Wohnung gehen. Jedenfalls war er entschlossen, nicht vom Platze zu weichen, den Mann nicht aus den Augen zu lassen. War denn nicht der große Zauberer, der Unhold in den Mauern dieser Stadt, konnte nicht jeden Augenblick Herr Stöber zur Türe hereintreten, ja, in die Wohnung war er vielleicht schon geschlichen, vom Teufel selbst auf die Spur gesetzt und hatte der ahnungslosen Meisterin die Bilder abgeschwatzt.
Die Wege der Menschen sind wunderbar, aber auch die Dinge, die sie geschaffen, sind lebendige Wesen und haben ihre Schicksale: Als der Glaser, in der düsteren, schlimm riechenden Wohnung, zu der sie über holprige

Treppen heraufgestiegen waren, dem Doktor die Bilder, noch gerahmt, wie sie waren, vorwies, genügte ein Blick, um ihn zu überzeugen, daß das Unwahrscheinliche Ereignis geworden war. Er hielt die Monatsbilder von Schwind in bebenden Händen, und so übel es roch nach versottenem Kraut und schmurgelndem Fett, er mußte tief Atem schöpfen, und der Aufforderung der Meisterin, die mit der Schürze den Stuhl abwischte und ihn bat, Platz zu nehmen, hätte es nicht bedurft, er saß schon, klopfenden Herzens, in Schauern von Entzückung.

Noch stand ihm freilich bevor, daß die Bilder unerschwinglich waren, hier und für ihn, denn auch der Alte mochte gewittert haben, daß es nichts Alltägliches sei, was seinen Kunden so in Wallung versetzt hatte. Stokkend fragte der, was sie wohl kosten würden. Der Meister begann abermals eine umständliche Rede, um endlich erst, als der Wartende schier bersten wollte, vor kribbelnder Unrast, sich zu der schlichten Aussage zu sammeln, er dächte, dreißig Schilling sei gewiß nicht zu viel für das Stück, oder zweihundert Schillinge für alle zusammen.

Doktor Eigenbrot, der vor Erregung nur stumm mit dem Kopf nickte, zählte dem Mann in vier Fünfzigschillingnoten den Kaufpreis hin, so wie er sie selber bekommen hatte, vor nicht zwei Stunden, um vier Tage zu leben in Wien. Und nun waren sie fort, am ersten Abend.

Unter vielen Empfehlungen und Segenswünschen stolperte der Fremde die Stiegen hinunter.

Draußen hatte es inzwischen angefangen zu schneien. Wallend und wirbelnd flossen die dichten Flocken nieder, tanzend um die goldenen Lichter. Doktor Eigenbrot ging dahin, als schwebe er, leicht wie der flatternde Flaum. Und als er, aus den engen, naßzertretenen Gassen hinaustrat auf einen freien Platz, darauf unberührt der Schnee lag, eine weiße, glitzernde Fläche, da schlitterte und tanzte er, eine wilde Weise summend und vielverschlungene, seltsame Zeichen schliff und stapfte er in den lautlosen Teppich, seinen ungeheuern Fund an sich gepreßt in der Brusttasche des Mantels, betrunken vor Glück hinschaukelnd durch die fremde, nachttiefe, schneevermummte Stadt Wien.

Dann freilich ernüchterten ihn Hunger und Müdigkeit, und er war wieder in dieser Welt, schlecht genug gerüstet, wie er sich gestehen mußte, es mit ihr aufzunehmen. In einem Torgang suchte er seine Taschen aus; er hatte, bei Licht besehen, noch etwas reichsdeutsche Münze, fünf Mark und etliche dreißig Pfennige brachte er zusammen.

Plötzlich fiel ihm Herr Stöber ein, der ja morgen mittag zurückfuhr. An der Bahn würde er ihn abfangen und ihm sagen, daß er nun doch von dem liebenswürdigen Anerbieten Gebrauch machen wolle. Und nun, da er doch im reinen Glücksgefühl nicht einen Augenblick an seinen Gegner gedacht hatte und an den ungeheuerlichen Trumpf, den er in Händen hielt gegen ihn, ja, nun überkam ihn das Bewußtsein der tollsten Laune, deren Fortuna fähig war: Mit seinem eignen Geld sollte jener den Kauf erst ermöglichen, mit der eignen Waffe blindlings den Hieb tun, der saß.

Doktor Eigenbrot ging vergnügt in das nächste Weinhaus, bescheiden genug, wie er meinte, aber das Sparen will gelernt sein; als er in seinen Gasthof kam, besaß er noch zwei Schillinge, die ihm der Pförtner, wer weiß mit welcher Begründung, mit hurtiger Höflichkeit abnahm. Doch was hatte all dies zu bedeuten, gemessen an dem Märchenschatz, den er jetzt hervorzog, mit Augen verschlang, mit Händen herzte, bis er ihn endlich und endgültig in die Tiefe seiner Reisetasche verschloß.

Andern Tags, bei nassem und stürmischem Wetter, mußte er ungefrühstückt seine Tätigkeit aufnehmen und die Gegenpartei besuchen, einen mürrischen Herrn, von dem er sich weder in seiner Sache noch, wie er vielleicht gehofft hatte, in seiner Person irgendeines Wohlwollens versehen durfte. Rasch brach er mittags die Verhandlung ab, zu Fuß mußte er den weiten Weg machen zum Westbahnhof, bitter bereute er, sich gestern nicht mit einem Kipfel begnügt oder wenigstens dem Pförtner seine Verlegenheit entdeckt zu haben. Erhitzt und atemlos, im dicken Wintermantel laufend, kam er an, reichlich spät. Und wie, das fiel ihm jäh und siedend ein, sollte er durch die Sperre kommen? Aber wie oft dem großen Glück noch ein winziges nachläuft, wie eine Schnuppe am Sternenhimmel – vor ihm, im nassen Schmutz, lag ein verlorenes Nickelstück, eifrig hob er es auf, der feine Herr, löste eine Karte und eilte durch die Sperre. Zug auf, Zug ab, nirgends war Herr Stöber zu entdecken. Da, als er schon die Hoffnung aufgab, sah er ihn, der sich noch mehr verspätet hatte, herbeitraben, zappelig und wenig geneigt, sich aufhalten zu lassen. Er verstand auch zuerst gar nicht, was der Doktor wollte: verwirrt und keuchend sich nachdrängend im übervollen Zug, mußte dieser seine Bitte vorbringen, und was gestern noch eine einfache, verbindliche Sache gewesen wäre, sah jetzt verdammt nach einer peinlichen Schnorrerei aus. Denn es zeigte sich, daß Herr Stöber, nicht darauf gefaßt, noch um einen größeren Betrag angegangen zu werden, sein Geld verbraucht hatte, und was er, selbst ungemein betreten von dem Schauspiel, das sie beide boten, an österreichischer Währung aus den Taschen fingerte, waren sechsundvierzig Schillinge und etliche Groschen, und der Doktor nahm sie, feuerrot vor Scham und einen verlegenen Dank stotternd, und gerade hatte er noch Zeit, aus dem Zug zu springen, der schon anfuhr.

Noch am selben Nachmittag verließ er, unter dem Vorwand, zu Verwandten zu ziehen, das Hotel; und keine dreißig Schillinge hatte er nunmehr und zu Verwandten zog er in der Tat, zu kleinen Leuten nämlich, armen Schluckern, in einen geringen Gasthof in der Vorstadt. Spaßig genug war nun sein Leben, märchenverzaubert, zwei Tage lang, ein Doppelleben war es, eines Menschen, der wohlgekleidet durch die Straßen ging, Bettlern scheu auswich oder sie mit einem Achselzucken abwies, der in Klubsesseln mit gewichtigen Herren verhandelte, vorgab, schon gespeist zu haben, und verdutzte Diener ohne Trinkgeld verließ – und das in Wien! Äußerstenfalls hätte er seine Uhr verpfänden müssen; aber es gelang ihm, die Besprechungen am dritten Tag notdürftig abzuschließen, und in der Nacht noch, verflucht von dem Hausmeister, der leer ausgegangen war und doch unendlich gesegnet, verließ er Wien und reiste nach München zurück.

Eines der sieben Bilder, und es muß nicht gesagt werden, daß es das schwächste war, übersandte er unverzüglich Herrn Stöber, mit höflichem Dank für die erwiesene Hilfe; es entspreche, die Spesen nicht eingerechnet, ungefähr dem, was auf ihn treffe von dem unerhört glücklichen Kauf, den er gemacht habe. Daß er die andern sechs Blätter, die übrigens hinreißend schön und einer Besichtigung, zu der er ihn einlade, sehr würdig wären, nun ein für allemal selbst behalten wolle, das werde er wohl begreifen.

Nun hätte Herr Stöber vor so zauberhaftem Glück die Waffen strecken und, für den immerhin zwanzigfachen Segen, den ihm seine Gefälligkeit gebracht, dankbar, die Gelegenheit ergreifen können, den alten, vertrauten Umgang wieder aufzunehmen. Allein, der stolze Bankherr liebte es nicht, glühende Kohlen auf sein Haupt gesammelt zu sehen und sich auf so heraus-

fordernde Art beschenken zu lassen. Der Neid überrannte sein Herz, und Neid sollte ja auch, das war des Doktors unverblümte Absicht und ist aller Sammler Ziel schlechthin, gelber Neid sollte in ihm erweckt werden, und wie leicht ist er zu wecken, denn er schläft ja kaum je in eines Sammlers Brust. Herr Stöber also auf so empfindliche Art von dem Haupttreffer des beispiellosen Glückspilzes in Kenntnis gesetzt, schickte das angebotene Bild, jede andere Regung niederkämpfend, postwendend zurück, mit dem Bemerken, die paar Schillinge seien ja nur ein Bettel gewesen, kaum der Rede wert, und es stehe ihm nicht zu, eine solche Gegengabe dafür anzunehmen. Für den Fall aber, daß er, Eigenbrot, doch einmal tauschen wolle, sei er zu erheblichen Opfern bereit, er könne vielleicht manche schmerzliche Lücke der Sammlung schließen.
Der Doktor, der das schneidende, das zweischneidige Wort »Bettel« gewiß noch übler auslegte, als es gemeint war, und der das Ansinnen, jetzt noch zu tauschen, als eine bare Unverfrorenheit empfand, schickte den Gegenwert von siebenundvierzig Schillingen, nämlich dreiundzwanzig Mark und fünfzig Pfennige, mittels Postanweisung, kurz dankend, an Herrn Stöber, und damit waren offensichtlich die Brücken zwischen den beiden Sammlern abgebrochen.
Es bekommt dem Menschen nicht gut, wenn er als Trumpf ausspielen will, was ihm als Gnade das Schicksal geschenkt hat. So wertvoll, so bezaubernd die nun auf so erstaunliche Art zwischen den beiden geteilten Schwind-Zeichnungen sein mochten, den Riß, den sie in ihr Leben gebracht hatten, konnten sie nicht aufwiegen. Sie waren jeweils nur ein Teil, ein Bruchteil ihrer großen und bedeutenden Sammlungen, und, da ja nicht ihr unsterblicher, dem gesamten Volk, ja der Menschheit gehörender Kunstwert, sondern nur das sterbliche,

durch Schicksal und Tod, ach, so leicht aufzuhebende Besitzrecht in Frage stand, waren sie geringer einzuschätzen als die lebendige Freundschaft von Männern, die seltener ist und erlesener als alles irdische Gut.
Die beiden grollenden, vereinsamten Sammler legten wohl noch Blatt zu Blatt, wiewohl es immer mühsamer und kostspieliger wurde, bedeutende Stücke, auf die sie ja einzig Wert legten, noch zu erwerben. Im Kleinhandel waren sie nicht mehr aufzutreiben. Nun mußte sich auch Doktor Eigenbrot bequemen, tief in den Beutel zu greifen, Zeit brauchte er nicht mehr so viel, aber Geld; und er legte es hin, oft genug, übers Maß dessen hinaus, was er sich leisten konnte, nur damit der andere, der reiche, nicht die Kunde vernehme, er habe ihn abgehängt; dann wieder, zornig, verschwor er sich, die Sammlerei ganz aufzugeben, eine Last nur war das alles, Papier über Papier, daran er sein Herz gehängt hatte, vom Teufel in die Irre und Dürre verführt.
Und auch der andre, Herr Stöber, hatte grillenhafte Stunden genug, da er über das Schicksal seiner Schätze nachsann, die er verbergen mußte vor seiner Frau, die er einsam hütete und mehrte, ungewiß, für wessen Hände und welches Herz, wenn einmal das seine nicht mehr schlug. Er war dann nicht mehr der Meinung, daß Sammler glückliche Menschen sind, und seinem kleinen Sohn, der gerade anfing, Briefmarken zu ertäuscheln und zu erbetteln, zerriß er zornig das Album, als könnte er das Feuer austreten, das übergesprungen schien auf das Kind. Es kämen andre Zeiten, sagte er, in denen nicht mehr Herz Trumpf sei, sondern Schellen, und Wochen vergingen oft, bis wieder ein stiller Abend kam der Einkehr und des seligen Schauens. Allerdings, wenn dann eine große Versteigerung war, ließen sie auf die entscheidenden Blätter bieten, oder wenn auch nur Herr Füchsl eine Karte schrieb, daß nun doch,

endlich, wieder etwas hereingekommen sei, fuhren sie eilig hin, und ihre erste Frage war, ob der andre schon dagewesen sei, was Herr Füchsl auf jeden Fall verneinte, denn er wußte ja, daß jeder ein Cäsar war, der lieber im kleinsten Nest der erste sein wollte als in München der zweite. Und wenn sie sich dann doch trafen, treffen mußten, es war gar nicht anders möglich, dann spürten sie jenen Stich im Herzen, der untrüglich sagt, daß die Liebe nicht gestorben ist, daß sie, gefesselt vom Stolz, im kalten Kerker der Vernunft, mächtiger rüttelt denn je. Viel gäben sie darum, dachten sie, und meinten es sogar ehrlich, wenn sie wieder ihre Freundschaft knüpfen könnten, ohne daß ein Knoten zurückblieb, und hatten doch das wenige nicht gegeben, ein paar Blätter Papiers nicht getauscht, die ihnen das Schicksal in den Weg geworfen, um zu prüfen, wie hoch ihre Herzen wären.

Und dann rollte, im Sommer des Jahres 1939, dieses gleiche Schicksal – denn es gibt nur eines, das mächtig waltet über uns allen und jedem von uns – herauf über den Völkern, und auch diesmal, um zu erproben, was sie wert seien, die Völker und die einzelnen Menschen, in der letzten Entscheidung. Und jetzt wurden auch die beiden Sammler unausweichlich angerührt, denn Krieg und Kriegsgeschrei scholl durch das Land, und nichts ruft so laut in der Welt, als die Trommel in dem Feld mit dem Ruf der Ehre ruft. Und sie rief auch den Anwalt und den Bankherrn, die Männer rief sie, und beide, alte Soldaten, wie sie waren, hatten zur nämlichen Stunde ein Stück Papier erhalten, das alles Papier aufwog, das sie in ihren Schränken bargen, eine Karte, die sie für den andern Morgen schon zu ihrer Truppe befahl. Sie waren nicht von ungefähr gekommen, diese jetzt eilig ausgetragenen Karten, seit Tagen hatte man sie erwartet, in dumpfer Stille, fröstelnd

unterm heißen, strahlenden Augusthimmel, und doch, als sie nun kamen und auf dem Tisch lagen, war es gut, wie alles zuletzt gut ist, was so sein muß.
Doktor Eigenbrot, der Junggeselle, hatte, was ihn anging, alles in Ordnung gebracht, denn es war ja nun, in dieser Handvoll Zeit, allzuviel in Ordnung zu bringen oder fast nichts, er saß also, wie im Windschatten des ungeheuern Sturmes, der über die Welt fuhr, an diesem Nachmittag bei offenen Fenstern in der Stille seines Zimmers, bei seinen Blättern saß er, und lange hatte er sie nicht mit solcher Rührung und Innigkeit betrachtet wie jetzt, die Einberufung in der Tasche, und es war ihm, als riefen auch diese edlen Zeugnisse deutschen Wesens ihn auf, das Seine zu tun, und da konnte er, heute, nichts anderes tun, als was er nun wirklich tat: er packte die sieben Blätter ein, die Monatsbilder von Schwind, und fuhr, durch den leuchtenden Sommertag, hinaus vor die Stadt, zu dem vornehmen Haus am Waldrand, zu Herrn Stöber, seinem großen Widerspieler.
Dieser, schon im feldgrauen Kleid, denn als Hauptmann der Landwehr mußte er unverzüglich fort, mit dem Abendzug noch gedachte er wegzufahren, hatte genug zu tun mit Ferngesprächen, Kofferpacken und beruflichen Anweisungen, in der Diele auf- und niederschreitend, von der stillen Frau, von der Dienerschaft wie von Schatten begleitet. Bei offen stehenden Türen, unangemeldet, denn wer wäre zu dieser Stunde erwartet worden, war der unverhoffte Gast hereingetreten, stand er vor dem erstaunten Herrn Stöber, der beinahe schon ganz Soldat, jedenfalls Sammler in diesem Augenblick mit keinem Zoll mehr war, stand also vor ihm wie ein Bote aus einer abgesunkenen Welt. Und flammend rot, unterm süßen Schwall dieses Aufbruchs, die Augen fest auf jenen gerichtet, der ihn

starken und liebenden Blickes ansah, hielt er ihm den Umschlag hin, von dem, unbesehen, Herr Stöber wußte, was er barg, und sagte, daß er nun doch tauschen wolle. Der Hauptmann nahm die Blätter, er mußte sie ja nehmen, wie sie ihm hingestreckt wurden, und sagte »gerne!« und nichts sonst, denn was hätt er sprechen sollen, wo alles strömte in einer mächtigen und holden Wallung, die heraufquoll bis in die Kehle, und wo alles in eine Musik einmündete, vor deren heiligem Klingen die Zeit den Atem anzuhalten schien, einen Herzschlag lang, diese Sternstunde der Völker, denn, wir sagten es schon, es ist ein Schicksal, das die Welten lenkt und jede einzelne Brust.

Die Wandlung war geschehen, der wesentliche Tausch mit Geheimniskraft vollzogen, nun gaben sie sich die Hand, das Gespräch begann, der Doktor ward der Hausfrau vorgestellt, während Herr Stöber die Umhüllung zu lösen begann, um einen Blick auf die Blätter zu werfen. Das habe, meinte der Besucher und wollte sich eilig entfernen, noch später Zeit, aber das ließ Herr Stöber nicht gelten. Mit wenigen Schritten war er an seinem Schrank, nicht allzulange wählte er unter seinen Mappen, und ohne diesmal der Frau zu achten, die ihn streng an seine knappe Frist mahnte, breitete er Blatt um Blatt vor dem Gaste aus. Nicht ohne Bedacht, was ihm selbst unentbehrlich schien, aber doch mit großem und freudigem Herzen, schlug er dem Zögernden die Tauschstücke vor, und als dieser mit sieben Blättern es genug sein zu lassen bat, drängte er dies noch und jenes ihm auf, und der Doktor mußte verwundert erkennen, daß Herr Stöber, wie lange er auch seine Sammlung nicht mehr gesehen, noch allzugut ihre Lücken kannte und seine alten, unerfüllten Wünsche. Als der Beschenkte ging er zuletzt, der nur als Schenkender hatte kommen wollen. Und, nach dem Kriege, so lachte der Haupt-

mann und es war ihm froh und jung zumute, nach dem Kriege wollten sie wieder ihre Sammlungen anschauen und, fügte er scherzend hinzu, er wolle dann sehen, was er, der Zauberlehrling, gelernt habe ohne den Meister.
Bis tief in die Nacht saß Doktor Eigenbrot über seinen neuen Blättern, und ihre Schönheit ward von innen her noch überglänzt von der Freude, daß er den Freund sich zurückgewonnen und daß nun, wer weiß wie bald, glückliche Tage kommen würden.
Andern Morgens aber, um acht Uhr, stand er im Kasernenhof, alte Kameraden begrüßten sich, eine männliche Welt tat sich auf, rasch vertraut, als wäre sie nie anders gewesen, mit Einkleiden und Antreten und Bettenbauen, wenn man nur nicht zimperlich war, sondern herzhaft gesonnen, mitzuschwimmen in diesem breiten und mächtigen Strom des Volkes. Freilich, Doktor Eigenbrot war nur bedingt tauglich, einer Verwundung wegen, die er vor Ypern davongetragen, 1914 schon, und deshalb war er ja auch nicht Hauptmann und nicht Leutnant, ein Gefreiter war er nur, und als Schreiber mußte er alsbald in der Heimat Dienst tun und auf der Karte nur verfolgte er, wie das wütende Gewitter hinbrauste über Polen.
Hauptmann Stöber aber war dabei, er marschierte und kämpfte und auch um ihn schloß sich der eiserne Ring der Zeiten, dergestalt, als läge nicht zwischen den ersten Kugeln, die jetzt pfiffen, und den letzten, die er damals hatte pfeifen hören, das breite, das tausendfältige Leben von zwanzig übervollen Jahren, sondern als schmölze das alles zusammen zu einem feurigen Kern. Seiner Kunstschätze, seiner Sammlung gedachte er nicht in diesen atemlosen Tagen, oder es wirbelten höchstens die Blätter, die sorgsam gehüteten, flüchtig durch seinen Sinn, welker im Anhauch der Zeit als die, die der

Herbst jetzt trieb über die polnischen Landstraßen. Aber diese letzte Begegnung holte er manchmal zärtlich aus seiner Brust; und auch er träumte davon, daß es die erste gewesen wäre von vielen.
Es war aber die letzte. Denn sowenige auch fielen in diesem polnischen Feldzug, so erstaunlich wenige, gemessen an dem ausgedehnten und erbitterten Kampf, der Hauptmann Stöber fiel, vor Lemberg, er fiel nicht als Bankherr, nicht als Bürger und schon gar nicht als Sammler, sondern als ein ganzer Soldat, als ein rundum fester und entschlossener Führer seiner Leute, von mehreren Kugeln getroffen, beim Sturm auf ein vom Feind besetztes Waldstück, wie er schon viele Stürme mitgemacht hatte in den Tagen vorher und ein Vierteljahrhundert früher, und dazwischen hatte er gelebt und einen Sohn gezeugt und bedeutende Pläne verwirklicht und eine Romantikersammlung angelegt, die berühmt war unter den Kennern. Dort, wo er fiel, oder nicht weit davon, wurde er begraben.
Der Krieg in Polen war zu Ende, es kam der strenge, zähe Winter, es kam der ungeheure Durchbruch im Westen, aber daheim, in Deutschland, war Frieden, und auch Doktor Eigenbrot war entlassen worden, er ging wieder seinem Beruf nach, und Herr Füchsl schrieb ihm wieder eine Karte, ab und zu, daß neue Ware hereingekommen sei und er um geehrten Besuch bitte.
Die Sammlung von Herrn Stöber wird im Frühjahr versteigert; die Frau löst den ganzen Haushalt auf, und von nichts trennt sie sich leichter als von den kostbaren Blättern. Als ein Hauptstück werden die zwölf Monatsbilder von Schwind bezeichnet, und es steht zu erwarten, daß Liebhaber den Preis hoch hinauftreiben werden.
Doktor Eigenbrot weiß noch nicht, ob er, mit allen Mitteln und, genau genommen, weit über seine Verhält-

nisse, in diesen Kampf eingreifen und auf die Folge bieten oder ob er sie dahin gehen lassen soll, wohin sie es treibt. Denn er ist sich noch nicht klar darüber, ob ihm das Schicksal diese Blätter dreimal aufdrängen oder dreimal hat entreißen wollen, um ihn zu prüfen, ob sein Herz stärker sei als die Dinge. Er weiß nicht, ob es ein Frevel ist, noch einmal nach ihnen zu greifen, oder ob der Geist des Toten ihm zürnt, wenn er sie fremden Händen überantwortet. Es lächle aber niemand solcher Ratlosigkeit; denn es kann hier keiner mitreden, der nicht die Höllen und Seligkeiten solcher Leidenschaft an sich selber gespürt hat.

DAS TREUE WEIB

Die alte Zaglerin ist jetzt auch gestorben. Der Zagler selber ist ja schon lange tot, Gott hab ihn selig. Den großen Hof droben hat seitdem der Sohn übernommen, ist ein braver und fleißiger Mensch und neidet ihm niemand, daß er der reichste Bauer weitum ist. Die Tochter ist in Passau verheiratet, ihr Mann ist bei der Bahn und es geht ihnen gut. Und das haben sie alles der Mutter zu danken, der Zaglerin. Aber daß der Hof und die Familie einmal schon so gut wie verspielt waren, das wissen nur mehr die alten Leut und die haben es für sich behalten, weil es die Jungen nicht zu wissen brauchen.
Der Zagler war ein wilder Mensch, schon als Bub und wie er in die Jahr kommen ist, wo die jungen Burschen auf die Weiberleut scharf werden, ist er der allerschärfste gewesen. Und hat sich eigentlich ein jeder gewundert, wie er schließlich an die stille Frau geraten ist, die so gar nichts gleichgeschaut hat. Sie war beinah eine Städtische, vom Hausermüller in Deggendorf ist sie die älteste Tochter gewesen.
Aber sie hat es halt doch in sich gehabt und der Zagler hat gut gehaust mit ihr und ist über vieles weggekommen, nur weil sie ihm den Weg hat zeigen können. Mit den Weibern ist ja nicht alles sauber geblieben und die Leute, die immer bei der Hand sind, wenn man die nackte Bosheit in Ehrbarkeit und Mitgefühl einwickeln kann, sind oft und oft zur Zaglerin geschlichen und haben es ihr recht wehleidig gesteckt, was für ein armes Weib sie wäre und wie es der Bauer mit dem und dem Mensch wieder hätte und wie das eine Schand sei.
Sie hat aber nur gesagt: »Weiß schon« und hat in aller Freundlichkeit das Gered auseinandergetan wie einen

Feuerbrand. Und ihrem Mann hat sie die Stalldirn oder das Kuchelmensch, dem er grad nach ist, mit ein paar Worten, gar keinen scharfen Worten, so vergällt und vergiftet, daß er davon gelassen und daß er sich geschämt hat und hat nicht gewußt, warum. Die Frau selber, so schwach sie war, hat dem Bauern seine stolze Kraft eingespannt wie einen Stier und hat ihn dorthin geführt, wo sie ihn haben hat müssen.

Zuletzt ist er bereits ein gestandener Mann gewesen, gegen vierzig vielleicht und es war schon der zwölfjährige Toni und die siebenjährige Anna da; und die Frau hat sich zu einem dritten Kind hingelegt. Da hat der Teufel den Zagler in die Gewalt bekommen, aber diesmal richtig. Eine Kleinmagd war auf dem Hof, die hat sich den Bauern in den Kopf gesetzt mit aller List und Gewalt. Sie ist um den Mann herumgestrichen wie eine Katze, die Baldrian geschmeckt hat. Sie hat es bald so und bald so einzurichten gewußt, daß er sie unversehens überrascht hat im bloßen Hemd und ist prall und drall an ihn hingerumpelt, bis er den ersten Spaß mit ihrem Fleisch gemacht hat. Wie das Luder so weit war, daß sie gemeint hat, der Zagler kommt ihr nimmer aus, hat sie's herumgeschrien überall, bald frech und bald weinerlich, wie sie's gebraucht hat. Der Zagler aber, so närrisch er in der Hosen war, so klar ist er im Kopf gewesen. Er hat dem Frauenzimmer den Lohn ausbezahlt und hat sie vor die Tür gesetzt.

Aber diesmal ist er an die Falsche gekommen. Ein Monat oder zwei war alles gut, dann ist die Magd in aller Heimlichkeit wieder da gewesen: Sie trüg ein Kind von ihm. Der Bauer sagt, gut, das wird sich herausstellen und wenn sie kein Geschrei macht drum, wird er zahlen, was recht und billig ist.

Das Weibsstück lacht ihm ins Gesicht, ihr wär um das Geschrei mehr zu tun als um das lumpige Geld.

Und diesmal kann die Zaglerin nicht helfen, weil sie es nicht weiß. Grad diesmal, wo jeder was läuten gehört hat, der zwei Meilen im Umkreis vom Zaglerhof Ohren hat, gerade diesmal weiß sie nichts und der Zagler hat keinen Mut, daß er ihr es sagt; nur Angst hat er, ein Schlangennest voll Angst, sie könnte was erfahren. Und er redet, im Wald draußen, wo sie ihn hinbestellt hat, einen ganzen Sonntagnachmittag auf das Frauenzimmer ein, aber wie die merkt, daß er immer hilfloser wird und daß er ganz allein ist in ihm selber und ohne Rat und Ausweg, wird sie immer frecher und zum Schluß verlangt sie nicht mehr und nicht weniger, als daß der Zagler seine Frau los wird, ganz gleich wie, und daß er sie zur Bäuerin macht.
Und wie das alles noch nichts hilft, versucht sie es noch einmal und schmeißt sich an ihn, damit er vielleicht doch den Verstand verlieren soll.
Und der Zagler verliert ihn auch, aber anders, und grausiger, wie sie es sich gedacht hat. Er packt sie an der Gurgel, drückt zu und läßt nicht aus, bis sie den letzten Schnaufer getan hat.
Der Bauer gibt sich gar keine große Mühe, die Spuren zu verwischen, er läßt die Leiche liegen und geht auf den Hof zurück, redet kein Wort, tut seine Arbeit und wartet.
Drei Tage später holen ihn die Schandarmen vom Pflug weg.
Wie sie ihn abführen, sagt er zu seiner Frau, die weiß wie der Tod und ganz mühsam aus der Tür tritt, kein Wort mehr als wie das: »Ich habe eine umgebracht, mir ist nimmer zum helfen. Mach du es gut und schau auf die Kinder!« Und hebt die Hand auf und will sie wieder wegtun, aber sie nimmt sie mit beiden Händen und sagt kein Wort, schaut ihn nur an, fragt nichts, schreit nicht, geht in das Haus zurück, wo die Kinder

in der Stube sitzen und paßt auf, daß sie nicht hinauslaufen und sehen, wie ihr Vater gefesselt zwischen zwei Landjägern davongeht und wie die Leute zusammenlaufen, damit sie den Mörder anstarren können und die grausige Neuigkeit auffangen und forttragen.
In Landshut ist dann die Verhandlung gewesen vor dem Schwurgericht und sie haben es dahin gedreht, daß er es in der blinden Wut getan hat und ohne Vorsatz und so ist es wohl auch gewesen und er hat wegen Totschlag die Mindeststrafe gekriegt, fünf Jahre Zuchthaus. Und ist nach Straubing gekommen zum Absitzen.
Die Frau hat ihm einen Brief geschrieben, er sollte seine Strafe abbüßen, wie es recht und gerecht ist, aber fünf Jahre wären keine Ewigkeit und sie wollte auf ihn warten, wie wenn es nur fünf Tage wären. Und dann wäre alles gut und wäre sogar noch besser, als zuerst, denn er wüßte jetzt, wie sie zu ihm steht, und über zwei Menschen, die einander vertrauen, hätte der Teufel keine Gewalt mehr.
Sie hat in dem Brief auch, wie sie es immer gehalten hatte, den Schein gewahrt, als ob er nach wie vor der Herr des Hofes und der alleinige Leiter der Geschäfte wäre und hat ihn gefragt, ob es ihm recht ist, wenn sie den Acker vom oberen Wirt kauft und dafür die Wiese hinter dem Wald hergibt und ob er es auch für gut hält, wenn sie die Kartoffeln nicht mehr dem Händler vom vorigen Jahr gibt, weil er so wenig bezahlt hat.
So hat sie den Zagler mit großen und kleinen Stricken an das Leben gebunden und an seinen Hof und an die Zukunft.
Den Großknecht, der sein Maul hat spazieren gehen lassen, es wär eine üble Wirtschaft auf einem Hof, wo der Bauer ein Zuchthäusler ist, hat sie gehen heißen, mitten von der Arbeit weg und hat das Gesinde im Zaum gehalten. Dem Pfarrer, der gleich in der ersten

Predigt so recht scheinheilig und salbungsvoll daran hingeredet hat, wie die Hand Gottes schwer auf der Gemeinde liege, und was die Herren sonst für anzügliche Sprüche machen, dem hat sie die Schneid sofort abgekauft, und er hat seitdem keinen Muckser mehr getan.
Die Kinder hat sie in der Ehrfurcht vor ihrem Vater aufgezogen und der alte Hauptlehrer Spöttel, Gott hab ihn selig, ein grader und grober Mann, der hat ihr eisern dazu geholfen. Wo er was gehört hat, daß die Zaglerskinder gestichelt worden sind, ist er dazwischengefahren wie ein Erzengel.
Und allmählich sind aus den vielen schadenfrohen Nachfragen etliche ehrliche geworden und die andern sind ausgeblieben. Überall am Stammtisch und nach dem Kirchgang hat man allmählich mehr von der Zaglerin geredet und wie brav sie sich hält, als wie vom Zagler und von dem, was er getan hat.
Wie es ihr dann erlaubt worden ist, hat sie ihren Mann besucht, jeden Monat einmal ist sie wegen der zehn Minuten, die sie mit ihm hat reden dürfen, mit dem Gäuwägerl den langen Weg gefahren, beim gröbsten Wetter und im Winter durch den dicksten Schnee.
Weil sich der Zagler so gut geführt hat, haben sie ihm zwei Jahr geschenkt. Ganz jäh ist die Nachricht gekommen, im Frühjahr ist es gewesen und der Postbote hat die Frau erst auf dem Feld suchen müssen.
Sie hat noch in derselben Stund einspannen lassen, es war an einem Samstag, am Samstag zu Palmarum ist es gewesen und ist nach Straubing gefahren.
Und am Sonntag hat sie ihren Mann zurückgebracht. Es sind an dem Tag die Kinder und jungen Leut mit den größten Blumenbuschen unterwegs gewesen und wie der Wagen gekommen ist und es hat geheißen, daß der Zagler drin ist und seine Frau, da ist manch einer

auf der Straßen stehn blieben und hat gewunken und seinen Strauß in die Kalesche geworfen, daß die ganz bunt gewesen ist voll Blumen.
Der Zagler hätt sich allein vielleicht nicht heimgetraut oder er wär bei der Nacht übern Waldsteig her in den Hof geschlupft und hätt sich nicht sehen lassen. Aber die Zaglerin hat nicht ausgelassen und hat gesagt, mit der Heimlichkeit fangen wir gar nicht erst an. Was gewesen ist, das ist ausgemacht mit unserm Herrgott und mit seinem irdischen Gericht und wem es sonst nicht paßt, auf den sind wir nicht angewiesen.
Es hat ihnen aber allen gepaßt und wie erst der Bürgermeister dem Zagler die Hand gegeben hat und es wär schön, daß er wieder da ist, da sind die andern auch her, so ganz beiläufig und als ob weiter nichts gewesen wär.
Nur der Pfarrer hat einen heiligen Eifer gehabt, wegen dem Palmsonntag und weil die Kinder Blumen in den Wagen geworfen haben und er hat das Ganze auf einen freventlichen Vergleich mit dem Einzug unseres Herrn hingespielt. Aber sie haben ihn bloß ausgelacht und haben gesagt, wenn einer halt am Samstag frei wird, kommt er am Sonntag heim.
Vierzig Jahr gut ist das her. Und jetzt ist die alte Zaglerin auch gestorben ...

DAS WEIHNACHTSBILD

Der altertümliche Herr, der dort kerzengerade, aber doch ein wenig wackelig, durch den nassen Dezembersturm geht, ist der Hofrat Farny. Kein Mensch weiß, warum er Hofrat ist, was er alles getrieben hat in seinem langen Leben, ob er Arzt war oder Gelehrter, Beamter vielleicht im alten Österreich; kein Mensch weiß auch, wovon er lebt, wovon er gelebt hat in all den Jahren, seit er hier aufgetaucht ist, in der mäßig großen fränkischen Stadt, in der er jetzt durch den nassen Schnee wandert, in einem schier dürftigen Winterrock, der windflatternd um seine Knie schlägt, den bartlosen Geierkopf unterm breiten Hut vorgestreckt, ohne Blinzeln in das Gestöber hineinblickend, ein verwetztes, leeres Mäppchen unter den Arm geklemmt.
Ja, das Mäppchen ist noch leer, er kann es gleichgültig halten, so oder so, es schadet nicht viel, ob es feucht wird, ob es der Wind aufblättert. Wenn er aber Glück hat, wird er es behutsam nach Hause tragen, mit köstlichen Erwerbungen gefüllt, alten Stichen und Steinzeichnungen, Pergamentmalereien oder Aquarellen, wie er sie, vielleicht, finden würde in den Läden und Gewölben der vier, fünf Trödler und Antiquare, die es hier gab. Er war ein Sammler, ein Liebhaber, ja; und wie ein Liebhaber zog er jetzt aus, das Abenteuer zu suchen. Feurige Gedanken und kühne Hoffnungen bewegten sein Herz; es konnte ihm gelingen, den großen Fang zu tun, den unwahrscheinlichen Schatz zu heben. Und wie ein Freier davon träumt, der Braut zu begegnen, sie zu gewinnen, sie heimzuführen, wie er davon schwärmt, des herrlichen, nicht mehr bestrittenen Besitzes sich zu freuen, so gedachte der alte Hofrat, die noch leere Mappe durch den Winternachmittag tragend,

in ahnender Lust der wunderbaren Stunde, da er seine Eroberungen daheim, unterm Lampenlicht auf den Tisch breiten würde, nicht heute, nein, da wird er sich bezwingen; aber morgen abend, am 24. Dezember, da wollte er es tun. Zwei Pakete, von auswärtigen Händlern, Ansichtssendungen, hatte er schon zu Hause liegen; hatte sie nicht aufgemacht, wie sehr ihn danach verlangte. Dies sollte sein Weihnachten werden; seine Christbescherung. Mochten andere sich ein Bäumchen putzen, sich mit Geschenken überraschen – das lag weit hinter ihm. Zwei Frauen hatte er begraben, der einzige Sohn war ihm gefallen. Seitdem gehörte seine Liebe den kleinen Dingen am Rande der großen Kunst. Und wenn der Hofrat heute auszog, einen Fund zu tun, sein Weihnachtsgeschenk zu holen, dann dachte er nicht an meisterliche Kostbarkeiten; so unbescheiden kam er dem Schicksal nicht. Aber warum sollte er nicht das eine oder andere Blättchen finden, das wie für ihn bestimmt schien, das wie eine Sprosse war für die Leiter seiner eigenwillig ausgerichteten Sammlung, wohlfeil und doch nicht für alles Geld der Welt aufzutreiben, wenn es einem nicht der holde Zufall in den Weg warf. Und dieser Zufall, dieses Glück mußte heute mächtig sein. Der alte Mann witterte es. Mit dem gespannten Ausdruck eines Jägers klinkte er die Türe des ersten Ladens auf, den er bei seinem Pirschgang besuchen wollte. Den ergiebigsten Platz freilich, wo er sich wirklich Beute erhoffen durfte, sparte er sich bis zum Schluß auf: die Höllriegelsche Kunsthandlung an der Korbiniansbrücke.

Auf der Korbiniansbrücke stand in derselben Stunde ein anderer Herr müßig im leiser werdenden Schneetreiben, ein jüngerer Mann, gemessen am alten Hofrat, wohlvergraben im weichen Flauschmantel, mit festen Schuhen unbekümmert in der Nässe und schaute ins trübe Wasser hinab oder in die schon dämmernden Straßen hinein, bis zur Kirche, deren Turm im Dunst verschwand. Er hatte Zeit dazu herumzustehen, er hatte mehr Zeit an diesem Nachmittag, als ihm lieb war. Weiß Gott, er war sonst ein eiliger Mann, in Hamburg, wo er daheim war, ein vielbeschäftigter, ein Architekt, Hansen hieß er und Zeit war Geld für ihn. Aber heute und hier, was sollte er treiben, den ganzen Nachmittag, in einer mittelgroßen, fremden Stadt. Er war mittags gekommen, eine wichtige Besprechung mit den Behörden war auf morgen früh verlegt worden, eine dumme Geschichte, er mußte den Mittagszug noch erreichen, wenn er am Christabend, spät genug, noch daheim sein wollte.

Und was er morgen an Zeit zu wenig haben würde, das hatte er heute zu viel, er stand herum, zum Wein konnte er doch nicht gehen, was sollte er sonst den Abend tun, den ganzen Abend, der war noch lang genug zum Trinken und zum Sinnieren. Gewiß, hinterher, wenn er wieder im Zuge saß, würde es ihm einfallen, daß er den und jenen Bekannten hier hatte, aber jetzt fiel ihm keiner ein. Er ging ein paar Schritte weiter, er sah gleichmütig in die Auslagen, voller passender Festgeschenke, für wen wohl passend, lächelte er, für ihn gewiß nicht. er sah auch in die Fenster der Höllriegelschen Kunsthandlung, im halben Licht bot sich ihm ein Wust von Büchern und Trödel, von Möbeln, Teppichen, Bildern, Waffen und altem Kunstgewerbe. Und mit einmal lagen die nächsten Stunden freundlicher vor ihm: hier würde er sie verschmökern, in zielloser Jagd nach dem glücklichen Zufall.

Er trat ein, fragte das verlegen aufwachende Mädchen mit fröhlicher Gelassenheit, ob er sich, ohne bestimmte Kaufabsicht, umsehen dürfe, und ließ sich hier einen Krug und dort ein Bild zeigen, griff wohl auch selbst

nach einem Buch oder einem Blatt und kam mehr und mehr mit dem Mädchen, das seine Schüchternheit vergaß, ins Plaudern. Im Hintergrund des weitläufigen Ladens fand er in einem Gestell eine Mappe, trug sie unters Licht und begann, sie zu durchblättern.
Der alte Hofrat hatte recht gewittert: der holde Zufall, das Glück war heute mächtig. Nach einer Reihe von belanglosen Dingen, als er schon ermüden wollte, fand der Architekt das entzückendste Bildchen, das sich denken läßt. Beileibe kein Werk von großer Kunst, ja offenbar überhaupt von der Hand eines Stümpers, aber ein Bildchen, in das jeder empfindsame Mensch verliebt sein mußte, auf den ersten Blick. Rührend gezeichnet und in sauberen, ein wenig grellen Wasserfarben getuscht, stellte es ein Biedermeierzimmer am Christabend dar. In der Mitte des Raumes stand der Gabentisch, mit einem hölzernen Reiter darauf, einem vierspännigen Planwagen und einer Puppenküche. Darüber zwei Christbäumchen, mit Lichtern geputzt und mit buntem Marzipan behängt. Der Vater steht dort, das jauchzende Jüngste im Arm, zwei Schwesterchen küssen sich, ein Bub schiebt ein Wägelchen, sein Geschenk, quer durch das Zimmer, Mutter und Großmutter aber schauen gerührt auf zwei weitere Geschwister, die ein paar arme Nachbarskinder bescheren. Auf dem mächtigen, weinroten Kanapee aber lehnt, völlig vergessen, eine allerliebst gekleidete Puppe.
Der Architekt fragte, so beiläufig als er es in seiner Freude vermochte, was dieses Bildchen koste. Er machte sich insgeheim auf einen bedeutenden Preis gefaßt, entschlossen, ihn zu zahlen, wenn er nicht gar zu unsinnig wäre: Das Mädchen entzifferte die Auszeichnung und sagte stockend, als wäre es zu viel: Dieses Bildchen kostet fünf Mark. Der Kunde der dreißig gerne gezahlt hätte und bei fünfzig kaum schwankend geworden

wäre, griff unverzüglich in die Tasche und legte ein blankes Fünfmarkstück auf den Tisch.

Im selben Augenblick ging die Tür und aus dem Schneedunkel traten zwei Männer herein, zwei Greise, ein kleiner, wieselflinker, der dienernd voranging, und ein großer, bolzengerader, der starr stehenblieb, als er, mit einem Blick, den Fremden gewahrte, über die Mappe gebeugt.

Da habe er es noch gerade recht getroffen, rief der muntere Alte, er wisse ja, wann der Hofrat zu kommen pflege, und er habe ihm ja auch was besonders Schönes hergerichtet; er wisse, was er einem alten Kunden zu Weih –; er blieb mitten im Wort stecken, denn nun hatte auch er gesehen, daß die Blätter, die dieser Fremde durchforschte, eben die waren, die er für den Hofrat bestimmt hatte.

Der Architekt merkte nichts von der heillosen Verwirrung, die ihn umgab und die auch das Mädchen ergriffen haben mußte unter dem bittern Schweigen des Hofrats und den zornigen und hilflosen Blicken ihres Großvaters. Gelassen schloß er die Mappe, in der nichts weiter seine Aufmerksamkeit erregt hatte. Der Händler griff mit allen Fingern danach: »Sie sind fertig, mein Herr? Sie haben nichts gefunden?« rief er gierig und warf einen erlösten, einen sieghaften Blick auf den Hofrat; auch dieser trat, wie aus einem Bann gelöst, hastig näher.

Der Architekt, ein wenig verwundert, aber nicht begreifend, sagte ganz ruhig, nein, er habe nichts weiter gefunden, außer diesem Bildchen, das er bereits gekauft und bezahlt habe. Fünf Mark, es habe wohl seine Richtigkeit, das Geld liege übrigens noch auf dem Tisch. Und er nahm das Bild, das von andern Blättern halb verdeckt gewesen war, und hielt es dem Händler hin.

Der zuckte schmerzlich zusammen; der Teufel hätte nicht tückischer wählen können als dieser zur Unzeit

hergelaufene Kunde! Er hätte gar zu gern dem fremden Herrn dieses Bild wieder abgejagt, dieses Aquarell, das er seit einem halben Jahr verborgen gehalten hatte, um den Hofrat damit zu überraschen. Aber an dem Kauf war nichts zu drehen und zu deuteln. Sollte er den Preis für einen Irrtum seiner Enkelin erklären und eine verrückte Summe verlangen? Ja, wenn die geheime Zahl zweistellig gewesen wäre – aber hier stand deutlich ein einzelner Buchstabe! Und dem Herrn alles erzählen, die ganze Schuld auf das Mädchen schieben – er hatte einen Ausweg gefunden: »Nicht wahr, Herr Hofrat«, sagte er und blinzelte hinüber, »Sie hatten doch dieses Bild bereits fest erworben, es ist nur aus Versehen – meine Enkelin konnte nicht wissen –« Sein Versuch scheiterte an dem harten Blick des Hofrats, der kalt und mühsam hervorbrachte, indem er sich ein wenig altmodisch gegen den Architekten verneigte: er könne sich nicht entsinnen, es müßte bei dem bleiben, daß der Herr ihm zuvorgekommen sei, und einen Hirschen könne man nicht zweimal schießen. Und er fragte bescheiden, ob er das Blatt näher betrachten dürfe.
Der Architekt, der sich gern mit seiner Beute aus dem Staube gemacht hätte, denn es wurde ihm unbehaglich, gab mit ausgesuchter Höflichkeit dem alten Herrn das Bild. Der trat unter die Lampe und betrachtete es; was, betrachten! Mit den Augen verschlang er's, mit der Nase befuhr er's, mit den Lippen schmeckte er es; er würgte es gierig in sich hinein, dann wieder, wie vergessend, daß es ihm nicht gehöre, überglänzte er es mit seligen Blicken. Dies sei, sagte er endlich, das erste Bild, das ihm unterkomme, auf dem die Christbäume hängend, von der Decke herab, dargestellt seien. Und er erzählte, wie um einen Vorwand zu haben, das Blatt noch nicht weggeben zu müssen, vom alten Heidenbrauch des spukwehrenden Wintergrüns, lachte, daß

der erste Pfarrer, der »gegen die waldnachteilige Verhackung der Weihnachtsbäume« gewettert hatte, ausgerechnet Dannhauser geheißen habe, und brachte eine Reihe von Schnurren und Anmerkungen vor, eifrig redend, als gelte es, einen Zauberkreis von Worten um das Bild, das unselig verlorne, rasend begehrte und nach geheimem Recht ihm gehörige Bild, zu schließen.
In der Tat benützte der Architekt denn auch die erste Lücke des Gesprächs, ihm die Beute zu entreißen, indem er auf die Uhr sah, etwas von höchster Zeit murmelte und die Hand, höflich aber bestimmt, gegen das Blatt hinstreckte. Der Hofrat genoß den unwiderruflich letzten Blick auf das geliebte Blatt mit trunkenen Augen; seine Hand zitterte, er stieß einen ächzenden Seufzer aus, dann hielt er es schwankend in die Luft, abgewandten Gesichts, wie verlöschend in Qual. Der Architekt, beschämt und unschlüssig, ob er etwas sagen sollte, nahm das Bild, rollte es zusammen, steckte es in die weite Brusttasche seines Mantels und verließ mit raschem Gruß den Laden, überzeugt, daß hinter ihm ein Wirbelsturm der Wut, der Verzweiflungen und Verwünschungen losbreche. Er kam sich, während er durch den inzwischen weiß und dicht gefallenen Schnee seinem Gasthof zustrebte, bald wie ein großartiger Glückspilz vor, bald wie ein flüchtender Attentäter. Das tapfere und hoffnungslose Gesicht des alten Herrn wollte ihm nicht aus dem Sinn, ja, es schwamm vor ihm her im zitternd rieselnden Schnee. Weiß Gott, wenn der Hofrat die zugeworfene Rettungsleine ergriffen, wenn er beschworen hätte, das Bild gekannt und so gut wie gekauft zu haben, ob er, der Architekt, dann die Scherereien des Rechtbehaltens auf sich genommen hätte. Ein ritterlicher Mensch, das war er, der wunderliche Kauz; wer weiß, was der alles erlebt hat, bis er so geworden ist! Ob ich auch einmal so werden würde, gie-

rig auf ein Bildchen, kindisch, wenn ich's nicht bekomme
– der alte Knabe hätte doch beinahe das Heulen angefangen. Ob ich so werde? Ich bin ja schon so! Einem armen Teufel sein Weihnachtsvergnügen nehmen, pfui! Hätt' ich's ihm doch gelassen! Kunststück, etwas entdecken, was für den andern vielleicht schon hergerichtet war. – Er schämte sich; auf der Stelle wollte er umkehren; aber der Trotz verbot es ihm. Und was ging ihn ein fremder Herr an. Und schließlich war es ein reizendes Bild, gut und gerne seine fünfzig Mark wert, auch wenn es nur fünf gekostet hatte. Einen so seltenen Fang läßt man nicht wieder fahren, einer flüchtigen Wallung des Herzens zuliebe.
Er ging auf sein Zimmer, holte das Bild aus der Tasche, betrachtete es, sorgfältig und ohne Überschwang. Sehr nett, dachte er, aber eigentlich nichts weiter. Wenn man es ohne Gnade beschaut, gibt es nicht viel her. Für den Hofrat freilich, den armen Alten, wird es zum verzehrenden Gaukelspiel des Unerreichten, schöner von Tag zu Tag. – Der Unglückliche! Tut mir leid, aber – –
Er warf wieder einen Blick auf das bunte Blatt, es gefiel ihm jetzt über die Maßen, nie würde er es hergeben. Der Hofrat – was kümmerte ihn der Hofrat! – wird jetzt auch heimgekommen sein, nichts wird er haben, um es auf den Tisch zu breiten, an das Bild hier wird er denken, mit brennendem Herzen.
Der Architekt schalt sich selber einen gefühlseligen Narren, warf das Bild in die Tischlade, machte sich für den Abend zurecht und trat wieder ins Freie. Heute werd ich ordentlich eins trinken, dachte er. Und tat es auch. Über vieles wollte er nachdenken, ein einsamer Zecher, wie selten hatte er Muße dazu, so gut zu sitzen und die Gedanken schweifen zu lassen über die Jahre, die schon gelebten und die noch zu lebenden, ins Ungewisse hinein und mit welcher Kraft des Herzens. Aber

wohin er seine Seele auch sandte, der alte Mann holte ihn ein, in hundert Verwandlungen, auf tausend Wegen kam er ihm entgegen, trat an den Tisch zu dem Trinkenden, flehte um das Bild.
Und jetzt erst recht nicht, sagte der Architekt und sagte es fast laut vor sich hin und setzte noch einen Schoppen drauf und noch einen. Und spürte doch, daß ihm das Bild nicht mehr gehöre.
Er ging spät in den Gasthof zurück, schlief schwer, erwachte wirr, sah, daß es schon hohe Zeit war, zu der Besprechung zu gehen, machte sich eilig fertig, frühstückte voll Hast und bestellte den Diener mit dem Koffer an die Bahn zu dem Mittagszug, mit dem er fahren wollte, den er unbedingt erreichen mußte.
Die Besprechung war anstrengend, der Architekt war ganz Fachmann und genauer Rechner, viel stand auf dem Spiel. Mit knapper Not wurde bis zur Mittagsstunde eine vorläufige Einigung erzielt, um 12 Uhr 36 ging der Zug, er stieg in das Taxi, auf dem Bahnhof war ein bewegtes Treiben, natürlich, am Tage vor Weihnachten! Mit dem Worte Weihnachten fiel ihm der Hofrat ein und das Bild – das Bild, das wahrhaftig jetzt im Hotel liegengeblieben war, im Schubfach!
Der Diener stand da mit dem Koffer. Es eilte sehr. »Hören Sie«, sagte der Architekt, »ich habe ein Bild liegengelassen –« »Wird nachgeschickt!« fiel ihm der Diener beflissen ins Wort. Aber der Reisende, indem er sich schon aufs Trittbrett schwang, lachte plötzlich, und es war das gute Lachen des Siegers, der sich selbst bezwingt: »Nein«, rief er, »nicht nachschicken! Tragen Sie es gleich, jetzt, sobald Sie heimkommen, zu dem Antiquar an der Brücke, er soll es dem Hofrat bringen, dem es gehört. Und die fünf Mark, die es gekostet hat, soll er seiner Enkelin geben, als Schmerzensgeld, denn sie wird genug gescholten worden sein!« Und der Die-

ner rief, dem fahrenden Zug nach, ein wenig ungewiß, was der Auftrag bedeuten solle, er werde es genau so ausrichten. Und er wünsche dem Herrn fröhliche Weihnachten.
Der Zug war überfüllt, aber der Architekt fuhr erster Klasse, es kam ihm nicht drauf an, das war heute ein Abschluß von Hunterttausenden gewesen. Und er war noch vergnügter darüber, daß er eine Sache in Ordnung gebracht hatte, im Wert von fünf Mark. So billig, lachte er in sich hinein, so recht billig habe ich noch nie fünf Menschen eine Weihnachtsfreude gemacht: einem alten Mann, noch einem alten Mann, einem Mädchen, mir selber und, wenn ichs ihr erzähle, meiner Frau auch – und wenn ich ihr auch nichts mitgebracht habe als diese Geschichte. –

JÓZEFA

1.

Józefa, das Mädchen aus Polen, hat uns der Himmel geschickt. Nein, nein, natürlich nicht der Himmel geraden Wegs. Denn in der Nacht, wo unerbittliche Männer ausgezogen sind in die goralischen Dörfer auf die Menschenjagd, wo sie bei Fackellicht und unter strömendem Regen das Haus umstellt haben und herausgeholt Mann, Weib und Kind, was immer taugen mochte zur Arbeit, und in ein Lager gesteckt; in dieser Nacht und noch viele Nächte hernach, mag es auch dem Mädchen Józefa geschienen haben, daß der Teufel sie gepackt hat und daß er mit ihr nun in die Hölle fährt, in trostlose Jahre der Fremde und der Knechtschaft.
Und dann hat man sie ihre paar Habseligkeiten zusammenpacken geheißen, hat ihr eine Fahrkarte in die Hand gedrückt und einen Zettel mit unserer Anschrift und hat sie in den Zug gesetzt. Und drei Tage und zwei Nächte ist sie allein durch das fremde Land gereist, dessen Sprache sie nicht verstanden hat und nicht hat reden können. Sie hat von ihrem Brot aus ihrem Beutel gegessen, hat geweint, hat geschlafen, hat zum Fenster hinausgeschaut, hat im Trubel verwirrender Bahnhöfe den Schein hergezeigt, tief aus ihren faltigen Gewändern heraus, ist furchtsam und mißtrauisch mit Polizisten und Schwestern gegangen und, am Abend des dritten Tages, in der zerfetzten Halle des Münchner Hauptbahnhofes angekommen.
Es ist damals eine verzweifelte Zeit für mich gewesen. Ich war als Unteroffizier zum Militär eingezogen, meine Frau hatte im Januar einen Sohn bekommen und lag, mit einer schweren Brustentzündung, am andern Ende der Stadt im Krankenhaus. Thomas, das Kind, war auf

dem Lande in einem Heim untergebracht. Ich habe als Junggeselle in unserer Wohnung an der Isar gehaust, in den Trümmern der Wohnung, genauer gesagt, denn am vierundzwanzigsten April waren die Brandbomben durch das Dach gefahren, während ich auf Nachtwache in der Kaserne war, und hatten zwei von den drei Zimmern in Schutt und Asche gelegt. Ich habe auf dem versengten Sofa geschlafen, auf dem von Phosphorschlamm verätzten Flügel gespielt und mir aus den mühsam eingeholten Lebensmitteln unendliche, für eine ganze Woche reichende Suppen gekocht. Manchmal habe ich gemeint, ich könnte es nimmer aushalten, zwischen Dienst und Krankenhaus hin und her gehetzt, mit schweren Rucksäcken unterwegs zu der Ersatzwohnung in Grünwald, die ich allein habe einrichten müssen, unter dem Würgegriff des Krieges, der verloren war, ehe er begonnen hatte, in der Angst vor der Gestapo, die jeden Augenblick an die Tür klopfen konnte, im wachsenden Hagel der Bomben und im Schrecken der Alarme.
Auch an diesem Abend, es ist der neunzehnte Mai vierundvierzig gewesen, bin ich zum Umfallen müde aus dem Dienst gekommen, und habe mich, im Waffenrock, mit dem Mantel zugedeckt, hingelegt, um sofort einzuschlafen. Plötzlich ist der Fernsprecher gegangen. Ich denke, das kann doch nicht sein: Seit dem Brand vor vier Wochen ist die Leitung zerstört gewesen, wie oft ich auch versucht habe, zu hören oder zu sprechen, das schwarze Kästchen hat jeden Dienst versagt. Aber jetzt schellt es, laut und dringend, es ist wie die Stimme aus einer anderen Welt. Schlafverworren und ungläubig nehme ich den Hörer ab, es meldet sich die Bahnhofspolizei, eine ruhige und gutmütige Männerstimme und fragt, ob ich eine Józefa Chrobak aus Polen erwarte. Sie ist eben angekommen, sagt der Polizist, sie sitzt in dem Bretterhäuschen der Roten-Kreuz-Schwestern,

aber sie kann da nicht bleiben, ich muß sofort hingehen und sie abholen. Wo ich sie über Nacht unterbringe, ist meine Sache.
Ja, sagte ich, auf ein Mädchen aus Polen warten wir seit einem halben Jahr vergebens; die Angekommene wird es wohl sein; aber wie ich sie diese Nacht beherbergen soll, weiß ich nicht. Ich bin Soldat, die Wohnung ist hin, auf der einzigen, halbversengten Couch schlafe ich selber, Bett habe ich keins, sogar die Stühle sind verbrannt, meine Frau liegt im Krankenhaus, Verwandte oder Nachbarn habe ich nicht; ich weiß mir keinen Rat.
Dann wollen Sie also auf das Mädchen verzichten? fragt der Mann, und ich höre es seiner Stimme an, daß ihm das die angenehmste Lösung wäre, denn Arbeitskräfte sind rar in dieser Zeit und sicher hat er schon mehr als ein Angebot auf meine Polin. Nein, nein, das will ich nicht. Gut, dann kommen Sie, sofort, um acht Uhr sperren wir zu, sagt er und hängt ein.
Ich habe keine Ahnung, wie ich zurecht kommen soll, aber die Zeit drängt, ich setzte mich in Trab, Straßenbahn geht keine, ich laufe durch die wüste Stadt, es ist schwül, mir rinnt der Schweiß über die Stirn. In den Bahnhof zu gelangen, ist nicht einfach, ich muß, um die Sperre zu überwinden, eine Fahrkarte lösen, auf Umwegen durch Trümmer finde ich das Bretterhäuschen, im Gewühl vieler, abenteuerlich bepackter Menschen, im Schutt und Schmutz. Die Bude ist neu gezimmert, ein Verschlag mehr als ein Zimmer; und da sitzt, von einer gutherzigen Schwester und einem gemütlichen Schutzmann umstanden, ein dunkler Käuel im Winkel auf einem Stuhl, ein Wesen, in einen einzigen braunen Wollschal gewickelt, die eine Hand mit einem schmutzigen Taschentuch vor den verweinten Augen, die andere krampfhaft ein Bündel haltend, das Mädchen wie ein scheues, gequältes Tier.

Und wie ein Igelchen rollt sie sich ein bißchen auf und streckt ein rosiges Schnäuzchen heraus; sie wirft einen kurzen, furchtsamen Blick auf mich, den Mann im Soldatenkleid, und gewiß denkt sie mit Schrecken, schon wieder eine Uniform, lauter Polizisten und Soldaten, lauter Uniformen in diesem abscheulichen Deutschland. Sie gibt mir, wie mit einem Pfötchen aus der dicken Umhüllung tappend, die paar armseligen Papierfetzen, die sie hat, den einzigen festen Halt in diesem Meer von Fremdheit, das sie umgibt: einen Fahrschein von Krakau nach München, eine Kennkarte und den Zettel, auf dem mein Name steht, in Marsch gesetzt am sechzehnten Mai ...
Sie kann nicht Deutsch und wir können nicht Polnisch, also lassen wir sie sitzen und verhandeln über sie, die rührend still dahockt, jetzt ein wenig ihr Gesicht lüftend und mit Neugier umheräugend. Es ist ein reizendes Bauernmädelgesicht, mit einer Stupsnase, ein wenig slavisch, gewiß, aber es könnte auch eine junge Magd aus den Bergen sein; und unter dem groben wollenen Umhang hat sie ein buntes Kopftuch überm braunblonden Haar; und so verweint sie auch noch ist, ich sehe doch, daß sie hübsch ist und wunderbar jung, fremden Volkes Kind, bedürftig neuer Heimat.
Aber werden wir ihr die geben können? Wann wird meine Frau aus dem Krankenhaus entlassen werden? In Tagen, in Wochen? Immer wieder hat es Rückschläge gegeben und was würde ich allein mit einem Mädchen anfangen, mit dem ich nicht einmal sprechen kann?
Die Schwester nährt meine Zweifel: sie würde selber nicht ungern die Polin als Magd behalten. Schließlich hat sie gleichermaßen mit mir und dem Mädchen Mitleid: sie will das arme Ding über Nacht beherbergen, morgen früh wollen wir dann weiter sehen.

Józefa versteht natürlich nichts von all dem, was wir ihr begreiflich machen wollen. Aber schließlich folgt sie willig der fremden Frau. Und auch ich gehe heim, im Blitz und Donner eines nächtlichen Maigewitters, und im wild klatschenden Regen zuletzt, naß dampfend steige ich die fünf Treppen zur Wohnung empor, zum halbverkohlten brandig riechenden Vogelnest hoch über Baum und Fluß. Eine wunderbare Zuversicht ergreift mich; mir ist, als würde nun vieles gut werden, zwei willige kräftige Hände würden nun zupacken, das Haus in Grünwald käme in Schuß, Frau und Kind wollte ich heimholen. Sogar die Wohnung hier kam mir weniger zerstört vor, noch waren die großen Möbel da, der Flügel, die Bücher...
Im Einschlafen habe ich an Polen gedacht, an Krakau, wo ich im Herbst zuvor in der alten jagellonischen Universität vorgelesen habe. Kirchen, Türme und Plätze der ehrwürdig schönen Stadt steigen vor mir auf, der Zauber starker Oktoberfarben über die Beskiden und die Hohe Tatra gebreitet; ich denke an den Kerzenglanz vor den Altären, ich höre die Kirchenglocken, ich sehe das armselige Volk in der Stadt und die stolzen, bunten Trachten der Goralen, das blitzende Band des Dunajec und die stahlblauen, mächtigen Berge. Von dorther kommt Józefa Chrobak, unser Polenmädchen. Der fröhliche Landeshauptmann fällt mir ein, das gastfreie Haus und die lächelnde Frage, ob ich nicht gern eine Goralin als Hausgehilfin haben möchte. Und jetzt ergreift mich plötzlich ein Gefühl der Mitschuld, ich muß dran denken, wie mir Polen, mit denen ich wie unterirdisch zusammengekommen war, die Menschenjagden geschildert haben und hinter dem Glanz der Versammlung, die damals meinen heiteren Worten zugejubelt haben, hinter dem satten Leben dieser unvergeßlich schönen Tage steigt das Gespenst eines zertre-

tenen Volkes auf, das sich einmal, bald schon vielleicht, furchtbar an uns allen rächen wird. Ich sehe im Geist den Bahnhof von Krakau, mit den Soldaten, die nach Lemberg fahren; auch ich hätte nach Lemberg fahren sollen, aber das ist schon fast die Front geworden, inzwischen; und ich erinnere mich an das düstere Kriegslazarett, in dem ich las, an blutige Verbände, an Betten ohne Wäsche, an stumpfe, noch im Eis der Schlachten erstarrte Männer: die qualvollste, unseligste Lesung unter den hundert, die ich vor Soldaten gehalten habe. Und ich denke an die unbegreifliche Zuversicht, mit der die Deutschen gelebt haben im eroberten Land, damals noch, vielleicht jetzt noch, schier unterm Kanonendonner der nahen, wankenden Front, Männer und Frauen, durchaus nicht lauter Bösewichter und Ausbeuter, helfende, pflichttreue Beamte unter ihnen und tüchtige, gemütvolle Zeitungsleute und Künstler: und alle doch dem Dämon verfallen und, für die Polen, Teufel – und wenn sie Engel gewesen wären. Der wunderliche Wirt aus Zakopane fällt mir ein, der gebürtige Schweizer, der zehn Jahre auf Rügen und fünfzehn Jahre in China gewesen ist und der allen Ernstes davon geträumt hat, sich nun zur Ruhe zu setzen, ein Jahr vielleicht nur vor der größten Unruhe, die je über die Welt kommen sollte. Und ich sehe mich am Fenster meines Schlafwagens stehen, heimfahrend aus dem schönen und gespenstischen Lande Polen, aufatmend, wie einem schrecklichen Unheil entronnen und das Herz heiß von Mitleid mit all denen, die da bleiben und bleiben müssen bis zur Stunde des Zornes.

Und aus diesem Land ist nun Józefa Chrobak gekommen, ein junges, unschuldiges Mädchen, aber vielleicht schwelt auch in ihrem Herzen der Haß gegen uns alle – und ich soll ihr den Säugling anvertrauen und arglos ihr des Hauses und der Herzen Kammer auftun. Und doch, sage ich, schon im Einschlafen innig zu mir selber, will ich ihr vertrauen und sie soll es gut bei uns haben.

2.

Ein neuer, sonniger Tag nach dem Regen läßt alles in schönerem Lichte scheinen. Mit dem Frühesten bin ich aufgestanden und an die Bahn gegangen. Józefa ist schon da, sie ist über Nacht wie verwandelt. Aus des Weinens Ermattung steigt ein Leuchten und Lächeln, sie hat gut geschlafen, sie hat gegessen. Ein neues Hemd hat ihr die Schwester geschenkt, blütenweiß glänzt es über ihrer runden Brust. Das große Tuch hat sie nur mehr lose umgehängt, der bunte Kopfbund sitzt lustig auf ihrem Scheitel. Nur ungern läßt uns die gute Schwester ziehen, sie gibt mir ihre Anschrift, für den Fall, daß wir uns doch nicht entschließen könnten. Aber wie sie Józefa so stehen sieht, glaubt sie wohl selber nicht mehr, daß ein Mensch so viel Glück noch einmal auslassen möchte.

Wie soll ich ihr erklären, was ich nun vorhabe? Ich suche nach den Urlauten der Menschheit, ich nehme alle Gebärden zu Hilfe, ich spiele ihr mit Eindringlichkeit vor, was ich ihr sagen möchte: »Mama krank, kleines Kind ...« Ich schaukle ein Wickelkissen, ich quäke wie ein Säugling, »Ich – du – hingehen!« Sie lächelt und nickt. Wir gehen auf die Straße hinaus. Wir mögen ein wunderliches Paar sein, ein alter Unteroffizier und eine blutjunge Ausländerin. »Straße!« »Ja.« »Straßenbahn!« »Krakau« nickt sie. Ohne Scheu steigt sie ein. Ich zeige ihr die einfachsten Dinge: »Auto!« Natürlich Auto, auf der ganzen Welt. »Mann!« »Frau!« »Baum.« »Haus!« Sie blickt erschrocken auf die Ruinen. »Flieger«, sagte ich, surre wie ein Propeller und mache »Bum, bum!« »Kapuutt!« Sie schüttelt den Kopf vor Entsetzen. Sie kauderwelscht, daß in Krakau

nix Fliegi sei. Wir steigen aus, sie folgt mir wie ein Hündchen.
Ich gehe ins Krankenhaus, ich führe das Mädchen zu meiner Frau ins Zimmer. Auf den ersten Blick ist sie entschlossen, das Kind zu behalten. In acht Tagen soll sie entlassen werden; sie blüht jetzt schon auf bei dem Gedanken an das Haus in Grünwald, mit Józefa zusammen will sie es schon schaffen. Aber vorerst gibt es lauter Schwierigkeiten. Wo soll Józefa inzwischen untergebracht werden? Wie soll man sich mit ihr verständigen? Und, mein Gott, woher sollen wir die Sachen nehmen, um das Mädchen neu einzukleiden? Sie hat das wollene Tuch abgenommen und nun sehen wir, daß wir sie von Kopf bis Fuß ausstaffieren müssen. Ihre zerrissenen Tuchschuhe halten kaum noch an den Füßen, ein fadenscheiniges Röckchen droht jeden Augenblick seinen Halt zu verlieren. Nur das geschenkte Hemd glänzt weiß und frisch. Die Hoffnung, daß in dem Bündel, das Józefa mitschleppt, noch brauchbare Sachen sind, erweist sich als eitel. Lange wehrt sie sich, es auszupacken; sie schämt sich ihrer Armut. Zeitungen, ein großes, aber schon schimmelndes Stück Brot, ein paar Lumpen und Habseligkeiten sind alles, was sie vor uns auskramen kann. –
Inzwischen ist, fernmündlich gerufen, der Vater meiner Frau gekommen und hat auch Eugenia mitgebracht, die Russin, die seit einem Jahr bei ihm dient. Die soll uns als Dolmetscherin helfen, aber nach ein paar Anläufen stockt auch dieses Gespräch und es ist unschwer zu spüren, wie eine innere Ablehnung mehr als ein wirkliches Sich-nicht-verstehen-können unserem scheuen Gast die Lippen schließt. Immerhin gelingt es, Józefa begreiflich zu machen, daß sie für einige Zeit zu meinen Schwiegereltern gehen muß; es mag ihr wunderlich genug vorgekommen sein, daß sie nun abermals in so kurzer Zeit

andern Menschen überantwortet werden soll, aber bescheiden macht sie sich auf den Weg in die neue, unbegreifliche Welt.

3.

Der Doktor hat diesmal Wort gehalten, kein Rückfall mehr hat die Entlassung aus dem Krankenhaus verzögert, das Haus in Grünwald, von Freunden überlassen, die aufs Land gezogen sind, ist soweit eingerichtet, die Qual und Mühsal schwerster Wochen und Monate scheint endlich einem glücklicheren Stern weichen zu wollen. Ein paar Tage vor Pfingsten kommt meine Frau mit Józefa, die sie bei den Eltern abgeholt hat, im Auto an. Józefa ist noch nie im Kraftwagen gefahren, aber sie ist mit der Grandezza und Selbstverständlichkeit einer Fürstin in das fremde Gefährt gestiegen, meine Frau muß wieder lachen, wie sies mir erzählt. Es ist doch spaßig, wie ein bestimmtes Zeitgefühl auch noch die Menschen durchdringt, die eigentlich gar nicht davon berührt scheinen. Die Kinder drehen den Rundfunk auf wie den Brunnenhahn, und auch Józefa hat sich nach kurzer Zeit nicht einen Augenblick besonnen, die elektrischen Geräte anzustecken und den Hörer vom Fernsprecher abzunehmen, obwohl sie nichts anderes hat stammeln können als: »Nix daheim!« Und wir haben ein Menschenalter gebraucht, um uns mühsam an all die technischen Teufel zu gewöhnen, die man uns ins Haus gesetzt hat.

Józefa genießt es in vollen Zügen, daß sie jetzt zuhause ist. Sie strahlt übers ganze Gesicht, sie bringt den Mund kaum mehr zu vor Lachen. Sie ist bei ihrer Herrschaft, in ihrem Haus, in ihren Zimmern. Aber ihr Leuchten ist nicht das der Sonne, es ist das des Mondes, ein ruhiges, bedächtiges Glänzen, in der slavischen Breite ihres Gesichts, in der langsamen, erdnahen Festigkeit

ihrer Formen, in der stillen Heiterkeit ihres ganzen Wesens.
Noch ist die Sonne nicht im Haus, das Kind, der kleine Thomas, auf den wir warten, für den all der Aufwand bereitet worden ist. Wir wollen ihn holen, aus dem Kinderheim, wenn das Haus in Ordnung, wenn die Pflegeschwester eingetroffen ist.
Józefa ist über nichts verwundert. Sie bezieht ihr Zimmer, sie steckt mit einem Reißnagel ein grellbuntes Heiligenbild an die Wand, sie nimmt Kleider und Wäsche, die ihr meine Frau gibt, mit der natürlichen Selbstverständlichkeit, die nichts von Undank hat; sie erstaunt nicht über die Tausende von Büchern, die, von meinem Freunde zurückgelassen, an allen Wänden und in allen Gängen stehen; und wie ich ihr, am ersten Abend, im großen Atlas Polen zeige, das kleine Ochotnica in den Beskiden, wo sie zuhause ist, Krakau, den Reiseweg über Breslau und Dresden, da ist es ihr kein Wunder, sondern nur eine schöne Gewißheit, daß dergleichen in Büchern zu finden ist und sie fährt mit dem Finger den ganzen, langen Weg noch einmal entlang, den sie, eine völlig andere, ein hilfloses, ängstliches Ding, vor wenig Tagen zurückgelegt hat. Es ist, als ob das alles schon eine tiefe Vergangenheit für sie wäre.
Am andern Tag nehme ich Józefa mit in die Stadt. Ich muß sie auf dem Arbeitsamt und auf der Polizei anmelden. Die Altstadt ist schon bös getroffen, aber noch stehen die Kirchen und Plätze. Ich zeige ihr das mächtige Gewölbe von Sankt Michael, ich schaue mit ihr die mächtigen Türme des Domes hinauf. Noch hat das Mädchen keinen wirklichen Fliegerangriff mitgemacht. Sie sieht wohl die Trümmer mit Staunen an, aber wie soll sie die höllischen Stunden begreifen – und wie soll ich ihr, ohne Sprache, begreiflich machen, welches Verhängnis über dieser Stadt steht und wie es, jeden Augenblick

von neuem, über uns hereinbrechen kann. Es hat etwas Gespenstisches, dieses kindische »Fliegi bum bum!«, mit dem wir uns über den Zusammenbruch der Welt verständigen.
Ich habe einiges zu besorgen, ich führe sie deshalb in die Frauenkirche, in die kühle dämmerbunte Säulenhalle: dort soll sie auf mich warten. Sie kniet sich in eine Bank und ich denke an die schwüle Inbrunst der Blumen und Kerzen, die mich in Polen so erstaunt hat, jene schier wilde Andacht der Frauen, die mit weiten Armen, den Boden küssend, sich niederwarfen. Eine Stunde mag ich sie so allein gelassen haben; beim Wiederkommen kniet sie noch unverrückt im Gestühl. Sie hat, so neugierig sie sonst ist, der Fülle der Bilder nicht bedurft, die unsereins so bald in Anspruch genommen hätte. Im Hause Gottes ist sie gewesen, nicht in einer Kunstkammer der Stadt.
Auf dem Arbeitsamt, das halb in Trümmern liegt, wandern wir von Treppe zu Treppe, von Zimmer zu Zimmer; geduldig tappt sie hinter mir drein. Endlich haben wir die rechte Tür gefunden. Eine freundliche Dame nimmt sich ihrer an, die alle Sprachen des Ostens zu sprechen scheint. Wie neigen wir doch dazu, einen Menschen zu verkennen, der sich nicht auszudrücken vermag! Wie demütigend empfinden wir selber es im fremden Land, wenn wir mit ungelöster Zunge und taubem Ohr stumm und dumm dabei stehen müssen, während über uns und unser Schicksal verhandelt wird. Józefa ist mit einem Schlag vom bösen Zauber losgesprochen. Sie hört die Stimme ihrer Heimat, sie spricht die Sprache ihrer Mutter, sie plaudert unbefangen und der Narr, der ohnmächtig und unteilhaftig dabei steht, bin ich. Hier und da erzählt mir die Dame ein Stück von dem, was das Mädchen ihr mitgeteilt hat: daß es aus einem gar nicht so armen Bauernhaus stammt, daß aber die

Männer, die sie einfingen, sie gezwungen haben, mitzugehen, wie sie ging und stand, ohne ihre guten Kleider, ohne Gepäck. Daß ihr Vater im ersten Weltkrieg Soldat der österreichischen Armee gewesen ist; daß ein jüngerer Bruder, noch keine vierzehn Jahre alt, noch vor ihr in ein Rüstungswerk nach Sachsen gebracht worden ist. Einige Schwierigkeiten macht noch das Verbot, polnische Staatsangehörige im Haushalt zu beschäftigen. Aber zum Glück gilt der Landstrich der Goralen als eine Ausnahme: an Stelle der Staats- wird die Volkszugehörigkeit in die Papiere eingetragen: Westukrainerin!

Wieder gehen wir, unter ständigem Sprach- und Anschauungsunterricht, durch die Stadt; und wieder lasse ich sie allein; diesmal im Hofgarten, der, im Frühling vierundvierzig, noch unzerstört und in voller Blüte steht. Auch die Frau ist noch da, die für fünf Pfennige Stühle an die sonnendurstigen Großstädter vermietet. Ihrer Obhut vertraue ich das Mädchen an. Józefa setzt sich unter die Bäume und Blumen, sie schaut mir angstvoll nach, wie ein Hündchen seinem Herrn. Ich bin der einzige Halt für sie in der fremden Stadt, in der weiten Welt – und ich gehe fort, ich verschwinde aus ihren Augen. Sie hat nichts in der Hand als ihre Kennkarte. Ich selbst mache mir Vorwürfe, sie so zurückzulassen: Jeden Augenblick können die Sirenen losheulen, die Bomben niederfallen – was dann? Aber der Frühlingstag bleibt still und zärtlich, und still und zärtlich erwartet mich Józefa, von weitem schon mit den Augen winkend, bei meiner Rückkehr.

Wir müssen jetzt auf die Polizei; und ich gehe schon zur Tür hinein, gewiß, daß mir das Mädchen auf dem Fuße folgen würde. Aber sie kommt nicht; ich muß noch einmal auf die Straße zurück. Und da steht sie, schüttelt den Kopf, schaut abwechselnd bittend auf mich und ängstlich auf den Eingang: sie hat das verdächtige Wort

»Polizei« gelesen und fleht mich nun mit allen Worten und Zeichen an, ihr den gefährlichen Gang zu ersparen. Fast mit Gewalt muß ich sie in das Zimmer schieben. Da sitzt ein gemütlicher Münchner Beamter, schaut sich die Papiere an, aha, sagt er, Westukrainerin, und zwinkert lustig mit den Augen. Józefa ist schüchtern und mißtrauisch wie am ersten Tage. Ein nettes Mädel, sagt der Wachtmeister, da haben Sie einen guten Fang gemacht. Und deutsch lernen die, Sie werden es sehen, so schnell wie unsereins das Radfahren!

Ich denke mit Schaudern, daß der gleiche Mann, nach Polen versetzt, unter dem Druck eines Befehls, in dem ermüdenden Zwang der Gewohnheit, das gleiche nette Mädel mit einem Federstrich dem Elend der Arbeitslager überantworten würde, ja, daß vielleicht mancher von denen, die dort ein grausames und blutiges Regiment führen, keine schlechten Menschen sind. Ich sehe im Geist schon die Untersuchungen und Prozesse, die das schreckliche Geheimnis lüften sollen, wer es denn eigentlich ist, der die Schuld trägt für alle die Schandtaten, die jedes menschliche Begreifen weit hinter sich lassen – aber ich mache mir wenig Hoffnung, daß die wahren Verbrecher gefunden werden. Die ersten und die letzten Glieder der ungeheuerlichen Verkettung von Wahnsinn, Roheit und Bürokratie wird man vielleicht feststellen; aber bin ich nicht selber einmal in den Fängen der Gestapo gewesen und habe nur sachliche Beamte kennengelernt und Butterbrot essende, muntere Schreiber und Tippmamsellen, die unter Urlaubsgesprächen Listen mit Todesurteilen ausfüllten, ohne sich weiter was zu denken? Auch der gemütliche Mann da füllt nur ein paar Listen aus, trägt den Namen Józefa Chrobak da und dort auf Karteiblättern und in Büchern ein, verlangt fröhlich seine Schreibgebühr und fordert mich auf, binnen einer Woche zwei Paßbilder zu bringen.

Photographieren – das ist ein Wort, das der Kongoneger und der Südseeinsulaner kennt: und auch auf Józefa wirkt es wie bare Zauberei. Noch nie ist ein Bild von ihr gemacht worden, aber die ganze Eitelkeit des Weibes hat sich ihrer bemächtigt, wie sie jetzt vor dem Spiegel steht und sich dreht und wendet, ihr Haar kämmt und das bunte Tuch bald so und bald so über den Scheitel wirft. Sie ist ordentlich enttäuscht, daß alles so rasch und ohne Feierlichkeit geht und daß schon der nächste Kunde vor den schwarzen Kasten gerückt wird, noch ehe sie das Vergnügen voll ausgekostet hat. Übrigens ist auch späterhin, so oft uns ein Freund besucht, ihre erste Frage, ob es ein Fotografista sei und zückt er wirklich einen blanken Bildfänger, so hat sie sich gewiß schon in aller Eile schön gemacht und fordert, ohne der Hinweise auf die immer rarer werdenden Filme zu achten, ihren Tribut von ihm. Sie kann sich dann nicht hübsch genug sein und eine Reihe von Aufnahmen, die ihr nicht gefallen haben mochten, haben wir zerrissen im Kohleneimer gefunden. Der Sprachunterricht wird während all dieser Zeit fortgesetzt. Die Hauptwörter sind ja leicht zu lernen, das Sinnliche zu erklären, fällt nicht schwer. Aber Begriffe, wie heute, morgen, hier oder dort – das ist ihr nicht so einfach beizubringen. Wir haben ein polnisches Wörterbuch ergattert und wenn wir Józefa diesen oder jenen Ausdruck übersetzen wollen, versuchen auch wir uns in der fremden, zungenbrecherischen Sprache. Das sind dann die Augenblicke ihres Triumphes und sie will sich ausschütten vor Lachen über unsere kläglichen Bemühungen. Im übrigen gewöhnen auch wir, meine Frau und ich, uns eine läppische Ursprache an, dergestalt, daß wir beim Aufheulen der Sirenen sagen: Fliegi nix gut! oder, nach vergeblichem Anstehen beim Bäcker, »Brot – nein!« Eine wunderliche Fröhlichkeit hilft uns oft über schwere Stunden hinweg.

Gleich zu Anfang scheint es, als sollten wir unsrer neuen Magd nicht lange froh werden. Ein Gerücht geht um, alle Ausländer müßten an die Rüstung abgegeben werden. Wir verschweigen Józefa diese Sorge, aber sie hat die bedenkliche Nachricht doch irgendwo aufgeschnappt; ihre ganze Munterkeit ist verflogen, ihre Augen sind rot von heimlichen Tränen. Das arme Kind meint, ihr Schicksal stehe in unserer Hand, schluchzend sinkt sie meiner Frau an die Brust, wir sollten sie nicht in die Fabrik schicken.

Aber auch das geht vorüber und nun ist mit einem Mal das Haus »voller Weiber«, wie ich, der alte Junggeselle, mit lachendem Grimm feststellen muß: Auch Schwester Olga ist noch gekommen, mitten zwischen Alarmen und schweren Angriffen; und wenige Tage später ziehen die drei Frauen aus, um den Sohn Thomas aus seinem Versteck im Gebirge heimzuholen. Kaum sind sie abgefahren, tönen die Sirenen und ein schwerer Angriff lärmt über die Stadt. Der Wettersturm zieht näher, das Haus zittert und klirrt, ich sitze allein in den leeren Räumen. Wer weiß, ob die Wände noch stehen, die heute nacht das Kind willkommen heißen sollen. Harfenhell klingen die Lüfte, über dem Walde weht der Rauch, hoch in den Himmel steigt die Röte hundertfachen Brandes. Die Gefahr geht vorüber; vielleicht ist das Haus in München getroffen: aber mag es niederbrennen mit all seiner Habe und den Erinnerungen eines ganzen Lebens – ich wandre still durch den Abend, über die hochgeschwungene Brücke, von der aus der Blick in die schweren Schwaden schweift, die über München liegen: Mein Söhnlein wird kommen, seiner glücklichen Fahrt gelten alle meine Gebete.

Endlich, in tiefer Nacht, fährt der Zug ein ... wird er die Ersehnten bringen? Niemand steigt aus ... doch! Aus dem letzten Wagen, in der Finsternis, lösen sich

Gestalten: Sie sind es! Józefas Gesicht leuchtet wie ein Mond aus der Dunkelheit, in freudiger Ruhe kommt sie daher. Hinter ihr die Schwester trägt das Kind, in Decken gehüllt. Im matten Dämmern des ausgelöschten Bahnhofs schaue ich, der Vater, in die stillen, traurigen Augen meines Sohnes. »Er ist sehr krank!« sagt meine Frau und ihre Stimme zittert von Tränen.

Wir wandern durch die tiefe Sommernacht, die Luft ist wie ein Bad, die Sterne stehen hoch, die Grillen zirpen, das Leiterwägelchen, darin das Kind liegt, knarrt und holpert. Józefa zieht voraus, meine Frau erzählt von der Reise und wie sie in dem Landheim das Kind angetroffen hat, verwahrlost und über und über mit Eiterbeulen bedeckt ... Und da liegt der kleine Dulder und lächelt, als wüßte auch er, daß er jetzt heimgekommen ist. »Armer Kerl, wir werden dich schon wieder hochbringen!« Und ich mache meiner Frau Mut, sie ist ja nicht mehr allein, die Schwester ist da und Józefa, und ich will auch, als Nährvater, keine Mühe scheuen und keine Demütigung, um ein bißchen was herzubringen für den armen Erdengast, der in so schreckliche Zeiten geraten ist. Ach, wie werden alle Ängste und Schrekken klein vor der Sorge um das Leben eines Kindes ...

In schweren Düften atmen die Gärten, in stiller, hoffender Freude führe ich die Meinen ins Haus.

Kaum haben wir, um Mitternacht, das qualvoll schreiende Schmerzensmännchen frisch verbunden und zu seinem ersten Schlummer in der neuen Heimat gebettet, kaum haben wir, mit Brot und Wein, ein inniges Wiedersehen gefeiert, da heulen auch die Sirenen schon los, mit jenem unvergleichlichen, herzpackenden Ton des fahlgellenden Auf- und Niedersteigens, der längst mehr hilflose Angst und lähmendes Entsetzen bedeutet, als mutige Warnung: Vollalarm! sagen wir, nach kurzem, atemleerem Lauschen und rüsten uns, wie so oft

schon, ach und wie oft noch, für den Gang in den Keller.
Es schiesst heftig; fern rauschendes Dröhnen wechselt mit nahem, heiserem Bellen, dann braust die Musik der Flugzeuge, der Bombenwürfe und der Abwehr in einem einzigen Lärm zusammen.
Das Kind quäkt unruhig in seinen Decken, wir sitzen mit starren Augen und mit einem würgenden Griff am Hals; aber wir lächeln und reden belanglose Dinge. Die Seele flackert wie das Kerzenlicht auf dem Tisch, dem Druck der Luft gehorsam weicht es zurück, seufzt bläulich, unter schweren, nahen Stössen, am Docht, blüht still und golden wieder auf. Józefa, in ihr braunes Tuch gehüllt, dass kaum ihr stumpfes Näschen herausschaut, vergeht vor Angst; sie betet, den Rosenkranz um die Finger geschlungen. Kaum aber hat das Schiessen nachgelassen, lässt sie ihre Augen umherwandern; sie schaut wie ein Igel aus, der aus einer Stachelkugel spitzt. Sie will hinauf, vor die Türe, auf die Strasse. »Neugierig wie eine tote Ente!« ruft meine Frau, halb noch warnend; und nun möchte Józefa erklärt haben, was das heisst. Unter Gelächter, noch mitten im Angriff, erfolgt eine mimische Szene, Schwester Olga grinst mit ihrem grossen Mund, der ausschaut, als habe ihr wer noch eine Hand voll Zähne eigens hineingeworfen und während das Grollen des Ungewitters sich verzieht, ist schon wieder heiterer Friede in unserer Gruft, das Licht flammt wieder auf, wir tragen das Kind in sein Bett. Still stehen die Sterne.
Die Tage gehen dahin, mitten durch die Not, mitten durch den Verfall. Angst und Sorge sitzen wie Geier auf allen Baumwipfeln und im Giebel des Daches, aber wenn man in die Hände klatscht und laut lacht, erheben sie sich schwerfällig und fliegen ein Stückchen fort. Doch mit jeder Zeitungsnachricht, mit jedem Bericht

kommen sie wieder, mit jedem Besuch und jedem Brief und jedem Ferngespräch. Grau und stumm hockt die Verzweiflung herum, die Zeitung weiß nichts wie Unglück, so dreist sie sich gebärdet. Wir scheuchen, wir kämpfen, wir lachen, wir tun, als sähen und hörten wir nichts. Und doch haben wir Angst; Angst vor den Fliegern, vor der Partei und ihren Spitzeln und Häschern, aber auch vor ihrer finsteren Freundlichkeit; Angst vor dem Krieg und dem Militär, jede Stunde kann ich von meinem erträglichen Posten versetzt werden, in irgendeine Wüste hinaus, fern von den Meinigen. Angst vor dem Hunger. Angst um das kranke Kind.
Schwester Olga macht ihre Sache gut, noch ist sie nur in den kleinen Mann verliebt, noch läuft sie nicht den großen Männern nach, wie sies bald tun wird, unbekümmert um die peinliche Deutlichkeit ihres Spiels. Thomas, der winzige Dulder, da schaut er mit fremden, fragenden Augen in die Welt und weiß nicht, was er von ihr denken soll. Jeden Tag bekommt er seine eiternden Wunden ausgedrückt, die eine Schwäre vergeht, die andere bildet sich neu. Er jammert, daß es einem das Herz zusammenzieht. Und dann liegt er wieder friedlich in seinem Körbchen in der Sonne, die Fichtenwipfel schauen herein und hoch wächst der lichtblaue Rittersporn, die Rose und die Lilie.
Ich tue meinen Dienst, ich fahre mit dem Rad in die Stadt, die immer grauer in Trümmer sinkt, ich bin wochenlang auf Brandwache, mit den Kameraden im Finstern durch die weiten Räume und verzwickten Fuchsbauten des alten Kriegsministeriums pirschend, oder einsam, im Kasernendumpfen, auf Pritschen liegend, ich wohne bald allein in dem halbzerstörten Nest über der Isar, bald fahre ich wieder hinaus zu den Meinigen und schreibe draußen in der grünen Stille. Die Welt geht unter, es ist kein Ausweg und keine Hoffnung

mehr; aber fast friedlich naht das große Grauenhafte, von den brennenden Rändern her einbrechend, immer näher kommend und näher, oder aus der Mitte greifend, im grünen, im strotzend blühenden Juni das Land überbrausend mit den Schwärmen blinkender Silberfische. Ich stehe auf dem Dach des Kriegsministeriums, schon zwischen klaffenden Trümmern, und schaue in den blanken Himmel hinauf; vom Dienst dazu gezwungen, von innerster Angst gewürgt, von Neugier gebannt, betrachte ich das tödliche Spiel in den Lüften. Meine Frau ist in der Stadtwohnung, Józefa, die Schwester und das Kind sind in Grünwald. Der Angriff scheint gnädig vorübergegangen zu sein, mittags treffe ich mich mit meiner Frau im Künstlerhaus, wir sind leidlich vergnügt, wir gehen, nach Monaten, ins Kino. Am Abend erfahren wir, daß viele Bomben gefallen sind, die Prinzregentenbrücke, keine hundert Schritte von unserer Wohnung, ist zerschmettert worden, ohne daß meine Frau etwas davon bemerkt hatte.

Wunderlich leben Gefahr und Friede nebeneinander, von der Mühsal des täglichen Lebens rätselhaft zusammengehalten, auf die rasende Scheibe der Zeit gesetzt, die, feucht von Blut und Tränen, dieses entsetzliche Jahr in seinen Untergang treibt. Wir hetzen uns ab, ich fahre auf dem Rad mit zentnerschweren Rucksäcken, manchmal stürzen mir die Tränen der Verzweiflung aus den Augen, ich meine, ich kann nicht mehr und dann denke ich an die Frau und an das Kind und es geht wieder. Wir ducken uns vor der Gefahr, wir atmen wieder auf, wir lachen, wir tanzen, ich schreibe meine heitersten Verse, es ist ein Idyll da draußen im Wald.

Meine Frau ist noch sehr schwach von ihrer Krankheit, aber sie leistet tapfer das ihrige. Józefa arbeitet fleißig im Haus, im Garten. Unendlich langsam ist alles, was sie tut, aber sie tut es gründlich. Sie hat sich völlig ein-

gewöhnt. Oft freilich tut sie uns leid, an Sonntagen gar; sie ist so ganz allein mit ihrem bißchen Deutsch. Sie schaut sich Zeitschriften an, baut sich aus bunten Bildern eine Welt. Sie singt schwermütige Lieder ihrer Heimat; und wenn ich Klavier spiele, horcht sie nicht etwa diesen Klängen, sondern fühlt sich nur um so lebhafter zu eignem Gesang angeregt.
Jeden Tag lernt sie mehr sprechen. Es ist, als könnte man, unterm Zeitraffer, die Entwicklung eines Kindes mitmachen. Dabei hat sie ja soviel zu lernen, nicht nur zu reden, auch ihre neue Umwelt zu begreifen, zu kochen, zu bügeln. Vieles tut sie mit erstaunlicher Selbstverständlichkeit, so daß es uns kaum zum Bewußtsein kommt, daß sie es zum ersten Male tut. Sie geht zum weit entfernten Krämer einkaufen, mit einem Zettel ausgerüstet. Brot und Milch kennt sie natürlich schon selber. Eines Tages bringt sie, strahlend übers ganze Gesicht, Backpulver; es war ihr nicht angeschafft worden. »Alle Leute sagen: Backpulver. Ich sagen auch Backpulver!«
Jeden Abend, den ich dienstfrei zuhause bin, holt sie mich zu Tisch mit der gleichen unerschütterlichen Redensart, die einem Kammerdiener des ancien régime Ehre gemacht hätte: »Herrrn Doktorr bitte Suppe essen!« Und wenn sie abgeräumt hat, bleibt sie stehen und fragt schalkhaft: Schachi? Sie weiß, daß wir abends eine Partie Schach spielen und schaut ein Weilchen zu, wie sich, ihr völlig rätselhaft, die Figuren bewegen.
Ich bringe ihr das Radfahren bei; der Weg zum Krämer ist weit, sie soll ihn mit dem Rade machen. Lachend steigt sie auf, lachend fällt sie herunter. Sie legt ihr ganzes Gewicht auf mich, die feste, bäurische Fülle ihres jungen Leibes, aber es bleibt ein unschuldiges Vergnügen und eine heitere Mühsal, bei der ich selbst wieder munter werde, die finstere Welt vergessend in Gelächter und Sonnenschein.

Wir dürfen nicht klagen. Noch steht unsere Welt, täglich bedroht, jeden Augenblick preisgegeben. Aber noch steht sie und das Kind wird wieder gesünder. Auch das Haus an der Isar steht noch; es ist wie ein Bergwerk, aus dem wir, was nur geht, herausschaffen; es ist wenig genug, was wir bergen können. So fahren wir mit Leiterwagen in die Stadt, Józefa und ich; es ist, in der glühenden Sonne, ein mühseliges Unternehmen. Ein Angriff überrascht uns; drei Stunden sitzen wir im Keller, unter den dröhnenden Schlägen der Bomben. Erschöpft kommen wir am Abend in Grünwald an, mit Küchengerät und Geschirr, mit allerlei Hausrat, der jubelnd begrüßt wird, als wäre er neu erworben.
Der Wald beginnt, seine Gaben zu spenden. Wir gehen in die Beeren und in die Pilze. Ein verlassenes, aber wohlumzäuntes Nachbargrundstück ist besonders ergiebig. Ich steige als erster über den Zaun, Józefa und meine Frau sollen folgen. Aber die sonst so Mutige zaudert. Sie steht auf den Latten und will meine Hilfe nicht. Ist sie feige? Nein, meine Frau erräts: Józefa, hast du keine Hose an? Sie ist an dieses Kleidungsstück nur schwer zu gewöhnen. Sie wird über und über rot, sie lächelt, hält ihren Rock fest um die Beine und springt. Sie bleibt an einem Draht hängen, fällt kopfunter in meine Arme, ich will sie halten, sie strampelt und liegt auf dem Boden. Ein ähnlich drolliges Gemisch von Schrecken, Sinnenlust und Verdutztheit habe ich kaum je erlebt, freilich, nur in dem Blitzen, in dem Sternschnuppigen lag der ganze Reiz, es war vorbei, ehe es recht begriffen war und ließ einem wilden und süßen Nachstrom der Fantasie alle Freiheit des Traumes – ein Augenblick mehr und es wäre eine allzuderbe Wirklichkeit gewesen.
Ich bin von Kind auf ein flinker Beerensucher, aber die Schnelligkeit, mit der Józefa ihr Krüglein voll-

brockt, grenzt an Zauberei. Ich bin berühmt als Schwammerlsucher, und wo keiner meiner Freunde mehr etwas findet, da sehe ich noch einen Steinpilz im Dickicht. Aber neben diesem Naturkind geh ich wie ein Blinder dahin, sie schlüpft wie ein Tier durch das Unterholz und holt die prächtigsten Kerle heraus. Oft geht sie jetzt auch allein in den Wald, vor Sonnenaufgang, und bis wir aufwachen, steht ein ganzer Korb voller Herrenpilze da. Über das Zeug, das ich mitbringe, Täublinge, Habichtspilze und Fleischschwämme, lacht sie zuerst, dann aber, wenn sie sieht, daß ich ernsthaft dabei bleibe, dergleichen essen zu wollen, rennt sie aufgeregt herum und beschwört uns, auf deutsch und polnisch, uns nicht dem sicheren Tod auszuliefern.

Das Leben geht weiter oder soll ich sagen, der Tod? Es kommen die fürchterlichen Angriffe des Hochsommers, drei hintereinander an drei Tagen. Gewiß, wir leben vor der Stadt, weit vom Schuß, wie sich später herausgestellt hat, aber die augenblickliche Gefahr ist groß genug. Die riesigen Wälder werden mit schwerem Eisen beworfen, im Norden stehen Säulen von Rauch und nachts schimmert es rosenrot über den Wipfeln. Schreckliche Botschaften kommen aus der Stadt, viel zu grauenvoll, als daß man klage, ja, daß man überhaupt begreife. Und Józefa, wer wollte es ihr verübeln, nimmt nicht Teil an dem Unglück, die ehrwürdigen Namen der Städte und ihrer Bauten, die wir uns schaudernd zuflüstern, bedeuten ihr nichts, sie ist weit trauriger darüber, daß ihre Post als unbestellbar zurückkommt, daß der Briefträger keinen Gruß aus der Heimat mehr bringt, in der nun lange schon die Russen hausen, die vor den Toren Krakaus stehen.
Am 13. Juli, kaum daß der letzte Schuß gefallen ist, radeln wir in die Stadt, meine Frau und ich. Ganz

München brennt. Das Feuer steht zwischen grünen Bäumen und blühenden Gärten, Häuserzeilen rauchen und lodern. Straßenschluchten stehen voller Hitze und Qualm. Wir fahren in eine Hölle von Trümmern und Splittern, an Trichtern vorbei, über Glasscherben und Schläuche der Feuerwehr. Das Gebälk ächzt und stöhnt, das Blech bäumt sich knatternd, die rasenden Flammen singen, schier klingt es süß in seiner verzehrenden Sehnsucht. Aber die Menschen widerstehen erbittert der lockenden Verzweiflung, sie löschen und bergen, wo schon nichts mehr zu retten scheint; andere treibt eine irre Sucht nach dem Entsetzen durch die brennenden Gassen, andere hocken stumpf, nach drei durchkämpften Tagen und Nächten, auf den verrußten, schmutzigen Resten ihrer Habe.
In dem Gewühl verlieren wir uns, das Feuer schlägt über uns zusammen. Vor den Trümmern meines Elternhauses treffen wir uns wieder. Ich heiße meine Frau bei den Rädern bleiben und steige in den Keller. Aus geborstenen Röhren braust das Wasser in der Finsternis. Plötzlich gibt der Boden nach, ich falle mit stürzenden Steinen bis an die Brust ins Ungewisse. Drunten rauscht laut der Stadtbach. Ich komme wieder hoch, ich tappe mich ans Tageslicht zurück. Ich möchte nichts sagen, aber die triefende Nässe und der Schrecken in meinen Augen verraten mich.
Unser Haus steht noch: braves Häuschen. Wir streicheln die Mauer. Wir steigen die Treppen hinauf, wir schauen die Möbel an, die Bücher. Ich schlage ein paar Töne auf dem Flügel an. Mit gewaltigen Rucksäcken, die uns mehr als einmal vom Rad werfen, fahren wir durch die zerstörten Straßen in unsern Wald zurück.
So ist das Leben: drei Wochen später, an einem stillen, warmen Augustsonntag, feiern wir die Taufe unseres Thomas. Die Freunde kommen zum festlichen Mahl, es

ist ein reiner, ungestörter Friedenstag. Józefa strahlt. Sie hat ihr buntes Tuch malerisch über den Kopf gelegt, sie hat die farbigen Opanken an, die ich vor Jahren aus Bosnien mitgebracht und die ich ihr geschenkt habe. »Fotografista?« fragt sie neugierig, so oft Besuch zu uns kommt. Heute kann sie in der Wonne schwelgen, sich von allen Seiten aufnehmen zu lassen. In ihrer Eitelkeit liegt noch eine bezwingende Unschuld. »Józefa, nicht immer die Männer anschauen!« warnt meine Frau. »Ich alle Menschen anschauen!« lacht sie dagegen. So oft sie im Dorf ist oder in der Stadt, bringt sie etwas mit, jedermann schenkt ihr was, so reizend und zugleich bemitleidenswert sieht sie aus, ein fremdes Bauernmädel.

Sie ist jetzt ein halbes Jahr bei uns, sie kann schon so viel deutsch, daß sie meiner Frau lange Geschichten erzählt, vom Teufel, der in einem verwunschenen Wirtshaus spukt, in dem zu frech getanzt und gezecht worden ist. Hahaha, lacht der Teufel im Kamin. Ein Märchen? Aber nein, nur fünfzig Jahre ist es schon her. Sie weiß Prophezeiungen, sie stärkt unsern arg ins Wanken geratenen Glauben an den Endsieg durch den Bericht heimatlicher Weissagungen: »Michalda sprechs!« sagt sie ernsthaft. Einmal hat sie arg Zahnweh. Sie nimmt ein brennendes Scheit aus dem Ofen, rennt damit ums Haus und vergräbt laut singend den Span in der Erde.

Józefa will nicht nur Dienerin sein, sondern auch Herrin; dazu hat sie sich den von unsern Freunden zurückgelassenen Mohr erkoren, einen gutmütigen Riesenschnauzer, der kaum durchzufüttern ist. Das arme, ewig hungrige Ungeheuer muß sich bequemen, polnisch auf seine alten Tage zu lernen. Er folgt ihr aufs Wort. Und ihr: »Mohr raus!« ist von weitaus durchdringenderer Wirkung als unsre erzieherische Bemühung.

So geht der Sommer in den Herbst, der Herbst in den Winter. Die schrecklich geballte Zukunft löst sich auf in eine Reihe von bitteren und süßen Tagen, die in einem unbegreiflichen Gang der Zeiten sich abwechseln. Das große Grauen kommt immer näher, wir wissen, daß es unentrinnbar ist, wir leben nur noch der Stunde und ihren Notwendigkeiten. Ich bin, wider meinen Willen, von meinem leichten Militärdienst entlassen worden, um das weit schwerere Amt eines Zeitungsschreibers auf mich zu nehmen, der trösten soll im Trostlosen, der schaudernd spürt, wie jedes gute Wort, das er hinschreibt, zwangsläufig dem Bösen dient, das fallen muß.

Ich lebe nach wie vor bald in dem Haus im Walde, bald in der halbzerstörten Wohnung überm Fluß, ich fahre weit herum, mit dem Rad und in bombenbedrohten, überfüllten, ungewissen Zügen, um für mich und die Meinen in oft beschämenden Bettelreisen Nahrung herbeizuschleppen. Immer endloser werden die Alarme, mehr als einmal stehe ich verzweifelt mit schwerem Gepäck in dem giftig brodelnden Haufen verstörter Menschen, die auf die Straßenbahn warten, oder ich gehe, wankend unter meiner Last, den ganzen Weg zu Fuß. Daheim aber ist das Glück, ist der Friede.

Von Józefa ist aus dieser Zeit nicht mehr viel zu berichten. Sie fängt an, eine Magd zu werden wie jede andere. Sie ist nicht gerade faul, aber träge, sie kommt uns vor wie ein Steppentier, das eine zu gute Behandlung nicht erträgt. Es fehlt nicht an Leuten, die uns warnen, eine Polin zu beschäftigen, gar ein Kind ihr anzuvertrauen. Man munkelt von Verschwörung der Ausländer, man erzählt sich die Geschichten von den Dienerinnen, die zum Dank für gute Pflege versprechen, ihre Herrin nicht lang zu quälen, sondern bloß kurzerhand umzubringen.

Natürlich lächeln wir über dergleichen Ammenmärchen; Józefa, das harmlose Kind, ist über jeden Verdacht erhaben. Und doch müssen wir bemerken, daß sie anfängt, störrisch zu werden. Es ist die alte Geschichte, von der schlechten Gesellschaft, die gute Sitten verdirbt. Daß ein Mädchen, das so allein unter fremd sprechenden Menschen lebt, bei seinesgleichen Anschluß sucht, ist so natürlich, wie daß sie, unter so viel Männern, ihn findet. Die Ostarbeiter, die ukrainischen Mägde, die polnischen Verschleppten spüren die Freiheit. Eine Welle von heimlichem Widerstand geht durch die Lager, wächst mit jedem Tag unserer Niederlage. In Józefas Verhalten ist, wie mit einem Meßgerät, das Schwanken der Weltgeschichte festzustellen, auch wenn sie selber nichts davon weiß. So war es vor zwei Jahren schon in Siebenbürgen, so war es voriges Jahr in Krakau. Und Józefa liest nicht nur die Zeitung, sie weiß auch sonst alles, und manches erfahren wir zuerst durch sie.
Eines Tages steht, von Bekannten empfohlen, ein Italiener am Gartentor. Er ist aus einem nahen Lager, er will bei uns arbeiten, er hat gehört, wir wollten Bäume fällen. Ja, wir haben die Absicht. Viel zu dicht stehen die Fichten ums Haus, sollen wir frieren, wenn uns das herrlichste Holz vor der Nase wächst? Der Mann heißt Giovanni, ein Abglanz des Don liegt noch auf seinem muntern Gesicht, wenn er auch längst ein abgerackerter Bauer geworden ist; er verfügt über den ganzen Reichtum an Herzenshöflichkeit, der seinem Volke eigentümlich ist. Pantalone, Hosen sind seine eigentliche Hoffnung und er zeigt uns die kläglichen Fetzen, die um seine Beine hängen. Ich bezweifle, ob ich ihm seinen Wunsch erfüllen kann. Un poco mangiare, darüber läßt sich reden. Wir nähren uns zwar seit geraumer Zeit selber fast nur noch von Kartoffeln, aber wer für uns arbeitet, soll auch von uns essen. Giovanni verspricht,

fleißig zu sein und er ist verblüffend fleißig. Freilich bringt er auch noch einen Kameraden mit, Ludovico, einen stillen Burschen mit Samtaugen, den wir nun durchfüttern müssen. Aber die Bäume fallen rauschend und rasch füllt sich der Schuppen mit genauen Scheitern. Hunger haben die zwei und Heimweh. Mit wenig Gaben sind sie zufrieden. Eine Tasse Kaffee, ein Stück weißes Brot und ein Hauch von Heimat, in der warmen Küche, macht sie glücklich und vergnügt. Was sollen sie mit Geld? Giovanni blättert seine zerrissene Brieftasche auf, die voller Banknoten steckt. Aber er zeigt sie nicht verächtlich, er zeigt sie wehmütig, ein armer reicher Mann aus dem Märchen. Der eigentliche Lohn besteht in Tabak, ein paar Fingerspitzen voll. Sie warten darauf, aber sie fordern ihn nie; und teilen ihn redlich.

Unser Italienisch haben wir überschätzt. Ist es nicht vor Jahren noch leidlich gegangen, hat es nicht genügt, sich durchs ganze Land zu schlagen, Züge und Wirtschaften auszukundschaften und dem feurigen Ansturm der Worte sogar ein wenig Stand zu halten? Ach, die Sprache scheint so vergessen, wie das Glück jener schweifenden Jahre hinabgesunken ist in die Winternacht dieses schweren Lebens. Ludovico ist stumm, er lächelt nur, aber Giovanni sprüht vor Eifer des Erzählens. Unermüdlich wiederholt er, was wir nicht verstehen, mit großen Gebärden hilft er seinen Worten nach, holt die Begriffe mit Händen aus der Luft, schüttelt die Schultern, rollt die Augen.

Józefa ist vom ersten Tag an die Betreuerin. Wenn es auch schon alte Männer sind, Männer sind sie doch und Genossen ihres Schicksals. Und Giovanni ist es gleich, ob er auf deutsch oder auf polnisch schlecht verstanden wird; das Wesentliche berichtet er unverdrossen: Mia cara Rosa, none piccoli, bella casa in Monte-

cassino, Tedeschi, Inglesi ... Und er vermag das Hin- und Herwogen der Kämpfe mit den Fingern zu gestalten, als wäre man mit dabei. Ob sein Haus noch steht, weiß er nicht, bei Nacht und Nebel ist er fortgeschleppt worden, wie Józefa, ah, du auch, Poveretta, er ist voller ehrlicher Rührung. Daheim ist er nicht arm, dreihundert Ölbäume hat er und Obst und Wein so viel, daß ers in Hülle und Fülle vor uns hinzaubert, aus leeren Händen, versteht sich: bitte, bedient euch! Er hofft, daß sie alle bald nach Hause kommen; aber er vermeidet mit Zartsinn, sich näher auszulassen; er will uns nicht kränken.
Józefa bleibt nicht lange müßig erstaunt, daß da schon wieder in einer andern fremden Sprache geredet wird. Sie hat dieselbe Begeisterung für Landkarten wie ich, und sie ist immer wieder ganz baff darüber, daß diese Länder und Orte, von denen man spricht, genau aufgezeichnet sind, so, daß man mit dem Finger drauf deuten kann. Sie zeigt auch den beiden, wo sie zuhause ist, weit weg vom Land, wo die Zitronen blühn. Und ich stehe dabei und denke der Millionen Menschen, die der Krieg verstreut hat, dergestalt, daß jetzt die schlitzäugigen Mongolen auf dem Marienplatz um die kleinen Feuerchen sich setzen und Münchner Bürger im fernen Sibirien vielleicht auch an ein paar brennenden Scheitern sich wärmen: und daß der Tag nicht fern ist, wo abermals eine Welt aufbricht zu schrecklichen Wanderungen einer unabsehbaren Verwirrung.
Józefa aber lernt allen Ernstes italienisch, sie lernt es so spielerisch leicht, wie sie Deutsch gelernt hat und Radfahren und sie wird es eben so rasch wieder vergessen. »Domani, giovedo matino, Holz sägi«, so kauderwelschen sie zusammen und lachen. »Segare, segare!« ruft Giovanni und schneidet mächtig durch die Luft. »Buon giorni, Signora Crotilda!« ruft er und

schwingt seinen schäbigen Filz, aber da versteht Józefa keinen Spaß: »Nix Crotilda, Frau Doktor!« Und im dampfenden, schwarzsilbernen November gehen die Söhne des Südens an die Arbeit.

Der Winter beginnt, es wird Dezember, der gefährliche Angriff des siebzehnten geht vorüber, Freunde sind tot, die gemarterte Stadt versinkt in ihr Sterben. Aber es kommt auch Weihnachten, Glanz und Gnade des Lichterbaumes, unsre beiden Freunde schwelgen in Spaghetti und rotem Wein, Józefa hat eine wunderschöne lederne Umhängetasche bekommen, meine Frau hat sie gemacht, jede deutsche Frau würde drum neidisch sein. Kleine Geschenke erhalten die Freundschaft: Józefa ist stolz und glücklich, sie dreht und wendet sich vor dem Spiegel, sie nimmt sie für eine Weile auch im Dienst wieder zusammen und alles scheint gut, wie es früher war. Aber der Anlauf bleibt kurz, sie verfällt wieder in ihre unangreifbare, muffige Lässigkeit, sie verschlampt ihre schönen Sachen, sie schlampt schließlich auch ihr Herz herunter. Längst hat sie nicht mehr ihre stille, muntere Heiterkeit, der Zauber ihrer siebzehn Jahre geht dahin, das Mädchen aus der Fremde beginnt, ein fremdes Mädchen zu werden.

Ein Unglück kommt selten allein; Thomas ist wieder kränker, ich selbst bin heftig erkältet und vom Dienst im Volkssturm bedrückt, von überall her stößt das Unheil, der Boden scheint hohl unter unsern Füßen. Da wimmern, am siebten Januar, die Sirenen, wir sind am Ende unserer Kraft, aber wahrhaftig, wir haben keine Zeit, müde zu sein. Taghell ist der Himmel, durch die klirrende Winternacht fallen blinkende Lichter, dann, kaum noch sich wehrend, sinkt die unglückliche Stadt in ihr Schicksal. Rosenrot steigt der feurige Rauch in die Lüfte, München brennt, die zertrümmerten Trümmer von München.

Schon wollen wir alle aus dem eisigen Keller steigen; Józefa, vor Schrecken noch blaß, trocknet ihre Tränen und läuft in den Schnee hinaus; da rauscht es abermals über unseren Köpfen, sirrend tönt es wie von tausend Sensen und in wuchtigen, grausamen Schlägen fallen die schweren Bomben. Eigentlich hatte ich diese Nacht in der Stadt verbringen wollen. Wir warten und schweigen. Unruhig und fiebernd schläft das Kind.
Endlich, nach Stunden, tief in der Nacht, sitzen wir im Warmen. Ist es ein Fest, das es zu feiern gilt? Ich hole eine unsrer letzten Flaschen, rot blinkt der Wein, wir schauen uns traurig in die Augen und ich sage: Diesmal hat es unser Haus getroffen, mir ist, ich sähe es in Flammen stehen. Und ich sage: Schau, es ist bestimmt der letzte große Angriff gewesen.
Es gibt Dinge, die wir im Innersten wissen, und die wir doch nicht glauben können. Eine winzige Hoffnung nährt noch das Herz. Am andern Tag nimmt mich ein Nachbar im Wagen mit in die Stadt. Weit kommen wir nicht, über Berge von heißem Schutt müssen wie klettern, die Toten liegen darunter und, wer weiß, wie viele Lebendige. Qualm hängt in den zerfetzten Straßen, still sausen die Flammen. Die Straße am Fluß ist leicht gebogen. Noch sehe ich nichts. Aber da, im Widerschein eines Spiegelschranks, der unter den Bäumen steht, erblicke ich das tanzende Spiel des Feuers. Und jetzt starre ich zu den leeren Fenstern hinauf, unser Stockwerk ist längst ausgebrannt, leere Mauern ragen, wo ein süßes Menschennest war, voller Bücher und Bilder, Kästen und Schränke, wo der Flügel tönte, wo das Lachen der Freunde klang; ein Funkenschwarm stiebt empor, stumm wie eine Fackel brennt das Haus herunter, von Stock zu Stock.
So schwer es ist, das Herz schlägt weiter. Wir stehen und schauen, wir gehen durch die zermalmten Straßen

zurück, wir fahren aus der brennenden Stadt hinaus. Alle Gedanken fallen in einen Abgrund. Aber plötzlich bleibt einer hängen, klammert sich an eine kleine Hoffnung: Der Keller! Ist nicht der Keller unversehrt? Der Nachbar ist bereit zurückzufahren, ein Weg bis zum Haus wird sich finden lassen. Meine Frau, die mit dumpfer Fassung die Hiobsbotschaft hört, ist rasch entschlossen. Eine Stunde später stehen wir vor dem Keller, brechen die Luke auf und steigen, unter der glostenden und qualmenden Schuttdecke, in die finstere Schlucht hinunter. Die Leitungsrohre sind geborsten, knöcheltief steht das Wasser, plätschernd, zu Eis gefrierend, rinnt es von den Wänden. Wir bergen, wir retten, was wir können. Heiß vor Anstrengung, durchnäßt, mit klammen Händen, blutend, zerschunden, holen wir Körbe und Kisten, Vorräte über schwanke Leitern herauf, verstauen alles in dem Wagen. Der Nachbar von draußen wird zum Freund, er arbeitet, als gälte es dem eigenen Besitz. Nacht ist es geworden, Funken fahren wie wilde Wespen aus dem knackenden Haus, ächzend unter seiner Last zieht der Wagen an, wir fahren, noch taumelnd, klappernd in nassen, vereisten Kleidern ...
Ein Unglück kommt selten allein, ich sagte es schon Ein Plätschern weckt uns in der Nacht, das Wohnzimmer schwimmt in Wasser: Die Heizung ist geplatzt. Es ist ein kleines Malheur, gemessen am großen Schicksal, aber es ist wahrlich mehr als ein Tropfen, um unsere Verzweiflung zum Überlaufen zu bringen. Wir wischen und schöpfen, einen Tag lang renne ich um einen Handwerker, um Verschlußstücke; ach, wir kommen überhaupt nicht mehr zu Atem vor Laufereien und Besorgungen, Behördengängen und Schereteien aller Art. Vielleicht will uns das Schicksal helfen, die Wucht seines schwersten Schlages zu zerstreuen.
Józefa nimmt an all dem kaum teil, sie sitzt warm und

bequem daheim, zu jeder Arbeit muß man sie erst holen, in ihrem Zimmer trödelt sie oder beschaut sich im Spiegel. Sie legt sich schlafen, sie streunt draußen herum. Wir sind empört über sie, wir erwägen, ob es nicht doch besser sei, sie fortzuschicken. Endlich stellt meine Frau sie zur Rede. Noch einmal bricht ihre bessere Natur durch, weinend wirft sie sich ihrer Herrin an die Brust und gelobt, wieder gut sein zu wollen.
Aber die schönen Zeiten sind vorbei, das Mädchen entgleitet uns, rätselhaft, keine Beschwörung hilft. Zu stark ist der Zug jener unsichtbaren Gegenkräfte, immer schwerer fällt das Gewicht unsrer Niederlage in die Waagschale. Der fürchterliche Stoß im Osten zittert bis zu dem stillen Haus am Wald.
Und doch ist noch unbegreiflicher, daß das Gefüge des wankenden Reiches hält, daß immer noch, zum unwiderruflich letzten Mal, wie wir glauben, Tage der Sammlung, ja, der Heiterkeit kommen: mitten im Verfall begehe ich meinen fünfzigsten Geburtstag, mit Gästen, mit Blumen, mit Geschenken. Ist es nicht so, als spielte auf einem untergehenden Schiff krampfhaft noch die Kapelle? Längst ist der Volkssturm aufgerufen, jeden Tag können selbst wir Alten in einen sichern Tod geschickt werden für eine verlorne Sache. Da werde ich, fast ist es eine Erlösung, abermals der Wehrmacht überstellt.
Je dürftiger wir, bei magerster Kost, in unsern Kleidern schlottern, desto üppiger geht Józefa auf; sie wird breiter und breiter, sie wird eitler, ohne schöner, fülliger, ohne eigentlich blühender zu werden. Ihre Stupsnase bekommt etwas freches, ihre Augen werden kleiner, uns däucht, sie werden tückisch. Ist es Einbildung, daß wir den Dämon darin leuchten sehen? Immer wieder mühen wir uns um die alte Unbefangenheit; aber schon lügt sie uns dreist an, wenn wir sie

fragen, wo sie sich den ganzen Nachmittag herumgetrieben hat.

Auch das Märchendrollige ihres Deutsch-Sprechens ist vorüber; nur selten noch sagt sie etwas dergleichen: Was ein Ochse sei? Vielleicht Mann von Kuh, aber nicht ganz. Warum wohl – es ist ein paar Wochen stiller gewesen – keine Flieger mehr kämen? Vielleicht (vielleicht ist ihr Lieblingswort) sie sind traurig, daß Roosevelt tot ist. Oft aber redet sie polnisch zu uns und lacht uns aus, weil wir sie nicht verstehen.

Auch in diesem Jahr wird es Frühling. Ist es der alte Frühling noch, rührt er mächtig verwandelnd ans Herz? Tränen tropfen auf die Veilchen, der Lerchenjubel wird überdröhnt vom Brummen der Tiefflieger, die mörderisch aus den Wolken stoßen. Der März schüttelt den Schnee ab, herrlich grünt das Land.

Die Rheinfront bricht zusammen, ich stehe über die Landkarte gebeugt und schmiere mit schwarzem Stift Deutschland zu, wie es hinschmilzt unterm Vormarsch der Feinde. Sind es Feinde? Sind es Befreier? Das zerrissene Herz weiß keine Antwort. Józefa steht dabei und schaut neugierig-ungerührt zu.

Ostern! Ist es möglich, daß so warme, stille Tage noch wie Edelsteine leuchten im niederstürzenden Schutt der Zeit? Thomas steht, er tut den ersten Schritt: es läuft eine geheime Geschichte des Alltags wunderlich unter der großen Weltgeschichte hindurch, das Menschenherz mißt das Leben nach anderen Gesetzen. Noch Mitte April gehe ich mit Freund Georg ins Dampfbad, wie seit zehn Jahren. Es hat etwas Gespenstisches, daß es das noch gibt, unangerührt unter Trümmern, in einer Zeit, da wir längst nur noch mit halber Stimme reden, wie in einem Sterbezimmer, wartend auf das Ende.

Die zwei Italiener, Giovanni und Ludovico, dürfen heim. Sie kommen nocheinmal, um sich zu verabschie-

den. Sie sind voller Schwung und Freude. Sie haben Tränen in den Augen; sie gehen als gute Kameraden, als ehrliche Männer; sie sind keine Plünderer und Strolche geworden. Noch einmal Tobacco, noch einmal vino zum Anstoßen: braver Ludovico, unvergeßlicher Giovanni! Seine muntern Hände flattern ihm schon voraus zu seiner Rosa, zu seinen neun Kindern, zu seinem weißen Haus unterm blauen Himmel seiner Heimat. Addio, addio, a rivederci! Wir müssen ihnen fest versprechen, sie zu besuchen, auch Józefa wird eingeladen und lachend verspricht sie, zu kommen.
Nicht alle fremden Männer sind so arglos. Längst haben sie das Täubchen ausgekundschaftet und unerwünschte Besucher stellen sich ein. Selbst im Dunkeln tönt es von heimlichen Rufen und Pfiffen. Und wenn Józefa jetzt einen Mann sieht, ist sie nicht mehr zu halten. Ich nehme sie ins Gebet. Ich sage ihr, daß sie jetzt frei ist, daß wir keine Gewalt mehr über sie haben. Sie kann gehen, sie kann bleiben. Aber wenn sie bleibt, muß sie sich für uns entscheiden. Ich warne sie vor der falschen Freiheit, die im Augenblick so verlockend scheint. Sie schwankt, sieht es wohl ein, aber zu bewachen ist sie nicht mehr.
Wir haben Angst um das Haus: wer weiß, wen sie herbeizieht. Wir haben Sorge um das Kind: wer kann prüfen, mit wem allen sie sich herumtreibt. Es wird unheimlich lebhaft hier außen am Rande der Stadt.
Ich selber kann nicht zu Hause sein. Im April, während die Welt schon zusammenbricht, bekomme ich Befehl, in den Lazaretten von Oberbayern Heiterkeit zu verbreiten. Die Amerikaner rücken näher und näher, wer weiß, ob ich noch heimkomme, ehe sie in München sind. Zum Glück zerschlagen sich die letzten Vereinbarungen, ich breche die Fahrt ab und komme zuhause an, als schon überall Bäume die Straßen sperren und

an den Brücken bösartige Narren mit der Lunte in der Hand stehen.

Am vierundzwanzigsten, in der Nacht, werden wir geweckt: Mit Kisten und Kasten, mit Kind und Kegel ist unser Freund, der eigentliche Hausherr, aus dem Salzkammergut angekommen. Nun wissen wir, daß unseres Bleibens nicht lang mehr sein wird, denn mit List und Gewalt erobert die böse alte Hausgehilfin ihre Rechte zurück, vertreibt uns mit gleisnerischer Zähigkeit vom Herd, aus Küche und Keller. Noch gelingt es uns, einen Teil unserer Sachen nach Nymphenburg zu den Eltern meiner Frau zu schaffen, mit dem Rest bleiben wir, wie in der Luft hängend, mit halbem Herzen.

Auf der Dienststelle feiern wir Abschied. Was heißt feiern? Ein paar Männer schweigen und trinken. Um drei Uhr früh, beim weißen Mondenlicht, rase ich mit dem Rad zurück. Es ist die letzte Fahrt. Am andern Tag, ich sitze und schreibe, ruft mich meine Frau an: das Rad ist ihr in Grünwald gestohlen worden, trotz der Absperrung. Wunderliches Menschenherz: der nahe persönliche Verlust erregt uns tiefer, als der Zerfall der Welt. Schönes, treues Rad! Lieb wie ein lebendes Wesen bist du mir geworden, Freund aus frohen Tagen, Helfer in härtester Mühsal. In allen Scheunen und Höfen suche ich, der Ort steckt voller marodierender Soldaten, Ungarn und Deutschen, es ist, durch die Technik kaum versachlicht, ein Bild aus dem dreißigjährigen Krieg: Das sind auf einmal ganz andere Menschen – so, wie sich immer zu bösen Zeiten das Angesicht der Welt wandelt und Züge zeigt, die man nie gesehen hat. Armer Wahn, aus diesem Dickicht von fahrendem Kriegsvolk und lauerndem Gesindel ein Fahrrad wieder herauszubringen. In den nächsten Tagen und Wochen sollten sie zu Tausenden gestohlen und zu Schanden gefahren werden.

Was nur Bericht und Gerücht war, Jahre lang, wird

bunte Wirklichkeit. Wirds und wird es nicht: Schattenhaft, wie Spuk und Traum bleibt der Durchzug der Truppen, der große Wald verschluckt Mann und Roß und Wagen, auf Scheiterhaufen lodert Heeresgut, Waffen und Gerät und blanke Fahrzeuge bleiben auf der Straße stehen, als stünde das Herz des Krieges still.
Plünderer und Ausschlächter erleben ihre große Stunde, es lösen sich wirklich alle Bande frommer Scheu, was gestern noch wertvoll war, gilt einen Dreck und angesichts solchen Verschleuderns fällt mir der Kamerad vom Jahre vierzehn ein, der auf dem Vormarsch gegen Ypern beim Anblick des ersten zusammengefahrenen Kraftwagens erschüttert in die Worte ausbrach: Welche Werte doch so ein Krieg vernichtet!
Gerüchte schwirren. Wird München verteidigt? Ist Hitler tot? Wir haben all die Jahre kein Radio gehabt und auch hier heraußen, sehr zu Józefas Leidwesen, die Wellen des Äthers nur selten bemüht. Jetzt aber hängen unsere Freunde den ganzen Tag an dem braunen Kasten, dem die ungeheuerlichsten Nachrichten entströmen, die je die Welt vernommen hat. Tanzmusik und Zitherklänge mischen sich kraß in die letzten gurgelnden Schreie der stürzenden Machthaber, in die harten Vernichtungsbefehle der Sieger. Die Widerstandsbewegung ruft auf und verstummt wieder, dann ist die große Stille, wie wenn ein mächtiger Eichbaum im Wipfel schwankt, um krachend zu fallen. Was wir seit zwölf Jahren gespürt, seit fünf Jahren gewußt haben, nun endlich geschieht es in schrecklichster Leibhaftigkeit: ein Heer löst sich auf, ein Krieg geht verloren, eine Welt sinkt in den Tod.
Sind wir vom Unmaß dessen, was wir erleben, überreizt, sind wir dumpf von den Schlägen, die auf uns niedergegangen sind? Wir wundern uns über uns selber, daß wir nicht aufgeregter sind. Selbst die Granaten,

die von jenseits des Flusses kommen und dicht vor uns in den Wald fahren, machen wenig Eindruck auf uns. Ein letzter Wehrmachtswagen saust heran, wir stehen auf der Straße im warmen Abendlicht. Ein junger Hauptmann, noch schneidig, als gelte es kühne Unternehmung, frägt nach dem Weg durch den Wald nach Süden, ich weise ihn auf der hergehaltenen Karte, der Fahrer stößt zurück, rennt mich um, ich stürze, der schwere Wagen geht mir über die Beine. Und daß ich mich unverletzt erhebe, ergreift mich wunderbarer als das zermalmende Schicksal, das im gleichen Atemzug über Deutschland rollt.

Es gibt Dinge, die genau so kommen, wie wir sie uns vorgestellt haben, und es gibt Ereignisse, für die wir kein Vorgefühl haben; sie sehen völlig anders aus, wenn sie da sind. In der Nacht hat das Wetter umgeschlagen, es regnet und schneit am ersten Mai; ein dumpfes mahlendes Rauschen weckt uns; aus den Fenstern spähend, sehen wir die Amerikaner unsere stille Waldstraße entlang rollen. Panzer um Panzer zerpflügt den Boden. Mächtig und kläglich zugleich ist der Anblick, denn die Soldaten sitzen, in bunte Betten, Decken und Zeltbahnen gehüllt, vom Regen überschüttet, verdrossen auf den eisernen Ungeheuern. Dann wird der Wald lebendig, Zäune werden eingerissen, Feuer angezündet. Und jetzt stiefeln, schlacksig und langbeinig, die ersten beiden Amis durch den Garten auf das Haus zu, stecken unsere Pistolen in ihre tiefen Taschen und spähen nach Photoapparaten und Schnaps. Alles geht viel rascher und glatter, als wir es uns gedacht hatten, wir wechseln sogar noch ein paar leidlich freundliche Worte über das schlechte Wetter. Ich muß an einen andern ersten Mai denken, an einen andern Truppeneinmarsch in München: als im Jahre neunzehn die weißen Garden blutig die Stadt einnahmen. Damals wie heute Befreier ...

Nocheinmal ziehen stillere Tage herauf, klare, heitere Frühlingstage: Trügerische Hoffnung, es wäre nun alles vorüber! Wahrhaftig, es schaut so aus, als bräche ein goldenes Zeitalter an. Ich sitze am offenen Fenster und schreibe. Was kümmert mich der Schwall von Gesetzen und Verordnungen, der über uns ausgeschüttet wird? Alle Wände kleben voller Zettel. Der Hunger ist ärger denn je, aber fast jedermann erwartet sich, angesichts des Überflusses, in dem die Amerikaner schwelgen, in naher Zeit schlaraffische Zustände. Alle liebäugeln schon mit der Taube, was sag ich, mit der Gans auf dem Dach, während ihnen der Sperling aus den Händen schlüpft: Die Geschäfte sind geplündert, die Ausländer holen sich, vor den Nasen der dastehenden Hausfrauen, Fleisch und Brot, ohne Geld und ohne Marken.

Józefa – sieh da, beinahe hätten wir sie vergessen in dem Trubel der Ereignisse; je nun, sie hat ihr eignes Leben gelebt, fremd neben uns her. Jetzt aber bringt sie sich durch eine wunderliche Tat wieder nachdrücklich ins Bewußtsein: Auch sie ist um Brot angestanden, ohne Aussicht, welches zu kriegen. Plötzlich besinnt sie sich ihrer Doppelrolle, läuft aus der wartenden Schlange der Frauen heraus und holt als Polin ohne weiteres, was ihr als deutscher Hausgehilfin vorenthalten wird: Verschmitzt lächelnd legt sie uns zwei Wecken nebst Geld und Marken auf den Tisch.

Wir lachen wohl auch, bitten sie aber doch, es bei diesem einmaligen Versuch bewenden zu lassen. Zwiespältig, wie solcher Spaß es zeigt, ist auch im Ernst des Mädchens Stellung zu uns. Kein Zwang hält sie, keine Freiheit löst sie: unsre Dienerin muß sie nicht mehr sein, aber wo hätte sies besser? Ein Franzose verspricht ihr, sie zu heiraten; in ihrer Heimat hausen die Russen. Wenn wir umziehen, haben wir kein Bett für sie, geschweige denn ein Zimmer. Wenn wir bleiben, ist ihr

das Zusammenarbeiten mit der immer herrschsüchtiger werdenden Köchin nicht zuzumuten. Und schließlich, sie leistet kaum mehr so viel, daß es die Anstrengung lohnt, sie mit durchzufüttern. Sie selber weiß nicht, was sie will, verspricht bald uns, zu ihrer Mutter heimzugehen, bald wieder erliegt sie den Lockungen ihrer Freunde.
Da tut das Schicksal selbst den Hieb in den gordischen Knoten. Ein Gerücht läuft durch die stillen Waldstraßen, gleich darauf kommen wirklich die Amerikaner angefahren: alle Häuser müssen geräumt werden, bis zum nächsten Morgen schon. Die Möbel haben an Ort und Stelle zu bleiben, nur die Dinge des täglichen Bedarfs dürfen wir mitnehmen.
Zu Rückfragen an den lieben Gott haben wir keine Zeit. Es ist sechs Uhr abends. Wir nehmen, was uns trifft, in die innerste Seele gar nicht auf. Die Wirklichkeit, allzu unvermittelt, wird leicht das Unwirklichste; und wie man einen lebensbedrohenden Schuß oft nur als einen dumpfen, kaum schmerzenden Schlag verspürt, so verbirgt auch eine ungeheuerliche Nachricht ihre tiefere Bedeutung im Nur-Aufregenden. Und selbst diese Erregung wird gemeistert: die Zeit vergeht, wir müssen packen, wir brauchen die letzte Kraft, um zu bergen und zu verbergen, was uns gehört, Reste nur noch des einstigen Besitzes, wie wenig, wenn man seiner bedarf, wie viel, wenn er in Bewegung gesetzt werden muß. Schweiß ist besser als Tränen: um Mitternacht sind wir völlig erschöpft, im Garten trinken wir aus letzten Gläsern den letzten Wein. Die Luft ist warm, die Blumen duften, hoch über schwarzen Wipfeln steht der Mond.
Größeres Unglück geschieht zu dieser Stunde, uns ist das unsre groß genug. Mit Finsternis ist die Welt verhängt, wer einmal aufbricht, weiß nicht, wohin es ihn treibt, ob er wieder heimkehrt und wann.

Józefa ist nur unnütz herumgestanden, wir haben sie ins Bett geschickt. Gegen Morgen ist auch die Männerarbeit getan, aber lang noch rumpeln und rascheln die Frauen durch das verstörte Haus.

Mit dem ersten Tageslicht sind wir wieder am Räumen; ich versuche, Bilder und Sessel, Teppiche und Bücher auf dem Leiterwagen durch die leere Straße aus dem Sperrgebiet zu schaffen, aber schon springen Soldaten aus dem Versteck, herzlos treiben sie mich zurück, mit geladenem Gewehr auf mich zielend. Um acht Uhr steht der Lastwagen vor der Tür. Unsre Freunde brauchen ihn nicht, sie haben in der Nähe Unterschlupf gefunden. Der Offizier drängt zur Eile, nur um uns zu hetzen, wir schleppen, meine Frau und ich, mit jagendem Herzen und schmerzenden Armen, wir halten aus, weil wir einander die Treue halten und weil in Minuten alles auf dem Spiel steht: was wir nicht wegbringen, ist abermals verloren. Der Fahrer, ein breiter, blonder Mann, hilft uns, das Gepäck in den Wagen zu heben, er tuts aus freien Stücken, ja, aus Menschengüte tut ers.

Es verlautet, wir würden am andern Isarufer, in Solln, ausgeladen und einquartiert werden. Der dumme alte Münchner Spruch: »Was solln wir in Solln?« geht mir nicht aus dem Kopf, er hängt sich mit der ärgerlichen Zähigkeit einer Klette ins Gehirn. Meine Frau, die das Englische leidlich beherrscht, unterhandelt heimlich mit dem Fahrer, verspricht ihm eine Flasche Schnaps, wenn er uns zu ihren Eltern nach Nymphenburg bringt. Er wills tun, er muß ohnehin in die Gegend, zu seiner Tankstelle.

Was aber tun wir mit Józefa? Gestern abend hat sie noch gesagt, sie will hier bleiben und zu ihrem Franzosen nach Grünwald gehen. Ich habe ihr den Lohn ausbezahlt, meine Frau hat ihr einen schönen dreiteiligen Klappspiegel geschenkt, Józefa ist ganz närrisch gewesen vor Freude und hat, nocheinmal ein zutrauliches, dankbares Kind, meine Frau unter Tränen umarmt. Jetzt aber ist sie schon wieder weit weg, mit nichts als ihrem Kram beschäftigt, unschlüssig hin und her laufend, während wir uns mit den schweren Stükken abschleppen und das noch verschlafene Kind aus dem Bett holen, das auch noch zerlegt und verpackt werden muß, während der Transportleiter schon die sofortige Abfahrt befiehlt.

Von der Eile bedrängt, will sie jetzt doch mit uns fahren, sie steigt mit meiner Frau zu dem blonden Riesen auf den Führersitz, ich selber klettere hinten aufs Gepäck, der kleine Thomas wird auf ein Federbett in einem Waschzuber gesetzt, und fort gehts ins Ungewisse.

Ich mag mir noch so oft vorsagen, daß wir ja nicht aus der Welt fallen: gerade das, daß wir heimatlos sein sollen mitten in der Heimat, die friedlich ihrem Alltag nachgeht und auf vertrauten Straßen lärmt und bimmelt, stimmt mich so wehmütig. Thomas in seinem Schaff schaukelt, von der scharfen Fahrt geworfen, halb ängstlich und halb vergnügt, er kann nicht wissen, daß es nicht ausgemacht ist, wo er heut nacht schlafen wird und warum es seinem Vater so schwer ums Herz ist.

Die Brücken sind gesprengt, wir müssen auf jeden Fall über München fahren. Wir überqueren die Isar: jetzt wird es sich entscheiden, ob der Fahrer sein Wort hält, ob er uns, nach Westen, oh nach Westen hin, zu den Eltern bringt. Aber was ist das? Er biegt nach Süden ab, der Wagen rattert wieder isaraufwärts. Was ist geschehen? Ich kann mich ja mit meiner Frau nicht verständigen; aber es ist kein Zweifel mehr, wir fahren nach Solln. Und halten auch schon vor dem Rathaus.

Ich springe vom Wagen herunter, ich frage verstört meine Frau, was los ist. Józefa hat sich plötzlich doch wieder geweigert, mit uns zu kommen, sie will in Solln

ausgeladen werden und von da nach Grünwald zurück. Meine Frau hat nachgegeben, der Fahrer in seiner Gutmütigkeit auch. Aber schon braust der Jeep des Transportoffiziers an, jede Weiterfahrt wird verboten, wir sitzen in der Falle.
Der Tag wird heiß, die Stunden dehnen sich, wir sind mißmutig, das Kind fängt zu quengeln an. Auf der Straße stehen wir, und auf der Straße soll unser Gepäck abgeladen werden. Niemand will uns haben. Ich zanke mit meiner Frau, sie fängt zu weinen an, Józefa steht verstockt da und weiß wieder nicht, wohin sie will. Denn nach Grünwald, das hätte ich ihr gleich sagen können, kann sie von hier aus nicht, weil ja die Brücke im Wasser liegt.
Endlich erwischen wir einen Mann vom Bürgermeisteramt. Er hat keinen Platz für uns, er weiß von nichts. Ein Zimmerchen, besten Falles. Und was ist mit dem Fräulein? Wir erklären ihm alles, er wäre froh, uns anzubringen. Was solln wir in Solln? das ist auch seine Meinung. Ja, und wenn das Fräulein polnische Staatsangehörige wäre, dann gäbe es eine ganz einfache Lösung, mehr noch, eine amtliche Vorschrift: sie muß in das Ausländerlager in der Tegernseer Landstraße.
Der Wagen steht immer noch in der prallen Sonne, das Zifferblatt der Kirchturmuhr weist die Mittagsstunde. Halbwüchsige Deutsche streunen um uns herum und neugierige Ausländer gaffen uns an. Ein Bursche schreit wild auf uns ein, jetzt setzen wir das Mädel auf die Straße, nachdem es uns lang genug den Pudel gemacht habe. Es droht, eine unerquickliche Szene zu werden. Da preschen Amerikaner an auf ihren plumpen Käferwagen. Sie horchen in das Sprachgewirr, sehen das Mädchen stehen, natürlich muß es ins Lager. Sie machen sich, wie der Münchner sagt, eine Gaudi draus, sie dort oder weiß Gott wohin zu entführen. Neue, lustige Freunde

umgeben Józefa, lauter junge Männer. Wir sind schon vergessen. Aber jetzt, da sie schon den Jeep besteigen will, ergreift sie doch die Wehmut des Abschieds. Das Gedächtnis schöner Zeiten zerstreut die Wolke des Ärgers. »Thomasch!« ruft sie und streichelt zärtlich das Kind. Sie umarmt meine Frau, sie gibt mir die Hand. Ich stecke ihr rasch noch einmal Geld zu und eine Karte mit unsrer neuen Anschrift. Wenn sie uns besuchen will, wenn sie etwas braucht, sie soll uns immer willkommen sein, sage ich und meine Frau ruft ihr nach, sie solle nach Ochodnica fahren, heim, zu ihrer Mutter.
Ich denke einen Augenblick an das herrliche Land der Goralen, an die stahlblauen Berge, an den schimmernden Dunajec, an die bunten Trachten. Und sehe Józefa, halb verstädtert, halb noch das Bauernkind, in den Wagen steigen. Sie hat das farbige Tuch malerisch wie immer um den Kopf gelegt, die noble, helle Ledertasche umgehängt. Den wollenen braunen Schal, aus dem sie damals so ängstlich wie ein Igelschnäuzchen geschaut hat, trägt sie leicht überm Arm. Ein Köfferchen ist immer noch ihre ganze Habe, wenn es auch zehnmal so viel ist als das Bündel, das sie mitgebracht hat.
Sie winkt noch einmal, wir winken zurück, Thomas jauchzt ihr nach. Die Umstehenden sind gerührt, die Feindseligkeit löst sich, mit Gelächter braust der Wagen, das erdbraune Insekt, in die maigrüne, lerchenwirbelnde Landschaft hinaus.
Um uns wird es still. Man hat uns vergessen. Der Fahrer sitzt rauchend und mit Gräsern spielend am Straßenrand. Einmal kommt ein Mann, befiehlt uns barsch, wir wissen nicht in wessen Auftrag, unsre Siebensachen auszuladen. Aber ich weigere mich, noch scheint mir der Wagen die letzte Hoffnung. Und der Unhold entfernt sich brummend. Der Fahrer ist aufgestanden, er horcht

und späht um sich: nichts rührt sich. Hällo! ruft er fröhlich, wirft den Motor an, wir klettern auf unsre Plätze und der Wagen rast los, daß ich den Thomas mit beiden Händen in seinem tanzenden Schaff halten muß. Staub und Laub wirbelt herein. Wir sind in der Stadt, wir fahren durch die langen, zerstörten Straßen, wir biegen in die kleine, von Blütensträuchern fast zugewachsene Fuststraße, wir sind zuhause.
Sind wir zuhause? Das Erdgeschoß steckt voller Amerikaner, im Schuppen haben sie ihre Küche. Unterm Dach hausen Russen; die schnippische Eugenie, sie ist über Nacht aus der Magd zur Herrin geworden und hat ihren ganzen Anhang mitgebracht. Aber ein notdürftiger Unterschlupf bleibt uns doch, wenn wir zusammenrücken. Der Fahrer hilft uns, die Kisten und Kasten, die Kübel und Bündel auf die Straße zu stellen, wir stecken ihm mit herzlichem Dank seine Flasche zu. Er allein ists ja, der uns gerettet hat, Gott mag wissen, wo wir sonst geblieben wären.
Am Abend sitze ich noch spät allein, golden leuchten überall die Lichter aus dem Maiengrün. Wunderlicherweise, erst heute und hier, in der neuen Umgebung, wird es mir bewußt, daß der Krieg vorüber ist, daß keine Sirene mehr tönen, keine Bombe mehr fallen wird. Lang sinne ich dem Geheimnis nach, wie wir alle dieses Jahr haben erleben können, dessen dunkel drohende Wucht sich in lauter tätige Tage aufgelöst hat, süße und bittre. Ich schreibe in mein Taschenbuch, in dem ich nüchtern die wichtigsten Ereignisse festhalte. Seit geraumer Zeit gibt es dergleichen nicht mehr zu kaufen und so dient mir das meine schon seit manchem Jahr. Und da bin ich doch betroffen, wie ich unmittelbar über den Zeilen, die das heutige Abenteuer vermerken, den Eintrag lese: 16. Mai: Nachts in der halbzerstörten Wohnung, völlig erschöpft in der Uniform

aufs Bett geworfen. Rätselhafter Ruf durch den seit Wochen lahmgelegten Fernsprecher: Ein Mädchen aus Polen ist für uns angekommen, Józefa Chrobak. Die hat uns der Himmel geschickt ...

Nachschrift: Zum Glück ist Józefa der besseren Einsicht gefolgt, sie ist, trotz der russischen Besetzung, nach Polen zurückgekehrt und hat geheiratet. Wenn sie auch ihr Deutsch so schnell wieder vergessen hat, wie es ihr angeflogen ist, sie schreibt uns seit dem Vierteljahrhundert manchen polnischen Brief – es sei die schönste Zeit ihres Lebens gewesen. Und wir haben ihr ab und zu Pakete geschickt: so bleibt Erinnerung lebendig an eine Zeit, deren großes Unglück und kleines Glück sonst längst im Alltag verschollen ist.

DER BERICHT DES NACHBARN

Den Mörder habe ich gut gekannt. Den Kopf, den sie ihm nachher abgeschlagen haben, den hab ich oft zwischen den Händen gehalten, vor dreißig Jahren, wie es noch ein rundes Kinderköpferl war mit einem schier weißen, seidenweichen Wirbel drauf und zwei kugelblanken, wasserhellen Augen drin. Später ists dann ein rechter Bubenschädel geworden, ein rotbackiger, immer vergnügt und breit vor Lachen.
Mehr als einmal ist ein Loch in den Schädel geschlagen gewesen und einmal sogar eins, das der Bader hat zunähen müssen. In der Holzlege haben die Lauser gespielt, wie halt Kinder spielen. Es ist seinerzeit der Raubmörder Kneissl gefangen worden und weil ein romantischer Lump noch immer was gegolten hat im Volk, haben die Großen wie die Kleinen von nichts anderem erzählt und der Knecht hat auch nichts besseres gewußt, als daß er den Buben gezeigt hat, wie jetzt der Kneissl um einen Kopf kürzer gemacht wird und hat mit dem Beil einen Fichtenast abgehackt, daß die Schneide im Holzstock geblieben ist.
Die Kinder müssen alles nachmachen, der Toni ist als Raubmörder ausgezählt worden und der Fuchsbauernkaspar hat den Scharfrichter spielen sollen. Es hat aber keinem seine Rolle recht gepaßt und da haben sie ausgemacht, daß sie hernach tauschen und es nocheinmal tun; aber so weit ist es nicht mehr gekommen, damals. Der Toni nämlich legt den Kopf auf den Holzstock, der Kaspar, noch keine sechs Jahre alt, hebt das Hackl auf, aber da ist es ihm zu schwer und schon fährt die scharfe Axt dem Toni ins Genick und das Blut läuft in Strömen den Hals hinunter.
Es ist natürlich nicht so arg gewesen, wie es zuerst her-

geschienen hat; aber die Spitznamen sind den zwei Burschen geblieben. Wo sie sich haben sehen lassen, sind sie damit gefoppt worden: »Da kommt der Kneissl und sein Henker!«
Was aber den Toni anlangt, so ist er ein braver und fleißiger Mensch geworden, er hat auch den großen Krieg mitgemacht, vier Jahre lang und ist wieder gut in die Heimat zurückgekommen, wo er dem Vater geholfen hat als Wegmacher und in der kleinen Häuslwirtschaft. Der Vater ist dann lang krank gewesen, die Mutter war schon unter der Erde. Der Doktor und die Medizinen haben den Vater auch nicht gehalten, aber das Häusl haben sie hart angepackt und wie jetzt die Millionenzeit gekommen ist, hat sie das ganze Sach mitgerissen und die tüchtigsten Hände haben es nimmer halten können.
Der Toni hat dann, wie der Vater eingegraben und das Gütl vergantet war, aus der Gegend fort wollen, so hart es ihn auch angekommen ist. Aber in der letzten Stund noch ist er dem Fuchsbauernkaspar, seinem Spielkameraden, in die Hände gelaufen.
Der hat sein absonderliches Schicksal hinter sich gehabt. Er ist nämlich noch keine vier Wochen wieder daheim gewesen. Aus Sibirien ist er gekommen, aus russischer Gefangenschaft, im Frühjahr zweiundzwanzig.
Seitdem ist er schier Tag und Nacht beim oberen Wirt gesessen und hat erzählt. Es ist zuerst ein mordialisches Geriß um ihn gewesen, weil er so viel zum Reden gewußt hat von den Kosaken und wie ihn die vom Pferd heruntergestochen haben, denn er hat bei den schweren Reitern gedient, und wie sie ihn immer weiter hinein verschleppt haben ins tiefste Rußland. Und wie sie Gras gefressen haben vor Hunger und wie die Seuche ausgebrochen ist im Lager, daß sie hingestorben sind wie die Fliegen. Und er, der Kaspar, war auch schon

für tot auf einen Karren geworfen worden, aber ein Kamerad, der Leitner Peter von Aufhausen, hat gesehn, wie sich mitten in dem Totenhaufen an einer Hand plötzlich die Finger gerührt haben. Und er hat die Hand gepackt und nicht mehr ausgelassen, bis der Karren in die Leichengrube abgeladen worden ist. Und hat so den Kaspar noch einmal ins Leben zurückgeführt. Aber den Leitner Peter haben sie drei Tage später hinausgefahren und dem ist nicht mehr zu helfen gewesen.

Den Kaspar hat es nach der Zeit noch weit verschlagen, die Bolschewiken sind gekommen und dann wieder die Weißen und noch einmal die Roten, und es sind die meisten Kriegsgefangenen damals elend zugrund gegangen. Der Kaspar ist wohl herausgekommen, über China, aber spät erst und an seiner Gesundheit und Kraft hat er bösen Schaden gelitten; das muß man ihm freilich zugut halten.

Er hat also erzählt und getrunken und wieder erzählt und immer ruhmrediger ist er geworden. Aber was die vernünftigeren Männer waren, die haben sich die Geschichten nur einmal angehört oder vielleicht zweimal und sind dann ausgeblieben; oder sie haben dem Kaspar rund heraus gesagt, er soll froh sein, daß er wieder daheim ist und soll lieber auf den Hof schauen, als andre von der Arbeit abhalten.

Der Fuchsbauernhof ist nämlich, vor sie ihn damals zertrümmert haben, der größte Besitz weitum gewesen und der schönste jedenfalls. Von der Bank bei der Tür aus hat eins die ganzen Berge frei über den See hin betrachten können und einen so prächtigen alten Schlag Nußbäume findet eins nicht leicht wieder, wie der hinterm Hof war, den ganzen Hügel hinunter. Es hat uns bitter weh getan, wie sie den ganzen Bestand geschlagen haben; es ist gewesen, als ob alles hin sein müßte, und wir haben uns ja nicht wehren können, damals, wo jeder Bauer froh war, wenn sie ihn nicht selber gelegt haben. Die alte Axt hat freilich nicht mehr mitgeschwungen, mit der damals der Kaspar dem Toni ins Genick getroffen hat, der Scharfrichter dem Kneissl. Die liegt auf dem Gericht in Traunstein, wahrscheinlich heut noch.

Seit dem Krieg ist der Hof verwahrlost gewesen. Mit seinen Kindern hat der Bauer kein Glück gehabt. Der Älteste, der Gregor, ist gleich im Oktober vierzehn bei Ypern gefallen. Der wäre der Rechte gewesen für das Anwesen. Die Tochter, die Walburga, hat sich vor der Zeit auszahlen lassen, noch als blutjunges Ding hat sie sich an einen Schönschwätzer aus der Stadt gehängt, der Lump hat das Geld verputzt und hat sie sitzen lassen, in Hamburg oder wo; und heim hat sie sich nicht mehr getraut.

Wie jetzt auch noch der Kaspar vermißt war und in Rußland verschollen, da war kein guter Geist mehr über dem Hof. Der Alte hat die Zügel schleifen lassen, er hat keinen Sinn mehr gesehen, um den er sich plagen sollte. Die Frau ist ganz verhärmt gewesen und aus der Kirche fast gar nicht herausgekommen. Und die Dienstboten haben Schindluder getrieben mit den geschlagenen alten Leuten und schließlich hat der Bauer sie fortgejagt, weil ihm der leere Stall und das Unkraut auf dem Acker lieber war als die Lotterwirtschaft der Knechte und Mägde im Hause.

Der gute Geist ist auch mit dem Kaspar nicht zurückgekommen; denn der hat keine Kraft mehr mitgebracht zum Wiederanfangen. Und wenn ihn einer drum angeredet hat, dann hat er bloß gesagt, hab ich acht Jahre warten müssen, kann ich ein neuntes auch noch warten und ich habe mitgemacht genug und geleistet für die Heimat.

So hell ist er aber doch gewesen, daß er gespannt hat, wie Warten zehrt und daß, wer nicht sät, auch nicht ernten kann. Wie er also damals seinen Gespielen wieder getroffen hat, in einer Zeit, wo kein Ackerknecht zum Auftreiben war und ein so guter wie der Toni schon gar nicht, da hat er ihn nicht laufen lassen.
So gern der Toni in der Heimat geblieben ist, grad beim Fuchsbauern wär er lieber nicht eingestanden. Aber der Kaspar hat ihm ein Gelöbnis ums andre gemacht und die Alten gar haben gebettelt, daß er dableiben soll. Und wirklich ist dann auch der Kaspar den Sommer über besser zum haben gewesen, der Bauer selber hat wieder Freude gehabt und der Toni hat angeschoben, für drei. Und vielleicht wär noch alles gut geworden, wenn den Bauern nicht am Leonharditag ein Roß geschlagen hätte. Und er ist noch bis gegen Weihnachten herumgelegen und dann ist er gestorben.
Jetzt ist der Kaspar Herr auf dem Hof gewesen. Er hat seine guten Vorsätze schnell vergessen, hat das Wirtshaussitzen wieder angefangen und das Aufdrehen und die Leut rebellisch machen mit Rußland und den Bolschewiken. Aber zuletzt haben ihm nur mehr die Hallodri zugehorcht; und gegen einen Schnaps haben es ihm die jeder Zeit bestätigt, daß er sich den Dank des Vaterlandes verdient hätte und was er sonst gern gehört hat.
Um seinen Hof hat er sich wenig geschert. Hier und da ist er für ein paar Tage oder Wochen bei der Arbeit gewesen, dann hat er sie grad so jäh wieder liegen lassen; auf ihn zählen hat man nicht können. Der Toni war es gar nicht einmal unzufrieden. Wenn der Bauer sein Biergeld gekriegt hat, ist ihm sonst alles recht gewesen und angeschafft hat bloß der Toni. Im Rausch hat der Kaspar zwar manchmal große Sprüch gerissen, wer denn hier der Herr sei und wer der Knecht. Aber es

hat niemand aufgepaßt, der Toni nicht, die alte Mutter nicht und das Gesinde nicht.

Der Toni ist der wahre Bauer gewesen und ist mit dem Hof mehr und mehr verwachsen von einem Jahr ins andre. Jede Ackerbreite hat er gekannt und jeden Boden, jede Kuh und jede Henne, jeden Baum im Wald und jedes Stück Holz und Eisen im Schuppen. Das Beil von damals ist auch noch darunter gewesen; er ist einmal eigens zu mir herübergekommen, wie er es gefunden hat. Ich hab noch Spaß gemacht seiner Zeit und weil ich einmal als Bub in einem Indianerbüchl so was gelesen habe, hab ich gemeint, er sollt es eingraben, tief in die Erden, damit kein Streit daraus werden könnt und kein Unfrieden. Aber im Ernst haben wir uns alle zwei nicht viel dabei gedacht.

Nicht lang drauf ist, gegen alles Vermuten, die Walburga wieder aus der Fremde gekommen. Sie ist zuerst bei mir eingekehrt, ich hätte sie nicht mehr gekannt, aber sie ist noch ein schönes und festes Frauenzimmer gewesen, wenn sie auch viel mitgemacht hat draußen. Und sie hat mich nach allem gefragt und ich hab ihr die Wahrheit gesagt über den Kaspar und den Toni. Und dem Toni hab ich Botschaft gegeben, daß er herüberkommen soll und dann haben die zwei sich gesehen, seit ihrer Jugend wieder zum erstenmal; und er ist so gut zu ihr gewesen und hat ihr Mut gemacht zum Dableiben, dem Bruder würde es schon recht sein, dem Bauern; und der alten Mutter gar.

Der Bruder, der Kaspar, hat gesagt, wenn sie kein Geld will, arbeiten und essen kann sie gern und lachen müßt er, wenn der Gregor gar nicht gefallen wär und auch wieder heimkäme; und er ist gar nicht unwirsch gewesen zu seiner Schwester, damals, im Anfang, weil er endlich wieder ein Paar Ohren gehabt hat, denen er die alten Geschichten aus Rußland neu hat erzählen können.

Die Walburga hat das Bäuerische nicht vergessen gehabt und doch allerhand Städtisches dazugelernt. Es ist gewiß nicht wahr gewesen, daß sie draußen ein schlechtes Mensch geworden war, aber die Leute im Dorf haben allerhand wissen wollen und haben es ihr nicht leicht gemacht. Sie aber hat es still ausgehalten und es ist ihr Hilfe genug gewesen, daß die Mutter auf ihrer Seite gestanden ist und der Toni auch. Sie hat eine glückliche Hand gehabt und es sind nicht bloß die Nelkenstöcke im Fenster gewesen, die neu geblüht haben, seit sie wieder da war.
Es hat damals so hergeschaut, als müßte alles gut hinausgehen. Der Kaspar ist zufrieden gewesen, wenn er zum Schein hat anschaffen dürfen und wenn er sein Geld gekriegt hat und es ist ja die papierene Zeit gewesen, in der es gleich war, ob einer heut die Fetzen versäuft oder ob er sie morgen wegwirft.
Aber dann ist über Nacht die neue Mark gekommen und die Pfennigwirtschaft hat angefangen. Ein blanker Taler ist wieder rar gewesen und ein Bauer hat fest dahinter sein müssen, sonst haben sie ihm schnell Schulden angehängt und dann noch schneller den Hof zertrümmert.
Jetzt ist der Unfrieden angegangen. Der Kaspar ist tückisch geworden und hat den Herren herausgehängt hinten und vorn. Er hat das Geld vertan, das für das Saatgut gehört hätte und ist mit den Rössern in die Stadt gefahren, wenn sie auf dem Acker am notwendigsten gebraucht worden wären. Die Schwester hat er einen Fetzen geheißen und den Toni hat er beschimpft und er wüßte schon, wo sie hinauswollten, aber da hätten sie die Rechnung ohne ihn gemacht.
Zwischen den beiden ist gewiß die Liebe schon hin und her gegangen vom ersten Tag an, wo der Toni die Walburga an der Hand wieder in ihre Heimat geführt hat.

Aber leicht haben sie es dieser Liebe nicht gemacht, denn es sind saubere und harte Menschen gewesen und sie haben sich schier feindselig voneinander gesprengt, wenn es sie allzuwild zusammengetrieben hat. Tief drinnen ist freilich wohl eine Süßigkeit gewesen, von der die schwachen Menschen nichts wissen, die gleich beim ersten Schub übereinanderfallen wie die Kegel.
Der Kaspar hat es immer schlechter getrieben, aber die zwei haben es ausgehalten, weil sie dableiben haben müssen, auf dem Grund und Boden, aus dem sie sich nicht haben reißen können. Die alte Mutter ist drüber gestorben, in Kummer und Verzweiflung. Und auf dem Sterbebett hat sie gesagt, »was einem der liebe Gott nimmt, soll man ihm lassen, sonst bringt's einem der Teufel wieder!« Und es ist wirklich eine höllische Zeit geworden auf dem Fuchsbauernhof. Und dann ist das Verhängnis gekommen, Schlag auf Schlag.
Der Bauer hat dem Toni gekündigt. Das hat er schon oft getan gehabt, aber es immer ein leeres Gerede gewesen, von dem er am andern Tag nichts hat wissen wollen. Aber diesmal sind sie hart aneinandergefahren, und der Toni hat gesagt, jawohl, er geht; und hat in der ersten Wut den Koffer gepackt. Und der Kaspar hat eingespannt und ist über Land gefahren. Das ist im Jahr sechsundzwanzig gewesen, an einem Sonntag, mitten in der Erntezeit.
Der Toni hat wirklich fortgehen wollen, ohne Abschied, arm, wie er gekommen war vor fünfthalb Jahren auf die fremde Erde, die seine Heimat geworden ist.
Aber den Ackergrund hat er noch einmal anschauen wollen und das ganze Gehöft, das sauber und stattlich dagestanden ist, aus seiner Hände Arbeit und nur für einen, der es versaufen würde und verlumpen, noch vor dem Herbst.
Und wie er droben gestanden ist auf der Höhe und hat

über den See hinübergeschaut auf die Berge, und es hat ihn schon bitter gereut, daß er dem Zorn nachgegeben hat, da ist auf einmal die Walburga neben ihm gestanden und in der Stunde sind sie ineinander aufgebrochen und haben sich nicht mehr gehalten, nein, sie haben sich losgelassen in ihre Liebe und in ihr Schicksal. Und haben sich geschworen, daß sie den Hof halten wollen, bis zur letzten Kraft.
Und die Nacht drauf ist so schön gewesen im vollen Mond und so warm und hell vor Sommer, und da hab ich sie gehen sehen, über die Wiesen hinauf und sie sind in ihr großes Glück und in ihr großes Unglück gegangen.
Der Toni hat am Morgen früh die Arbeit wieder angefangen und der Bauer hat getan, als ob nichts geschehen wäre. Er ist auch die nächste Zeit recht kleinlaut gewesen und die Ernte ist schier im Frieden hereingebracht worden. Auch der Toni war damals froh und voller Zuversicht.
Aber die Walburga hat das Unerlaubte zuerst spüren müssen. Sie hat es lang nicht glauben wollen und hat sich dann keinen Rat gewußt; wie das Kind in ihrem Schoß schon gelebt hat, da hat es der Toni noch immer nicht gemerkt in seiner Schwerfälligkeit und gradheraus hat es ihm die Walburga nicht sagen wollen, weil sie noch und noch einen Ausweg sich erhofft hat.
Aber der Bauer, ihr Bruder, der Kaspar, der hat es gemerkt; der Teufel in ihm muß das gespürt haben, daß er jetzt die zwei Menschen ganz in die Hand bekäme, wie ers wollte. Er hat es ihr auf den Kopf zugesagt und wie sie sich hat herausringen wollen, ist er ganz falsch und freundlich geworden und hat an sie hingeredet, aber schon so vorsichtig, daß sie es zuerst lang nicht begriffen hat. Er hat aber nur wollen, daß sie von sich aus ihn um Hilfe angeht, das Kind wegzubringen,

dann hätte er ein Messer in der Hand gehabt gegen sie. Aber wie sie gemerkt hat, auf was er hinauswill, hat sie ihn stehen lassen, ohne ein Wort.
Die Vernunft hätte noch zehn Wege für einen aus solchem Wirrsal gewußt, denn es ist noch nichts verspielt gewesen. Die Walburga hätte sich dem Toni entdecken müssen und vielleicht wäre es besser gewesen, sie wären dann miteinander fortgegangen, lieber in die Fremde und in die Not, als in die Schande und in den Tod. Die Frau als Kaspars Schwester hätte einen Antrag auf Entmündigung ihres verlotterten Bruders stellen können. Hernach, wie ich dem Toni das geraten habe, ist es schon zu spät gewesen, aber wir habens alle zwei nicht gewußt, ich nicht und der Toni nicht.
Die Vernunft löst die Menschen leicht voneinander, aber das Schicksal bindet sie mit Ketten zusammen. Wenn es nur sehende Menschen gäbe, Fenster gibt es genug, aus denen sie noch nicht herausgeschaut haben und Wege, die aus dem Finstern führen. Aber es muß schon so gewesen sein, daß die kindliche Komödie vom Mörder Kneissl und vom Scharfrichter zu Ende hat gespielt werden sollen und niemand weiß, um wessen Schuld willen.
Der Bauer ist, gegen seine Gewohnheit, auf die Abfuhr hin nicht herb geworden gegen seine Schwester, er hat gesehen, wie sie im Netz gezappelt hat und wie ihr die Frist kürzer geworden ist von Tag zu Tag. Es ist schon gegen den Advent hingegangen. Da hat er sie drum angeredet und hat gesagt, das werde sie doch selber nicht glauben, daß er sie als schwanger auf dem Hofe herumlaufen lasse und mit einem ledigen Kind. Und wie sie ganz verzagt gewesen ist, hat er gefragt, warum sie den Toni nicht heiratet. Und da hat sie's ihm gestanden, ausgerechnet ihm, dem sie's zuletzt hätte sagen dürfen, was wir alle erst erfahren haben, wie es

zu spät war, viel zu spät; daß sie nach dem Gesetz noch verheiratet ist mit jenem Menschen, dem sie damals nachgelaufen ist in die Fremde und der jetzt wer weiß wohin verschollen ist. Und zuerst hätte es ihr nicht geeilt und jetzt wäre es ja doch wohl zu spät, denn bis bloß die Nachforschungen erledigt wären, wäre das Kind schon lang da.
Der Bauer hat keinen Funken von Anstand und Menschlichkeit mehr gehabt, so verrottet ist er schon gewesen. Er hat nur gesehen, daß ihm das Schicksal jetzt das Messer, das er braucht, in die Hand gespielt hat, ein Messer, mit dem er zustechen kann, wann er mag. Keinen Muckser dürfen die zwei mehr tun, wenn er mit dem droht, was er jetzt weiß.
Er hat recht geringschätzig gelacht und hat gesagt, wo kein Kläger ist, da ist auch kein Richter und wenn du den Mund halten kannst, hat es niemand gehört als dein Bruder. Und der Teufel müßte die Hand im Spiel haben, wenn das jemals aufkommen soll. Und die Walburga hat es nicht gemerkt, daß grad der Teufel schon in ihrem eignen Bruder steckt und ist dumm geworden und hat sich überreden lassen.
Der Bauer ist dann gleich zum Toni gegangen und hat ihm die Augen geöffnet über den Zustand der Walburga und der gute Kerl ist ganz glücklich gewesen, daß der Bauer der Heirat nichts in den Weg legt.
Das alles ist erst hernach in der Verhandlung in Traunstein zur Sprache gekommen vor dem Schwurgericht; ich bin seinerzeit Bürgermeister gewesen und habe die zwei ohne Arg ausgehängt. Die Walburga ist als ledig fort und ist allein zurückgekommen und die andern Papiere sind alle in Ordnung gewesen. Der Pfarrer hat sie, wie es Brauch ist, dreimal von der Kanzel aufgeboten und um Weihnachten haben sie in aller Stille geheiratet.

Es hat jeder Rechtschaffene dem fleißigen und braven Paare das Beste gewunschen und gehofft, daß es jetzt Friede wird auf dem Fuchsbauernhof. Wir haben uns halt gedacht, daß der Bauer seine Pfründe dort hat und daß er lebt von der Arbeit der andern, bis er sich über kurz oder lang den Tod hergetrunken hat. Und dann hätten die zwei den Hof kriegen müssen.

Es ist aber anders gekommen, schon im Januar. Der Postbote hat eines Tags ein paar Zahlungsbefehle gebracht und es hat sich herausgestellt, daß der Bauer Schulden gemacht hat, in der Stadt, schon seit Jahr und Tag. Viel ist es nicht gewesen, aber wo keine Mark im Hause ist, da ist jeder Pfennig zu viel.

Der Bauer hat mit seiner Schwester geredet, die ist blaß geworden wie der Tod und hat geweint und der Toni hat sich nicht erklären können, warum. Der Bauer aber hat eingespannt und ist in die Stadt gefahren, seine Schulden zu bezahlen.

Zwei Wochen später hat er angefangen, ganz unverschämt vom Toni Geld zu verlangen. Der hat sich gewehrt, weil es der Hof nicht verträgt; er hat zu seiner Ehefrau gesagt, sie müßte jetzt gleich zudrehen bei ihrem Bruder, sonst vertröpfle das ganze Gut oder fange gar zu rinnen an. Aber die Frau hat gemeint, man solle die paar Mark hergeben um des lieben Friedens willen; und lang mache es der Kaspar ja doch nimmer. Aber der brauchte es nicht mehr lang zu machen, denn er hat gleich drauf, allem Nachgeben zum Trotz, zum härtesten Schlag ausgeholt: An Lichtmeß nämlich hat der Kaspar erklärt, daß er jetzt den Hof verkaufen will und in die Stadt ziehen; er hat es satt, als der Bauer und Herr bei der Lumpenverwandtschaft um jeden Pfennig betteln zu müssen.

Damals ist der Toni in seiner höchsten Not zu mir gekommen. Jetzt im Winter, wo die Frau das Kind er-

wartet, hat er ja nicht fortkönnen und zum Aushalten ist es nicht mehr gewesen. Wenn der Hof nicht zum Halten war für den Erben, dann hatte es keinen Sinn mehr, in der Hölle dieses Teufels zu leben.
Wir haben uns im Gemeinderat zusammengesetzt und sind entschlossen gewesen, dem ärgerlichen Treiben des Trunkenbolds ein Ende zu machen. Wir sind uns einig gewesen, daß die Walburga gegen den Bruder Entmündigungsklage anstrengen muß. Der Toni hat sich gewehrt dagegen, er hat nicht haben wollen, daß es heißt, er hätte sich in den Hof gesetzt und den Bauern hinausgedrückt. Endlich haben wir ihn soweit gehabt, daß ers wenigstens mit der Frau hat besprechen wollen. Er ist aber noch den selben Abend ganz verstört wieder zu mir herüber gekommen und hat gesagt, die Frau hätte ihn kniefällig gebettelt, nichts gerichtsmäßiges gegen den Bruder zu unternehmen. Wir sind wie vor den Kopf geschlagen gewesen, aber der Toni hat uns auch nichts erklären können. Er hat uns nur immer wieder gesagt, daß ihm alles so spaßig vorkommt.
Denselben Abend ist einer, der um die Entmündigungsgeschichte gewußt hat, ich will ihn nicht nennen, er trägt selber schwer genug dran, im Wirtshaus mit dem Kaspar zusammengerumpelt. In seinem rauschigen Zorn hat er drauf hingespielt, dem Bauern würde das Handwerk schon gelegt und wie ihn der immer hitziger hinaufgetrieben hat, da hat er es ihm ins Gesicht gesagt, daß in die Schwester unter Kuratel stellen läßt, damit einmal ein End hergeht mit dem Luderleben.
Und der Bauer wird ganz weiß im Gesicht vor Wut und schreit, daß es alle Leute hören müssen: daß er seine Schwester leichter ins Zuchthaus bringen könne, als sie ihn ins Narrenhaus und daß das der Dank wäre dafür, wenn man sich schlechte Menschen herfüttert, daß sie einen vom eignen Hof hinausdrücken möchten.

Und morgen früh fährt er in die Stadt und verkauft das ganze Sach an den nächstbesten Juden und die Schandarmen bringt er auch gleich mit.

Alle haben auf ihn eingeschrien, was das heißen soll, aber der Kaspar hat sich mit den Fäusten Platz gemacht und ist aus der Tür hinaus.

Am andern Tag in der Früh ist er wirklich in die Stadt gefahren. Bis sich das besoffene Gerede vom Abend vorher herumgesprochen hat, und bis wir recht gewußt haben, ob wir es ernst nehmen sollten, ist es wieder Nacht geworden und alles ist dann schon geschehen gewesen.

Der Toni hat im Morgengrauen den Bauern im Stall gehört und ist hinunter, nur in Hemd und Hosen. Der Kaspar hat auf seine Frage bloß wüst gelacht und gesagt, der Herr Schwager wird schauen, was für Gäste heut abend ins Haus kommen: für ihn, damit ihm der Schnabel sauber bleibe vom Hof, der Güterzertrümmerer und für die Schwester der Schandarm.

Der Toni, voll Herzensangst, bittet, so grausame Späße sein zu lassen, er faßt den Kaspar, der sich schon auf den Bock schwingen will, am Arm und sagt: »Kaspar«, sagt er, »als Kinder haben wir zusammen gespielt, sechs Jahr hab ich dir den Hof erhalten als Knecht und hab nie mehr wollen, als daß ich dableiben darf, deine Schwester trägt ein Kind von mir –«, aber der Bauer ist schon droben und greift nach der Peitsche. »Eher soll alles verrecken, als daß ihr Erbschleicher den Hof kriegt!« schreit er zurück und zieht aus und will gegen den Toni hauen, aber der Wagen ruckt an und er hat Mühe sich auf dem Bock zu halten.

Das alles hat der Verteidiger vom Toni dem Richter und den Geschworenen erzählt und auch das andre, was noch kommt. Aus dem Toni selber ist während der Verhandlung fast nichts herauszubringen gewesen. Er hat bloß immer ja gesagt und nein. Er hat ein Mörder sein wollen, damit sie ihm den Kopf abschlagen. Das Leben hat ohne die Bauernarbeit, ohne die Heimat keinen Sinn mehr für ihn gehabt.

Er ist also damals in der Früh wieder in die Schlafkammer hinauf, die Walburga ist wachgelegen und er hat nur gesagt: »Erzähl!« Und da hat sie ihm alles gebeichtet und er hat wieder nur gesagt: »Auf dieser Welt kann nichts mehr gut werden!« Und dann hat er ein Messer genommen und es ihr mitten ins Herz gestoßen. Wie der Richter gefragt hat, warum haben Sie denn die Frau umgebracht, da hat er gesagt, weil sie mich so erbarmt hat. Aber der Richter hat das nicht begriffen. Der Toni hat die Leiche in der Kammer liegen gelassen und hat zugesperrt; dann ist er in den Schupfen hinunter und hat gewartet. Den Hackstock hat er mitten hingestellt und das alte Beil hat er in der Hand behalten. Zwölf Stunden lang hat er sich fast nicht gerührt. Wie ihn der Richter gefragt hat, an was er während der ganzen Zeit gedacht hat, sagt er, wie der Kaspar und ich als Kinder da gespielt haben, wie ich ihm sechs Jahre lang den Hof gehalten hab wie ein Knecht und daß ich von seiner Schwester ein Kind gehabt hätte, das einmal der Bauer geworden wäre. Sonst nichts? hat der Richter gefragt und hat es wieder nicht begriffen.

Um sieben Uhr ist der Bauer heimgekommen, allein und betrunken. Der Toni hat ihn im Finstern gepackt, ohne ein Wort zu reden, hat ihn auf den Hackstock gedrückt und ihm das Genick mit einem Hieb durchgeschlagen. In der kalten Nacht ist er den ganzen Fuchsbauernhof ausgegangen. Im hellen Vollmondlicht, im Februar, es ist ein bißchen Frühling schon gewesen. Über alle Felder ist er gegangen, den Wald entlang und an den See hinunter: Da hat er sich die Hände gewaschen, mit einem

Brocken Erde, im eisigen Wasser. Nach Sonnenaufgang hat er bei mir angeklopft und sich gestellt. Ich habe ihn derweil in die warme Stube sitzen lassen. Wie ihn gegen Mittag die Landjäger haben holen wollen, hat er geschlafen, daß er schier nicht zum Aufwecken gewesen ist.

EINEN HERZSCHLAG LANG

Zu Silvester wurde, das war nun schon ein Herkommen seit fünf, sechs Jahren, der Junggeselle Peter Amrain von der Familie Boerner zu Tisch geladen. Es kamen dann wohl auch andere Bekannte dazu, Freunde des Hauses oder, gelegentlich, durchreisende Landsleute aus dem Norden des Reichs, und so wurde, zu sechsen oder sieben, mehr waren es selten, das neue Jahr begrüßt, auf eine heitere und gesellige Art, mit reichem Essen und guten Weinen; denn der Großkaufmann Max Boerner ließ sich's, ohne grade aufzutrumpfen, was kosten, und die Gäste rechneten sich's hinterher, auf dem Heimweg, nicht ohne Hochachtung einander vor und stellten anerkennend fest, daß es üppiger nicht gut hätte sein können.
Aber, was nicht auszurechnen war, weder im voraus noch nachträglich, das war der eigentliche Wert des Abends, der hing von der Stimmung ab, die jeder vorfand und selber mitbrachte; und wenn es sich auch versteht, daß unter gescheiten und wohlerzogenen Menschen ein solches Fest, im erlesenen Rahmen, immer ein gutes Bild abgeben muß, manchmal blieb es doch bei matteren Farben, deren keine leuchten wollte im Zauberglanz des Einmaligen und Unvergeßlichen, weder die Heiterkeit noch die Schwermut gaben ihr Gold, mit lahmen Späßen ward das Blei gegossen oder das prasselnde Feuerwerk abgebrannt, ohne Rührung ward der weihnachtliche Lichterbaum entzündet, nichts sprach mächtig und hold aus Zweigen und Kerzen, und ratlos, womit sie noch aufwarten sollten, gaben der Hausherr und die Seinen dem vorzeitigen, höflichen Aufbruch der Gäste nach, die selbst nicht wußten, warum ihnen diesmal, bei gleicher, ja formelhafter

Beschwörung, das Geheimnis nicht sich hatte enthüllen wollen. – –
Nun also war es wieder so weit, naß und föhnig klatschte der letzte Dezembertag über die Stadt, zwischen Regen und Schnee war das Geriesel, das niederfuhr im goldnen, schaukelnden Licht der Laternen, und dann hörte es ganz auf und nur das Glockenläuten war mächtig in den Lüften, als Peter Amrain des Wegs kam, zu seinen Gastgebern, viel zu früh noch, wie er jetzt sah, auf die Uhr blickend im letzten Zwielicht, unter der Bogenlampe an der Brücke, darunter dunkel und mattglänzend der Fluß hinrauschte, leise klirrend von Eis, leicht und winterschmal.
Er hatte Zeit, zu verweilen, es ist nicht erwünscht, als Gast vorzeitig zu kommen, der warmgekleidete Mann mit dem Blumenstrauß unterm Arm ging also hin und her auf der Brücke oder spähte ins Wasser, wo zwischen goldenen Schlangen von Licht die Finsternis trieb und Scholle an Scholle.
Das Läuten klang schön in die Stille, und dem Wartenden fiel es ein, daß dies nun der letzte Tag des Jahres war, wieder ein Jahr dieses wachen und fordernden Lebens, wer weiß, wohin es noch floß, von den Wellen dort unten konnte man's wissen, aber nicht von den Jahren, die noch kommen würden, wenige vielleicht, oder viele, denn das mochte so sein oder so bei einem, der zwischen vierzig und fünfzig stand.
Die rührende Geschichte aus dem Schullesebuch fiel ihm ein, die »Neujahrsnacht eines Unglücklichen«, so hatte sie wohl geheißen, und halb lächelnd, halb in Schwermut überdachte er sein Leben und erstaunte fast, daß er noch da war, ein wenig müde und enttäuscht, aber noch unerschüttert in seinen Grundfesten, da es doch so viele, die mit ihm angetreten waren, hinabgeschwemmt hatte in Tod und Verderben, schaudervoll zu denken,

wo sie sein mochten, die lautlos Verschollenen. Das waren noch Silvesterfeiern, fiel ihm ein, im Kreis der Freunde, Feste der Jugend, die Götter zu bannen wußte, Gelage der Heiterkeit und eines schönen Weltschmerzes, traurig belächelt jetzt von dem Nüchternen, der zu fremden Leuten ging im Grunde, in Gesellschaft, wie man so sagte, nette, liebe Leute gewiß, die ehrlich bemühten Gastgeber; und der Doktor Urban mit seiner Frau, die noch zu erwarten waren, wie mochten sie sein?

Die Hausfrau würde wieder davon reden, daß er doch heiraten sollte, endlich, seit sieben Jahren war das ihr Lieblingsgespräch; aber er hatte nun einmal kein gutes Frauchen bekommen, wie sie's ihm wünschte, und nun würde er es wohl auch nicht mehr versuchen. Die Frauen waren nicht allein dran schuld, so gerecht war er, das zuzugeben, viele hatten ihr Bestes versucht, und er war dankbar für schöne, unnennbare Zeiten. Ja, so schmal war hier die Grenze, darauf des Lebens Gesetze aneinanderstießen, wer konnte sagen, auf welcher Seite die Schuld stand, anders gesehen von dem, der Unrecht tut, und anders von dem, der es leidet. Aber damals, das große Erlebnis mit Laura, das einzige, wie ihm seitdem schien, das um den vollen Einsatz des Herzens ging, da war schmählich an ihm gehandelt worden, an ihm, der wehrlos war vor Liebe. Laura, wunderbar war sie zu ihm gekommen, ein Engel des Glücks, ungläubig hatte er sich losgelassen in so viel Seligkeit hinein, angefleht hatte er sie, ihn nicht ungewarnt an den Rand des Abgrunds zu führen, und lachend, mit süßer Lockung, hatte sie mit ihm gespielt, hatte ihn ausgespielt gegen einen andern, den er nicht sah, den er immer spürte; und als er, nicht länger gewappnet, sein Herz auftat in holdem Vertrauen, da war jener Brief gekommen, schnöder Worte voll, daß sie für den andern sich entschieden

habe, so schwer es ihr geworden sei; selber habe sie es ihm sagen wollen, aber krank, so schrieb sie, liege sie zu Hause, erdrückt vom Schmerze solchen Entschlusses. Und er, der Tölpel, zerschmettert von diesem Schlag, hatte sich gleichwohl unverzüglich auf den Weg gemacht, sie zu besuchen, zu trösten, die Last von ihr zu nehmen, unter Tränen war er gegangen, Blumen in Händen, wie im Traum.
Und war ihr in den Weg gelaufen, wie sie gar, gar nicht krank und von Schmerz erdrückt, wie sie lachend an der Seite eines vierschrötigen, finstern Gecken im Wagen saß, der eben im Begriff war, abzurollen. Und er, der Narr, hatte den Hut gezogen, war, unter dem höhnisch gelangweilten Blick jenes Herrn, an den Schlag getreten und hatte, von Qual verzaubert und keiner Worte mächtig, ihr die Blumen gegeben; fortgewankt war er, ohne länger in ihr erschrocknes Gesicht schauen zu können, das sich schon wieder zu einem Lächeln geschürzt hatte, bereit, neue Entschuldigungen zu erfinden. Und dann erst hatte er seine Schmach völlig begriffen und gewütet gegen sich selber, gegen sein törichtes Herz.
Laura hatte ihm Briefe geschrieben, er hatte sie ohne Antwort gelassen. Er war ihr begegnet, im Fasching, des Schicksals Laune hatte sie zusammengeweht am Rande des wirbelnden Festes, sie hatte ihn mit Namen gerufen, er hatte durch sie hindurchgesehen, mit kaltem Blick und heißem, quellendem Qualm in der Brust. Und die Zeit, die allmächtige Zeit, hatte dann dies alles fortgetragen, es war jetzt schon lange her, sieben Jahre; aber wenn er sie sähe, Laura, die Geliebte, die Gehaßte, alles würde wieder sein, wie es war, ungesühnt, aus alter Wunde frisch blutend.
Peter Amrain blickte nicht länger auf das ziehende Wasser. Zu früh war er daran gewesen, nun hatte er die

Zeit vertan mit verschollnen Erinnerungen; reichlich spät war es nun und eilig ging er dem Hause zu, dessen Gast er sein sollte.

Gleichwohl war er noch der erste, freudig in der Diele begrüßt vom Hausherrn, der freilich zugleich bedauern mußte, daß sowohl ein älteres Ehepaar als auch eine junge Dame, die man eigens, dem Junggesellen zuliebe, geladen habe, wegen der leidigen Grippe hätten absagen müssen, so daß man mit einem kleinen Kreis sich zu bescheiden habe.

Inzwischen waren bereits die Stimmen der Neuangekommenen zu vernehmen, und Doktor Urban betrat den Raum. Er war ein massiger, sicherer Mann, ausgesucht gekleidet, und auch die Höflichkeit, mit der er sich vorstellte, vermochte nicht die fahle Düsternis zu verscheuchen, die auf seinem festen Gesicht lag; mit Unbehagen spürte Peter, während die ersten Worte eines belanglosen Geplauders fielen, daß er diesem Herrn schon einmal begegnet sein müsse, aber da der andre keine Miene des Erkennens machte, konnte es wohl auch eine Täuschung sein.

Unter heiterm Schwatzen traten die Damen näher, und Peter, der, ein Glas Südwein in der Hand, mit dem Rücken zur Tür stand, mußte sich umwenden, sie zu begrüßen.

Voll und unausweichbar sah er Laura ins Gesicht. Beiden schoß das Blut in die Wangen, die Frau stieß den Atem von sich wie einen Schrei. Das Glas in Peters Hand zitterte; blind tappend, in der brausenden Verfinsterung seiner Brust, stellte er es ab, verfehlte den Tisch, an dessen Kante es knackend zersprang.

Einen Herzschlag lang sah er sich stehen, mit gezogenem Hut, windzerflatternden Haars und quellender Tränen, am Wagenschlag, dieser Frau die Blumen reichen verwirrten Gefühls, liebend noch und schon hassend, unterm herausfordernden Blick dieses Mannes, den er nun jäh wieder erkannte und der auch jetzt, das spürte er durch die geschlossenen Augen, verächtlich auf ihn, den Mißgeschickten, sah.

Niemals, schrie eine Stimme in ihm, nie und nimmer dürfte er jetzt sich beugen, an ihr, der schonungslosen, sei es jetzt, die Demütigung einzustecken, nun könne sie, ja, und mit besserm Grund als damals Krankheit vorheucheln und die Flucht ergreifen, was, zum Teufel, liege an einem verpfuschten Abend, was an der glatten Höflichkeit, bei solchem Angebot des Schicksals.

Da sah er, und all das noch im Augenblick der Verwirrung, die um das zerbrochene Glas entstand, in Lauras Augen die Qual, in der noch die Bitte um Gnade war, in der aber schon der Haß auswegloser Gefangenschaft aufglomm, er sah, wie ihr Mund, zwischen einem Weinenwollen und dem mühsamen Formen von Worten zuckte; und da sagte er, seine Stimme klang ihm selber fremd und wie von weither, mit gutem Lächeln sagte er in ihr nun schmelzendes Gesicht hinein, die gnädige Frau lerne da gleich einen rechten Tolpatsch kennen, und nannte ihr seinen Namen, so verbindlich und beiläufig, wie er ihn tausendmal genannt hatte, und beugte sich flüchtig über ihre Hand.

Sie begriff ihn, mit süßer Gewalt stürmte sie in sich selbst zurück, und mit neugewonnener Sicherheit, einen Blick des Einverständnisses von ihrem kalt schauenden Gatten holend, scherzte sie, und es klang nicht plump im holden Atem ihrer Erlöstheit, das alte Wort, daß Scherben Glück brächten und niemand wisse, welch unbekanntem Gotte hier habe ein Trankopfer geweiht werden sollen.

Gleich darauf baten die Hauswirte zu Tisch und da nichts anregender ist als kleine Unglücksfälle, die jeden zu doppelter Herzlichkeit verpflichten, so gediehen

bald heitere Gespräche hin und her, und auch der Doktor Urban, der wuchtige, mischte sich darein, unter kräftigem Essen und erstaunlichem Trinken.
Peter Amrain sah ihn mehr als einmal verstohlen an und dachte, das also sei der Mann, der ihm vorgezogen worden sei und um dessen willen er so gelitten habe. Er vermochte aber nicht, ihn zu hassen, nur fremd schien er ihm, unsagbar fremd, nicht anders zu betrachten als ein fernländisches Tier, wohlverwahrt hinter den Gitterstäben guter Kinderstube, aber gewiß nicht zahm, von innen her, sondern tückisch und gewalttätig, wenn einer es reizte oder gar ihm etwas nehmen wollte, was es, gutwillig herzugeben, nicht gesonnen war. Nun blickte er auch zu Laura hinüber, und es war ihm, als müsse er jetzt auch ihre Schuld milder beurteilen, und die flüchtige Regung, er habe sie allzu leichten Kaufes davonkommen lassen, wich wieder einem tiefen und freudigen Frieden seines Herzens. In jenem Augenblick, da er sich bezwungen und den lang aufgehobenen, in wilden Träumen ausgespielten Trumpf preisgegeben hatte, war dieser Friede über ihn gekommen und hatte die Leidenschaft in ihm stillgemacht, den Haß und auch die Liebe, in einer verwandelnden Kraft des Schicksals; er horchte tief in sich hinein, ob er die Frau noch begehre, die dort saß, noch unverwelkt; aber keine glühende Antwort kam mehr aus seiner Brust; in seines Herzens Feuern war sie verbrannt, in ihm und für ihn verbrannt zu Asche, und im Sturm jenes Augenblickes, vorhin, in dieser rasenden Entscheidung war sie noch einmal aufgelodert und dann zu Staub zerfallen.
Währenddem war das festliche Mahl weitergegangen, die Gespräche wandten sich hierhin und dorthin, dann wurde die Tafel aufgehoben, der Hausherr hatte dem Doktor etwas zu zeigen, worauf sie bereits eindringlich

zu reden gekommen waren, die Hausfrau hatte in der Küche nach dem Rechten zu sehen, und Peter und Laura standen sich, sie hatten es erwartet, gefürchtet vielleicht, unter vier Augen gegenüber.
Die ungesprochenen, die unendlich schwer zu sprechenden Worte bedrängten sie, stumm sahen sie einander ins Gesicht. Endlich sagte er, und er vermied es, sie mit Namen anzusprechen, nun sei, unvermutet genug, gekommen, was habe kommen müssen, und es sei in der Tat, mit dem zerbrochenen Glase, etwas wieder heil geworden und, wie er hoffe, für immer. Und er gab ihr noch einmal die Hand. Diese Hand in beiden Händen pressend, holte sie seinen Namen aus der süßesten Verborgenheit des Erinnerns auf ihre Lippen, alles, flüsterte sie, sei anders gewesen, schlecht, gewiß, unverzeihlich schlimm habe sie sich benommen, aber so nicht, wie es hätte scheinen müssen in seinen Augen. Und, fügte sie dunkel und traurig hinzu, glücklich sei sie ja auch nicht geworden. Davon, sagte er, abweisend, solle die Rede nicht sein, das Böse sei aus der Welt geschafft in diesem Augenblick, der Willkomm und Abschied in einem bedeute. Ob er denn, fragte sie erschrocken und ließ seine Hand los, ihr nicht so wahrhaft vergeben habe, daß sie hoffen dürfe, ihn von nun an wiederzusehen, aber er wehrte ab: das Schicksal, sagte er, habe sie ein gutes Ende erleben lassen wollen, nicht einen schlechten Anfang; denn so gnädig komme es nur einmal. So wisse sie denn, sagte sie, und sie müsse es hinnehmen, daß er sie nicht mehr liebe. Einen Herzschlag lang, sagte er, habe er sie heute wahrhaftiger geliebt denn jemals in all seiner Leidenschaft; aber noch zu verweilen, nach solcher Höhe des Gefühls, sei Frevel gegen das innerste Gesetz dieser Stunde. Und schon wollte er es aussprechen mit bitterer Deutlichkeit, ob sie denn von ihm erwarte, daß er den Dritten spiele, so

oder so, da hatte auch Laura begriffen, was zu begreifen war. So möge er denn, sagte sie schwimmenden Blicks, diese Höhe des Gefühls auch ihr erlauben, einen Herzschlag lang. Und sie nahm seinen Kopf mit beiden Händen und küßte ihn.

Laura, rief er, glücklich zugleich und erschrocken und, daß es zu spät sei, wollte er sagen, aber da hatte sie ihn schon losgelassen, und sie standen in leuchtender Verwirrung, als der Hausherr mit dem Doktor aus dem Dämmern herantrat und einen Augenblick beklommene Stille herrschte.

Hohe Zeit sei es, lachte Herr Boerner mit großer, mit übertrieben großer Munterkeit, nun an die Arbeit zu gehen, das alte Jahr neige sich zur Rüste und noch sei nicht Blei gegossen, Punsch gebraut und Feuerwerk vorbereitet. Er machte sich denn auch gleich ans Werk, in der Küche wurde das blinkende Metall geschmolzen und das Wasserschiff bereitgestellt. Doktor Urban hatte als erster zu gießen, und ein rätselhaftes Zackengebilde zog er aus dem wallenden Wasser, niemand vermochte es zu deuten. Und da sagte der Doktor selber, und er sagte es mit bösem Lachen und drohend sah er Peter Amrain dabei an, ob es vielleicht ein Geweih habe werden sollen, das Zackending. Aber er blieb ohne Antwort, vorerst, neuer Jubel scholl um frischen Guß, Frau Laura fischte eine blanke Träne aus der Flut, und wie heiter sich auch alle gebärden mochten, sie sah traurig darauf und feuchten Auges. Die Reihe kam an Peter, rasch stülpte er das schwankende Blei ins zischende Naß und hob fragenden Blicks das Glänzende ans Licht und, leicht sei das zu erraten, frohlockte die Hausfrau, eine Flasche sei es, ein Tränenkrüglein; und so kühn die Deutung war, man ließ sie gerne gelten, und Peter meinte nur, umgekehrt hätte es sein sollen, aber Frau Laura sagte, das sei noch nicht ausgemacht. Sie sahen sich dabei innig an, niemand sonst maß diesen Worten etwas bei.

Die Mitternacht rückte heran, der Punsch wurde gebraut, und die Männer rüsteten, eifrig hin- und herlaufend, im Garten das Feuerwerk, wenige Schritte vom Haus, wo im goldenen Licht einer Kerze, die am Boden stand, die Raketen aus den Flaschenhälsen in das Dunkel des Himmels zielten, der jetzt voller Sterne stand.

Nun, sagte Peter Amrain mit Festigkeit zu dem Doktor, der neben ihm in der halben Finsternis stand, wolle er ihm antworten auf eine Frage, die er wohl verstanden habe. Er könne nur so viel erklären, daß er an diesem Abend, einer Fügung gehorsam, mit aller Herzenskraft etwas in Ordnung gebracht habe; er zweifle nicht, daß Frau Laura ihm ein mehreres davon berichten werde; wenn er freilich die Absicht haben sollte, dies alles wieder in Unordnung zu bringen, so stehe er ihm zur Verfügung.

Der Doktor funkelte ihn zweifelnd an und war im Begriffe zu reden, wohl kaum im Guten. Doch ging im selben Augenblick in allen Gärten ein wildes Schießen los, mit hellem Knattern und dumpfen Schlägen; Feuerschlangen zischten in die Luft. Auch der Hausherr lief nun herbei, die Hände voller Schießeisen. Er bot den beiden Männern ein Pistolenpaar, sie nahmen die Waffen ernster, als der, der sie übergab, es sich erklären konnte. Der Hausherr, aus seinem Rohr, schoß zuerst, auf die Kerze, wie er, die Richtung weisend, hinzufügte; gleich darauf drückte der Doktor los. Die Flamme blieb unbewegt. Dann schoß Peter. Im Spritzen des getroffenen Wachses erlosch das Licht. Ob er immer so schieße, fragte der Doktor in einer Mischung von Spott und Unbehagen. Nicht immer, aber meistens, rief statt des Gefragten der Hausherr, ein alter Soldat behalte eben doch seine sichere Hand.

Ein neues Licht wurde gebracht, die Raketen wurden unterm lachenden Zuruf der Frauen, in die Lüfte geschickt, dann ließ ringsum der Lärm des Schießens nach, nur die Glocken klangen, weither und feierlich.
Man ging wieder ins Haus zurück, der Punsch wurde herumgereicht, alle stießen miteinander an auf ein gutes, auf ein friedliches neues Jahr. Doktor Urban, der kein Auge von seiner Frau gelassen hatte, sah ihr erfülltes Gesicht, von einer furchtlosen Freude überglänzt, und da ging auch er zu Peter Amrain hinüber und hob sein Glas gegen das seine; er glaube, sagte er, ihm auch seinerseits, ohne es freilich recht zu wissen, zum Danke verpflichtet zu sein.
Als die Gesellschaft, in der zweiten Morgenstunde, aufbrach, hatte es geschneit; der neue Tag, das neue Jahr lag weiß vor ihrem Weg, ein unbeschriebenes Blatt, und da erzählte ungefragt Frau Laura ihrem Mann die Geschichte dieser Begegnung, da stand Peter Amrain auf der Brücke am Fluß, wie er dagestanden hatte vor vielen Stunden, und er gedachte, dem ziehenden, kristallen klirrenden Wasser nachhorchend, der wunderlichen Strömung seines inneren Lebens.
Herr Boerner aber, der Gastgeber, ging noch durch das Haus, die Kühle der Nacht floß durch die offenen Fenster in den Dunst des Rauches und der Reste, und gähnend sagte er zu seiner Frau, die das Nötigste ordnete und räumte, er sei nicht klug geworden aus seinen Gästen, ungreifbar sei hinter allem etwas gestanden, wie ein Geheimnis.
Die Hausfrau aber lächelte, man müsse zufrieden sein, wenn nur die Gäste selber klug geworden seien aus diesem Abend; und ihr habe es geschienen, als sei da insgeheim ein Spiel zum guten Ende gespielt worden, dessen Trümpfe alle Herr Peter Amrain in der Hand gehabt habe.

Inhaltsverzeichnis

Die Fremde (1938)
7

Die Briefmarke (1938)
26

Das Gespenst (1938)
43

Der Regenschirm (1938)
103

Recht (1938)
124

Der Weg übers Gebirg (1942)
148

Ein Dutzend Knöpfe (1950)
214

Das Schweizerhäusl (1950)
229

Abenteuer in Banz (1952)
259

Der Fischkasten (1952)
276

Die schöne Anni (1952)
298

Die Hausiererin (1952)
318

Das Kind im Walde (1952)
336

Der Mitschuldige (1952)
382

Das Gerücht (1952)
365

Der Gang zur Christmette (1952)
379

Die Perle (1952)
398

Die beiden Sammler (1966)
410

Das treue Weib (1970)
437

Das Weihnachtsbild (1970)
433

Józefa (1970)
453

Der Bericht des Nachbarn (1970)
498

Einen Herzschlag lang (1942)